Carl von Reinhardstoettner

Grammatik der portugiesischen Sprache

Auf Grundlage des lateinischen und der romanischen Sprachvergleichung bearbeitet

Carl von Reinhardstoettner

Grammatik der portugiesischen Sprache
Auf Grundlage des lateinischen und der romanischen Sprachvergleichung bearbeitet

ISBN/EAN: 9783743453463

Hergestellt in Europa, USA, Kanada, Australien, Japan

Cover: Foto ©Thomas Meinert / pixelio.de

Manufactured and distributed by brebook publishing software (www.brebook.com)

Carl von Reinhardstoettner

Grammatik der portugiesischen Sprache

GRAMMATIK

DER

PORTUGIESISCHEN SPRACHE

AUF GRUNDLAGE

DES LATEINISCHEN UND DER ROMANISCHEN
SPRACHVERGLEICHUNG BEARBEITET

VON

DR CARL VON REINHARDSTOETTNER,

DOCENTEN DER ROMANISCHEN SPRACHEN UND LITTERATUREN AN DER
KOENIGLICH TECHNISCHEN HOCHSCHULE ZU MUENCHEN ETC.

STRASSBURG.
KARL J. TRÜBNER

LONDON.
TRÜBNER & COMP.
1878.

Buchdruckerei von G. Otto in Darmstadt.

Vorwort.

Ohne Zweifel zählt die portugiesische Sprache in der Gruppe der romanischen zu jenen, welche im eigenen Lande sowohl als auswärts bisher wenig Bearbeitung fanden. Es ist nicht nur für ihre wissenschaftliche Darstellung nicht viel geschehen, sie ist auch in schulmässigen Lehrbüchern wenig und meist nur unzulänglich bearbeitet worden. Wo die von einzelnen Grammatikern aufgestellten Regeln sich widersprechen, — ein in der portugiesischen Sprachlehre nur allzuhäufiger Fall — stehen hier nicht jene Hilfsquellen zu Gebote, wie sie in einigen der romanischen Länder gelehrte Sprachakademien wenigstens durch gesammeltes Material bieten.

Es ist nun in dem vorliegenden Grundrisse einer portugiesischen Sprachlehre der selbständige Versuch gemacht worden, nach dem geringen, allerdings deshalb schätzenswerterem Materiale und den Werken portugiesischer Schriftsteller älterer und neuerer Zeit die Grundlinien einer Grammatik dieser Sprache zu ziehen, indem bisher aufgeführte Regeln aus denselben bewiesen und erweitert und neue daraus gezogen wurden.

Die Aufgabe, welche der romanischen Sprachvergleichung noch übrig ist, hat ihr bedeutendster Vertreter in Portugal

F. A. Coelho ausgesprochen, wenn er (Questões, p. 24) sagt: ‚Sobre a larga e bella base lançada por Diez *ha ainda muito que fazer: faltam ainda os trabalhos especiaes sobre cada uma das linguas romanicas*, a historia geral d'ellas comprehendendo as vistas syntheticas sobre a sua marcha e desenvolvimento e a chronologia da maior parte de suas alterações'.

Die Uebereinstimmung mit diesen Worten Coelho's veranlasste den vorliegenden Versuch zur Herstellung einer portugiesischen Grammatik, wie einzelne der romanischen Schwestersprachen sie schon lange in vorzüglicher Durchführung besitzen.

München, November 1877.

Dr. Carl von Reinhardstoettner.

Inhalt.

Einleitung.
Die portugiesische Sprache und ihre litterarische Entwicklung.

Seite.
I. Die portugiesische Sprache im Verhältnisse zu den romanischen Schwestersprachen 1
II. Die portugiesische Sprache in ihrer Litteratur 20

Grammatik.
Erstes Buch.
Zur portugiesischen Lautlehre.
I. Die Buchstaben der Quellensprachen.
a) Vokale.

§ 1 A 45
§ 2 E 46
§ 3 I 47
§ 4 O 48
§ 5 U 49
§ 6 Y 50

b) Diphthonge.

§ 7 Ae. Oe 50
§ 8 Au 51
§ 9 Eu. Ui 52

c) Vokale im Hiatus.

§ 10 Hiatus 52
§ 11 Hiatus in einfachen lateinischen Wörtern . . 52
§ 12 Hiatus durch Zusammensetzung entstanden . . 55
§ 13 Hiatus durch Consonantenausfall entstanden . 55

d) Consonanten.

§ 14. Einfache, mehrfache Consonanz 56

	Seite.
α. Liquidae.	
§ 15 L	56
§ 16 M	61
§ 17 N	62
§ 18 R	65
β. Mutae und Spiranten.	
§ 19 C. Ch	67
§ 20 Qu	74
§ 21 G	74
§ 22 J	76
§ 23 H	77
§ 24 P	77
§ 25 B	80
§ 26 F, Ph	82
§ 27 V	83
§ 28 T. Th	84
§ 29 D	87
§ 30 Z	89
§ 31 S	91
§ 32. Arabische Buchstaben in's Portugiesische übertragen	91
§ 33 L M N R	92
§ 34 Ch H K G Q	92
§ 35 B F V	93
§ 36 T D Z S Sch	94
Allgemeine Bemerkungen zur Lautlehre der Vokale und Consonanten.	
§ 37 Synkope und Contraktion	95
§ 38 Aphaerese	95
§ 39 Mehrfache Consonanz im Inlaute	97
§ 40 Epenthese	97
§ 41 Einschiebung eines Consonanten	97
§ 42 Darstellung der Lautwandlungen	98

II. *Die Buchstaben im Portugiesischen.*

§ 43 a) Vokale	100
§ 44 b) Diphthonge	100
§ 45 c) Triphthonge	101
§ 46 d) Consonanten	101
§ 47 Nasalität	103
§ 48 C, ch, g, h, f, ph, s	105
§ 49 Quantität und Accent	106
§ 50 Accentwandel und Lautwandel	107
§ 51 Accentwechsel	107

	Seite.
§ 52 Tonzeichen	109
§ 53 Trema, Apostroph, Bindestrich	111

III. Portugiesische Wortbildung.

§ 54 Derivation, Composition	111
§ 55 Aufgabe der Etymologie	112
§ 56 Wandlung des Wortschatzes	112
§ 57 Phonetische Aenderungen	113
§ 58 Scheideformen	114
§ 59 Gelehrte Terminologie	115
§ 60 Scheideformen aus fremden Sprachen	117
§ 61 Erweiterte Form der Wurzel	118
§ 62 Onomatopoetische Formen	118
§ 63 Anbildung und Umdeutung	120
§ 64 Assimilation und Dissimilation	121
§ 65 Geänderte Bedeutung	121

A. Derivation im Portugiesischen.
a) Nomina.

§ 66 Suffix	122
§ 67 Adjektive als Substantiva	122
§ 68 Die Suffixe	123
§ 69 Eus, ius, ia, ium, uus	124
§ 70 Acus, aceus, atius, ascus	125
§ 71 Alis, aris, arius	125
§ 72 Anus, aneus, andus, atus	128
§ 73 Ast, aster, ant, ent, agin, amen, ato, az, tat, ald, ard, arr	130
§ 74 Ec, edo, ett, etum, ela, elis, ellus, enus, endus, entus, lentus, ensis, ernus, mentum, estus, estris	132
§ 75 Ic, Icus, Icus, icius, itius, itius, itia, ities, iscus, aticus	134
§ 76 Idus, itus, ita, ites, ista, Ilis, Ilis, bilis	136
§ 77 Illus, Inus, Inus, ineus, ignus, inus, ivus	138
§ 78 Igin, imen, issa, ismus, ing, ling	140
§ 79 Oc, oceus, olus, oneus, osus, on, ion, tion, sion	140
§ 80 Or, tor, sor, torius, sorius, ott, orr	144
§ 81 Ucus, uceus, uscus, ulis, ulus, culus, unus, undus, umen, ura, urnus	144
§ 82 Tus, sus, utus, tude, ugin, tut, urr	146

b) Verba.

§ 83 Unmittelbare, mittelbare Ableitung der Verba	147
§ 84 Tare, sare, tiare, siare, icare, ascere, escere, iscere, znare, antare, entare, izare, iscare, ucare, ulare	147
§ 85. B. Composition im Portugiesischen	149
§ 86 Substantiva mit Substantiven componirt u. s. w.	149
§ 87 Adjektive mit Substantiven u. s. w.	150

§ 88 Partikelzusammensetzung 151
§ 89 Ab, ad, ante, anti, circum, cum, contra, de, dis . . . 151
§ 90 Ex, extra, in, inter, intro, ob, per, post, prae, praeter, pro,
    re, retro, se 152
§ 91 Sub, subter, subtus, super, trans, ultra 153
§ 92 Zusammensetzungen mit Nominaladverbien 154
§ 93 Der arabische Artikel (ال), não, sem 155
§ 94 Zusammensetzung von Phrasen 155

Zweites Buch.
Wortbiegungslehre.
1. Capitel. <i>Deklination.</i></p>

Von der Deklination; Genus (§ 95) 157
Lateinische Urform portug. Wörter (§ 96) . . . 158

a) Substantiv.

1. Genus (§ 97—101) 162
   Communia (§ 101) 166
   Substantiva mobilia (§ 102 - 105) 167
   Genusregel (105—108) 169
2. Numerus (§ 108—109) 170
   Plural mit veränderter Bedeutung (§ 110) . . . 172
3. Deklination (§ 111—114) 174
   Praepositionen mit dem Artikel contrahirt (§ 114) . . 177
4. Pluralbildung (§ 115—120) 178

b) Adjektiv.

1. Genus (§ 120—124) 183
2. Pluralbildung (§ 125) 186
3. Comparation (§ 126—131) 187

c) Numeralia

1. Cardinalia (§ 131—134) 191
2. Ordnungszahlen (§ 134) 193
3. Bruchzahlen (§ 135) 195
4. Distributiva (§ 136) 195
5. Multiplicativa (§ 137) 196
Zusammensetzungen mit Zahlwörtern (§ 138) . . . 197

d) Pronomina.

Allgemeines (§ 139) 197
1. Personalia (§ 140—144) 198
2. Possessiva (§ 144) 204
3. Demonstrativa (§ 145) 206
4. Relativa (§ 146) 207

	Seite.
5. Interrogativa (§ 147)	207
6 Indefinita (§ 148. 149)	208
Correlation der Pronomina (§ 150)	210

2. Capitel. *Conjugation.*

Allgemeines (§ 151)	211
1. Tempora (§ 152)	211
2. Modi (§ 153)	215
3. Nominalformen (§ 154)	217
4. Hilfsverba § 155)	218
5. Conjugationen (§ 156—160)	225
Einzelne Anomalien der drei Conjugationen (160 – 163)	231
Starke Flexionsreste: dizer, fazer, jazer, poder, querer, saber, caber, trazer, ver; vir, pôr; starke Participien (§ 163—167)	238
Reflexive Verba (§ 167)	245
Defektive Verba (§ 168)	246
Unpersönliche Verba (§ 169)	246

3. Capitel. *Partikeln.*

Allgemeines (§ 170)	247
a) Adverbien; ihre Bildung (§ 171—174)	248
1. Adverbia loci (§ 174)	252
2. Adverbia temporis (§ 175)	254
3. Adverbia des Grades und der Menge, der Vergleichung (§ 176)	258
4. Adverbia der Bejahung und Verneinung (§ 177)	258
5. Adverbia der Art und Weise (§ 178)	259
b) Praepositionen; ihre Form (§ 179)	260
1. Wirkliche Praepositionen (§ 180)	260
2. Uneigentliche Praepositionen (§ 181)	261
c) Conjunktionen (§ 182)	262
d) Interjektionen (§ 183)	264

Drittes Buch.
Syntax.

Eintheilung (§ 184)	266
1. Capitel. *Der einfache Satz und seine Theile.* (§ 185)	266
Subjekt (§ 186)	267
Subjekt ausgelassen (§ 187)	268
Praedikat (§ 188)	268
Congruenz (§ 189—193)	269
Gebrauch des Plurales (§ 193)	273

2. Capitel. *Der Artikel.*
Seine Stelle; Ausfall, Setzung des bestimmten und unbestimmten
Artikels (§ 194—205) 274

3. Capitel. *Casus.*

1. Nominativ (§ 205) 288
2. Vokativ (§ 206) 289
3. Akkusativ (§ 207—214) 289
4. Dativ (§ 214—217) 2.8
5. Genitiv (§ 217—225) 301

4. Capitel. *Die Casus von Praepositionen regiert.*
1. Wirkliche Praepositionen.
Einleitendes (§ 226) 310
A (§ 226) 310
De (§ 227) 312
Com (§ 228) 313
Em (§ 229) 315
Por (§ 230) 317
Ante, contra (§ 231) 320
Entre, segundo, sem, sob (§ 232) 321
Sobre, tras (§ 233) 322

2 Uneigentliche Praepositionen.
Para (§ 234) 323
Antes, apoz, depois, desde, até, além, áquem (§ 235) . . 324
Dentro, fora, longe, diante, perante, atrás, ácerca (§ 236) . 326
Substantiva und Adjectiva mit Praepositionen (§ 237) . . 327
Adjektive und Participien (§ 238) 329
Para com, por entre, dentro em (§ 239) 331

5. Capitel. *Adjectiva, Numeralia, Pronomina und Adverbia.*

1. Adjektive (§ 240—246) 331
2. Numeralia (§ 246—248) 334
3. Pronomina (248—254) 336
4. Adverbia (§ 254—255) 340

6. Capitel. *Verbum.*

1 Genera des Verbums (§ 255—258) 349
2. Tempora des Verbums (§ 258—261) 353
3. Modi des Verbums (§ 261—263) 360
4. Nominalformen des Verbums (§ 263—265) . . . 368

Seite.

Viertes Buch.
Der zusammengesetzte Satz.

Coordination und Subordination (§ 265) 371
1. Capitel. A. *Coordination der Sätze.* (§ 266—268) 371
2. Capitel. B. *Subordination der Sätze.*
Arten der Nebensätze (§ 268). 374
Consecutio temporum (§ 269) 374
  1. Substantivsätze mit que (§ 270) 376
  2. Die indirekten Fragesätze (§ 271) 377
  3. Finalsätze (§ 272) 378
  4. Consekutivsätze (§ 273) 378
  5. Conditionalsätze (§ 274) 379
  6. Concessivsätze (§ 275) 381
  7. Causalsätze (§ 276) 382
  8. Temporalsätze (§ 277) 383
  9. Comparativ- und Modalsätze (§ 278) . . . 385
10. Relativsätze (§ 279) 386
3. Capitel. *Von der Wort- und Satzstellung.* (§ 280) . 389

Anhang.

I. Einige Abweichungen vom gewöhnlichen Stile (§ 281. 282) 393
II. Zur portugiesischen Metrik (§ 283 284 285) . . . 394
Berichtigungen und Zusätze 399
Wort- und Sachregister 401

Abkürzungen bei den Belegstellen.

Alm. Garr. folh. cah. = Almeida Garrett, folhas cahidas. Lisboa 1869.
Anth. do Quent. od. mod. = Anthero do Quental, odes modernas, 2da ed. Porto 1875.
Anton. Ferreira, Castro = Antonio Ferreira, D. Inez de Castro, Lisboa 1598.
Anton. Ferreira, poem. = Antonio Ferreira, poemas lusitanos, Lisboa 1771.
Aug. Lima, murm. = Augusto Lima, murmurios, Lisboa 1851.
Bern. Guimar. nov. poes. = Bernardo Guimarães, novas poesias, Rio de Janeiro 1876.
Braga, Anth. = Th. Braga, Anthologia portugueza, Porto 1876 (vgl. S. 21).
Braga, estud. = Th. Braga, estudos da edade media. Porto 1870.
Braga, folh. v. = Th. Braga, folhas verdes, Porto, 2da ed. 1869.
Braga, gr. = Th. Braga, grammatica portug. Porto 1876.
Braga, parn. mod. = Th. Braga, parnaso portuguez moderno, Lisboa 1877 (vgl. Zus S. 399).
Braga, vis. dos temp. = Th. Braga, visão dos tempos, Porto 1870.
Br. de Seabra, flor. e fr. = Bruno de Seabra, flores e fructos, Rio de Janeiro 1875.
Cabral, poes. = José Augusto Cabral de Mello e Silva, poesias lyricas. I. Collecção. – Angra 1834.
Cam. Amphit. = Camões, auto dos Amphitriões.
Cam. Canç. = Camões Canções.
Cam. Ecl. = Camões Eclogas.
Cam. Eleg. = Camões, Elegias
Cam. Filod. = Camões, auto de Filodemo.
Cam. Lus. = Camões, os Lusiadas.
Cam. Outav. = Camões Outavas.

Cam. Seleuc. = Camões, auto de el-rei Seleuco.
Cam. Son. = Camões Sonetos.
 (Die Citate beziehen sich auf die Edição critica der Actualidade
 ,Obras completas de Camões', Porto 1874.)
Canc. Din. = Cancioneiro d'el-rei D. Diniz (vgl. S. 22. 23).
Canc. ger. = Cancioneiro geral (vgl. S. 26. 27).
Castilho, Excav. = A F. de Castilho, excavações poeticas, Lisboa 1844.
Cast. Alves, poes. = Castro Alves, poesias, Bahia 1870.
Cl. Jos. Nunes, scen. cont. = Claudio José Nunes, scenas contemporaneas, Lisboa 1873.
Coelho, Quest. = Coelho F. A. Questões (vgl. S. 13).
Cortereal, Diu = Jeronimo Cortereal, cerco de Diu; Lisboa 1781.
Costa, ens. = Costa e Silva, ensaio biographico (vgl. S. 3; 20).
Dias Carn. parn. mar. = F. Dias Carneiro im Parnaso maranhense, Maranhão 1861.
Diez A. K. H. P. = F. Diez, Ueber die erste portug. Kunst und und Hofpoesie. Bonn 1863
Diez E. W. = F. Diez, Etymologisches Wörterbuch der romanischen Sprachen. 3. Aufl. 2 Bd. Bonn 1869.
Diez R. G. = F. Diez, Grammatik der romanischen Sprachen. 3. Aufl. 3. Bd. Bonn 1870.
Din. Hyss. = Antonio Diniz da Cruz e Silva, o hyssope; poema heróico comico; nova edição Paris 1817.
Diog. Bernard. Lim. = Diogo Bernardes, o Lima. Lisboa 1761.
Diog. Bernard. flor. = Diogo Bernardes, flores de Lima, Lisboa 1760.
Diog. Bernard. rim. = Diogo Bernardes, rhymas ao bom Jesus, Lisboa 1771.
Eluc. = Elucidario (vgl. S. 12. — S. = Supplement).
Fagund. Var. cant. = L N. Fagundes Varella, cantos do ermo e da cidade.
Fern. Alv. do Or. Lus. transf. = Fernão d'Alvares do Oriente, Lusitania transformada. Lisboa 1781.
Filg. Sobrinh. Consol. = Filgueiras Sobrinho, Consoladoras. Paris 1876.
Franc. de Sá, poes. = A. J. Franco de Sá, poesias S Luiz do Maranhão 1869.
G. Brag. her. = Guilherme Braga, heras e violetas, Porto 1869.
Gil Vic. = Gil Vicente, obras; nova edição correcta e emendada por J. V. Barreto Feio e J. G. Monteiro, 3tom. gr. 8. Hamburg 1834. [Obras completas de Gil Vicente. Lisboa 1843.]
Gom. Leal, clar. = Gomes Leal, claridades do sul, Lisboa 1875.

Gonç. Dias. cant. = A. Gonçalves Dias, cantos. 5ta ed. 2tom. Leipzig 1877.
Grinald. = A Grinalda. Porto. I—VI tom.
Hard. Rom. = V. E. Hardung, romanceiro portuguez. 2. Bd. Leipzig, 1877.
Herc. Eur. = Alexandre Herculano, Eurico o presbytero 3ra ed. Lisboa 1854.
Herc. Harp. do Cr. = Alexandre Herculano, harpa do crente 2!a ed. Lisboa 1860.
Herc. Hist. = A. Herculano, Historia de Portugal desde o começo da monarchia até o fim do reinado de Affonso III. — 3ra ed. Lisboa 1863.
Herc. Inq. = A. Herculano, historia da origem e estabelecimento da inquisição em Portugal. Lisboa 1864.
Herc. Mong. = A. Herculano, o monge de Cistér ou a epocha de D. João I. 2vol. Lisboa 1848.
J. Ferreira Euf. = Jorge Ferreira de Vasconcellos, Eufrosina (1527)
João de Deus, flor. = João de Deus, flores do campo 2da ed. Porto 1876.
João de Lemos, trov. = João de Lemos, o trovador, Coimbra 1848.
Joaq. Serra, quad. = Joaquim Serra, quadros. Rio de Janeiro 1873.
Leal Cons. = Leal Conselheiro (vgl. S. 25).
Lind. = Lindoya (vgl. S. 41).
Lobo, condest. = Francisco Rodrigues Lobo, o condestabre de Portugal D. Nuno Alvares Pereira, Lisboa 1610 (1723).
Lobo, Ecl. = Lobo, Eclogas pastoris, Lisboa 1605.
Luiz Pereir. El. = Luiz Pereira, Elegiada, Lisb. 1785.
Mal. conq. = Francisco Sá de Menezes, Malaca conquistada pelo grande Affonso de Albuquerque. Lisboa 1779.
Marec. prim. insp. = Ernesto Marecos, primeiras inspirações, Lisboa 1865.
Mend. Leal, cant. = J. S. Mendes Leal, canticos. Lisboa 1858.
M. Müller = (vgl. S. 5).
Oct. Huds. per. = Octaviano Hudson, peregrinas. Rio de Janeiro 1874.
Orn. Faust. = Agostinho d'Ornellas, Fausto. IIda parte. Lisboa 1873.
Palmeir. poes. = L. A. Palmeirim, poesias
Parn. lus. = Parnaso lusitano. 5 tom. Paris 1826.
Pedro Andr. Cam. poes. = Pedro de Andrade Caminha, poesias. Lisboa 1791

Quirin. dos Sant. Estr. = Quirino dos Santos, Estrellas errantes. Campinas, 1876.
Ribeir. Ecl. = Bernardim Ribeiro, Eclogas.
Ribeir. Men. = Bernardim Ribeiro, Menina e moça, Lisboa 1785.
Rom. ger. = Romanceiro geral.
Sá de Mir. Ecl. = Sá de Miranda, eclogas. — Obras. Lisboa 1784.
Soar. de Pass. poes. = A. A. Soares de Passos, poesias 2.da ed. Porto 1858.
Sousa Pinto, id. = A. de Sousa Pinto, ideias e sonhos. Lisb. 1872.
Trov. = Trovas e cantares (vgl. S. 23).
(Sonstige Citate sind vollständig angeführt.)

EINLEITUNG.

Die portugiesische Sprache und ihre litterarische Entwicklung.

I.
Die portugiesische Sprache im Verhältnisse zu den romanischen Schwestersprachen.

Im äussersten Westen Europas breitet sich, wie Camões (Lus. III, 20) es nennt:

 .... quasi cume da cabeça
 De Europa toda ....

das Königreich Portugal aus. Hier ist das Stammland der portugiesischen Sprache. Nach der ältesten Bezeichnung ist der erhabenere Name derselben, ‚lingua lusitana‘ (Camões, Lus. IX, 38 hat auch das Adjectiv *lusitanico*); das Volk heisst *os Lusitanos*, auch *os Lusos* (Cam. Lus. X, 27), *os de Luso*. Vorübergehend nannte man die Sprache auch, ‚hespanhola‘, was indessen nicht zur Geltung kam. Die übliche Bezeichnung war und ist ‚lingua portugueza‘. Das Adjectiv *portuguez* ist eine aus der vollen Form *portugalez* entstandene Synkope. Die älteren Schwestersprachen weisen uns noch diese Urform auf, so das altspanische poema del Cid (2989), ‚portogales‘, ebenso provenzalische Quellen, ja noch Montaigne in seinen Essais (I, 14) schreibt: ‚Et au quartier, par où les *Portugalois* escornèrent les Indes‘, wie auch die lateinische Bildung ‚portugalensis‘ schon aus dem zehnten Jahrhunderte (z. B. in Yepes, Cronica de la orden de S. Benito IV. n. 10. aus dem Jahre 922) nachweisbar ist.

Als die nächste Schwester der spanischen hat die portugiesische Sprache mit jener allerdings grosse Aehnlichkeit, welche sich selbstverständlich nicht allein auf die Wortwurzeln bezieht, sondern sie auch hinsichtlich ihres grammatischen Aufbaues nicht weit von ihr stellen lässt. Dessen ungeachtet aber kann die portugiesische Sprache nicht etwa als eine Mundart der castilianischen bezeichnet werden. Im Gegentheile entwickelt sich hauptsächlich in ihrer Syntax, und das ist ja das lebendige Innere einer Sprache, eine Selbständigkeit im Satzbaue, eine Freiheit des Ausdruckes, eine oft klassische Kürze und Genauigkeit, eine Fähigkeit der Wortbildung, durch welche sie in vielen Punkten das spanische Idiom nicht selten überflügelt.

Sie ist ferner, wie Delius (Romanische Sprachfamilie S. 31) mit vollstem Rechte sagt, eine Sprache, welche sich im Ganzen in einer älteren Gestalt bewahrt hat als das Spanische, und schon L. Diefenbach (Ueber die jetzigen romanischen Schriftsprachen, Leipzig 1831) gesteht ihr (S. 39) zu, dass die Zahl der aus dem Lateinischen behaltenen Wörter im Portugiesischen grösser sei als im Spanischen, dass es durch früheres Losreissen von der maurischen Herrschaft der Mutter treuer geblieben, und ihr Geist eigenthümlich genug dastehe, um ihre Ansprüche auf Selbständigkeit zu unterstützen.

Die Portugiesen waren sich dieser engen Beziehungen ihrer Sprache zu der lateinischen Mutter stets bewusst. So sagt schon Camões (Lus. I, 33):
,E na lingua, na qual, quando imagina,
Com pouca corrupção crê *que é latina*.'
und *Diniz da Cruz e Silva* (Hyssope V, 134):
,.... a bella e fertil lingua nossa,
Primogenita filha da latina.'
entschiedener noch Francisco Manoel (Art. poet. XVI, 21):
,Nunca nariz francez em lusa cara,
*Que é filha latina e só latinas
Feições lhe quadram*'.
Es erinnert an Giambulari, der in seinem ,*Gello*' einst nachweisen wollte, dass das Italienische eine semitische

Sprache sei, wenn wir Antonio Ribeiro dos Santos oder den Kardinal Saraiva der portugiesischen Sprache ihre Abstammung vom Lateinischen ableugnen und sie als keltisch bezeichnen hören. Giambulari allerdings schrieb vor drei Jahrhunderten; des Kardinals Saraiva Schrift aber „Memoria em que se pretende mostrar que a lingua portugueza não é filha da latina" stammt aus 1837. Ihm ist Portugiesisch und alle romanischen Sprachen ein moderner keltischer Dialekt. Diese Idee hat in Portugal noch heute viele Vertreter. Auch Costa e Silva nennt gestützt auf Ribeiro dos Santos (Ensaio biographico critico, 10 voll. Lisb. 1850—56. I, 21, 22) die Kelten ‚padres da nossa lingua' und meint dann modificirend ‚que Celtico deve pelo menos contemplar-se como um *dos principaes elementos* da lingua portugueza.'

Das Portugiesische hat aber nicht nur die lateinische Färbung mehr als das Spanische beibehalten; es ist auch von den übrigen Idiomen, welche ins Spanische mehr oder minder eingegriffen haben, weit weniger berührt worden, weshalb diese viel geringere Spuren in ihm zurückgelassen haben.

In erster Linie ist es die Sprache der *Basken,* dieser wohl keltischen Urbewohner Iberiens [1], welche entschieden einwirken musste. Ist schon zu bewundern, dass diese iberische Ursprache, von deren Existenz *als lebendes Idiom* römische Schriftsteller [2] Erwähnung thun, dem Lateinischen soweit wich, dass schon im ersten Jahrhunderte nach Christus Strabon [3] von diesen Turdetanern sagt, sie seien ganz römisch geworden und verstehen ihre Muttersprache nicht mehr, so ist noch eigenthümlicher, dass von allen baskischen Wörtern,

[1] W. v. Humboldt, Untersuchungen über die Urbewohner Hispaniens. 1821.

[2] S Cicero (De divin. II, 64): ‚Similes enim sunt dii, si ea nobis objiciunt, quorum neque scientiam neque explanationem habeamus, tanquam si Poeni aut *Hispani* in senatu nostro *sine interprete loquerentur.'* und *Tacitus,* der von einem Termestinerbauern aus dem diesseitigen Hispanien (annal. IV, 45 erzählt, der ‚*sermone patrio*' gesprochen habe.

[3] III, 2 (Fin.): ‚Οἱ μέν τοι Τουρδιτανοὶ τελέως; εἰς τὸν Ῥωμαίων μεταβέβληνται τρόπον οὐδὲ τῆς διαλέκτου τῆς σφετέρας ἔτι μεμνημένοι'.

welche sich im Spanischen erhalten haben [1], nur etwa ein Drittheil in's Portugiesische übergegangen ist. Es ist darum auch kaum anzunehmen, das einzelne Züge des baskischen Lautsystems, welche im Portugiesischen wiederkehren, wie z. B. das Einschieben von Vokalen zwischen eine Muta und l oder r[2], der häufige Ausfall des n zwischen zwei Vokalen[3] aus dem Baskischen ins Portugiesische gekommen seien, vielmehr mögen diese lautlichen Vorgänge dem Portugiesischen selbst ohne altiberische Einflüsse entwachsen sein.

Dass die portugiesische Sprache noch weniger baskische Elemente enthält als die spanische, erklärt W. v. Humboldt dadurch, dass die Basken in Portugal weit geringer waren als in Spanien, also auch ihre Sprache hier nicht so tief einprägten wie dort, wozu Diez (Etymologisches Wörterbuch der romanischen Sprachen, 3. Aufl. Bonn 1869. I, S. XVIII) die Vermuthung anfügt, dass vielleicht die baskischen Wörter, welche der spanische Sprachschatz aufweist, „erst später aus dem Baskischen in das nahe spanische Gebiet eindrangen, ohne das entlegenere portugiesische Gebiet zu erreichen."

Es mögen wohl beide Gründe vereint diesen auffälligen Mangel baskischer Worte im Portugiesischen hervorgerufen haben.

Im Beginne des fünften Jahrhunderts erfolgte der gewaltsame Einzug germanischer Völker auf der iberischen Halbinsel, mit dem achten fiel sie ihrem grössten Theile nach in die Hände der Araber, deren fast siebenhundertjährige Herrschaft die Sprache stark beeinflusste, besonders das

---

[1] Vgl. Aldrete, Del origen y principio de la lengua castellana. (Roma 1606).

[2] Vgl. Diez (E. W. S. XVI) z. B. caranguejo (Krebs) = cancer (prov. cranc); gurumete (Schiffsjunge) neben grumete; garupa (Kreuz des Pferdes) = sp. grupa u. a.

[3] Vgl. Diez, (Grammatik der romanischen Sprachen. 3. Bd. 3. Aufl. Bonn 1870. I, 218.) z. B. alheo (alienus), aréa (arena), boa (bona), cadea (catena), cea (cena), coelho (cuniculus), geral (generalis), lua (luna), miudo (minutus), moeda (moneta), pessoa (persona), pôr (ponere), saar (sanare), semear (seminare), soar (sonare), ter (tenere), raidade (vanitas), vea (vena), vir (venire) im Zusammenhalte mit dem baskischen khoroa (sp corona), lioha (sp. lino) u. a.

Spanische, das auch fast aus denselben Gründen, welche im baskischen Theile anzuführen waren, weit mehr arabische Beimischung hat, als das Portugiesische, das frühe von der arabischen Herrschaft sich befreite.

Die arabischen Bestandtheile der portugiesischen Sprache, welche mit den spanischen fast gleich sind, sind schon frühe von Spanien aus bearbeitet worden. So ist des Pedro de Alcala ‚*Vocabulista aravigo*', eine Hauptgrundlage zur genauen Kenntniss des vulgär-arabischen Dialektes, schon 1505 in Granada erschienen. Nach zahlreichen Vorarbeiten folgte 1789 in Lissabon speciell für die portugiesische Sprache die Arbeit des Fr. João de Sousa, ‚Vestigios da lingua Arabica em portugal ou lexicon etymologico das palavras e nomes Portuguezes que tem origem Arabica' composto por ordem da Academia, in neuer Auflage 1830 abgedruckt. (Catal. da Acad. Nr. 9). Selbstverständlich war es erst der neueren Zeit vorbehalten, dieses mehr oder minder reiche und verwendbare Material in wissenschaftlicher, kritischer Weise verarbeitet zu sehen. Auf diesen Vorarbeiten, nach Marina's und von Hammer's Studien erstund das Werk des holländischen Gelehrten Dr. W. H. Engelmann in Leyden: ‚Glossaire des mots Espagnols et Portugais dérivés de l'Arabe' (Leyde 1861 2. Aufl. 1869), zu welchem Dr. Marcus J. Müller einzelne Anmerkungen und etliche neue Artikel in den Sitzungsberichten der philosophisch-philologischen Classe der kgl. bair. Akademie der Wissenschaften zu München 1861 (II. S. 95—115) gegeben hat.

Im Allgemeinen macht F. Diez (R. Gr. I, 94) über die Anwendung der arabischen Worte in den westromanischen Sprachen — nach Sarmiento's Angaben (Obras postumas Madrid 1775, 107) ist ein Zehntel des Spanischen orientalisch — die Bemerkung, „dieselben bezeichnen fast durchgängig sinnliche Gegenstände oder wissenschaftliche Begriffe, vorzüglich aus den Naturreichen, der Heilkunde[1], Astronomie, Musik; verschiedene betreffen Staatseinrichtungen, besonders

---

[1] Theophilo Braga, historia da litteratura portugueza (Porto 1870). Introducção I, 59: „*A medicina* que se conhecia em Portugal nos primeiros quatro seculos da monarchia *era a dos Arabes.*'

Aemter und Würden [1], Maasse und Gewichte; auch das Kriegswesen [2]) ist vertreten. Nicht ein einziges Wort ist aus der Sphäre des Gemüthes entlehnt, als ob das Verhältniss zwischen Christen und Mahometanern sich schlechthin auf den äussern Verkehr beschränkt, keine herzlichere Annäherung, wie zwischen Römern und Gothen, gestattet hätte [3]".

---

[1] Braga l. c. 61. ,Na magistratura civil os nomes dos varios cargos tambem tinham *designações arabes*'.

[2] Braga l. c. 58. ,A lingua arabe era conhecida pelos cavalleiros portuguezes, que se serviam della muitas vezes *para a tactica militar*.

[3] Der Wortschatz bestätigt diese bei dem engen Zusammenleben der Portugiesen mit den Arabern (vgl. A. Herculano, Historia de Portugal 3. Aufl. Lisboa 1863. III, 199 u. Braga l. c. 55—84) eigenthümliche Thatsache. — *Alarve* selbst (al-'arabî) *der Araber* ist ein Schimpfwort ,plump, unbeholfen', so viele andere Worte wie *cadimo* (vgl. über die Bedeutungsänderung Eluc. I, 225); *cafre* (kâfir), *cáfila* (qafilah), *refece* (rachîç), *safio* (ġâfî), die theils mit schlimmer Bedeutung aus dem Arabischen geholt wurden, theils erst im Port. diesen Sinn erhielten; *elche* Renegat (arab. elġ Proselyt). — Besonders vertreten sind *militärische Ausdrücke* z. B. *adail* (ad-dalîl), *alarde* (al-'ar'd'), *alarido* (al-arîr), *alvoroto* (alarbada, Müller), *alcaide* (al-qâîd), *alcazar* (al-qaçr), *alfange* (al-changar), *alferez* (al-farîs'), *alforge* (al-chorġ), *algara* (al-garâh), *almafre* (al-migfar), *anafil* (an-nafîr), *garrama* (garâmah), *zaga* (sâqah Eluc. I, 155); dann zunächst, was sich auf *Pferdezucht* und *Jagd* bezieht: *acicate* (asch-schavkah?), *alazão* (al-'haçan), *alfaraz* (al-faras), *almofaça* (alme-hassah), *açoute* (as-sau't', *jaez* (ġahaz, *zaino* (?), *aljava* (al-ġabah', *carcaz* (tarkâsch), *faro* ? : *Bäume, Früchte: azevre* (açcabir), *adelfa* (ad-diflâ von δάφνη), *alfostico* (al-fostoq), *alforva* (al-'holbah), *anil* (aunilah), *azucena* (as-su-san, σοῦσον), *açofeifa* (az-zofaizaf), *belota, boleta, bolota* (ballû't), *cherivia, alquirivia* (karîvija), *pateca, albuddieca, badea* (bi-'tîchah), *retama* (ratamah), *xara* (scha'râ); *Naturprodukte: aceite* (az-zait), *almagre* (almagrah), *azófar* (aç-çofr), *azougue* (azzaibaq), *marfim* (nâb u. fîl?); *Thiere: adibe* (ad-dîb), *alacrão* (al-'aqrab), *bafari* (ba'hrî), *javali* (chinzîr ġabalî = Bergschwein, sp. *montés)*, *zorzal* (zorzûr), *rez* (Schlachtvieh überhaupt, râs), *récova* (rekb); *Begriffe aus Handwerk, Technik* u. dgl.: *acicalar, açacalar* (cagala), *alfinete* (al-chill), *badana* (bi-'tânah), *cortir* (garaz, Müller), *matraca* (mi'traqah); aus der *menschlichen Gesellschaft*: *alcayote* (al-qauvâd), *bandulho* (baṭn), *alguazil, alvacil, alvacir, guazil* (al-vazîr), *almoeda* (al-monâdija), *almoxarife* (al-moschrif), *alquile* (al-kira), *beleguim* (baleguin), *refem, arrefem*, (ar-rahn), *argola* (algoll), *mazmorra* (ma'tmôrak), *enxeco* (asch-scheqq); besondere *Sitten und Gewohnheiten*: *alviçara* (al-baschârah), *enxoval* (asch-schuar); *Maass und Gewicht*: *almude*

So wenig das gothische Element die portugiesische Lautlehre beeinflusste [1], ebenso wenig that es das arabische hier [2] oder in Spanien [3]. Zu den heute noch viel gebrauchten arabischen Worten gehört das Pronomen *fulano* (alt *folam*, Eluc. I, 471, *hum folão*, *fullano* [4] ein gewisser (quidam) und die l'artikel *oxalá* (en schâ allah) .gebe Gott' (= utinam). Auch das im Spanischen noch gebräuchliche *hasta* hatte die ältere portugiesische Sprache in *fasta* [5] (hatta) statt até (tenus).

Eigenthümlich sind in der portugiesischen Sprache einzelne durch den Völkerverkehr eingeführte angelsächsische, nordische oder englische Wörter, welche nicht nur die übrigen romanischen Sprachen sondern nicht einmal die spanische kennt. (Diez, E. W. II, 110), so das angelsächsische *brittian* (engl. brit) in *britar* [6]; das nordische *pin* (Nagel, Zweck) in *pino* (altn. *pinni*, ndl. kymr. engl. *pin*, gael. *pinne)*; das

---

(almod), *arratel* (ratt), *arroba* (arrob'a), *maravedi* (morâbi'tin); *Krankheiten: xaqueca* (schaqîqah); *Hausrath: alfambar* (al-chomrah), *alfaias* (al-ʿhâgâh), *almofada* (al-mechaddah), *azafate* (as-safa-ʿte), *tarima, tarimba* (tarîmah) *tina* (ṭin); *Kleider und Schmuck: alamar* (ala-ʾlam), *aljofre* (al-ǵauhar), *sanefa* (ac-çanefah), *surrão* (çorrah); *Wirthschaft: almece* (álmeiç), *muladar* (pers. murdâr), *guilha* (gallah); *Bau: tabique* ('tabîq); *Spiele: enxedrez, xadrez* (asch-scha-treng); *Gegenden, Strassenbau: aldea* (aʿd-ʿdaiʿah), *alfoz* (al-ʿauz), *safra* (çaʾhrâ), *arrecife, arracef, recife* (as-racîfi, *arrabal, arrabalde* (ar-rabaʿd), *farol* (fanâr?)

[1] Adolpho Coelho, A lingua portugueza (1868) pag. 23. 116.
[2] Ad. Coelho, l. c. p. 25.
[3] Vgl. Delius, Romanische Sprachfamilie (S. 29.) und Diez (Romanische Grammatik. I, 370) im Artikel über das span. j.
[4] *Fuão* vom arab. *fôlan*, Freyt. III, 372.ᵇ.
[5] Elucidario I, 437. Fastá. adv. Até Vem do Hespanhol Hastá. *E pagares o tal dinheiro fastá o fim de Setembro.* Doc. da Serra do Porto.
[6] Elucidario I, 208. Britar. Quebrar, romper, despedaçar; arrombar. He dos principios da monarchia e ainda se usa della na Beira. *Britar nozes, britar pinhões* etc. por quebrar a dura casca que esconde o molo. *Britar o contróto:* não estar por elle, ir contra o que se ajustára. *Britar os ossos*, quebrállos. *Britar uma porta*: arrombálla. A huma especie de Aguia, que com o bico quebra os ossos, chamão hoje *Aguia quebrantosso;* mas antigamente lhe chamavão *Britaossos*.
— Auch das Substantiv *britamento* (Cortes d'Evora de 1442).

englische (in Devonshire bekannte) *dolt* (ags. dol) in *doudo* u. dgl.[1]. — Eine Liste skandinavischer Worte im Portugiesischen gibt Th. Braga ‚Epopêas da raça mosárabe. Porto 1871. p. 104 u. 105. — Das Portugiesische hat auch eine beträchtliche Beigabe vom Französischen in sich aufgenommen; es ist eine unleugbare Thatsache, dass dieser Zug dem grossen Gefolge des Grafen Heinrich von Burgund zuzuschreiben ist; dagegen ist es gerade widersinnig, die Nasalität der portugiesischen Sprache, welche nebenbei bemerkt, völlig anders als die französische ist, gleichfalls aus diesem Umstande zu erklären, eine Hypothese, welche Diez (R. Gramm. S. 382 A.) in sich und durch den Hinweis auf analoge historische Beispiele (z. B. die Herrschaft der Franzosen auf Sicilien) auf's entschiedenste widerlegt.

Zur Zeit, wo Frankreich dominirend über Europa auftrat, und vor allem als Frankreich dem Könige João IV, (1640—1656) gegen Spanien zu Hülfe kam, musste die portugiesische Sprache allerdings viel auch an Worten und Phrasen aufnehmen[2], ohne dass das Entgegehwirken der Patrioten sein Ziel erreicht hätte[3].

Das portugiesische Idiom erstreckt sich nicht nur auf jenen Strich Landes, den wir heute mit dem politischen Begriffe des Königreiches *Portugal* verstehen; es umfasst auch *Gallicien*

---

[1] Andere nordische Wörter hat Portugiesisch mit dem Spanischen gemeinsam z. B. *prego* (Nagel) sp priego; engl. prick, ndl. prik, kymr pric; ags. prica.

[2] Franc. de Santo Luiz, ‚Glossario das palavras e frases da lingua franceza que por descuido, ignorancia ou necessidade se tem introduzido na locução portugueza moderna com o juizo critico das que são adoptaveis n'ella. Lisb. 1816, 1827. S. hierüber besonders des Dom Francesco Manoel de Mello Klagen in seinen ‚Apologos Dialogaes' Lisb. 1721. p 169 .

[3] Von dieser Gallomanie heisst es im *Parnaso lusitano* (5 voll. Paris 1826), IV, 385. É indizivel o que se tem accumulado de francezias não só em traducções portuguezas mas até em obras de varios generos de forma que mais necessita a mocedade Portugueza hoje de diccionario para intender os livros da lingua moderna que de diccionario da mesma lingua.' Auch Diniz in seinem Hyssope (Paris 1817. A. Bobée) klagt in der Vorrede und wiederholt den Vers (V, 134) von der Sprache, welche ‚anda envasada em mil termos e *phrases gallicanas*.'

und selbst die Sprache *Asturiens* ist dem Portugiesischen näher als dem Spanischen, weshalb Sarmiento dies Land nicht als Heimat des Spanischen aufführt[1]. Ausserdem verpflanzten Colonisten die portugiesische Sprache nach *Indien, Macáo*, die *Philippinen, Molucken* und vor allem in's *Kaiserthum Brasilien (Brazil)*, wo sie auch litterarisch sich entfaltete[2].

Es ist von einzelnen Seiten behauptet worden die gallicische (galliziano, gallego) und portugiesische Sprache seien nicht dieselbe. Diese gänzlich unhaltbare Hypothese haben spanische und portugiesische Forscher[3] indessen längst widerlegt. Die spärlichen Reste gallicischer Poesie, die Urkunden, welche wir von Gallicien selbst überkommen haben, die *cantigas* des Königs *Alfons X.* von Castilien (1252—1281), später dann die Lieder des *Macias* weisen zur Evidenz die Identität des Portugiesischen und Gallicischen nach, einzelne leichte Dialektfärbungen und spärliche Abweichungen in wenig Formen ausgenommen. Man vergleiche gallicische Urkunden, deren sich eine reiche Anzahl in der España sagrada XLI p. 351 seqq. aus Lugo von den Jahren 1207—1374 findet, so wird man wenige vom Altportugiesischen in Hauptdingen abweichende Formen entdecken können, Formen, welche

---

[1] Vgl. Varnhagen zu den Trovas p. XXX. — Ueber die Mundart selbst, die 1839 herausgegebene Coleccion de poesias en dialecto asturiano.

[2] Wolf, F. le Brésil littéraire, histoire de la littérature brs. Berlin 1863. — *França Ernesto Ferreira.* Chrestomathia da lingua Brazilica. (Lpz Brockhaus).

[3] Vgl. Velazquez, L. J. Geschichte der spanischen Dichtung. Aus dem Spanischen übersetzt und mit Anmerkungen erläutert von J. A. Dieze (Göttingen 1769.) S. 96. — Costa e Silva (I, 17): ‚Portugal e Gallicia *fallaram sempre a mesma lingua*. Todos os antigos escriptores hespanhoes chamam *lingua gallega ou lingua portugueza* os idiomas das duas nações Daqui vem que Macias (el enamorado) é contado por uns entre os poetas gallegos e por autros entre os poetas portuguezes. Daqui vem dizerem uns que El-rei Dom Affonso o Sabio escrevera grande numero de cantigas para musica em Gallego ao passo que outros dizem que foram escriptas em Portuguez; *mas a verdade é que todos dizem a mesma cousa usando de denominações differentes.*‘

nicht in altportugiesischen Urkunden[1] wiederkehren oder mehr als Eigenthümlichkeiten der betreffenden Provinz wären[2]. Die Einheit des Gallicischen und Portugiesischen zugebend[3] gelangte Herculano de Carvalho zu einer anderen Annahme, indem er vertrat, die Sprache der *Trovas* aus dem 14. Jahrhunderte sei keine gesprochene, volksübliche, sondern nur eine litteräre, eine Schriftsprache. Sind es die Trovas, so muss es ebenso der Cancioneiro des Königs Diniz sein. Allein beide Denkmale sind in derselben portugiesischen Sprache abgefasst, wie sie uns in ganz gleicher Form auch in anderen Denkmalen (z. B. den Foraes) erhalten ist. Diese Ansicht Carvalho's hat so wenig für sich als jene, welche Gallicisch und Portugiesisch als zwei Sprachen auffassen will und sich zunächst stützt auf zwei Aeusserungen in dem vom Litteratoren so viel citirten Briefe des Marquis von Santillana (1398—1458; Sanchez, Coleccion de poesias castellanas anteriores al siglo XV. Tomo I. Madrid 1779. p. XLVIII), einmal (p. LVII) ‚fallaron esta arte que mayor se llama e el arte commun, creo, *en los reynos de Galicia e Portugal* . . . entanto que . . . qualesquier decidores e trovadores . . . . todas sus obras componian *en lengua gallega ó portuguesa*‘ und dann (p. LVIII.) ‚cantigas, serranas e decires *portugueses e gallegos*‘. Es ist aber offenbar, dass Santillana nicht nur, wie Diez sagt, *vielleicht* die Länder, nicht die Sprachen meint, sondern bei der Ueberein-

---

[1] Die altp. Sprache liefern uns vor allem die Statuten der Städte (foraes), von denen einige hoch hinaufreichen (1081.) [Memorias de litteratura vol. V. p. 89; vol. VII. p. 162.]; die Hauptsammlung, frühere Codices enthaltend ist ‚Collecção de legislação antigua e moderna do reino de Portugal‘. (Coimbra 1797).

[2] S. darüber ausführlich: Diez, ‚Ueber die erste portugiesische Kunst- und Hofpoesie. Bonn 1863. S. 105—109. Auch im Cancionero de Juan Alfonso de Baena (Lpz. 1860) p. LXXVIII—LXXXIV der Einleitung: De la poesia castellana en los siglos XIV y XV.

[3] Unbedeutendere Abweichungen kommen hier wohl kaum in Betracht; denn wenn auch z. B. Diniz die Form *ieu* hat statt *eu*, was in den *Trovas* nicht nachweisbar ist, die Trovas hinwiederum z. B. *re* und *cus* und das Adverb *chus* (T. 156, 3. Alf. X) statt *mais* haben, was dem Cancioneiro fremd ist, so sind das keine allzuwichtigen Momente. (Vgl. Diez, Altp. K. u. H. S. 108).

stimmung beider Idiome die letztere Stelle wohl nur zu übersetzen ist „Lieder aus Galicien und Portugal¹.

Etwas später als die romanischen Schwestersprachen begann die portugiesische grammatikalisch bearbeitet zu werden. Fernão d' Oliveira hat das Verdienst die *erste* portugiesische Grammatik geschrieben zu haben. Sie erschien 1536 (also vier und vierzig Jahre nach des Antonii Nebrissensis Tratado de gramatica sobre la lengua castellana) unter dem Titel ‚Grammatica de lingoagem portugueza‘, (neu gedruckt 1871).

João de Barros folgte 1539 mit seiner ‚Grammatica da lingua Portugueza‘, und nun ging es, wenn auch langsam mit sprachlichen Arbeiten weiter. Aus dem Anfange des sechszehnten Jahrhunderts (1606) stammt des Duarte Nunes de Leão ‚Origem da lingoa portuguesa‘², aus dem Beginne des achtzehnten das Werk des Franzisco José Freire ‚Reflexões sobre a lingua portugueza‘ nebst veralteten Worten aus der Zeit von João de Barros bis zu Antonio Vieira³. — 1760 erschien das eigenthümliche Buch des Manoel José de Paiva, Enfermidades da lingua e arte em que ensina a emudecer para a melhorar. — 1767 des Fr. Luiz do Monte Carmelo ‚Compendio de orthographia‘. Lisboa. Die lexikographische Seite wurde in Portugal überhaupt vorherrschend und mit besonderer Liebe bearbeitet⁴. Das Vocabolario portuguez e latino por D. Rafael Bluteau (Lisb. 1712—1721 na officina de Pascoal de Silva) bildet die Grundlage des Wörterbuches

---

¹ S. näheres über die gallicische Sprache in J. A. Saco y Arce Grammatica gallega. Lugo 1868.

² 1631 schrieb Alvaro Ferreira de Vera sein Buch: Orthographia e modo para escrever certo na lingua portugueza, 1655 behandelte Padre Bento Pereira Fragen der port. Sprache; auf diesen Vorarbeiten steht des João Franco Barreto (1671) erschienene: Orthographia da lingua portugueza.

³ Die übrigen lächerlichen philog. Bestrebungen s. Braga, Manual S. 345—350.

⁴ Jeronymo Cardoso hatte in der letzten Hälfte des XVI. Jahrhunderts den ersten Versuch eines portugiesischen Wörterbuches gemacht; später Agostinho Barbosa.

des Brasilianers Moraes Silva (Lisb. 1789. 4. Aufl. 2. Bd. 1831 [1]. Das Wörterbuch des José Joaquim Costa und auch das Diccionario da lingua portugueza *der Akademie* (Lisb. 1793), das nur den Buchstaben A umfängt, und welchem (1799) ein ,Catalogo dos livros que se hão de ler para a continuação da lingua portugueza' beigegeben ist, wurden in den Hintergrund gedrängt durch das Elucidario. Pedro José da Fonseca war zur Herstellung des Wörterbuches der Akademie erwählt; ihm zur Seite standen bei der gewaltigen Arbeit Bartholomeu Ignazio Jorge und Agostinho José da Costa de Macedo — 1798 erschien in Lissabon (na officina de Simão Thaddeo Ferreira) der erste Band (A.-F. 484 pag.) des *Elucidario* das palavras, termos e frases que em Portugal antigamente se usárão, e que hoje regularmente se ignorão: obra indispensavel para entender sem erro os documentos mais raros, e preciosos, que entre nós se conservão: publicado em beneficio da litteratura portugueza, e dedicado ao principe N. Senhor[2] por Fr. Joaquim de Santa Rosa de Viterbo, dos menores observantes reformados da real provincia da conceição, welchem 1799 der zweite Band (G. — Z. 416 pag. na typographia regia Silviana) nebst dem 62 Seiten umfassenden: Supplemento, addiçoens e correcçoens ao I° e II⁰ᵒ tomo do Elucidario' folgte. Einen schlechten Abdruck mit unnöthigen Bemerkungen hat 1865 Innocencio Franzisco da Silva veranstaltet.

Santa Rosa de Viterbo's Arbeit steht natürlich nicht auf dem Boden kritischer, wissenschaftlicher Anforderungen[3],

---

[1] Das diccionario portuguez des Bacellar ist ein gänzlich ungereimtes Ding.

[2] O Principe do Brazil D. João.

[3] Als ein Beleg, der mehr als naiven Auffassung, die er von Sprache und ihrer Entwicklung hatte, stehe hier nur eine Stelle aus seiner Widmung: ,A linguagem das nações, serenissimo principe, particípa dos privilegios da moeda, a quem os supremos imperantes mudão, alterão e dão o valor, com que os seus povos e vasallos a devem receber. Aqui pois se reproduzem as palavras, termos e frases, com que o Portugal antigo ouvio fallar os seus adorados principes .... Compozerão-se então os grandes do reino e os pequenos ao exemplar soberano da casa real e a todos foi commum a lingua da nação'. — In

auch enthält sie (nach Coelho Quest. p. 30) kaum den kleinsten Theil von Archaismen, aber sie kann zu weiteren Arbeiten verwendet werden und verdient darum unsern Dank. Die advertencia preliminar enthält (p. I—XXIII) eine gedrängte Darstellung der Entwicklung der portugiesischen Sprache.

Das Wörterbuch der portugiesischen Homonyma des Antonio Maria do Couto, das 1842 in Lissabon als ‚Diccionario da maior parte dos termos homonymos e equivocos da lingua portugueza' erschien, ist unvollständig und unwissenschaftlich[1]; einen ebenso zweifelhaften Dienst hat Francisco Evaristo Leoni seiner Muttersprache mit dem 1858 in Lissabon gedruckten Buche ‚Genio da lingua portugueza' geleistet, einer Arbeit, der man nicht ansieht, dass sie zwanzig Jahre *nach* der Grammatik von Diez erschien, ohne aus ihr das einfachste gelernt zu haben. Nicht viel mehr leistete A. Soromenha (1867). Die wissenschaftliche Erforschung der romanischen Sprachen und der portugiesischen speciell vertritt in Portugal einzig F. Adolpho Coelho, der in seinen Schriften ‚A lingua portugueza' (1868), Theoria da conjugação em Latim e Portuguez' (1870) und ‚Questões da lingua portugueza' (I parte, preliminares; o lexico; o consonantismo 1874) zum ersten Male die bisher gewonnenen Resultate der Sprachvergleichung umfasste und ohne jede Unterstützung allein auf diesem Gebiete vorwärts schreitet[2].

gleich naiver Art verlangte schon 1710 Antonio de Mello de Fonseca in seinem ‚*Antidoto da lingua portugueza*' (p. 416), dass die portugiesische Sprache von oben durch den König (João V) reformirt würde.

[1] Wie das 1824—28 in Lissabon herausgegebene Werk ‚Ensaio sobre alguns synonymos da lingua portugueza (2 Bd.) des Franc. de Santo Luiz und das ‚Diccionario de synonymos da lingua portugueza, von Fonseca, (Paris 1831.)

[2] Der strebsame, echt wissenschaftliche Philologe, der mit seiner ‚*Bibliographia critica de Historia e Litteratura*' (Porto 1875) umsonst den Versuch einer wissenschaftlichen Belebung seines Landes machte, um bitter enttäuscht, das schöne Unternehmen wieder aufzugeben, gibt in seiner ‚*advertencia*' zu seinen ‚*Questões*' Einblick in die schwierige Lage, in der gerade ein Gelehrter dieser Kategorie sich in Portugal befindet und wird uns darum in seinen Werken doppelt willkommen

Die grammatische Bearbeitung der portugiesischen Sprache [1] ist auch im Auslande eine äusserst mangelhafte geblieben; es ist wenig für sie geschehen im Verhältnisse zu den übrigen Sprachen Europas und speciell den romanischen. Diese ungenügende Bearbeitung zeigt sich vorerst in der Orthographie, wovon im weiteren natürlich öfter die Rede sein muss. Die Eingebornen fühlen den Mangel jeglicher fixen Regel selbst am schmerzlichsten. Das genannte ‚Compendio de Orthographia', des Fr. Luiz do Monte Carmelo (Lisboa 1767) hat für Feststellung derselben nichts vermocht. Morgado Matteus, der (1816) eine Ausgabe der Lusiaden veranstaltete, sagt: É notorio entre nos que *em nenhum tempo houve nem ha de presente um systema de orthographia fixo e*

und anerkennenswerth sein. (S. Bibl. Crit. I, 128. Z. 9 von unten und Questões p. 13).

[1] Die bekanntesten grammatischen Arbeiten sind: Methodo novo e facillimo de grammatica franceza e portugueza. Trevoux 1700. — J. A. v. Junck, port. Grammatik Frkf. a/O. 1778. — Meldola, Nova gramm. Port. divid. em 6 partes. Hamburg (Herold) 1785. — Lobato, arte da gramm. da ling. Port. 2 impr. Lisb. 12⁰ 1788. — Transtagano, a new portuguese grammar. 3 ed. London 1794. — Siret, gramm. franç et portug. revue par Cournand. Paris an VII. (1799) — P. J. de Figueiredo, arte da gramm. port. ordenada em methodo breve e facil 1799. — Wagener, port. Sprachlehre. Mainz u. Hamb. 1802. — Mordente, Exercises of the portuguese language. London 1807. — Gabe, grammaire portugaise. Hamb. (Campe) 1812. — Vieyra, portuguese grammar. Lisb. 1812. — Aldoni, port. Sprachl. Lpz. 1813. -- Laycock, a grammar of the port. language. Leeds 1825. — Jeron. Soares Barboza, gramm. philosoph. da ling. Portug. 2 ed. Lisb. 1830. — Constancio, gramm. analyt. da ling. Port. Paris 1831. -- *Kurze Anleitung* zur port. Sprache. Hamb. 1832. — Müller, port. Sprachl. Hamb. 2. Aufl. 1848. — Wollheim, prakt. port. Sprachl. 2. Aufl. Hamb. u. Lpz. 1849. — F. Pinheiro de Souza, Gramm. der port. Sprache, Lpz. 1851. — Boesche, Neue port. Sprachl. Hamb. 1853. 1877. — Boosche, Der kleine Portugiese. Hamb. 1853. — Siret, grammaire port. Paris 1854. — Anstett, port. Gramm. nach Ollendorf. Hamb. 1863. — Brandes, Abhandl über die port. Sprache. Lemgo 1864. — Herold, prakt. Lehrgang der port. Sprache. Lpz. 1872. — Th. Braga, grammatica port. Porto 1876. — Dazu Chrestomathien von Ahlwardt Lpz. 1808. — Schubert, Biblioteca castellana, portuguez y proenzal. 2. Aufl. 1809. – Massarellos, Pequena chrestomathia portugueza. Hamb. 1809.

geralmente adoptado'; bitterer klagt der Herausgeber des
'Hyssope' (Paris 1817) pag. 15: 'Lastimemo-nos da infeliz
sorte da nossa lingua *que mal fallada, mal escrita e mal
pronunciada* anda....' und an einer anderen Stelle (p. 12)
spricht er von der 'indolencia' der Akademie, deren Ausgaben
allerdings durch grosse Inconsequenz in orthographischen
Dingen [1] sehr wenig zur Feststellung der Schreibart gethan
haben, obwohl wir ihr andererseits die Herausgabe der
'Collecção de livros ineditos de historia portugueza dos reinados dos Senhores Reis D. João I, D. Duarte, D. Affonso V, e D. João II'. (Catal. Nr. XIII.) und bedeutendes Material (foros aus dem XIII. und XIV. Jrhd.) verdanken.

Während Portugals Sprache bei weitem nicht wie die
übrigen Schwestersprachen von Dialekten beeinflusst wurde,
da sie deren fast nicht aufzuweisen hat, hat der Volksmund
vieles bis zur Unkenntlichkeit entstellt. Pavia in seinen
'Enfermidades da lingua portugueza' gibt hierfür vielfache
Belege. Fälle wie das englische *sparrow-grass* (st. asparagus),
das deutsche *Maulwurf* (st. Moltwurf), *Armbrust* (st. arcubalista), *Osterluzei* (st. aristolochia), *Abenteuer* (st. aventiure),
Sündfluth (st. Sintflut) u. dgl. finden im portugiesischen Volksmunde tausendfache unsinnige Analoga. Wer erkennt in dem
Namen *Estevão de Mattos* das lat. Stabat Mater, in alifante
cardéal, pelingrin, vagamundo, inconomia, insame, inleição
u. s. w. das lateinische elephas, carduelis, peregrinus, vagabundus, oeconomia, examen, electio?

Die portugiesische Sprache wird indessen gewöhnlich
sehr unterschätzt. obwohl sie unter ihren Schwestern eine
ganz hervorragende Stellung einnimmt. Der Umstand, dass
sie nicht wie die französische sich den Rang einer Weltsprache errungen hat, dass sie durch keinen Dante gefeiert,
durch keinen Don Quijote verewigt wurde, und den Grenzen
eines engen Reiches entwachsen war, welches nur vorübergehend eine etwas bedeutendere Rolle in der Geschichte
spielte, hat sie weder bekannt, noch vielbesprochen werden

---

[1] Vgl. Einleitung p. VII. A. 2 zu meinen Lusiadas. (Strassburg, Trübner 1874).

lassen, obwohl sie am treuesten die Kraft ihrer lateinischen Mutter bewahrte.

Die portugiesische Sprache entwickelt in ihrer Etymologie dieselben Fähigkeiten wie ihre Schwestern. Sie verbindet mit der gleichen Feinheit wie die spanische oder italienische die Casus ihrer Personalpronomina; ihre Comparation lehnt sich in zahlreichen Formen an die lateinische an; im Verbum aber zeigt sie neben einem nur ihr eigenem Festhalten an der Wurzelform, die nie eine Diphthongierung, wohl indessen Ablaut des Vokales, fast nie Wechsel des Consonanten duldet, einen Reichthum in Bildung der Tempora, der nicht nur dem Spanischen gleichkommt, sondern es sogar überragt. Im Portugiesischen ist heute noch wie in keiner modernen romanischen Sprache das lateinische Plusquamperfect als solches erhalten, neben diesem aber die Compositionen mit haver und tener, im Gegensatze zum Spanischen hier oft fast gleichbedeutend oder nur ganz leise nüancirt in Anwendung.

Das charakteristische und eigenthümlichste der portugiesischen Flexion ist der s. g. flektirte Infinitiv, welcher an Kürze, Präcision und Eleganz des Ausdruckes nicht nur den lateinischen Infinitiv cum accusativo erreicht, sondern ihn durch die angehängte Flexion, welche den Akkusativ des pronominellen Subjektes entbehrlich macht noch übertrifft [1]. Höher noch steigert sich diese Fähigkeit des Infinitives, da fast jede beliebige Präposition vor ihn treten und auf diese Weise ein Adverbialsatz fast jeder Art umschrieben werden kann. Wenn der König Diniz (I) singt:

.... en me perder

‚indem ihr mich verliert‘, so ist das eine in keiner der romanischen Sprachen nachzuahmende Feinheit und Kürze; denn z. B. das italienische Gerund *perdendomi* könnte im Portugiesischen auf dieselbe Weise gegeben werden.

Eine ähnliche Fülle der Form zeigt sich beim Participe.

---

[1]) Z. B. Diniz Canc. p. 176
De morrerdes por mi gram direyt' é, Amigo ....
Freund, *dass ihr sterbt* für mich, ist wohlgethan.

Das Particip Präsens ist ursprünglich erloschen; dennoch strotzen die Werke der Dichter von Bildungen nach allen Conjugationen[1] — Bildungen, die man unmöglich als nichts weiteres denn als Adjektiva bezeichnen darf.

Eine Anzahl anderer Formen, wie die reichen Conditionale, das conjunktive Futur, die mehrfachen Hilfsverben, die mannigfachen Umschreibungen des passiven Genus, die vielen reflexiven Verba, die eigenthümliche Anwendung vergangener Participia als Adjektiva[2] hat das Portugiesische theilweise mit dem Spanischen gemeinsam, theilweise als ganz specielle Eigenheit.

Die portugiesische Syntax steht ohne Zweifel von allen romanischen Sprachen der lateinischen am nächsten.

Die zierliche Anwendung abstrakter Plurale, Congruenz und Rektion erinnert stets an das lateinische Vorbild. Die Stellung der Worte kann sich nicht nur in Poesie sondern auch in Prosa losmachen von dem den übrigen Schwestersprachen eigenen nur selten gebrochenen Regelzwange[3]; die Stellung des Genitives zwischen den Artikel und das regierende Substantiv ist ein ganz gewöhnlicher Vorgang.

Der portugiesische Schriftsteller greift in den reichen Schatz der Muttersprache zurück und bereichert sein Idiom mit den schönsten Ausdrücken.

---

[1] Z. B. In den Lusiaden: adjacente (III, 26); ardente (II, 91; III, 6)'; jacente (V, 22); lucente (I, 24; III, 6; V, 10) prestante (II, 78); rompente (III, 48); fulgente (III, 107); estridente (IV, 31).

[2] Vgl. z. B. agradecido (dankbar); callado (verschwiegen); apercebido (klug) u. dgl. siehe unten an der betreffenden Stelle.

[3] Im Parn. lus. IV, 49. wo Fénelon's Klage über die steife französische Wortfolge angeführt ist, heisst es: „Estes perluxos francezes com as suas clarezas de stylo, co'o seu pautado nominativo, verbo e caso com seus cadilhos de pronomes, articulos, suas duplices negativas teem encandeiado muitos bons engenhos e malquistado com elles as inversões tão continuas no verso e engraçadas muita vez na prosa. Inversões, digo, tão acceitas e tão bem casadas com a lingua latina e por conseguinte com a nossa sua primogenita e principal herdeira. E que se segue d'ahi? Que se lhe damos ouvido em lugar de dar'mos poemas que retratem a formosura e o numeroso dos Virgilios, nos desbotaremos em prosissimas prosas deslavadas'.

„Se temos de pedir a alguma bolsa
Termos que nos faleçam, seja a bolsa
De nossa mãe latina"

sagt Franc. Manoel (Art. poet. I). Dieses Zurückgehen, das einzelne weit ausdehnten [1], tadeln die Kritiker nicht, sie rechnen es vielmehr ihren Autoren zum Lobe an [2]. (Vgl. Francisco José Freire im „discurso preliminar" zu seinem „diccionario poetico"; ferner José da Fonseca „Tratado da versificação portugueza p. 74 sqq. und Francisco Dias Gomez, obras poeticas. p. 298 sqq.). Viele Worte haben gerade auf diese Weise im Portugiesischen eine vielfache Form angenommen und sind in ihrer wissenschaftlichen Bedeutung meist durch gelehrte Autoren wieder auf die Wurzel zurückgeführt worden. So das lateinische *planus* in chão, lhano, piano, *plano*, das griechische κύλινδρος in calhandro, calondro (calondra), calandra, *cylindro*. (Coelho, Quest. 103); daher auch die zahlreichen Scheideformen wie chamma und flamma u. dgl. Ins sechszehnte Jahrhundert fällt jene Rückconstruirung zum Lateinischen; auto, trauto u. dgl. wurde, wieder acto, tracto, wenn das c auch nie gesprochen wurde, und diese orthographische Eigenthümlichkeit bekundet den Uebergang vom mittelalterlichen Portugiesisch, wie die Verflüchtigung der Endsilben und das Aufhören des Unterschiedes kurzer und langer Silben im Deutschen Uebergang von Mittelhochdeutsch zu Neuhochdeutsch zeigt. Die Grammatiker hatten sich in jener Zeit des Theaters sogar bemächtigt, um

---

[1] So hat z. B. Francisc. Manoel: *flumens* (= rios); Castro (P. lus II, 1): *lasso* (müde); Dom Maxim Torres: *cyatho* (Becher); Silva (o crepusculo da tarde): *ove* (Schaf); ähnlich Camões, Lus. (I, 16) exicio; (III, 21) incola; (VII, 8) divicias; (VII, 8) inimicicias; (VIII, 65) nequicia; (IX, 21) insula; (IX, 73) mora; (X, 10) cerviz; und sehr viele Adjektive, vor allem Composita von fero und gero; darüber s. Einleitung XXIV zu meinen Lusiaden.

[2] Treffend sagt der Herausgeber des Parn. lus. in seiner Einleitung (pag. XV.): Aperfeiçoou-se a lingua, enriqueceu aquella solemnidade classica que a distingue de todas as outras vivas; seus periodos se arredondaram *ao modo latino*, suas vozes tomaram muito da euphonia grega; d'um e d'outro desses idiomas lhe vieram.

von hier aus ihre Reformen durchzuführen. (v. Braga, Historia do theatro portuguez III, 246).

Die portugiesische Sprache verdient in der That mehr Aufmerksamkeit, als ihr im eigenen Lande bisher geschenkt wurde. Sie ist ganz besonders in ihrer Syntax der Mutter am getreuesten geblieben. Die Eigenart ihrer Litteratur und ihr kleines Stammland[1] hat ihr wenig Beachtung zu Theil werden lassen. Aus dem Wesen ihrer Litteratur, aus dem Mangel des Grossartigen in ihr geht ihre geringe Bekanntschaft hervor. Bedeutende Autoren erwecken im Auslande Lust zum Studium einer Sprache, so wie einst Erasmus Portugiesisch lernte, um *Gil Vicente* im Originale lesen zu können[2]. Die portugiesische Muse hat kein Werk hervorgebracht, das wie die göttliche Komödie, wie der unsterbliche Witz des ‚caballero de la triste figura' für die Welt berechnet war. Ihre bedeutendste Leistung, das Epos, bewegt sich in engen Grenzen, um die Thaten des lusitanischen Volkes am Indus und Ganges, in Versen, welche nicht zur Universalität der Menschheit sprachen, sondern nur das portugiesische Volk anriefen und selbst in ihm nur schwach widerhallten. Es lag nicht in der Sprache, wie Costa e Silva (I, 29 ff.) meint, sondern im Innern der Dichtungen, im stofflichen Mangel, dass die portugiesische Litteratur keinen durchgreifenden Erfolg sich errang, ja sogar vom benachbarten Spanien bisweilen[3] nur als ein Zweig der kastillischen angesehen wurde.

---

[1] Costa. (I. 29) ‚Sendo só *propria de um pequeno reino* não permitte grande fama aos que nella escrevem *por ser idioma fallado por poucos e pouco conhecido de estranhos*' und der anonyme Verfasser des komischen Epos ‚O reino da Estupidez' (Satyricos portuguezes, Paris. J P. Aillaud 1834, pag. 139—193) sagt in seinem ‚Prologo' (141): ‚Vai o poema! não digo discorrer pelo universo, porque sei que estás escripto em Portuguez'. — Pinheiro Chagas (Ensaios criticos): „Infelizmente as reputações portuguezas nascem e morrem neste cantinho do occidente e emquanto os mais insignificantes escriptores franzeses fazem o giro do mundo, as obras de Garret, de Castilho e de Alexandre Herculano nem são conhecidas fóra da sua patria".

[2] Costa. (I, 241).

[3] S. Don Nicolas Antonio in seiner *Bibliotheca Hispana.*

II.
Die portugiesische Sprache in ihrer Litteratur[1].

Es sind uns Lieder in portugiesischer Sprache aus ältester Zeit erhalten, welche der Nationalstolz, zunächst das lange durch alle Mittel unterstützte Bestreben portugiesischer Schriftsteller, ihrer Litteratur die Priorität vor der spanischen zu vindiciren, vor das zwölfte Jahrhundert stellen liess. Es ist dies das Lied „As trovas dos figueiredos", das der bekannte

vgl. auch P. J. Pidal, pag. LXXXIII. seiner Abhandlung „de la poesia castellana en los siglos XIV y XV. vor dem Cancionero de Baena. (Lpz. 1860).

[1] Für kritische, wissenschaftliche Darstellung der portugiesischen Litteratur ist noch wenig geschehen. Ferdinand Denis sagt in seinem *Résumé* p. IX, „l'histoire littéraire de Portugal est encore à faire" und Costa e Silva (I, 6) nennt Portugal das einzige Land „que não possue a historia da sua litteratura nem mesmo da sua poesia". (vgl. auch Coelho (Bibl. Crit. I, 129). — Aeltere Arbeiten ausserhalb Portugals, wie Mittheilungen in Bertuch's Magazin der spanischen und portugiesischen Litteratur (Weimar 1780) oder Junck's Nachrichten von der portugiesischen Litteratur (Frkf. 1788) ausgenommen ist Bouterwek's Geschichte der portugiesischen Poesie und Beredsamkeit (Göttingen 1805) nach Zeit und Bedeutung das erste Werk. — J. C. L. Simonde de Sismondi hat in seinem Buche „de la littérature du midi de l'Europe" (Paris 1813, 4 Bd.) p. 260—562 des IV. Bd. der portugiesischen Litteratur gewidmet. — 1826 folgten zu Paris die Arbeiten des J. B. Leitão d'Almeida Garrett und jene des Ferdinand Denis „résumé de l'histoire littéraire du Portugal", — 1829. Liagno v., Bemerkungen über kastil. und port. Litteratur (2 Thl. Aachen.) — 1845 des Francisco Freire de Carvalho „Primeiro ensaio sobre a historia litteraria de Portugal desde a sua mais remota origem até o presente tempo, seguido de differentes opusculos que servem para sua maior illustração". (Lisboa.) — 1850—56 des José Maria da Costa e Silva „Ensaio biographico-critico sobre os melhores poetas portuguezes. (Lisb.) — 1853 José Silvestre Ribeiro „Primeiros traços d'uma resenha` da litteratura portugueza. (Lisb.) keine Litterärgeschichte wohl aber Nachweis verwerthbaren Materiales. — 1855. A. P. Lopes de Mendoça „Memorias de litteratura contemporanea". (Lisb.); nur für die neuere Zeit brauchbar. Ebenso 1870: D. Antonio Romero Ortiz „La literatura portuguesa en el siglo XIX". (Madrid.) — Das Werk einer grossen Litterärgeschichte hat neuestens seit 1870 Theophilo Braga in Porto begonnen und bereits zu einer stattlichen Anzahl von Bänden weiter gefördert. Neben dieser seiner grossen Historia da litteratura portugueza (heute 15 Bände) erschien

Cisterciensermönch Bernardo de Brito († 1617) in seiner Monarchia Lusitana[1] erhalten hat. Text und Uebersetzung finden sich in Bellermann, die alten Liederbücher der Portugiesen, oder Beiträge zur Geschichte der portugiesischen Poesie vom 13. bis zum Anfange des 16. Jahrhunderts. (Berlin 1840. S. 3) und Bellermann, Portugiesische Volkslieder und Romanzen, (Leipzig 1864. S. 200). Das Lied ‚No figueiral do figueiredo' ist wohl aus dem 15. Jahrhunderte[2]. Das episch-lyrische Liedchen des Ritters Gonçalo Hermiguez an Ouroana ‚Tinheira bos, nom tinhera bos' hat gleichfalls Bernardo de Brito[3] überliefert. Text und Uebersetzung bietet Bellermann, die alten Liederbücher, S. 5. Von Aechtheit auch dieses Liedes kann keine Rede sein, noch viel weniger von den zwei Gedichten des Egas Moniz Coelho, welche 1629 Miguel Leitão de Andrade publicirt hat[4]. Die Fabel brachte diesen Egas Moniz in Verwandtschaft mit dem aus den Lusiaden (III, 35 sqq.) bekannten Helden und machte ihn zum Haushofmeister Alfonso I. († 1185). An allen diesen s. g. alten Dichtungen, die schon vor der philologischen Kritik nicht bestehen können, ist nichts wahres, wie dies J. P. Ribeiro, Bellermann, Ferd. Wolf und Milá y Fontanals (Trovadores en España p. 494)

von ihm 1875 ein sehr brauchbares *Manual da Historia da litteratura portugueza desde as suas origens até ao presente*' Porto, livraria universal. (474 Seiten.) — Neben diesen Bearbeitungen der gesammten Litteraturgeschichte besitzen wir zahlreichere Specialarbeiten, die kritischen, hier des öfteren citirten Untersuchungen von Bellermann, Ferdinand Wolf, Frd. Diez u. A. über einzelne Perioden der port. Litteratur, Schaefer's treffliche litterar-historische Abhandlung in seiner ‚Geschichte von Portugal' (Bd. 1—3. Gotha und Hamb. 1836—1850), einzelnes bei Balbi ‚Essai statistique sur le royaume de Portugal' 2 Bd. (Paris 1822) u. b. a. m. — Eine treffliche Beigabe zur Litteraturgeschichte hat soeben Th. Braga in seiner *Antologia portugueza*, trechos selectos, coordenados sob a classificação dos generos litterarios e precedida de uma poetica historica portugueza. (Porto 1876) veröffentlicht.

[1] Lisboa 1609; II, 296; zweiter Abdruck: Lisboa 1690. II, 416.
[2] Siehe über die sprachlichen Gründe: Diez, Altportug. K. u. Hp. S. 3.
[3] Chronica de Cistér. Lisb. 1602. Weitere Ausgabe. Lisb. 1720. (p 713).
[4] Miscellanea do sitio de N. Senhora da Luz. Lisb. 1629.

gegen Costa e Silva [1], Moura und Garrett bewiesen. Verschiedene beabsichtigte Fälschungen übergehend [2] erkennen wir als die ersten ächten Denkmale portugiesischer Dichtung die Sammlungen höfischer Minnelieder, welche unter dem Namen der *Cancioneiros* bekannt sind. Ihre Vorbilder sind die altprovenzalischen Troubadoure, ihre Sprache die altportugiesische oder gallicische. Das bedeutendste dieser Liederbücher ist der *Cancioneiro d'El Rei* D. Diniz, der uns die Richtigkeit der Ansicht von Diez (Altp. K. u. H. S. 10) beweist, dass „eine Hofpoesie im vollen Sinne des Wortes nur Portugal unter Dionysius besass". Es sind dies Poesien von 127 Dichtern, deren Namen die Handschrift aufführt. Wie sie bewusst auf den Fussstapfen der Provenzalen stehen, zeigen Gedichte wie (p. 64)

Quer' eu *en maneyra de proençal*
Fazer agora um cantar d'amor.

und (p. 70) *Proençaes* soen muy ben trobar.

Schon der Marquis von Santillana preist die Lieblichkeit der Poesien des Königs Dionys. *Duarte Nunes de Leão*, sah den Cancioneiro ‚que *em Roma* se achou' [3]; trotz alledem brachte man es in Portugal nicht zu einer Ausgabe dieses in Rom liegenden Manuscriptes, bis sich Wolf [4] um die Auffindung des Codex (Nr. 4803 der Vaticana) annahm. 1847 erfolgte die Ausgabe eines Theiles dieser Lieder ‚Cancioneiro d'El Rei D. Diniz, pola primeira vez impresso sobre o manuscripto da Vaticana com algumas notas illustrativas e uma prefação historico-litteraria pelo Dr. Caetano Lopez de Moura, Pariz em casa de J. P. Aillaud 1847. Die Arbeit ist eine durchaus unkritische [5], und jetzt erst

[1] Die Unächtheit der coplas des Egaz Moniz gibt indessen Costa (I, 50) zu, wenn er auch das andere und besonders die falschen Sonette des Antonio Ferreira für ächt (I, 80; 95) hält.

[2] Siehe über die Fälschungen des Antonio Ferreira bei F. Wolf, Studien S. 695.

[3] Vgl. seine Cronica d'El Rei D. Diniz. Lisboa 1600. fol. 133 sqq.

[4] S. Wolf, Studien S. 700 A.

[5] Vgl. Wolf, Studien 707 und Diez (Altport. K. u. H. S. 135 ff.) Auch Costa (I, 64) klagt über diese Ausgabe, obwohl er (I, 52) sagt: ‚Esta edição não deixa nada a desejar emquanto á correcção do poeta'.

(1875) veranstaltete Ernesto Monaci (in Halle) eine kritische Ausgabe, welcher einige Proben ‚Canti antichi portoghesi tratti dal codice Vaticano 4803 con traduzione e note a cura di Ernesto Monaci' (Imola 1873) vorausgegangen waren. Theophilo Braga zeigte kürzlich eine Ausgabe der Monaci'schen Bearbeitung mit Einleitung und Glossar (Lisboa, François Lallemant) zum baldigen Erscheinen an; doch machte Mangel an Subscription das Unternehmen rückgängig.

Ein paar Jahrzehnte schon vor der Veröffentlichung des Cancioneiro kam ein anderes bedeutendes Denkmal altportugiesischer Dichtung zur allgemeinen Kenntniss; der englische Gesandte am Hofe zu Lissabon Charles Stuart veröffentlichte: Fragmentos de hum cancioneiro inedito que se acha na livraria do real Collegio dos nobres de Lisboa. Impresso a custa de Carlos Stuart. Paris 1823. Die Arbeit, in nicht mehr als 25 Exemplaren verbreitet, kam nicht. in den Buchhandel. — Eine ausführliche Beschreibung der Handschrift und Proben nebst Uebertragungen lieferte Bellermanu, die alten Liederb. S. 8—15.

Sechs und zwanzig Jahre später wurde eine neue Ausgabe veranstaltet durch den bei der brasilianischen Gesandtschaft am spanischen Hofe verwendeten F. A. von Varnhagen: Trovas e cantares de um codice do XIV. seculo: ou antes, mui provavelmente, o livro das cantigas do Conde de Barcellos. Madrid 1849.

So wie man für den Cancioneiro der Vaticana anfänglich den König Dionys allein als Dichter angab, so schrieb man diese Trovas dem natürlichen Sohne des Königs, dem Grafen Pedro von Barcellos († 1354) zu. So vermuthet Bellermann (die alten Lied. S. 12); entschiedener spricht es Wolf (Studien 710) aus. Allein später hat Varnhagen in einem Nachtrage (Wien 1868) selbst seine Ansicht aufgegeben, und schon vor ihm hatte Grüzmacher (Jahrbuch VI, 351) in einer feinen Untersuchung dargethan, dass, wie der Cancioneiro des Diniz nicht diesem allein angehört, so auch an den Liedern des Grafen Pedro sein Gefolge Antheil hat.

Der Hof des Königs Diniz (1279—1323), dessen auch

Camões (III, 96, 97) Erwähnung thut, ist somit für die Geschichte der portugiesischen Litteratur von hoher Bedeutung. Lope de Vega sagt in seinem ‚El guante de Doña Blanca' (Jornad. II) von ihm:

.... que es
El Rei Dionis *el primero*
Que en España *en lengua propia*
Hizo versos.

Allerdings ist in diesen Liedern eine Eigenart nicht zu suchen, und treffend bemerkt Wolf, (S. 697) die portugiesische Poesie habe sich „aus einem ganz kunstmässigen, in der Fremde wurzelnden Principe entwickelt, bevor noch die heimische Volkspoesie eine hinlänglich breite Basis bieten konnte, um darauf kunstmässige Werke mit nationalem Typus aufzuführen .... kurz sie ist mehr receptiv als productiv"[1]. Immerhin aber ist Diniz, um diesen Collectivnamen zu gebrauchen, einer der ersten Sprachmeister und Nunes de Leão (a. a. O. fol. 133) nennt ihn ‚*grande* trouador e quasi o *primeiro* que *na lingua portugueza* sabemos screuer versos'.

Ein anderes bedeutendes Denkmal des 13. Jahrhunderts sind die gallicischen Lieder des Königs Alfonso X. von Castillien (1252—1281), mehr als vierhundert Cantigas zum Lobe der heiligen Jungfrau Maria in zwei Handschriften in der Bibliothek des Escorial und in jener der Kathedrale von Toledo aufbewahrt[2] und noch ungedruckt.

Die wenigen meist prosaischen Denkmale[3] und diese

---

[1] Indem Costa (II, 75) von der spanischen Dichtung rühmt, dass sie populär sei, sagt er von der portugiesischen: ‚A poesia entre nós havia sido sempre aristocratica, havia sido quasi exclusivamente cultivada por fidalgos e doutores'.

[2] S. D. Joseph Rodriguez de Castro, Biblioteca Española. Madrid 1786. II, 631.

[3] Die älteste wirklich portug. Urkunde ist aus 1192 (era 1230). Alte Dokumente finden sich bei J. P. Ribeiro, Observações para servirem de memorias ao systema da diplomatica portugueza. Lisb. 1798 und Ausführlicheres über die Entwicklung der port. Sprache in seinen ‚Dissertações chronologicas e criticas sobre a historia e jurisprudencia ecclesiastica e civil de Portugal. Lisb. 1810. I, 181.

drei Cancioneiros bilden unsere ältesten portugiesischen Sprachreste.

Vasco Pires de Camões und Fernando de Cascaes (Ferrant Casquacio) werden speciell als Dichter ohne Muster ihrer Poesien genannt.

Die Nachfolger des grossen Diniz blieben der Poesie gewogen, der Hof die Stätte der Dichtkunst. Wir wissen von einer epischen Schilderung der i. J. 1340 von Alfonso IV. (1325—1357) am Flusse Salado gegen die Maurer gewonnenen Schlacht von Affonso Giraldes, besitzen jedoch nur noch zwölf Strophen des Gedichtes.

Von König Dom Pedro, dem Gatten der Inez de Castro, sind vier Lieder in den Cancioneiro des Resende übergegangen.

Noch schrieben auch castillianische Dichter, wie der Arcediano de Toro und Alonso Alvares de Villasandino in gallicischer Sprache, ein Fall der am Ende des 14. Jahrhunderts bereits selten war, obwohl wir noch den Anfang eines Gedichtes in gallicischer Sprache:

Por amar non saybamente,
Mais como louco sirvente...

des bekannten Santillana besitzen. Allerdings gehört auch Macías „der Verliebte" (el enamorado, o namorado), der obwohl Gallicier von Geburt in der ersten Hälfte des 15. Jahrhunderts in spanischer Sprache sang [1], hierher.

Wo die portugiesische Poesie ihre erste Blüthe erlebt hatte, am Hofe, da verblieb sie auch für die Folgezeit. Der Nachfolger Johanns I. (1383—1433), des invicto cavalleiro, der König Duarte (1433—1438) war ein bedeutender Pfleger der Poesie, von dem wir indessen nur ein aus dem Lateinischen des Johannes Cassiánus übertragenes Lied besitzen, das sich in seine prosaischen Abhandlungen, welche den Titel ‚Leal Conselheiro' führen, eingeflochten findet [2].

---

[1] Im Cancionero de Baena (publicado por Francisque Michel, Leipzig, Brockh. 1860) sind die ersten fünf Lieder des zweiten Bandes von ihm; ausserdem wird ihm noch einiges vindicirt. Das erste („Cativo de miña tristura') ist übersetzt bei Bellermann (d. a. L. S. 25.)

[2] Leal Conselheiro o qual fez Dom Duarte a requerimento

Sein um ein Jahr jüngerer Bruder (geb. 1392), der Infant D. Pedro „der Vielgereiste" dichtete spanisch und portugiesisch; leider ist von seinen Werken äusserst wenig mehr vorhanden, wie etwa das Fragment seines Lobliedes auf Lissabon („Porque tu foste a colheyta')[1].
Der Sohn dieses D. Pedro, der Connétable D. Pedro († 1466) von Portugal war gleichfalls wieder Dichter. An ihn ist der vielcitirte Brief des Marques de Santillana gerichtet. Seine Dichtungen sind wieder in spanischer Sprache abgefasst[2]. Auch die Schwester dieses D. Pedro die· Donna Filipa de Lancaster (1437—1493) nimmt an der dichterischen Berühmtheit des Hauses Antheil; bekannt ist ihr Gedicht „Ao bom Jesu', von Bellermann (die a. Ldb. S. 32) aufgeführt und übersetzt.

Die ausgiebigste Sammlung höfischer Lieder, in der wir so ziemlich die Gesammtleistung des fünfzehnten Jahrhunderts auf diesem Gebiet erblicken können, ist der für die portugiesische Sprache und Litteratur gleich bedeutende *Cancioneiro geral* des Garcia de Resende. Wenn auch die Könige Johann II. (1481—1495) und Emanuel (1495—1521) nicht selbst als Dichter bekannt geworden sind, so erfreute sich unter ihrer Regierung die Poesie des höchsten Schutzes und aller Ehre, was daraus hervorgeht, dass aus dieser Zeit ein reicher Stoff höfischer Dichtung sich sammelte, und der Kammerherr beider Könige, Garcia de Resende, den Cancioneiro geral für seinen König Emanuel zusammenstellte ‚em que vossa alteza ·fosse scruida et *tomasse desenfadamento'*. Dieser ‚Cancioneiro geral' erschien zu Lissabon („na muyto nobre e sempre leal çidade de Lixboa) i. J. 1516, nachdem er in Almeyrim begonnen worden war. Der Drucker war ein Deutscher (Hermã de cãpos alemã). Das Buch zählte zu

---

da muita excellente Rainha Dona Leonor sua mulher. Revisto, addicionado com notas philologicas e um glossario das palavras antiquadas o obsoletas, empresso a custa de J. L. Roquete. Paris 1852.

[1] Siehe darüber Bellermann (a. a. O. S. 50, Anm. 27). Das Gedicht findet sich in Brito's Monarchia Lusit. T. I. P. II, c. 15. p. 197.

[2] Siehe über die noch unedirten Gedichte dieses Dom Pedro bei Bellermann (d. a. L. S. 29).

den Seltenheiten und war seit mehr als dreihundert Jahren selbst in Portugal schwer zu haben, bis es die Bibliothek des litterarischen Vereines in Stuttgart neu abdrucken liess. (Cancioneiro geral. Altportugiesische Liedersammlung des edlen Garcia de Resende, neu herausgegeben von Dr. E. H. v. Kausler. Stuttgart 1846. 1. Bd; 1848. 2. Bd 1852. 3. Bd.) Resende nennt die Namen von 75 Dichtern[1], deren Poesien er dem Liederbuche einverleibt hat[2]. Von der Mehrzahl wissen wir nicht viel; die bedeutendsten sind wohl Bernardim Ribeiro und Sá de Miranda, von welchem Wolf (S. 736) die treffende Bemerkung macht, dass wie im spanischen Cancioneiro noch Boscan, der Protagonist der neuen Periode, vertreten sei, so hier Sá de Miranda. Bellermann (die a. L. S. 32 ff.) hat zuerst am eingehendsten die Bedeutung dieses Cancioneiro beleuchtet und (S. 65—82) Proben aus demselben gegeben.

---

[1] Von den Dichtern des Cancioneiro behandelt Bellermann (S. 37—42) einzeln: Alvaro de Brito Pestanha, Alvaro Barreto, D. Guterrez Coutinho, Fernam de Silveira, Francisco de Silveira, Nuno Pereira, Ayres Telles de Menezes, João Roiz de Sa e Menezes, Diogo Brandão, Luiz Henriquez, João de Menezes, D. João Manoel, Jorge de Aguiar, Henrique de Mota, D. Diogo (als filho do marquez [de Villa Real] eingeführt); Gonzalo Mendes Sacoto, Duarte da Gama, Duarte de Brito, Bernardim de Ribeiro, Garcia de Resende, Francisco de Sá de Miranda. — Ausser diesen bespricht Costa e Silva ferner: Affonso Valente (I, 151), D. Rodrigo de Monsanto (I, 205), Diogo de Mello, (I, 210) näher. — In der Abhandlung von P. J. Pidal ,de la poesia castellana, welche dem Cancionero de Juan Alfonso de Baena (Lpz. 1860) vorhergeht, finden sich (pag. LXXXI) die Namen jener Dichter des Cancioneiro geral de Resende, welche auch in spanischer Sprache schrieben, nämlich: D. João de Menezes, el coudel Moor, Alvaro de Brito, Duarte Brito, D. João Manoél, Dom Rolym, Diego Miranda, Fernão Tellez, Fernão Brandão, Gaspar Figueiroa, Affonso Pirez, Gonzalo Mendez Zacote, Gregorio Affonso Badajoz, el prior de Santa Cruz, D. Juan el camarero mayor, Pedro Mem, Sancho de Pedrosa, infante D. Pedro, Pero Secutor, el conde do Vimoso, Luiz Henriquez, J. Ruiz Castelbranco, Franc. Saa, Manrique de Saa, Nuno Pereira, Duarte Resende, Manoel de Goyos, Garcia de Resende. Ausserdem existiren Verse von Montoro, Juan de Mena, Jorge Manrique.

[2] Braga (Poetas palacianos, Porto 1872. p. 429) führt ihrer 351 auf.

Langsamer entwickelte sich nebenbei in Portugal das wissenschaftliche Leben. Die Gründung der Universität Coimbra i. J. 1291 hatte das Studium der Philosophie, zunächst der arabischen, herbeigeführt. Die Sagen der übrigen Länder[1] Europas erklingen, wenn auch bisweilen in etwas lokalisirter Form, auch in Portugal; die Chronik arbeitet wie allenthalben der Geschichte vor; ihr bedeutendster Vertreter im XV. Jahrhunderte ist Fernão Lopes, den D. Duarte (1434) mit der Abfassung einer ‚caronyca' beauftragte.

Das sechszehnte Jahrhundert hatte eine grammatische Bearbeitung der portugiesischen Sprache herbeigeführt, welche tief eingriff in die bisherige Gestalt derselben. Die Litteratur indessen theilte sich scharf in eine volksthümliche und eine aristokratische. Der Hof hatte seine eigene Dichtung und erst durch die Bühne vollzog sich wieder eine Nationalisirung der Litteratur Portugals und zwar durch Gil Vicente, (geb. zu Guimarães cc. 1460, gest. zu Evora 1536).

Gil Vicente[2], der ‚Plautus Portugals', ist der Schöpfer des portugiesischen Lustspieles. Unter dem Schutze der Königin D. Leonor, welche ihn zu ihrem ‚lavrante' ernannt hatte[3], schuf er (1502) das portugiesische Theater, dessen bedeutendste Vertreter Antonio Ribeiro Chiado, Antonio Prestes, Camões, Balthazar Dias u. a. m. wurden und bald auch den ungleichen Kampf gegen Censur und andere Hindernisse zu bestehen hatten. Wir haben von ihm autos, comedias, farças[4], tragicomedias und lyrische Poesien. Da er vieles

---

[1] Dass z. B. der Amadís de Gaula den Spaniern und nicht den Portugiesen angehört, hat Dr. Lud. Braunfels neuestens (Kritischer Versuch über den Roman Amadís von Gallien, Lpz. 1876) zur Genüge nachgewiesen.

[2] S. den eingehenden Artikel von Wolf in der ‚Allgemeinen Encyklopädie' von Ersch u. Gruber. — Braga, Historia do theatro portuguez I. Porto 1870. (pag. 26–201).

[3] Gil Vicente genoss lange als Goldschmid eine viel bedeutendere Anerkennung, denn als Dichter; mehrere seiner Arbeiten sind berühmt geworden.

[4] Costa bemerkt (I. 268): ‚A palavra *farça* não tem aqui a mesma accepção em que hoje se toma na nossa terminologia theatral, sim a de *comedia familiar*'. (cf. Wolf St. S. 598 A. 2).

spanisch schrieb [1], so ragt er auch in die spanische Litteratur hinein [2] und gehört also hier zu jenen, welche Torres Naharro und Lope de Rueda, den eigentlichen Gründern des Dramas, den Weg gebahnt haben. Zum Unglücke für Portugals Litteratur war Gil Vicente, wie Wolf (Stud. 697) sagt, wie Camões eine vereinzelte Erscheinung ohne nachhaltige Wirkung.

Bei der engen Wechselbeziehung der portugiesischen und spanischen Dichter erhielt sich die spanische Form selbst dann, als der Geist der italienischen Poesie auch hier eindrang. Bernardim de Ribeiro (geb. 1475, † cc. 1554) hat in der portugiesischen Litteratur Epoche gemacht. Seine Eclogas, Dichtungen in nationalster ja lokalster Färbung und sein von der Inquisition verbotener Roman „Menina e moça", der mit grosser Sentimentalität halb ritterlichen halb Schäferton anschlägt, haben die Bahn für diese beiden später in Portugal so sehr gepflegten Dichtungsarten geschaffen [3].

Ein intimer Freund Ribeiro's war Christovam Falcão, der Dichter der schönen Ecloge Crisfal.

Der Protagonist nun der neuen Periode, welcher die neuen Metra in die portugiesische Dichtung einführte und Haupt einer ansehnlichen Schule — der italienischen — wurde, ist Sá de Miranda [4] (geb. 24. Oktober 1495 in Coimbra; gest. 1558). Seiner vielseitigen poetischen Thätigkeit [5] verdanken wir ausser Sonetten, Eclogen, Episteln u. a.

[1] Die *autos*: los reyes magos, la sibila Casandra, la fe, los cuatro tiempos, la barca de la gloria, die *comedias*: El viudo, la divisa de Coimbra, die *tragicomedias*: Don Duardos, Amadis de Gaula sind ganz spanisch, während z. B. in der Comödie Rubena vier Personen spanisch, die übrigen portugiesisch sprechen, andere spanische Verse singen. Ebenso auch bei Camões. (s. S. 32).

[2] Das er dem Spanier D. Juan del Encina nachahmte, sagt schon sein Zeitgenosse García de Resende (Miscellanea f. XIV.) s. F. v. Schack, Geschichte der dram. Litteratur und Kunst in Spanien 3 Bde. und Wolf (Stud. S. 593).

[3] Braga, Bernardim Ribeiro e os bucolistas. Porto 1872.

[4] Braga, Historia dos Quinhentistas. Porto 1871.

[5] Parn lus. I, XVI. Sá de Miranda, verdadeiro pae da nossa poesia, um dos maiores homens de seu seculo foi o poeta da razão e da virtude, philosophou com as musas e poetisou com a philosophia.

zwei Komödien in Prosa ‚Os Vilhanpandos' und ‚Os estrangeiros'. Den völligen Sieg dieser klassischen [1] Richtung und des italienischen Geschmackes beschleunigte der Doktor Antonio Ferreira. (1528 in Lissabon geb., 1569 an der Pest gestorben). Ferreira griff wieder allein auf seine Muttersprache zurück [2]. Von ihr sang er:

‚Floresca, falle, cante, ouça-se e viva
A portugueza lingua, e já onde fôr
Senhora va de si soberbe e altiva'.

Sie muss wieder zu Ehren kommen, denn:

Si até qui esteve baixa e sem louvor,
Culpa é dos que a mal exercitaram,
Esquecimento nosso e desamor!

Sein Ruhm ist ihm einzig die Liebe zum Vaterlande:

Eu desta gloria só fico contente,
Que a minha terra amei e a minha gente.

(vgl. auch livr. I, ep. 3 an Caminha).

Wir haben von ihm musterhafte Sonette, Epitaphe, Epigramme, Oden, Elegien, Eclogen, vielfach Imitationen der Antike, vor allem aber lehnt er sich in seinen mit Recht gepriesenen Episteln an Horaz an [3].

Die dramatische Thätigkeit Ferreiras hat zwei Komödien: ‚Bristo' und ‚o cioso' und eine Tragödie mit Chören ‚D. Inez de Castro' geschaffen, welche einige Zeit mit Unrecht [4] als eine Nachahmung der Tragödie ‚Nise lastimosa' des Spaniers Jeronymo Bermudez galt. Wenn wir auch nach unserer Ansicht von Drama mit solchen Arbeiten schwer rechten können, so ist doch die Bedeutung der Castro für jene Zeit nicht zu unterschätzen.

---

[1] Parn. lus. I. XVII. As comedias de Sá de Miranda sem caracter nacional *mui classicas* . . .

[2] Parn. lus. I. XIX. ‚Ei-lo ahi esse Portuguez verdadeiro, ardente amador da lingua, clamando a todos, pugnando a todos que não prezavam e aditavam o patrio idioma com as producções do ingenho e da arte'.

[3] Wohl etwas zu hart urtheilt Parn. lus. I. XX: ‚copiou-os (die Alten), não os imitou'.

[4] Siehe hierüber Costa II, p. 145—157. Braga (Manual p. 278).

Die Theilnahme der bedeutendsten damaligen Dichter hat dem Pero Andrade de Caminha (cc. 1520 geboren, † 1598) zu seinem Ruhme verholfen. Seine Werke, welche durch die Ausgabe der Akademie (1791) ziemlich leicht zugänglich geworden sind und wieder aus Sonetten, Eclogen, Elegien, Episteln, Epigrammen, zum Theile Nachahmungen der Antike, bestehen, beurkunden wie jene der meisten Zeitgenossen, eine Fähigkeit zu reimen und Worte zu finden, auch da wo Gefühle mangeln [1]. Es ist die ekelhafte, gemachte Liebe, die starre nach aussen oft getroffene Haltung der Antike, es sind, wie es diese Dichter selbst oft nennen, *rhythmas* und *rimas*. Dazu haftet an Andrade de Caminha's Charakter der Vorwurf, den grossen Camões in gehässigen Epigrammen verfolgt und den Geschichtsschreiber Damião de Goes (1571) beim Santo Officio wegen häretischer Anschauungen denuncirt zu haben.

Ein Freund Ferreira's und Caminha's war der Dichter Diogo Bernardes, (geb. vor 1540, gest. 1605). Auch er hat eine vielfache poetische Thätigkeit entfaltet, indessen sich wohl Plagiate an Camões erlaubt. O Lima, Flores de Lima, Varias rimas ao bom Jesus enthalten einzelne Schönheiten, wie er denn seiner poetischen Anlage nach entschieden über Caminha steht. — Sein Bruder Agostinho Bernardes Pimenta, besser bekannt unter seinem Klosternamen Frei Agostinho de Cruz (1540—1690), gehört gleichfalls der Geschichte der portugiesischen Litteratur an. Zelot wie er war hat er nur veröffentlicht, was ihm am reinsten schien; er ist der Dichter der christlichen Mystik, ein krankhafter Klosterlyriker [2].

Als den bedeutendsten aller Quinhentisten, doch als den am wenigsten gelesenen bezeichnet Braga (Manual S. 283) den Dom Manoel de Portugal, († 1606) den auch

---

[1] Parn. lus. I, XVI. „De todos esses poetas *o menos* poeta'.

[2] Eingehender spricht von ihm Braga, Estudos da edade media (Porto 1870 p. 169—173): Frei Agostinho da Cruz é o poeta da vida monastica. O desgosto do mundo arrasta-o para o ermo, abnega dos louvores do seculo, muda de nome para ser desconhecido... Agostinho é o poeta da penitencia, cada verso é um gemido de mortificação.

Camões als einen der Wiederhersteller der portugiesischen Litteratur betrachtete. Nicht viel mehr bekannt ist André Falcão de Resende († 1599). — Der bedeutendste Genius dieser Zeit, der erste aller portugiesischen Schriftsteller und einer der hervorragendsten in der Weltlitteratur, erstand in Luiz de Camões. (1524—1579 [1].) Des Camões Verdienste um Sprache und Litteratur, um Poesie und vor allem um seine Nation sind unendliche, ist er doch im Grunde genommen der einzige Dichter portug. Zunge, der weiter bekannt wurde, wenn auch leider oft nur dem Namen nach. Schon seine Sonette, Canzonen, Oden, Elegien, Episteln und Eclogen überragen bei weitem an Zartheit der Empfindung und des dichterischen Schwunges und besonders durch ihre Sprache — ein Moment, das bei Camões nie genug kann gewürdigt werden — jene seiner Zeitgenossen aus der Schule Sá de Miranda's; seine drei Komödien [1] (El rei Seleuco, Amphitrião, Filodemo) sind den besten des Gil Vicente an die Seite zu stellen; seinen Weltruhm verdankt er jedoch seinem grossartigen Epos in 10 Gesängen ‚*Os Lusiadas*‘ (1572). Durch diese gewaltige Dichtung hat die portug. Litteratur ein Denkmal erhalten, dessen die Spanier sich nicht rühmen können. Camões hatte kein inländisches Vorbild; er ist somit der Schöpfer des nationalen portug. Epos. Werfen wir auf dieses selbst einen flüchtigen Blick, so steht so viel fest, dass die Sprache kaum einer höheren Vollendung fähig ist, als der Dichter hier erreichte, und wollte man die einzelnen meisterhaften Stellen, die herrlichsten Episoden, diese nirgend wieder so treu gegebenen Naturschilderungen, die Humboldt vor allem so hoch schätzte, die Ausdrücke

---

[1] **Braga**, Historia de Camões I. Vida de Camões. Porto (1873) II. Eschola de Camões a. Os poetas lyricos (1874) b. Os poetas epicos (1875). Vgl. dazu die betreffenden Worte bei Costa III, 137 und V, 241 zunächst über des Dichters sprachliche Kraft. — Reinhardstoettner, Dr. C. v., Camões, der Sänger der Lusiaden. Eine biogr. Skizze. (Lpz. Hildebrandt u. Comp. 1877).

[2] Auch diese Komödien sind spanisch und portugiesisch. So spricht in El rey Seleuco der Arzt und sein Diener spanisch; im Amphitrião Sosia und Merkur; im Filodemo der Hirte und der Possenreisser (bobo).

echt patriotischer Gesinnung aufführen, so wäre dies ebenso unnöthig als jener Stellen Erwähnung zu thun, welche dem Ganzen nicht angehören, vor allem jenes Schwankens zwischen Christenthum und Heidenthum, der traurigen Rolle, welche die heidnischen Götter oft im bewussten Kampfe für die christliche Idee spielen, der zahlreichen Wiederholungen und manchmal gesuchten Episoden. Der Gesammteindruck ist eben der, welchen jedes Epos hervorrufen muss, das nicht wie die Ilias und Odyssee, wie unsere Nibelungen aus dem Herzen und Geiste eines Volkes entwachsen ist, jener Eindruck, welcher für den mit wahrem poetischen Gefühle begabten bei Vergil beginnt und ihn durch Tasso, Ariost, Boiardo bis zur traurigen Henriade herab begleitet — die Anerkennung der sprachlichen Fähigkeiten des Dichters, seiner poetischen Ader, die hier und dort, wo es der Gegenstand erlaubt, aufglimmt, aber in dem Rahmen einer bestimmten Anzahl von Gesängen und haftend an der althergebrachten Form nie zu der vollen Entfaltung gelangt, die man ihr so gerne wünschte. Die grosse Naturwahrheit, die kunstvollen Episoden erheben die Lusiaden über alle Epen romanischer Zungen; für uns ist es ein Meisterwerk epischer Dichtung, für Portugal aber das „was kein Meisterwerk noch erreichen konnte, der vollendetste Beweis des Lebens einer Nationalität". (Braga, Man. 298.)

Camões hat in seiner Lyrik und weit mehr noch in seiner Epik Nachahmer gefunden. Zu den bedeutenderen *lyricos camonianos* zählen Heitor da Silveira, dessen Dichtungen nur aus Camões und Falcão de Resende bekannt sind, João Lopes Leitão[1], Antonio de Abreu[2], Luiz Franco, Fernão Alvares d'Oriente, berühmt durch seine allegorische Schäfernovelle ‚Lusitania transformada‘, die erst 1606 erschien ‚Pedro da Costa Perestrello,

---

[1] Von ihm ist es das bekannte Sonett, das Camões als Dichter des Filodemo preisst:
    Quem é este que na harpa lusitana . . .

[2] Seine Werke gab erst 1805 Ant. Lourenço Caminha heraus unter dem Titel: Obras ineditas de Antonio de Abreu, amigo e companheiro de Luiz de Camões no Estado da India etc.

Manoel da Veiga, Laura de Anfrisa, der gelehrte
Estevam Rodrigues de Castro, Bernardo Rodri-
gues, Vasco Mousinho de Quevedo, der Philipp II.
Eintritt in Portugal begrüsste, Fernão Rodrigues Lobo
Soropita, Miguel Leitão und ganz besonders Dom
Gonçalo Coutinho, dessen Poesien verloren gegangen
sind, von dessen Bestrebungen für Camões wir indessen
Kunde haben.

Mit besonderem Eifer aber verfolgte man im XVI. Jhdte.
die von Camões betretene epische Bahn. Braga nennt (Hist.
de Cam. II, 586.) 8 epische, 165 lyrische, 37 dramatische
Dichter aus dem XVI. Jhdte.

Jeronymo Côrte Real schrieb 1576 ein spa-
nisches Epos *Austriada* in fünfzehn Gesängen, das den
Sieg bei Lepanto besingt. Zwei Jahre früher erschien sein
langweiliges Epos in 21 Gesängen ‚*Sussesso do segundo cêrco
de Diu estando Dom João de Mascarenhas por capitão da
fortaleza*‘ in versos soltos. Berühmter und gelesener als dies
ist sein 1594 nach seinem Tode erschienenes Epos ‚*Naufragio
de Sepulveda*‘ mit vollem Titel ‚Naufragio e lastimoso sussesso
da perdição de Manoel de Sousa de Sepulveda‘ in 16 Ge-
sängen. Es behandelt in breiter, oft ungeniessbarer Form
denselben Stoff, den Camões in den Lusiaden in drei Stanzen
(V, 46—48) episodisch erledigt, und Costa sagt (IV, 37)
treffend hierüber: ‚as poucas estanças‘, em que elle (Camões)
o descreve, valem mais do que todo o longo poema de Côrte
Real.‘ Noch poesieloser ist das Epos ‚*Primeiro cêrco de Diu*‘
(1589) des auch als Lyriker unbedeutenden Francisco
de Andrade; er liefert hier zwanzig Gesänge gereimter
Chronik in outava rima. Form und Gestalt hat es nach
aussen mit den Epen dieses Zeitalters gemeinsam; Costa
(IV, 320) erwähnt seiner aufs ehrenvollste.

Ein poetisch völlig misslungenes Ding ist die *Elegiada*
(1588) des Luiz Pereira Brandão, welche einen damals
viel besungenen Stoff, das Unglück des Königs Sebastian
(1578), wieder zum Gegenstande hat.

Von einzelnen Litteratoren wird das Epos ‚*Affonso Afri-
cano*‘ (1611) des Vasco Mousinho de Quevedo hoch-

geschätzt; es leidet indessen viel unter seinen Allegorie, welche die historische Grundlage, die Einnahme von Arzilla und Tanger, weit in den Hintergrund drängt.

Neben dieser poetischen Chronik lief eine Art erster Geschichtsschreibung in den Chroniken dieser Zeit her. Fernão Lopes de Castanheda, der hervorragende Antonio Galvão, Diogo do Couto (geb. 1542, gest. 1616) sind bedeutende Chronisten. João de Barros (1496—1570) ist einer der ersten, Damião de Goes (1501 geb.) der gelehrteste derselben, bei dem Anfänge von historischer Kritik bereits vorliegen. Der besondere Werth einzelner liegt darin, dass sie Selbstgesehenes aus Indien wahrheitsgetreu schildern, wie z. B. Diogo do Couto in der VII. seiner „Decadas" die traurige Lage des grossen Camões in Mozambique, wo er von der Gnade seiner Freunde lebte.

Ein Lyriker, der noch zehrte von den kräftigen Reminiscenzen der grossen poetischen Vorzeit ist Francisco Rodrigues Lobo. Er ist ein vielseitiger Schriftsteller, aber keines seiner Werke, weder seine Eclogas pastoris (1605), sein bestes, noch seine drei vielgerühmten pastoralen Novellen „A primavera (1601), o pastor peregrino (1608), o desenganado (1614), noch sein Prosawerk „Corte na aldéa" (1619), reich an Lobsprüchen für die portugiesische Sprache, haben ihm jene Anerkennung verschafft, wie sein schwulstiges Epos „O Condestabre de Portugal D. Nuno Alvarez Pereira" (1610), wo er in zwanzig langen poesielosen Gesängen [1] den Helden besingt, dessen Camões (Lus. IV, 24) als „verdadeiro açoute de soberbos Castelhanos" gedenkt. Die Sprache des Autors ist rein, aber sein Epos reicht an die meisten übrigen kaum hinan.

Reich an lyrischen Schönheiten und ebenfalls noch am Nationalen hängend, als das cultoristische Element sich auch Portugals bemächtigte, ist D. Francisco Manoel de Mello, zugleich Mitglied der *Academia dos Generosos*, welcher die meisten bedeutenderen Schriftsteller des 17. Jahrhunderts angehörten.

---

[1] Parn. lus. I, XXX. „O *condestabre* apezar de muitos e bons pedaços descriptivos é *frouxa e morna composição*".

Eine Anzahl Dichter ergriff theils Feste der Kirche als Gelegenheit zu poetischen Ergüssen, theils gab die Heiligenlegende Stoff zu förmlichen Epen [1]. Einer der meistgenannten aus der Schaar dieser mystischen Dichter ist D. Francisco Child Rolim de Moura (1572—1640). Sein langweiliges Gedicht über die vier letzten Dinge des Menschen ‚Os Novissimos do Homem' (1623) in vier Gesängen ‚morte, juizo, inferno, paraiso' zeigt, dass er seinem Stoffe nicht gewachsen war. Dantes Vorbild war ihm selbstverständlich unerreichbar; um aber einen solchen Vorwurf wirksam zu machen, bedarf es danteischer Gedanken.

Der Geschmack verfiel mehr und mehr. Die *Academia dos Singulares* (1663) und die Dichter des *Phenix renascida* [2] sind dafür der hervorstechendste Beleg.

Am Epos wurde indessen noch fleissig gearbeitet. Die hauptsächlichste Quelle für diese Epiker (Tassistas) waren die Werke geschichtlichen Inhaltes des Frei Bernardo Brito (1569—1617), vor allem die *Monarchia lusitana*, wo von Ulysses an die ganze alte Sagengeschichte Lusitaniens vorlag. Frei Bernardo de Brito, als Dichter und durch seine Chronica de Cistér bekannt, hat auch für unsere Tage noch immerhin Bedeutung durch mancherlei geschichtliche Andeutungen. Aus seiner Monarchia lusitana schöpften nun diese Epiker. Gabriel Pereira de Castro erhielt mit seinem Epos ‚Ulyssea' den Vorrang vor Camões [3]; Manoel Thomaz fand einen weiten Leserkreis mit seinem Epos (1635) über die Entdeckung der Insel Madeira; Antonio de Sousa Macedo schrieb das Epos ‚*Ulyssipo*'; Francisco Botelho

---

[1] So schrieb Manoel Thomaz einen Sam Thomaz; Francisco Lopes ‚os Martyres do Marrocos' und ‚Santo Antonio'; Bernardo Rodrigo o Mocho einen Sam Thomé, Nuno Barreto Fuzeiro eine Vida de S. João Evangelista u. s. w.

[2] Zu den bekanntesten zählen: Frei Jeronymo Vahia, Diogo de Sousa, genannt Camacho, der Verfasser der *jornada ás côrtes do Parnaso* nach M. Cervantes, Jacintho Freire de Andrade.

[3] Parn. lus. I. XXXII. ‚acabou a grande eschola de Camões e Ferreira. — Manoel de Galhegos' Lob (1636) wäre bescheidener gehalten Castro's Verdiensten gerecht geworden. Thorheit war es ihn aus den lächerlichsten Motiven über den Dichter der Lusiaden zu setzen.

de Moraes e Vasconcellos den „Alfonso'; André Nunes da Silva seine „Hespanha destruida'; der Graf Ericeyra, der Uebersetzer von Boilcaus Dichtkunst, seine Henriqueida; Frei Manoel de Santa Thereza e Souza seine Lusifmeida in zehn Gesängen; João Nunes da Cunha seine „Lisboa conquistada' in 12 Gesängen; André da Silva Mascarenhas eine „Destruição de Hespanha e restauração summaria da mesma'; ferner Francisco de Sá de Menezes († 1661) sein Epos in 12 Gesängen „Malaca conquistada', eine einförmige Schilderung indischer Zustände. Zu diesem Epos sowohl als zur Ulyssea des Perreira de Castro schrieb die durch ihre lateinischen, spanischen, portugiesichen und italienischen Dichtungen (Saudades de Bussaco, Lisb. 1634) bekannte und wegen ihres Espos „España libertada' einst hoch überschätzte Dichterin Bernarda Ferreira de Lacerda (1595—1644) poetische Argumentos in outava rima vor jedem Gesange.

Für die Vollendung der Chronikdarstellung und besonders für die Sprache selbst ist Frei Luiz de Sousa von hoher Bedeutung. Die Reinheit seines Ausdruckes ist sprüchwörtlich geworden. Einen höheren Rang in historischen Darstellungen nimmt D. Francisco Manoel de Mello ein, dessen Geschichte der Kriege in Cataluña leider in spanischer Sprache geschrieben sind. — Die Kanzelberedtsamkeit des 17. Jahrhunderts vertritt der Pater Vieira am charakteristischesten.

Das 18. Jahrhundert in Portugal trägt den Charakter nicht spontaner sondern rein officieller Thätigkeit auf dem Gebiete geistigen Lebens. Als Johann V. die Academia de Historia gegründet hatte — ihre erste Sitzung fand am 9. Dezember 1719 statt — bildeten sich aller Orten in Portugal „gelehrte" Vereine und zahlreiche Academien, welche verhältnissmässig wenig leisteten. Die wichtigste Arbeit der Academia de historia ist die Herausgabe der *Bibliotheca lusitana* von Barbosa Machado; ausserdem hat Verney's Schrift aus dem Jahre 1747 „Verdadeiro methodo de estudar' etwas Bewegung in die Geister gebracht. Sie giebt auch Einblick in den traurigen Zustand portugiesischer Poesie;

als 1756 sich die *Arcadia Ulyssiponense* erhob, aus deren Mitgliederverzeichnisse wenig bedeutende Namen hervorragen. Schon 1774 erlosch ihr Dasein unbemerkt.

Der erste dieses Dichterkreises ist Pedro Antonio Corrêa Garção (in der Arcadia ‚*Corydon Erymantheo*' genannt) 1724—1772, durch seine Oden und Episteln und zwei Komödien (Theatro novo; Assemblêa) bekannt. Vorzüglich sind einige seiner Oden (z. B. o suicidio, Parn. lus. III, 325) und die herrliche Dichtung ‚Cantata de Dido'.

Bekannter als Meister des komischen Epos ist Antonio Diniz da Cruz e Silva (in der Arcadia: ‚*Elpino Nonacriense*) 1730—1790 weniger durch seine ‚odes Pindaricas', als seine reizende Schöpfung ‚O *Hyssópe*'[1] (der Weihwedel), ein komisches Heldenepos, das man mit vollstem Unrechte als Imitation oder Version von Boileaus[2] Lutrin bezeichnet hat, wozu bei eingehender Betrachtung des Gesammten und der Episoden gar nichts berechtigen kann. Der Lutrin mag vielleicht in demselben Verhältnisse zum Hyssópe stehen, wie Vossens Luise zu Göthes ‚Hermann und Dorothea'.

Domingo dos Reis Quita (1728—1770) in der Arcadia: ‚*Alcino Micenio*' ist einer der ersten Bukoliker. Von seinen Eclogas sagt sein Biograph Pedegache: ‚Nelles competem a elegancia e harmonia do metro com a novidade das ideias e delicadeza dos conceitos'. Bekannt ist sein Schäferdrama Lycodis. Seine Tragödie ‚Segunda Castro' hat sich João Baptista Gomes unter dem Titel ‚Nova Castro' angeeignet.

Manoel de Figueiredo (1725 geb.) in der Arcadia: ‚*Lycidas Cynthio*' widmete seine reiche Kraft dem Theater; seine Stücke zählen zu den relativ besten der portugiesischen Litteratur, obwohl ihr Einfluss gering war. Von ihm haben wir auch eine Tragödie Inez de Castro.

---

[1] Theophilo Braga lieferte in seinen ‚folhas verdes' (Porto, 2 edição 1869) p. 97—147 einen zweiten Theil ‚*Graves nadas*' in vier Gesängen zum Epos des Diniz.

[2] Vgl. Dr. v. Reinhardstoettner, Der Hyssope des Diniz in seinem Verhältnisse zu Boileaus Lutrin. Lpz. (Hildebrandt 1877.)

Frei José do Coração de Jesus in der Arcadia *Almeno Sincero* wird von Ribeiro hochgerühmt als ein „poeta de genio e de doctrina" (Parn. lus. IV, 101); Francisco José Freire (Candido Lusitano) verlegte sich auf Uebersetzungen. Indessen gehörten bei weitem nicht alle Dichter dieser Aera der Arcadia an. Francisco Manoel do Nascimento[1] (geb. 1734), auch „Filinto Elysio" brach mit dem Reime und schrieb in versos soltos[2]. Er nahm Antheil an den Ideen der französischen Romantiker, übersetzte darum unter anderem Chateaubriand's Martyrer, hatte indessen augenblicklich nicht besonderen Erfolg. Der eifrigste der filintistas ist Bento Luiz Vianna (Filinto Insulano). Nicoláo Tolentino de Almeida (1741—1811) ist ein Dichter aus Vorsatz ohne tief innere Poesie.

Als die portugiesische Poesie vollends am Verenden war, bildete sich 1790 unter Domingos de Caldas Barbosa (Lereno Selinuntio) die s. g. *Nova Arcadia*. Auch aus der Liste ihrer Theilnehmer strahlt kein gewaltiger Dichtername, ausser dem des Bocage.

Manoel Maria Barbosa du Bocage (1765—1805), bekannt als Elmano Sadino, ein unstäter, reizbarer Geist und verkommen im Trunke, zählt zu den gerühmtesten und vergöttertsten Autoren Portugals[3]. Dass er ein grosser dichterischer Genius war — „Oh Bocage, eras poeta"! soll Francisco Manoel gerufen haben, so oft er sein Idyll „saudade materna" las — haben ihm Freund und Feind nie abgestritten; trotzdem fehlt den meisten seiner Sonette die innere Lebenswärme, es ist in allem zu viel rhetorisches Element.

---

[1] Bemerkenswerth ist seine Epistel „Da arte poetica e da lingua portugueza", eine Art poetischen Abrisses einer port. Litteraturgeschichte. (Par. lus. I, 69—134.) Sein Streben Gallicismen zu vermeiden wirkt oft hemmend in seiner Diktion.

[2] Parn. lus. I, LX, heisst es etwas emphatisch: „Nenhum poeta desde Camões havia feito tantos serviços á lingua portugueza. Só per si Francisco Manoel valeu uma academia e fez mais que ella; muita gente abriu os olhos e adquiriu amor a seu tam rico e bello quanto desprezado idioma".

[3] Theophilo Braga, Bocage, sua vida e epoca litteraria. Porto 1877.

— 40 —

Ein andrer Poet der Neuen Arcadia ist Padre José Agostinho de Macedo (1761 geb.) genannt Elmiro Tagideu. Es gibt wohl in der ganzen portugiesischen Litteratur keine widerwärtigere Erscheinung, als diesen beschränkten, streitsüchtigen, eingebildeten Pater, den selbst das Kloster da Graça (1792) auszustossen sich gezwungen sah. Die Zielscheibe seiner Polemik ist kein geringerer als Camões. Für diese alberne Seele besass der Dichter der Lusiaden keine Erfindung, keine Poesie — [1]! Um nun praktisch sein Talent zu zeigen, schrieb er selbst 1811 ein Epos ‚Gama‘, das 1814 um zwei Gesänge vermehrt unter dem Titel ‚O oriente‘ erschien. Er selbst hat die Stirne, darüber (Discurs. prel. p. 100) zu schreiben: busquei, quanto em mim coube, apanhar e sustentar por todo o longo fio da presente epopêa *um estilo verdadeiramente* poetico(!), que se annuncia por imagens e figuras novas sempre levantadas e *sempre formosas* (!) — Aus 1812 stammt das Unding eines heroischkomischen Epos ‚Os Burros‘.

Auch jenseit des Oceans in Brasilien erhoben sich Akademien, deren hervorragendste die Arcadia ultramarina ist, von Manoel Ignacio da Silva Alvarenga und José Basilio da Gama (um 1779) gegründet. Zu ihren bedeutenderen Dichtern gehören Thomaz Antonio Gonzaga (Direeu) mit seinen ‚Lyras‘, Claudio Manoel da Costa, ein besonderer Nachahmer des Metastasio, Domingos Caldas Barbosa mit seiner ‚Viola de Lereno‘, Antonio José da Silva mit seinen Liedern, endlich die nicht zu schätzenden Epiker Frei José de Santa Rita Durão, der den Schiffbruch des Diogo Alvares (1510) und seine Flucht mit

---

[1] Von seinem hirnrissigem Urtheile über die Lusiaden möge hier aus dem Discurso preliminar (p. 52) nur eine einzige Stelle Platz finden: ‚Ora com estes principios comecei a contemplar as Lusiadas (so immer fem.) e vi *que a fabula não era original*, mas emprestada, e *que ao poeta faltava o genio da invenção* e que apenas se podia classificar entre os servis imitadores: vi que a disposição, e symmetria do edificio era por extremo defeituosa pela desproporção de suas partes constituintes ou integrantes: vi finalmente *que a elocução era sobre maneira desigual*, e que naquelles tractos do poema, em que não tomava e *copiava(!)* dos outros ‚cahia desleixadamente em termos *baixos, prosaicos* e dissonantes‘.

der Tochter eines indischen Häuptlings in seinem ‚Caramuru‘ besingt, und José Basilio da Gama mit seinem Epos ‚Uruguay‘, wozu die unglückliche Lindoya und der Kampf der Portugiesen in Paraguay (1756) den Stoff gaben.

Portugal selbst hatte nun das verloren und vergessen, was überall wohnen muss, um eine wirkliche Poesie zu schaffen, das nationale Bewusstsein. Auch die Bühne, die sonst so viel direkt zum Volke spricht, hat in Portugal neuestens nichts gethan [1]. Die Bearbeitung der eigenen Litteraturgeschichte unternahm für Portugal das Ausland; mühsam versuchten Männer wie Almeida Garrett und Alexandre Herculano ein Echo der Romantiker in Portugal wachzurufen. Wie Garrett mit dem Romanceiro die alten Volkserinnerungen erwecken wollte, so warf er sich auf die Bühne, deren Schöpfung sein Werk war, und für welche er selbst arbeitete. (Um auto de Gil Vicente 1838; Filippa de Vilhena 1840; Alfageme de Santarem 1841; und sein bestes Frei Luiz de Sousa). Man kann sagen, dass der Versuch an der allgemeinen Theilnahmslosigkeit scheiterte; denn eine portugiesische Litteratur wie in anderen Ländern besteht zur Stunde nicht [2]. Den Wünschen und Bestrebungen der wenigen thatkräftigen, gelehrten und patriotischen Männer Portugals, die in Kritik und Poesie ihr Vaterland so gerne auf die gleiche Höhe mit den übrigen Nationen Europas bringen wollten, und welche hierzu die geistige Macht besässen, fehlt jegliche Beihülfe. So ist wenigstens im nächsten Jahrzehnt nicht zu erwarten, das Portugals Litteratur den Kampf mit den übrigen Culturvölkern aufnehmen werde.

---

[1] Parn. lus. V, 444. Quasi todas as mais tragedias que li dos modernos auctores são escriptas em estylo tão pouco castigado ou antes tão afrancezado que não ousei inseri-las n'uma selecção. Além de que tragedias feitas de improviso, como as que ora se publicam em Lisboa e com as quaes se pretende dar um theatro tragico á nação, pouco podem interessar os veros conhecedores‘. — So ergeht es auch z. B. mit dem neueren Trauerspiele ‚Lindoya‘ des Ernesto Ferreira França (Lpz. 1859), das die Mühe des Lesens nicht lohnt.

[2] Parn. lus. I, LXVII schliesst: a litteratura portugueza não mostra presentemente grandes symptomas de vigor.

GRAMMATIK.

Erstes Buch.
Zur portugiesischen Lautlehre.

I.
Die Buchstaben der Quellensprachen.

a) Vokale.

Bei Behandlung der Lautgesetze der lateinischen Vokale hat man vorerst den Unterschied zwischen betonten und unbetonten Vokalen in's Auge zu fassen. Bei dem betonten Vokale tritt seine Quantität (lang oder kurz), sowie die Frage in Erwägung, welche Stellung er in der Position einnimmt; bei unbetontem oder tonlosem Vokale, ob er mit Consonanten oder im Hiatus mit einem Vokale in Berührung ist.

§ 1. A.

Das betonte lateinische a erhält sich im Portugiesischen, ob es kurz oder lang ist, z. B. *grave* (grăvis), *facil* (făcilis); *ramo* (rāmus), *fama* (fāma).

Einzeln steht *fome* (fămes); *Tejo* (Tāgus).

Gewöhnlich ist im Port. der Fall, dass a durch ein sich an dasselbe anlehnende i zum Diphthongen *ei* wird; so: *primeiro* (primarius), *ferreiro* (ferrarius), *seixo* (saxum), *dinheiro* (denarius), *rendeiro* (rendarius); altport. *aceiro* (jetzt aço von aciarium); *beijo* (basium), *eixo* (axis), *feixe* (fascis). Seltener wurde *ai* z. B. *raiva* (rabies), *vigairo* (vicarius), *avantairo* (inventarium); regelmässig aber: necessario, vigario, inventario, nobiliario u. s. f. Aehnlich findet sich Dehnung von a zu ai oft neben der reinen Form z. B. *aplainar* und *aplanar* (planus); *mainel* (man.), *esfaimar* (fames).

Unbetontes lateinisches a vor der betonten Silbe wird zu e z. B. in *esmeralda* (smaragdus); zu o in *bogalho* (bacalium? von baca[1]), nach derselben fiel es aus in *espargo* (asparagus). Im Anlaute fiel a ab in *bodega, botica* (apotheca), *dulterio* (Eluc. I, 385 adulterium).

Nach der betonten Silbe, wobei oft in allen romanischen Sprachen oder schon im Spätlateinischen Synkope eingetreten war, wie z. B. *obra* (opera) erhält sich a, so auch im Auslaute *casa, segunda, hora*.

Das althochdeutsche â ist im Portug. geblieben; so in *albergar, albergaria* (Stamm goth. harjis) *arenque* (harinc), *agasalhar* (saljan).

§ 2. E.

Das betonte lateinische e, sei es dass es von Haus aus lang ist oder durch Wegfall eines Consonanten lang wurde, erhält sich; z. B. *remo* (rēmus), *avena* (avēna), *dever* (debēre), *mez* (mēnsis).

Fällt ein Consonant (besonders n) zwischen e und einem anderen Vokale aus, so dehnt sich im Port. gewöhnlich e zu ei, also: *alheio, freio, cheio*, u. s. w. neben *alheo, freo, cheo* (alienus, frenum, plenus.)

Dass betontes langes e zu i wird, ereignet sich im Port. zunächst bei den mit cum verbundenen Personalpronomina *comigo, comtigo, comsigo*, (mēcum, tēcum, sēcum), dann in einzelnen wie *siso* (sensus). Eigenthümlich ist *soro* aus serum (Molke).

Auch das kurze betonte e verbleibt im Portugiesischen: *bem* (bĕne), *pé* (pĕdem), *tem* (tĕnet), *meu* (mĕus), *egoa* (ĕqua), *dez* (dĕcem), doch auch *dizima, (dizimada* Eluc. 382) und umgekehrt diphthongirt zu ei in *ideia* (idĕa) und *queimo* (crĕmo).

---
[1] Coelho, Quest. 107. A mudança do *a* não accentuado em *o* não tem nada de extraordinario.

Auch bei Position erhält sich e z. B. *cem* (centum), *cervo* (cervum) und bei den Formen des Gerunds *recebendo*, *escrevendo*; doch findet sich vielfach i z. B. *isca* (esca) und in den speciell portugiesischen Worten wie *confissão*, *procissão* u. dgl.; auch vor ç z. B. *lição, indiscrição*.

Das tonlose e verbleibt: *dezembro* (dĕcemb.), *melhor* (mĕliorem), *senhor* (sĕniorem); nach der Tonsilbe fiel es ab in *genro* (generum), *hombro* (humerus), *tenro* (tenerum); im Auslaute fällt es theils ab: *facil* (alle auf l), *dez, mez*, theils erhält es sich, so in Substantiven wie *lealdade, dignidade* (entgegen dem spanischen Gebrauche), ebenso *doce, forte, novamente*.

Zu a wurde e in tonloser erster Silbe in *sargente* (servientem) (*Sargentas* Eluc. II, 304) und *marchante* (mercad.) und nach der Tonsilbe in *ebano* (ĕbĕnum). — Deutsch ist das e in *elmo* (helm), *feltro* (felz).

§ 3. I.

Betontes langes lateinisches i bleibt; demnach: *rixa* (rīxa), *lirio* (līlium), *libra* (lībra), *filho* (fīlius), *digo* (dīco).

Eine Ausnahme bildet das gemeinromanische *crena* (carīna) und *pega* (pīca), so wie das Verbum *escrevo* (scrībo).

Kurzes betontes i geht in e über vor einfachem Consonanten, so: *cevo* (cĭbus), *neve* (nĭvem), *vez* (vĭcem), *pez* (pĭcem), *dedo* (dĭgitus), *fé* (fĭdes); *menos* (mĭnus), *negro* (nĭger); *cedo* (cito); *concebo* (concĭpio), *recebo* (recĭpio); indessen nicht ohne Ausnahme wie *vidro* (vĭtrum), *libro* (lĭber), *tigre* (tĭgris), *dia* (dies), *pio* (pĭus), *via* (vĭa), aber abweichend vom Spanischen *sem* (sine), *nem* (sp. nè) und ganz gewöhnlich auf drittletzter Silbe: *veridico, arbitrio, discipulo, liquido, minimo, rigido, simile, titulo, viuva, vicio*. Die Position des i gilt im Portugiesischen als Kürze, wird also zum Theile e: *cepo* (cippus), *crespo* (crispus), *fender* (findere), *lettra* (littera), *metter* (mittere), *secco* (siccus), *selva* (silva), *verga* (virga), doch wieder *crista, digno, firme, limbo, lingua, silva, triste;* vor lh z. B. *brilhar, brilho*, vor ll, *millesimo, argilla, villa, armella* und *armilla* und das gemeinromanische *cinco, quinto*, und *mille* (unter den Zahlwörtern).

Tonloses i vor der Tonsilbe wird bisweilen zu a,

was ein gemeinromanischer Vorgang ist; so *maravilha* (mirabilia), *balança* (bilanx), *galardão* (Tro. p. 304 gualardon; widarlôn ahd.), *calandra* (cylind.); ebenso auch *salvagina* (Eluc. II, 301 v. silva). Abfall von vorne bietet die Contraktionsform *no*, *nelle* etc. (in illo), *namorar* (= inamorar). Den Zug der spanischen Sprache tonloses i, auf welches ein zweites betontes folgt, in e zu verwandlen, weist die port. nicht auf. *Mestiço* (mixticius) ist wohl aus dem Spanischen herübergekommen.

Nach der betonten Silbe ist Ausfall des tonlosen i leicht möglich, wie in *caldo* (calidus), *asna* (asina), *manga* (manica), *trindade* (trinitatem), *divindade* (divinitatem), *verde* (viridem); zu a wurde i in *pampano* (pampinus). Ausfall des langen i in *findo* (finitus).

Deutsches langes i (ei) bleibt; so: *giga* (gîge), *gris* (grîs), *lista* (lîsta), *rico* (rîchi), *guisa* (wîs), *canivete* (knîfr). Deutsches kurzes i, sehr oft schon im Ahd. in e getrübt, wird zu e; so: *fresco* (frisc), *lesto* (goth. listeigs, ahd. listîc) altp. *sen* (sin); oft aber auch erhält sich noch die Urform i, so in *esgrimir* (skirman), *espiar* (spëhôn), *tirar* (goth. taíran, ahd. zëran), *britar* (ags. brittian) u. a.

§ 4. O.

Betontes langes und kurzes lateinisches o bleibt gewöhnlich im Portugiesischen o, so: *coroa* (corōna), *pessoa* (persōna), *voz* (vōcem), *ovo* (ovum), *esposo* (spōnsus), *como* (quōmodo), *hora* (hōra); *bom* (bŏnus), *sogro* (sŏcerum), *escola* (schŏla), *foro* (fŏrum), *solo* (sōlum), *pode* (pŏtest).

Bisweilen wird ō zu u, so in der Scheideform *tudo* (Neutrum zu *todo*), *outubro* (octōber), *almunha*, (almuinha, neben almoynha Eluc. I, 102 alimonia), *testemunho* (testemonium), dagegen *matrimonio*, *patrimonio* und auch alt *testemonio* (Eluc. I, 382); kurzes ŏ nur in *furo* (fŏro). — Eluc. II, 269 hat *rébora* (rōbora), 272 *reborar* (rōborare). Neben *estomago* (stŏmachus) findet sich bei Classikern *estamago* [1]. Ebenso *lagosta* von locusta.

---

[1] S. meine Lusiaden pag. XXVI. A. 2.

Lateinische Position schützt das o; höchst selten ist Uebergang in u, wie *cumpro* neben *compro* (compleo), *pergunto* (percontor), und in der Flexion z. B. *durmo* von dormir.

Frente steht neben *fronte* (frontem), wohl aus dem Spanischen, da auch hier die Form fruente (wie sie im Alexandro p. p. Sanchez und in dem fuero juzgo, (Madrid 1815) sich findet,) aufgegeben wurde.

Tonloses o vor der Tonsilbe wurde *a* in *manilha* (monilia), zu *u* in *fuzil* (von fŏcus). Neben *atomo* findet sich *atimo* (atŏmus).

Anlautendes o ist abgefallen in *Lisboa* (Olisipo), *relogio, relojo* (horologium), *reginal* (Eluc. II, 279 originalis).

Deutsches kurzes und langes o blieb: *espora* (sporo).

§ 5. U.

Das betonte lateinische u bleibt stehen; *bure* (būris), *fumo* (fūmus), *lua* (lūna), *rua* (ruga), *duro* (dūrus), *puro* (pūrus), *consumo* (consūmo).

Die Ausnahmen *copa* (cūpa) und *glotão* neben *glutão* (glūtus) sind scheinbare, da cuppa nachweisbar ist (Schneider I, 426) und gluttire eine Form gluttus nahelegt. (Diez, R. G. I, 165); *odre* (von *uter*; aber *uterus*).

Betontes kurzes u bleibt u; *cruz* (crŭcem), *cubito* (cŭbitus), *cuneo* (cŭneus), *furor* (fŭror), *mulher* (mŭlier), *gula* neben *guela* und *gola* (gŭla), *jugo* (jŭgum), *luto* (lŭtum), *chuva* (plŭvia), *rude* (rŭdem), *tuba* (tŭba), *mutilo* (mŭtilo), *duvido* (dŭbito), doch findet auch Uebergang in o statt, wie *hombro* (hŭmerus), *cobre* (cŭprum), *jovem* (jŭvenis), *lobo* (lŭpus), *noz* (nŭcem), *cogombro* (cŭcŭmis), *poço* (puteus), *podo* (puto), *governar* (gŭbernare), *logro* (lŭcror).

Ebenso findet u sowohl als o bei lateinischem u in Position statt, wie *cume* (culmen), *chumbo* (plumbum), *columna* (columna), *curso* (cursus), *mundo* (mundus), *nuncio* (nuntius), *unha* (ungula), *frutta* (fructus), *fusto* (fustis) (Eluc. I, 474, *foste)*, *tumulto* (tumultus), *nupcias* (nuptias), *vulva* (vulva), *vulto* (vultus), *sulco* (sulcus), *funda* (funda), *culpa* (culpa), *culto* (cultus), *surdo* (surdus), *curto* (curtus), *curvo* (cúrvus), *justo* (justus), *adunco* (aduncus), *nullo* (nullus), *duplo* (duplus), *rustico* (rusticus), *grunho* (grunnio), *pugno* (pugno), *pungo* (pungo), *turbo* (turbo), *luto* (luctor); dagegen *bola* (bulla), *gota* (gutta), *lombo* (lumbus), *enxofre* (sulphur), *torre* (turris), *vergonha* (verecundia), *Agosto* (Augustus), *gosto* (gustus), *codorniz* (coturnix), *corso* (cursus), *cono* (cunnus), *mosca* (musca), *olmo* (ulmus), *onda* (unda), *tronco* (truncus), *doce* (dulcis), *torpe* (turpis), *onze* (undecim), *onde* (unde), *corro* (curro), *corto* (curto), *tosso* (tussio).

Tonloses u vor der Tonsilbe wird *e* in *embigo* (umbilicus), *genebra* (jūniperus), *o* in *coelho* (cuniculus), *governar* (gŭbernare), *ortiga* (neben urtiga); hinter der Tonsilbe fällt *u* selten ab, (schon spätlat. *vinclum* u. dgl.) z. B. *olho* (oculus), *venablo* neben *venabulo* (venabulum), häufiger aber *circulo, vinculo;* zu c wurde u in *fivela* (fibula), catal. *sivella*.

Langes deutsches u erhält sich z. B. *bruno* (brûn), *drudo* altp. (ahd.) trût, drût, *escuma* (scûm); kurzes u wird meist *o*, *Affonso* (Alfuns).

§ 6. Y.

Wenn man von der rein künstlichen Terminologie absieht, so ist y, so missbräuchlich es im Altportugiesischen auch statt i angewendet wird, jetzt dem i, dessen Laut ja gleich ist, gewichen. Man liest und schreibt *abysso, conchylio, lyra, myrrha, lynce, typho, typo*; dagegen *giro, jacinto*, wo also der i Laut blieb.

A wurde aus y in *sanfona* (symphonia), *taleiga (ϑύλακος)*.
E wurde aus y in *besante* (Byzantium), *genete*. neben *ginete (γυμνήτης), gesso (γύψος), trepano (τρύπανον), mecha (μύξα)*.
O wurde aus y in *bolsa (βύρσα), cotonia (κυδώνιον), codeço (κύτισος), trozo (ϑύρσος), tomilho (ϑύμος),* serpol (serpyllum). Zu u wurde y am gewöhnlichsten in romanischem Munde, so *gruta (κρύπτη), murta (μύρτος), mustacho (μύσταξ), tufos, tufão (τυφών)*. Neben *ázymo (ἄζυμος)* besteht die Form *asmo*.

b. Diphthonge.
§ 7. Ae. Oe.

Lateinisches betontes ae und oe ging im Portugiesischen ausnahmslos in e über. *Cesar* (Caesar), *emulo* (aemulus), *Galecia* (Gallaecia), *ebreu, grego, judeo, seculo, esphera, tedio, era,* (aera), *cego* (caecus), *ledo* (laetus), *edificar* (aedificare), *quer* (quaerit); *cea* (coena); *femea* (foemina), *pena* (poena), *feto* (foetus), *obedecer* (oboedire).

Ebenso wird griechisches αι zu e: *dieta (δίαιτα), demo (δαίμων),* nur *pagem (παιδίον).*

§ 8. Au.

Au, schon im Lateinischen vielfach mit o wechselnd, ist im Portugiesischen entweder stehen geblieben, oder in den rein portugiesischen Diphthongen ou (oi) übergegangen, oder auch, und dies seltener, zu o geworden. Au verblieb in *applauso* (applausus), *applaudir* (applaudere), *aura* (aura), *cauda* (cauda), *causa* Ursache (Scheideform: *cousa* Sache), *fraude* (fraudem), *restauro* (restauro), *austro* (austrum), *caule* (caulem), *aula* (aula), *tauro* (taurum im Zodiakus; dagegen *touro*), *claustro* (claustrum), *laureo, laurel* (laureum), *lauto* (lautum), *naufrago* (naufragum), *infausto* (infaustum), *auso* (ausum), *pausar* (Scheideform zu *pousar*).

Ou (oder *oi*) trat ein in *couto* (cautum, Eluc. I, 316), *louro* (laurus), *thesouro* (thesaurus), *ouro* (aurum), *couve* (caulem), *rouco* (raucum), *pouco* (paucum), *ouço* (audio), *ouso* (audeo), *gouvo* (gaudeo), *louvo* (laudo), *ou* (aut).

Das reine o trat seltener ein; in *foz* (faucem), *cola* (cauda), *gozo* (gaudium), *pobre* (pauperem), *regozijar* (gaudere), *octuridáde* (Eluc. II, 181 auctoritatem). Auflösung des zweiten Vokales in einen Consonanten zunächst in p und b ist im Altportugiesischen ganz gewöhnlich. Das Elucidario giebt zahlreiche Beispiele wie *absteridade,* (I, 46), *captela* (I, 235), u. dgl. statt *austeridade, cautela,* wie dann umgekehrt *ausencia, caudal, ousecrar* (Eluc. II, 191), u. dgl. statt *absencia*; sogar *obtro* statt outro (Eluc. II, 179) und *ob* statt ou (ib. II, 177), *capital, obsecrar* u. dgl. Noch heute: *alabo,* (allaudo).

Zu l wurde u in *calma (καῦμα).* M. Müller (a. a. O. p. 103) schlägt Transposition von klm in mlk vor und verweist auf das griechische μαλακία. — *Au* vor der Tonsilbe bleibt: *aurora* (aurora), *auriga* (auriga), *audacia* (audacia), *auditorio* (auditorium), *augurio* (augurium), *aureola* (aureola), *auricula* (auricula), *auspicio* (auspicium), *austero* (austerum), *autumno* (neben *outono* (auctumnus), *auxilio* (auxilium), *autoridade* (auctoritatem), *audirel* (audibile), *laudavel* (laudabile).

Zu a wurde au in *Agosto* (neben Augusto), *agouro* (augurium), *atuno* (Eluc. I, 149 auctumnus).

§ 9. Eu. Ui.

Eu blieb, nur getrennt: *Europa*, *rheuma*, *neutro*, *neutral*, *heu!*

Aus *leuca* (λεύγη Hesych.) wurde durch Umstellung *legoa*. *Ui* blieb gleichfalls: *fui* (fūi Schneider I, 100).

c. Vocale im Hiatus.

§ 10.

Der Hiatus, das Zusammentreffen zweier Vokale, wird im Portugiesischen, wie in allen romanischen Sprachen, nach Kräften vermieden. Die ältere Sprache behalf sich mit Einsetzung eines h. Wie jetzt cahir, sahir, trahir, so bietet das Elucidario und alte Dichtungen: *mahom* (Eluc. II, 102 = mão) *pessoha*, *tavoha*, *tehudo*, *poher*, *vehura*; *prohe* und *proe* (Eluc. II, 245) *cahos* und *chaos* (Var. zu Lus. VI, 10). Eigenthümlich sind Fälle wie: *mehen* = *meu* (Eluc. II, 127), *melhohorar* = *melhorar* (Eluc. II, 128); andererseits wird der Hiatus aufgehoben durch **Elision**, durch **Attraktion des ersten Vokales**, durch **Contraktion** oder durch **Eintritt eines Consonanten**.

§ 11 Hiatus in einfachen lateinischen Wörtern.

Wo der Ton auf dem ersten Vokale liegt, verbleibt der Hiatus häufig z. B. *dia* (dies), *grua* neben *grou* (gruem), *déus* (deus), *réo* (reus); *meu* (meus), *seu* (suus). Von Consonanten hebt ihn sehr selten v auf z. B. *chover* (pluĕre), alt g z. B. *trage* (trahit Eluc. II, 387 zu tragimentos).

Elision ist gleichfalls selten, wie in *abete* (abietem), *parede* (parietem).

Wo der Ton nicht auf dem ersten Vokale liegt, ist selbstverständlich eine Aufhebung des Hiatus näher gelegt und leichter ermöglicht. Die Art der Tilgung des Hiatus nun ist abhängig von dem Consonanten, welcher den Vokalen vorangeht.

Von den Liquidae beeinflusst vorhergehendes *m* den Hiatus nicht, wie z. B. *nimio* (nimius), *gremio* (gremium); wohl aber *rindima* (vindemia); desto mehr aber die übrigen. Nach l und n wird der Hiatus dadurch getilgt, dass l und m erweicht werden, so: *alho* (allium), *filho* (filius), *filha* (filia), *conselho* (consilium), *folha* (folium), *sonho* (somnium), *maravilha* (mirabilia), *mulher* (mulier), *palha* (palea), *batalha* (batualia), *melhor* (melior), *talha* (talea), *evangelho* (evangelium), *Julho* (julius), *malho*.(maleus), *alhéo* (alienus), *milha* (milia); und in der Conjugation: *valho* (valeo), *valha* (valeam) und so im ganzen Conjunktiv. Neben diesen erweichten Formen findet sich aber auch der Hiatus erhalten: *familia* (familia), *oleo* (oleum), *espolio* (spolia), *solio* (solium).

Ebenso ist es nach *n*: *banho* (balneum), *campanha* (campania), *Minho* (Minius), *testemunho* (testimonium), *vinha* (vinea), *engenho* (ingenium), *estranho* (extraneus), *linha* (linea), *junho* (junius), *linho* (lineus), *Hespanha* (Hispania), *aranha* (aranea), *cominhos* (cumineus), *vergonha* (aus verecunia von verecundia), und in der Conjugation *tenho* (teneo), *venho* (venio). Neben dieser erweichten Form zeigt sich wieder bisweilen der Hiatus; so *cuneo* neben *cunha* (cuneus), *eneo* (aëneus), *calumnia* (calumnia) u. dgl.

Zischlaut entstund in *granja* (granea) alt. *grancha* (Eluc. II, 23).

Vorhergehendes r erhält zum Theil den Hiatus, z. B. *contrario* (contrarius), *vario* (varius), *imperio* (imperium), *baptisterio* (baptisterium), *monasterio* (monasterium), *sanctuario* (sanctuarium), *psalterio* (psalterium), *necessario* (necessarius), *sanguinario* (sanguinarius), *adversario* (adversarius), *referendario* (referendarius), *primario* (primarius), *secretario* (secretarius), *plagiario* (plagiarius), *furia* (furia), *vigario* (vicarius), *refeitorio* (refectorium), u. m. dgl.

Im Altportugiesischen indessen ist die Attraktion fast durchgängig, zum mindesten in Nebenformen vorhanden, so dass also *ari* zu *air* wurde; so *vigairo* (foros de S. Martinho 603), *vestiairo*, (Eluc. II, 399), *trintairo* (Eluc. S. 59), *notairo* (foros de Torres Novas 614) *adversairo* (ibid. 616), *contrayro* (foros de Santarem, Collecção IV, 574 und Eluc. I,

307), *ementairo* (Eluc. I, 394), *ordiayro* (ordinario Eluc. II, 185), *solairo* (Eluc. II, 227 salarium), *cartayro* (Eluc. I, 244) *igrejairo* (Eluc. II, 53), *malfairo* (Eluc. II, 106), seltener mit Aufgabe des i, wie *trintaro* (s. oben Eluc. S. 59), u. dgl. neuport. ci: *templeiro* (templarius), *cavalleiro* (caballarius), *viveiro* (vivarium), *janeiro* (januarius), *fevreiro* (februarius), *primeiro* (als Ordinale primarius), *eira* (area). *Donaire* (donarium). *Morteiro* (Eluc. II, 157: mortarium). Ebenso *eri* zu *eir*: *feira* (fēria), *madeira* (materia), *cativeiro* (captiverium).

Ori alt zu oir: *aradoiro* (aratoria Eluc. I, 132), *adjudoiro* (adjutorium Eluc. I, 55); *aduboiro* (Eluc. I, 58), *consiguidoiro* (Eluc. I, 306), *pagadoiro* (Eluc. I, 195), *dormidoyro* (Eluc. I, 384), *vendedoiro* (Eluc. II, 398), *coyro* (corium, foros de Torres Novas 636), bisweilen auch *our* wie *pousadouro* (pausatorium Eluc. II, 234); neuport. *ouro*, was auch für *uri* eintritt: *couro*, *bebedouro* (bibitorium), *Douro* (Durius), *agouro* (augurium). Verschiedene Fälle der Hiatustilgung, treten bei den Mediae ein.

Nach *b* ist Attraktion in *raiva* (rabies), *ruivo* (rubeus). — Zischlaut in *sages* (Eluc. II, 298) von sapius (s. Diez Et. W. I, 362) und im Conjunktiv *haja* (habeam).

Nach *d* Zischlaut wie *hoje* (hodie), *orge* (hordeum Eluc. II, 186: *orge, ordo, orgho, orgo*) und mit Hiatus *orio*.

Nach *g*: *ensaio* (exagium), *faia* (fagea), sonst *prodigio, litigio, elogio*.

Nach *v*: *ligeiro* (leviarius), *fojo* (fovea), *sargente* (serviens). — Der sonst gemeinromanische Ausfall des i in *lixivia* findet sich im Port. nicht. (sal de *lixivia*).

Fälle von Attraktion finden sich nach der Tenuis *p*: *aipo* (apium), *caibo* (cápio) und im Conjunktiv *saiba* (sapiam).

Nach *s, t, c* ergeben sich folgende beachtenswerthe Fälle 1. nach s tritt gewöhnlich der Zischlaut j ein: *beijo* (basium), *artemija* (artemisia), *cerveja* (cerevisia), *fajão* und *faisão* (phasianus), *feijão* (phaseolus), *igreja* (ecclesia), *queijo* (caseus). 2. nach t meist z oder ç: *dureza* (duritia), *março* (martius), *praça* (platea), *poço* (puteus), *graça* (gratia), *differença* (differentia), *presença* (praesentia), dagegen *ausencia*); *paço* (palatium), *preço* (pretium), *lençol* (linteolum), *razão* (rationem), *porção* (portionem), *tição* (titionem), *abestruz* (avis struthio). 3. nach. c stets ç: *braço* (brachium), *calça* (calcius), *faço* (facio), *feitiço* (facticius), *juiço* judicium), *terraça* (terracea), *mestiço* (mixticius), *vindiço* (Eluc. II, 403, venticius).

Bisher war nur von Hiatus mit e und i die Rede, da bei *u* ziemlich wenig zu vermerken ist. Am stärksten tritt hier Elision auf; zu *morto* stimmt indessen ein lat. *mortus*. — *Bato* (batuo), *cuspo* (conspuo), *coso* (consuo).

§ 12. Hiatus durch Zusammensetzung entstanden.

Bei Hiatus, der durch Composition schon im Lateinischen oder erst im Portugiesischen entstand, tritt bisweilen Elision ein z. B. *dourar*(de-aurare), *cobrir* (co-operire), *redrar* (re-iterare); gewöhnlich aber bleibt der Hiatus stehen, vornehmlich in späteren Bildungen, so: *co-acervar, co-administrar, co-adunar co-agular, co-existir, co-incidir, co-operar, co-ordinar, co-evo, co-etaneo, co-irmão, co-ito, co-optação; pre-existir, pre-encher, pre-eminente; re-edificar, re-organisar* u. s. w.

§ 13. Hiatus durch Consonantenausfall entstanden.

Die Synkope einzelner Consonanten zwischen zwei Vokalen erzeugt Hiatus, welche in der Ursprache nicht vorhanden sind. Auch diesem Hiatus gegenüber verhält sich die portugiesische Lautlehre verschieden. Sie tilgt ihn a) durch Einsetzen neuer Consonanten, allerdings der weicheren: *b*: *cobarde* (co-ardo), *v*: *couve* (cau(l)is), *chouvir* (clau(d)ere), *louvar* (lau(d)are), *ouvir* (au(d)ire), b) durch Contraktion: *ter* (te(n)ere), *ver* (ve(d)ere), *ler*, *lenda* (le(g)ere, le(g)enda), *crer* (cre(d)ere), *pôr* (po(n)ere), *déste* (de(d)isti), *mestre* (ma(g)istrum), *paço* (pa(l)atium), *pada* (pa(n)ata), *pafo* (pa(r)àfo), paragrafo), *mister* (mi(n)isterium), *pombo* (pa(l)umbus), *quente* (ca(l)entem), *conego* (ca(n)onicus), *geral* (ge(n)eralis), *conha* (ca(l)umnia), *gerar* (ge(n)erar), *sestro* (secstro, sinistrum), *setta* (sa(g)itta), *besta* (ba(ll)ista), *molho* (ma(n)olho, manupulus), *crivel* (cre(d)ibilis), *lidimo* (le(g)itimus), *credor* (cre(d)itor) *vir* (ve(n)ire) u. dgl.

d. Consonanten.

§ 14.

Bei Betrachtung der Consonanten entscheidet ihre Anzahl und ihre Stelle im Worte. Man spricht darum von einfacher, doppelter oder geminirter, mehrfacher oder combinirter Consonanz, ferner von Consonanten im An-, In- und Auslaute. (consonantes iniciaes, mediaes, finaes).

Mehrfache Consonanz stammt nicht immer vom Lateinischen wie z. B. in ru*m*pere, san*ct*us; sie hat oft auch im Ausfalle eines Vokales auf romanischem Gebiete ihren Grund z. B. co*n*tar (aus comp'tare von com*p*utare), mes*c*lar (aus misc'lare von misculare), *preste* (aus presb'ter von presbyter) u. dgl. Behandeln wir vorerst die Liquidae, dann die Mutae und Spirantes.

e. Liquidae.

(l, m, n, r.)

§ 15. L.

Anlautendes l bleibt vor allen Vokalen; *lavrar* (laborare), *leite* (lac), *lã* (lana), *levar* (levare), *lide* (litem), *longo* (longum), *lucro*, *logro* (lucrum). Gemeinromanisch ist r im Anlaute statt l in *rouxinol* (luscinia); der Abfall des l in *azul* (pers. lazvard) und span. u. port. *onza* (lyncem); dagegen missverstanden ist l in *loba* vom franz. l'aube (alba), Chorhemd. Inlautendes l ist im Portugiesischen nicht völlig verloren, doch nicht mehr Regel; es findet sich: *alimento* (alimentum), *bufalo* (bufalus), *calix* (calix), *calor* (calor), *camelo* (camelus), *eschola* (schola), *estola* (stola), *gelo* (gelu), *pêlo* (pilus), *silencio* (silentium), *solaz* (solatium), *talento* (talente, talentum), *viola* (viola), *volume* (volumen), *feliz* (felicem), *veloz* (velocem), *adular* (adulari), *delir* (delere), *gelar* neben *gear* (gelare), *valer* (valere), doch ist Synkope gewöhnlich: *anjo* (angeo alt, angelus), *aguião* (Eluc. I, 64 aquilonem), *aguia* (aquila), *candêa* (candela), *couve* (alt couę, caulis), *céo* (caelum), *côr* (color), *cobra* (colubra), *dôr* (dolor), *fio* (filum), *jóio* (lolium), *mágoa* (macula), *máo* (malus), *nevoa* (nebula), *páo* (palus), *paço* (palatium), *pombo* (palumbus), *pego* (pelagus), *bestu* (ballista), *saude* (salutem), *saudação* (salutationem), *taboa* (tabula), *véo* (velum), *moyer* (Eluc. II, 165 mulier), *doente* (dolentem), *taes* (tales), *debeis* (debiles), *doer* (dolere), *soer* (solere), *moer* (molere), *poir* neben *polir* (polire), *sair* (salire), *voar* (volare), *vigiar* (vigilare). Auf diese Weise wurden oft besonders bei Ausgängen auf *olus* und *ulus* nach Synkopirung des l die Vokale contrahirt, wodurch scheinbar durch Abfall des Auslautes oft sogar Einsilber entstanden; *avô* (avolus), *cabido* (capitulum), *diabo* (diabolus), *perigo* (periculum), *povo* (populus), *só* (solus), *dó* (dolus), *mô* (mola), *pá* (pala), *má* (mala), *cú* (culus), *mû* (mulus). Inlautendes *l* findet sich durch *r* ersetzt in *comoro* (cumulus), *bufaros* (bubalus), *pucaro* (poculum), *marmelo* (melimelum), *charamela* (calamus), *lirio* (lilium), *coronel* (frz. colonel)[1], *nespera* (mespilus), *emsembra* (Eluc. I, 398 in simul), *arguem* statt *alguem* (Eluc. I, 135), *cremencia* (Eluc. I, 318 st. clementia) *emprir* (Eluc. I, 398 implere); auch vor Consonanten wie *pardo* (*paldus* = pallidus).

L anlautend wurde *n* in *nivel* neben *livel* (libella), Zischlaut in *joio* (lolium), inlautend n in *mortandad* (mortalitas); gemeinromanisch ist d statt l (s. § 29) in *âmido* (almylum.), ähnlich *escada* (scala), *deixar* (laxare), (siehe Coelho Quest. p. 202), *padejar* (= palejar), *padesada* (= palesada). L ist auch Versetzungen unterworfen z. B. *choupo* (pōpulus) gleich *ploupo* (statt poplo) und vertauscht besonders gerne mit anderen Consonanten seine Stelle im Worte, so (das seltene) *olvidar* (oblitare), (das alte) *espalda* (spatula), *acelga* (beta sicula), *milagrê* (miraculum)[2], *esmola* (eleemosyna), *palavra* (parabola), *melro* (merula), *palrar* (parlare), *silvar* (sibilare), *brivia* (biblia Eluc. I, 209), *bulrar* (burlare), *pulvego*, *pulvigo* (Eluc. II, 249 publicus), *creligo* (Eluc. I, 318 clericus). Versetzung von l und n zeigt *alento* (anhelitus). Zusammentreten der Liquida *l* mit einem nachfolgenden Consonanten hat bisweilen den Erfolg, dass sie

---

[1] Schultheis versucht (Blätter f. d. b. G. W. XII. S. 436. 1876.) das engl. *colonel* nicht von *columna*, sondern von *corona* herzuleiten. Die Gründe scheinen jedoch nicht zu genügen.

[2] Coelho, (Quest. 424) nimmt Uebergang von cl in gr an.

sich mit dem vorangehenden Vokale zu einem Laute vereint, meist zu *ou* (*o*); so: *couce* (calcem), *fouce* (falcem), *souto* und *soto* (*salto* nach Eluc. II, 301, saltus), *bobo* (balbus), *outeiro* (altarium), *escopro* (scalprum), *toupeira* (von talpa), *outro* (alter), *poupar* (palpare), oder besonders bei *lt* zu *ui*: *buitre* (vultur), *cuytello* (Eluc. I, 342 cultellus), *muito* (nasal, multus), *escuitar* und *escutar* (auscultare).

Eine *ou*-Form ist nicht nachzuweisen zu *doce* (dulcis), und *ensosso* (insulsus).

Die Gemination des l zu ll ist nur orthographisch also: *argilla* (argilla), *cabello* (capillus), *cavallo* (caballus), *cadella* (catella), *cella* (cella), *collo* (collum), *codicillo* (codicillus), *callo* (callum), *cugulla* (cuculla), *estrella* (stella), *gallinha* (gallina), *pollo* (pullus), *folle* (follis), *procella* (procella), *pelle* (pellis), *sella* (sella), *miollo* (medulla), *grillo* (grillus), *valle* (vallis), *villa* (villa), *molle* (mollis), *bello* (bellus), *elle* (ille), *ella* (illa), *bullir* (bollire), *fallecer* (fallescere), *destillar* (destillare). Erweichung zu *lh* ist selten: *centelha* (scintilla), *galha* (galla), *polha* (Eluc. II, 226, pulla), *galhinha* (alt gallina), *tolher* (tollere), *appelhar* (appellare), Eluc. I, 122); noch seltener ist geminirtes l synkopirt: *astea* (astilla), *gemeo* (gemellus), *enguia* (anguilla), *dueo* (Eluc. S. 36 duellum).

Hinter l schiebt sich gerne ein *d* ein; so *humilde* (humilis), *rebelde* (rebellis), *toldo* (tholus), *igualdar* (Eluc. II, 53 st. igualar).

Consonantengruppen mit l sind *CL, PL, GL, FL, TL, LC, LG, LP, LD, LV, LS, LM, DL, BL, NL.*

Cl im Anlaute ist erhalten in *clamar* (clamare), *clandestino* (clandestinus), *clangor* (clangor), *claro* (clarus), *classe* (classis), *claustro* (claustrum), *clave* (clavis), *clemente* (clementem), *clérigo* (clericus), *cliente* (clientem), *clima* (clima), *clinico* (clinicus), *clitoris* (clitoris), *cloaca* (cloaca), *clyster* (clyster) und den zu diesen Stämmen gehörigen Derivaten; es sind dies indessen keine volksthümlichen Ausdrücke; denn bei diesen herrscht eher noch *cr* vor: *crastra* (claustrum), *cravo* (clavus), *cremencia* (clementia), *cryster* (clyster), alt: *cramar* (Gil Vic.) *craro, cremencia, crelgo* (clericus); die populäre Form aber ist *ch*: *chamar* (clamare), dafür Eluc. II, 7 *gamar*, Eluc. II,

39 *jamar*, *chave* (clavis), alt *chouso, chusura* (Eluc. S. 22),
clausus (clausura), *chouvir* (Eluc. S. 22 claudere), s. Eluc. I,
273 noch *chousa, chousal, chousura*. — *Quinquilharia* (frz.
quincaillerie) aus ndl. klinken.

Pl wird portugiesisch (ähnlich dem cl) entweder *pr*
oder lieber *ch;* so *praça* (platea), *pranto* (planctus), *praga*
(plaga), *praia* (plagea), *prato* (platus πλατύς), *prantar* (plantare), *pregar* (plicare), *prazer* (placere), gewöhnlicher ch: *chaga*
(plaga), *chanto* (alt planctus), *chumbo* (plumbum), *chumasso*
(von pluma), *chão* neben *lhano* und *praino* (planus), *chato*
(platus), *cheio* (plenus); *chus* (Eluc. I, 273, plus), *chorar*
(plorare), *chegar* (plicare), *chantar* (Eluc. I, 266. plantare),
chover (pluere), *choupo* (s. oben pōpulus). Doch *planta,
pleito* u. s. w.

Vereinzelt steht *lhano, lhaneza*.

Im Inlaute vertritt *cl* und *pl* entweder *lh:* *abelha* (apicula), *cavilha* (clavicula), *colher* (cochlear), *governalho* (gubernaculum), *gralho* (graculus), *espelho* (speculum), *joelho* (geniculum), *lentilha* (lenticula), *malha* (macula), *navalha* (novacula),
olho (oculus), *vermelho* (vermiculus), *orelha* (auricula), *ovelho*
(ovicula), *piolho* (pediculus), *relha* (reticulum), *manolho* (manipulus), *escolho* (scopulus), oder (aber dies seltener) *ch:*
facha (facula), *funcho* (foeniculum), *mancha* (macula), *encher*
(implere), vgl. *emprir* (Eluc. I, 398), *ancho* (amplus), doch
complexo, contemplar, completar u. s. w.), noch seltener j wie
in *anejo* (anniculus), *sobejo* (superculus) und *br: dobro* (duplum).

GL bleibt in Worten höheren Stiles: *gladio* (gladius),
gladiador (gladiatorem), *glandula* (glandula), *gleba* (gleba),
globo (globus), *gloria* (gloria), *glorioso* (gloriosus), *glossa*
(glossa), *glutão* (glutiens), *glomerar* und Composita; volksthümlich ist *gloria* (gloria), *grude* (gluten); *lirão* (glirem),
lande (glandem) mit Abfall des *g*.

Im Inlaute gleichfalls *lh:* *coalhar* (coagulare), *relha*
und *regra* (regula), *telha* neben *tecla* (tegula), *unha* statt
unlha (ungula). — *Fl* im Anlaute: *flagello* (flagellum), *flagicio* (flagitium), *flagrante* (flagrantem), *flato* (flatus), *flauta*
(flauta), *flavo* (flavus), *flébil* (flebilis), *flexível* (flexibilis), *flor*
(florem), *florecer* (florescere), *florim* (florinus), *fluctuar* (fluc-

tuare), *fluido* (fluidum). Doch populärer *fr: fraco* (flaccus), *fragrante, frauta, frol* (Canc. Din.), *frouxo = fluxo, fragello, frocco* (floccus), oder *ch, chamma* (flamma), *Chamoa* (Eluc. I, 265 Flammula), *Chares* (Aquae Flaviae), *cheirar* (flagrare statt fragrare); ebenso ch im Inlaute: *inchar* (inflare), *achar* (afflare Eluc. I, 61).

Tl im Inlaute wird zu *lh: selha* (situla), *velho* (vetulus), *rolha* (rotula); zu *ld* in *espaldar* (v. spatularis), *roldar* (rotulare); zu dr in *compedra* (Regr. S. Bento) aus competla von completa.

Lc verbleibt, wo nicht c und i.folgt: *calcar* (calcare), *calcular* (calculare), *falcão* (falco), *sulco* (sulco). Doch *couce* (calcem), *fouce* (falcem). —. *Delgado* (delicatus) einzeln.

LG in *alga* (alga), nicht populär.

Lp verbleibt: *culpa* (culpa), *golpelha* (vulpecula), *polpa* (pulpa), *polpito* (pulpitum). Der Auflösung in *poupar* (pulpare) geschah bereits Erwähnung.

LD ist nur aus Synkope entstanden: *caldo* (calidus).

Lv verblieb: *malva* (malva), *alveo* (alvus), *silva* (silva), *calvo* (calvus), *salvo* (salvus); Ausfall des *l* ereignete sich in *caveira* (calvaria); die ganze Gruppe fiel aus in *pó* (pulvis) neben *polvora*.

Ls verblieb: *falso* (falsus), *salso* (salsus); *pulso* (pulsus). — Von *insosso* (insulsus) war oben die Rede.

Lm verbleibt gleichfalls: *colmo* (culmus), *olmo* (ulmus), *palma* (palma), *pulmão* (pulmo), *salmo* (psalmus), *salmão* (salmo).

DL ist in *molde* (modulus) und *moldar* (modulare).

BL im Anlaut: *blandicias* (blanditias), *blasono* (βλάσφημον), *blasphemia*, selten statt *br: brando* (blandus), *branco* (blancus), *bresfamia* (Eluc. I, 205); ebenso im Inlaut: *nobre* (nobilis), *saibro* (sabulum), gewöhnlich erweicht lh: *ralhar* (rabulare), *trilhar* (tribulare), Zischlaut in *diacho* (diabolus).

Nl kam schon aus dem lateinischen assimilirt herüber; *ullo* (ullus), *colloquio* (colloquium), *collegio* (collegium), u. dgl.; im Portug. assimilirte *lulla* (lunula, ein Mollusk), sowie umgekehrt *ln* in *sallitre* (sal nitrum).

§ 16. M.

Anlautendes *m* bleibt meist erhalten: *mancebo* (mancipium), *manhã* (mane), *mão* (manus), *mercado* (mercatus), *mester* (ministerium), *mudar* (mutare).

M wurde anlautend zu *n* in *nespera* (mespilum), *nembro* (Eluc. II, 170 *membrum*) und *nembrar* (Eluc. ibid.) *nembra*, *nembrança* = memorar. Aus *memorar* wurde schon früh (Trov. Cant.) die heutige Form *lembrar*.

Auch im Inlaute erhielt sich m: *amor* (amorem), *bruma* (bruma), *homem* (hominem), *nomear* (nominare), *tremer* (tremere), selbstverständlich auch geminirt: *gemma* (gemma), *summa* u. dgl.

Im Auslaute hat das Portugiesische bei Einsilbern überall *m*; *com* (cum), *quem* (quem), *rem* (Eluc. II, 283), *tam* (tam). Das gemeinromanische *já* (jam) ist ausgenommen. Unbetonte Endsilben werfen *m* ab: *sete* (septem), *nove* (novem), *onze* (undecim), *treze* (tredecim), *nunca* (nunquam), so die Flexion: *amava* — Fälle, wo es schon in der Muttersprache schwach hörbar war. (Corssen, Ueber Aussprache, Vokalismus und Betonung der lat. Sprache I. Bd. 2. Aufl. Leipz. 1868. p. 266—276. Coelho, Questões p. 318—335).

Consonantengruppen mit *m* sind *MP, MB, GM, SM, RM, MN, MR, MT, MD, MPH*.

Mp verbleibt: *campo* (campus), *empolla* (ampulla), *lampada* (lampas), *limpo* (limpidus), *amplo* (amplus), *amputação* (amputationem).

MB bleibt gleichfalls: *chumbo* (plumbum), *gambia* (gamba), *lombo* (lumbus), *ambição* (ambitionem), *pombo* (palumbus), *ambiguo* (ambiguus), *cambiar* (cambiare), *lamber* (lambere), *combater* (combatuere), *ambos* (ambo), doch *amarello* (ambar nach Mahn s. Diez E. W., II, 94), *amos* (Eluc. I, 112 = ambos) und *plomo* (Eluc. II, 220 = plumbum). Bisweilen wurde b nach m eingefügt: so *tumbeira* (Eluc. II, 340) und *tambo* (thalamus), *tómboro* (tumulus); *tarimba* (pers. 'tarîmah), *cambrão* (camurus?).

GM verbleibt nicht, da g ausfällt: *aumento* (augmentum), *pimenta* (pigmentum); g löst sich zum Vokal auf in *fleuma*, *freima* (phlegma) auch altfrz. *fleume*.

Sm verbleibt *pasmo* (spasmus), *scisma* (schisma), *romantismo*, *gallicismo* u. dgl. ebenso RM: *armas* (arma), *termo* (terminus), *verme* (vermis), *dormir* (dormire).

MN erhielt sich in doktrinären Worten wie *alumno* (alumnus), *columna* (columna), *calumnia* (calumnia), *damno* (damnum), *hymno* (hymnus), *somno* (somnus), *solemne* (solemnis), dagegen populär *autono*, *dano*, *dono* (dominus), *arame* (aeramen), *lume* (lumen), *nome* (nomen), *sembrar* (seminare), wo im spanischen *b* eingesetzt wird, weshalb Coelho Quest. 411) *deslumbrar* für spanisch erklärt. (Eluc. I, 300: *condapnamento*).

MR aus Synkope entstanden erhält im Port. euphonisches *b*: *cogombro* (cucumerem), *hombro* (humerus), *lembrar* (memorar), vulgär auch: *cambra* (camara) und aus *comoro* (cumulus) eine Form *combro*.

MT und *MD* wird zu *nt* und *nd*. — *Conde* (comitem), *contar* (computare), *lindo* (limpidus), *lindar* (limitare), *linda* (limite), aber *circumdar*.

MPH griechische Verbindung ist portugiesisch geblieben *symphonia*, *nympha* (νύμφη), *amphibio*, *amphitheatro*, *lympha*. — *Ninfa* (nimfa, nynfa, nympha) findet sich häufig, (s. Einl. zu meinen Lus. p. XVII).

§ 17. N.

Anlautendes n bleibt meistentheils erhalten: *nação* (nationem), *nojo* (nausea), *neta* (neptis), *noite* (noctem), *novo* (novus), *nascer* (nasci), *nem* (nec), *não* (non).

Anlautendes n ersetzt l in *licorne* (unicorno), *lomear* (Eluc. II, 99 nominare), *m* in *mastruço* (nasturtium).

Inlautendes *n* zwischen zwei Vokalen ist nicht Regel: *animal* (animal), *crina* (crinis), *feno* (foenum), *pagina* (pagina), *mina* (mina), *fortuna* (fortuna), *menos* (minus), *tenaz* (tenax), *veneno* (venenum), *sereno* (serenus), *abominar* (abominare), *adunar* (adunare), so immer das Suffix *inus* u. *anus*. Dagegen tritt wie bei l Synkope ein: *adem*, *aade* (Eluc. I, 24 anatem), *area* (arena), *avea* (avena), *baleia* (balaena), *cadeia* (catena), *ceia* (cena), *corôa* (corona), *estrea* (strena), *femêa* (femina), *fresta* (fenestra), *freio* (freno), *joelho* alt:

geolho (geniculum), *lagôa* (lacuna), *lua* (luna), *moeda* (moneta), *reia* (vena), *quelha* (canicula), *novea* (Eluc. II, 173 novena), *pessoa* (persona), *peia* (Eluc. II, 209), *pea* (ibid. 207 poena), *coelho* (cuniculus), *moimento* (Eluc. II, 145 monumentum), *mester* (ministerium), *testemoyo* (Eluc. II, 382 testimonium), *dieiro* (Eluc. I, 375 denarius), *conego* (canonicus), *vaidade* (vanitatem), *miudo* (minutus), *boa* (bona), *geral* (general), *estrayo* (Eluc. I, 418 extraneus), *meor* (Eluc. II, 126 minor), *poente* (ponentem), *seio* (sinus), *alheio* (alienus), *algua* (al-guma), *coroar* (coronar), *jejuar* (jejunare), *nomear* (nominare), *pôr*, *poer* (ponere), *gerar* (generare), *soar* (sonare), *ceiar* (cenare), *toar* (tonare), *doar* (donare), *vir* (venire), *rumiar* neben *ruminar* (ruminare), *ter* (tenere), *semear* (seminare), *fiir* (Eluc. I, 463 finire), *deostar* (Eluc. I, 361 (dehonestare), *diffir* (Eluc. I, 375 diffinire) und in der älteren Sprache Beispiele aller Art, wie *termio, terreo, vizios, saar* u. s. w. statt *termino, terreno, vicinos, sanar*. — Synkope des n vor Consonanten in *começar* (aus *comenzar* v. cominitiare). Die Elision ist so im Wesen des Portugiesischen begründet, dass beim Suffix *inus* oft noch h hinzutritt, um das n zu schützen, so *adevinho* (devino), *bainha* (vagina), *caminho* (caminus), *farinha* (farina), *rainha* (regina), *sobrinho* (consobrinus), *vizinho* (vicinus), *pinho* (pinus), *vinho* (vino), in der älteren Sprache besonders an Eigennamen: *Criṣtinha, Martinho, Coutinho; determinhar* u. s. w. Das heutige *ordenhar* ist Folge eines älteren *ordinhar*.

Im Inlaut trat für *n* eih: 1. *l* in *alma* (an'ma, anima), *alimal* (animal), davon *alimaria*; *icolimo* (Eluc. II, 42 oeconomus), *Deliz* (Eluc. I, 360 Diniz), *anemola* (anemona), *roldar* neben rondar. 2. *r* in *cofre* (coffinus), *sarar* (sanare). 3. *m* am Schlusse der Worte wie *fim, florim, jejum, margem*, zur Nasalität.

Die Gemination des n ist wie jene des *l* nur eine orthographische Eigenthümlichkeit: *anno* (annus), *panno* (pannus), *canna* (canna), *penna* (penna), *gannir* (gannire), *tinnir* (tinnire); doch widersteht sie der Synkope, nicht aber der Erweichung zu *nh* z. B. *canhamo* (cannabis), *estanha* (stannum), *pinha* (pinna), *grunhir* (grunnire).

Consonantengruppen mit *n* sind *NC, NG, ND, NS, CN, GN, NR*.

NC verbleibt: *junco* (juncus), *manco* (mancus), *cinco* (quinque), *monche* (monachus). Oft ist *nc* aus *ndc* synkopirt, so *manjar* (manducare, man'care), *vingar* (vindicare, vin'care).

Bei *excomungar* (excomunicare) wäre eine Form *excommunigar* (nach Coelho Quest. 381) anzunehmen.

NG vor a, o, u bleibt; *lingua* (lingua), *longo* (longum), vor e u. i wird selten erweicht, wie in *renhir* (ringi), meist tritt Zischlaut ein: *cingir* (cingere), *fingir* (fingere), *frangir* (frangere), *pungir* (pungere), *tingir* (tingere); *esponja* (spongia). — Vereinzelt *enxundia* (axungia).

ND verbleibt: *fundo* (fundus), *mundo* (mundus), *grande* (grandis), *mandar* (mandare), *vender* (vendere), *prender* (prehendere), *entender* (intendere), *fender* (findere). Assimilation trat ein in *funil* (fundibulum), *vergonha* (verecundia).

Coentro aus coriandrum, (κορίανον).

NS verliert in der Regel das *n*, was ja schon römische Art war; also: *asa* (ansa), *mesa* (mensa), *mez* (mensis), *siso* (sensus), *defesa* (defensa), *preso* (prehensus), *teso* (tensus), *esposo* (sponsus), *costar* (constare), *mostrar* (monstare), *tras* (trans).

Scheideformen: *pesar* (wägen), *pensar* (denken).

Cn im Inlaute entstanden durch Synkope in *cisne* (altp. *cirne*, Moraes), mlt. cecinus. Coelho (Quest. 409) beachtet nicht, dass Diez (E. W. I, 121) die Form *cecinus* (cicinus) aus L. Sal. tit. 7 wirklich nachweist.

Gn ist keine populäre Form. Bei *agno* (agnus), *agnato* (agnatus), *digno* (dignus), *dignidade* (dignitatem), *signo* (signum), *pugna* (pugnam), *magno* (Cam. Lus. IV, 32 Var. magnus), *magnitude* (magnitudinem), *maligno* (malignus), ist entweder das *g* abgefallen, wie *dino, indino, malino, sino, ensinar, apenorar* Eluc. I, 124) (vgl. Einl. zu meinen Lus. p. XIV) oder die gewöhnliche Form *nh* eingetreten, wie in *anho* (agnus), *lenho* (lignum), *punho* (pugnus), *cunhado* (cognatus), *senha* (signa), *manho* (magnus), *tammanho* (tam magnus), *quammanho* (quam magnus), *desdenhar* (dedignare), *conhecer* (cognoscere).

Auflösung des *g* zu *i* zeigt *reino* (regnum), *reinar* (regnare).

NR bleibt stehen: *genro* (generum), *honra* (honor), *tenro* neben *terno* (tenerum). Die alte Sprache schob, wie die französische Sprache noch, bisweilen ein *d* ein, so *pindra* (Eluc. II, 218 pignora), *pindrar* = *penhorar* (ibid.), *hondrar* (honorare), *hundrado* (Eluc. II, 37). Aehnlich ist das d in *medrar* – *meldrar* (meliorare).

§ 18. R.

R im Anlaute bleibt; so: *raio* (radius), *religião* (religionem), *remedio* (remedium), *rebelde* (rebellis), *romper* (rumpere); ebenso geschützt ist es im Inlaute, wie *ara* (ara), *areia* (arena), *espirito* (spiritus), *preparar* (praeparare) und in der Gemination: *carro* (carrus), *ferro* (ferrum), *errar* (errare).

Im Inlaute tritt für r bisweilen l ein. Der Wechsel[1] dieser beiden Liquidae ist ohnehin ein häufiger; (s. Einl. z. Lus. p. XV). So: *alvidro* (arbiter), *alvedrio* (arbitrium) nebst den abgeleiteten; *papel* (papyrus), *rolle* neben *robre* (robur); *vergel* (viridiarium), *almario* neben *armario* (armarium), *aples* neben *apres* (Eluc. I, 124, 128 apud), *semple* (Eluc. II, 312 semper), *bolsa* (βύρση), *ralo* neben *raro* (rárus s. übrigens Diez E. W. II, 170), *Algel* neben *Arger*, *priul* (Eluc. II, 245 prior) — *Ociente* für oriente (Eluc. II. 180). —

L wird zu n: *pifano* (neben *pifaro*).

Von allen Consonanten ist die Liquida l jener, welcher der Versetzung am meisten unterworfen ist; besonders anlautendes t oder f bewirkt gerne dessen Attraktion, welche sich nicht nur auf die nächste, sondern auch auf fernere Silben erstreckt. So: *fragoa* (fabrica). *fragoar* (fabricare), *fresta* (fenestra), *fremoso* neben *fermoso* (formosus), *estrupo* (stuprum), *trevas* (tenebras), *pargo* (pagrus), *cabrestro* (capistrum), *prove* (pobre). *proveza* (Eluc. II. 247 pobreza), *granzal* (garbanzal), *cremesim* (ar. carmes), *crestar* (castrare), *spreguntar* (Eluc. II, 332 percontari), *trado* (teratrum),

---

[1] *procíro* und *ploeiro* (Eluc. II, 245).

ergueja (egreja`, Gil Vic. III, 390), *corbo* (für *cobro* Eluc. I, 308), *creligo* (Eluc. I. 318 clerico), *crosto* (costro, colostro). Es tritt indessen bisweilen auch der umgekehrte Fall ein, dass r aus dem Anlaute scheidet; so in *costra* (crusta), *farnesim* (phrenesis), *farnetico* (phrencticus), *estormento* (instrumentum), auch *sturmento* (Eluc. 1, 419), quebrar (*crepare*), *despergar* (Eluc. 1, 371 dispretiare), *spersamente* (Eluc. II, 332 expressamente).

Synkope des r ist in *proa* (prora), nach Diez, (R. G. I. 224. 4) nur aus euphonischen Gründen, *coentro* (coriandrum), und der Verbalform *quês* (Gil Vic.) statt *queres* zu bemerken; ebenso Abfall in *queimar* (cremare), *retaguarda* (von retro). Vor *e* trat r aus in: *acipreste*, *aciprestado*, neben *arcipreste*, *arciprestado*, vor Zischlauten in *sobejo* (superculus), *macho* (marculus s. Diez E. W. II, 150', *sacho* (sarculus). Auch den übrigen romanischen Sprachen gemeinsam ist der häufige Ausfall des *r* hinter einer Tenuis z. B. *frade* (fratrem), *derradeiro* (deretarius), *madrasta* (matrastra), *arado* (aratrum), *rasto* (rastrum), *rosto* (rostrum), *padrasto* (patrastrum); andere haben Doppelformen. Es blieb übrigens das r im Portugiesischen in manchem Worte, wo die verwandte spanische es abwarf z. B. *canistra* (sp. *canasta*, canistrum), *tremolar* (sp. *temblar*, tremulare). Vollständige Apokope zeigen *goto* (guttur), *frai* (fratrem), *pai* (patrem), und das nasale *mãi*, für welches Coelho (Quest. 418) annimmt: *matre, madre, mare — mae, mãe*; die Form *mare* führt leider ohne Angabe eines Dokumentes Elucidario (II, 119) an; sie berechtigt gewiss zur Annahme eines noch nicht nachgewiesenen *pare* zu *pai*. — *R* wird durch *i* ersetzt z. B. in *gundia* neben *gundra*, *veiza* neben *rersa*, *risagia* neben *visagra*.

Consonantengruppen mit *r* sind *RL*, *RS*, *RN*.

Rl ist meist schon aus dem Lateinischen zu *ll* assimilirt in die portugiesische Sprache gekommen: *pelhúido* (pellucidus). In der Sprache selbst bietet sich überall Assimilation: *amal-o; vêl-o* (*amallo*, *rello* = amarlo, ver-lo).

RS assimilirt, wie schon gerne in der Muttersprache. (Corssen, Ueber Aussprache I. p. 243. Kritische Beiträge zur lat. Formenlehre Lpz. 1868 p. 396); so: *acesso* (versum), *travesso* (transversus), *pessoa* (persona), *pecego* (persicus), *cossario* neben *corsario*, alt *cosso* (cursus), *usso* (ursus s. m. Einl. z. Lus. p. XXVI). Andere Worte wie *curso* (cursus), *dorso* (dorsum), *terso* (tersus), *verso* (versus) sind durch den höheren Stil eingeführt worden. — *Bolsa* (βύρση), s. oben.

RN verbleibt: *carne* (carnem), *inferno* (infernum), *ornar* (ornare) und so im Suffix *ern*.

Die übrigen Consonantengruppen mit den Liquidae s. unter den betreffenden Consonanten.

β. **Mutae und Spiranten.**

(C, (Ch), Q, G, J, H; P, B, F, (Ph), V; T, (Th), D, Z, S).

§ 19. C. Ch

Der folgende Buchstabe entscheidet. über den Laut des c, indem er es entweder **guttural** erhält oder zur **Palatale** oder **Sibilante** gestaltet.

Vor a, o, u erhält sich **anlautendes** *c* fast immer guttural. So verblieb es: *cavallo* (caballus), *cal* (calx), *quelha* statt *caelha* (canicula), *corda* (chorda), *cura* (cura), *cujo* (cujus), *cunhar* (cuneare). Doch findet sich auch **anlautend** die **Media**: *gaiola* (caveola), *gavea* (cavea), *gamella* (camella), *gato* (catus), *golla* (collum), *greda* (creta), was schon im Lateinischen vorkam, wie *gobius* (κωβιός), *grabatus* (κράβατος), *gummi* (κόμμι), *gubernator* (κυβερνήτης), so dass *gurgulho* wohl auch schon von einem lat. *gurgulio* (Prisc. V, 9) abzuleiten ist.

Inlautendes *c* bleibt gewöhnlich erhalten in den Suffixen *aco, aico, eco, ico, oco, uco* z. B. *opaco* (opacus), *cloaca; famelico* (famelicus), *rustico* (rusticus), *viatico* (viaticum), *judaico, hebraico, medico* (alt *mege*), *lubrico* (lubricus); doch in den Verbalendungen auf *icare: pacificar* (pacificare), *fructificar* (fructificare, *parificar* (parificare), *edificar* (aedificare), *justificar* neben *justifigar*, *mortificar* neben *mortivigar* (justificare, mortificare), *applicar, duplicar, implicar, replicar* (applicare, duplicare, implicare, replicare u. s. w.), *dedicar* (dedicare), *indicar* (indicare); ebenso in einzelnen Worten wie *chicorea* (cichoreum), *cuco* (cucus), *echo* (echo), *meco* (moechus), *rouco* (raucus), *botica* (apotheca), *cicatriz* (cicatricem), *faculdade* (facultatem), *oculo, inocular* neben *olho, circulo* (circulus), *cicuta* (cicuta), *parco* (parcus), *fecundo* (focundus), *efficaz* (efficacem), *seculo* (alt *segre*, sacculum), *jocoso* neben *jogo* (jocosus), *prorocar* neben *adrogar* (provocare), *crocodilo* (crocodilus), *pouco* (paucus) u. a. m. Indessen ist Erweichung des inlautenden c zur Media Gesetz; die Neigung hierzu zeigt sich überall so z. B. *secreto* und *segredo* neben *degredo, medico* neben *mendigo, benefico* neben *leigo, arabico* neben *gallego, rarificar* neben *mastigar, chronica* neben *loriga, fabrica* neben *formiga* u. s. w. So hat man also: *agulha* (acucula), *amigo* (amicus), *ligorna* (bicornis), *boga* (bocas), *conego* (canonicus), *clerigo* (clericus), *cigarra* (cicada), *cegonha* (ciconia), *cogula* (cuculla), *cogombro* (cucumer), *diago* (diaconus), *dragão* (draco), *figo* (ficus), *fogo* (focus), *fungo* (fucus), *jogo* (jocus), *bago* (baculus), *lagarta* (lacarta, lacerta), *lago* (lacus), *lagoa* (lacuna), *legua* (leuca), *logar* (v. locus), *lagosta* (locusta), *magoa* (macula), *manteiga* (mantica), *miga* (mica), *orago* (oraculum), *pegureiro* (v. p cus), *perigo* (periculum), *pega* (pica), *pollegar* (pollicaris), *postigo* (posticum, *pregoeiro* (v. praeco), *estomago* (stomachus), *espiga* (spica), *umbigo* (umbilicus), *agudo* (acutus), *cego* (caecus), *grego* (graecus), *seguro* (securus), *segundo* (secundus), *alugar* (adlocare), *cagar* (cacare), *colgar* (collocare), *jogar* (jocari), *pagar* (pacare), *segar* (secare), *ragar* (vacare), *ogano* (Eluc. II, 181 hoc anno), *agora* (hac hora), u. s. f. Auch solche Beispiele bietet schon die lateinische Sp.ache zahlreich z. B. *nec otium* (*negotium*), Ζάκυνθος (Saguntum), *mugio* (μυκάομαι), *trigesimus* u. *tricesimus* u. dgl.

Synkope des *c* ist selten wie in *deão* (decanus), nach *degano*; oder in Verbalformen: *faes* (Gil Vic. I. 139), *fais* (Sá de Mir. Egl. 8) für *fazes* (facis); ferner im Futur und Conditional: *direi* (dizer-hei), *farei* (fazer-hei), *diria* (dizer-hia); *jarjam* (C. Guiné c. 73) = jazeriam.

Auslautendes *c* fiel durchgängig ab. Diese Apokope nimmt Coelho (Quest. 349) auch in *sim* u. *nem* an, welche dann nasal wurden, während Diez (R. G. I. 246) in diesem m eine Vertretung des auslautenden c oder eine Einschiebung des n vor dem Abfalle des c *(nec, nenc, nen)* erblickt. Für beide Annahmen sucht man vergeblich Analoga; indessen führt Diez *pentem* (pecten) mit Recht auf, wo gleichfalls n ein c vertrete.

Eine Anzahl entschieden durch das Französische eingeführter Worte theilt die Eigenthümlichkeit dieser Sprache in der Formel *ca* das c in *ch* zu verwandeln; wie *chantre* (cantor), *chappa* (capa), *chapeo* (capellum), *chapitel* (capitellum), *charrua* (carruca), *chefe* (caput), *chaminé* und *cheminé* (caminata), *chambre* (camara), *prancha* (planca), so *charo* neben *caro* (carus), *miga* u. *micha* (mica), *mercante* u. *merchante* u. a.

Rein portugiesische Fälle einer Vertretung des lat. c durch *ch* (vor e und i) sind sehr selten; etwa: *chinche* (cimicem), *piche* neben *pez* (picem), *chicorea* (cicoreum), *chicharo* (cicer), *murcho* (murcidus), *lichino* (licinium).

Sonst vertritt *s* oder das sanftere *z* die Stelle des lat. c vor *e* und *i*, z. B. *dizer* (dicere), *fazer* (facere), *jazer* (jacere), *nuzer* (Trov. e Cant. 78. nocere), *luzir* (lucere), *prazer* (placere), *donzella* (dominicilla), *azedo* (acidum), *vizinho* (vicinus), *azeo* (Hist. do Test. II, 149; acinus), *cozodra* (st. *cozedra*, culcitra), *prezes* (alt J. Alvares in Ribeiro, Dissert. chron. I, 359, preces), ebenso auslautend nur *z*: *dez* (decem), *mez* (mensem), *haz* (Eluc. II, 27, acies), *cerviz* (cervicem), *cicatriz* (cicatricem), *cruz* (crucem), *raiz* (radicem), *voz* (vocem), *luz* (lucem), *pez* (picem), *rez* (vicem), *codorniz* (coturnicem), *meretriz* (meretricem), *perdiz* (perdicem), *feliz* (felicem), *mordaz* (mordacem), *perspicaz* (perspicacem), *pertinaz* (pertinacem), *voraz* (voracem), *sagaz* (sagacem), *dicaz* (dicacem), *feroz* (ferocem), *veloz* (velocem); aber *precoce* (praecocem), wie poetisch z. B. in den Lusiaden *atroce* (I, 88), *felice* (VIII, 16; X, 71, 75), *fugace* (IX, 63), *pertinace* (V, 44), *rapace* (VII, 86); ebenso Malac. conq. V, 30 *felice*.

Ein Kehllaut hat sich also vor e, i, ae, oe nicht erhalten; denn *lagarta* weist eher auf eine Form *lacarta* statt lacerta, *pulga* auf *pulica* statt pulicem hin, und *duque* stammt von dem byzantinischen δούξ (acc. δοῦκα s. Diez E. W. I, 159) her. Auch *esqueleto* stammt direkt aus dem griechischen σκελετόν.

Ch in Wörtern gelehrter und technischer Bedeutung verblieb (mit der Aussprache *k*) z. B. *architecto, archivo, chimera, chimica, machina, pyrotechnia, polytechnico* (neben *quimera, quimica*), sonst aber *celidonia* (chelidonia), *cirurgião* (chirurgus), *arcebispo, arcediago; braço* (brachium).

Zur Geschichte der Assibilation des *c* s. Diez (R. G. I, 249—253), Coelho (Quest. 265—275), besonders Corssen, Latein. Ausspr. 2. Aufl. I, pag. 48.

Die Gemination des *c* im Portugiesischen ist nur eine orthographische; sehr häufig besteht nebenher die einfache Form. So hat man: *bico* (buccus), *floco, froco, froque* (floccus); dagegen *boca* und *bocca* (bocca), *mucco* u. *muco* (muccus), *peccado* u. *pecado* (peccatum), *peccar* u. *pecar* (peccare), *sacco* u. *saco* (saccus), *secco* u. *seco* (siccus), *succo* u. *suco* (succus), *vacca* u. *vaca* (vacca) u. dgl. *Baga* u. *braga* sind auf lateinische Formen *baca* u. *braca* (neben bacca u. bracca) zurückzuführen.

Cc vor e u. i wird wie einfaches *c* behandelt; auch die Aussprache (von *cc* u. *cç*) ist die gleiche z. B. *accento* (accentus), *accidente* (accidentem), *successo* (successus), *accelerar* (accelerare), *buzina* (buccina), darum bisweilen auch misbräuchlich z. B. *occeano* statt des gewöhnlichen *oceano* (s. Einl. z. Lus. p. XVII. [3]).

Consonantengruppen mit *c* sind *CT, CS, SC, RC, CR, TC, DC*.

CT hat im Portugiesischen verschiedenartige Behandlung erfahren. Es blieb in den wenigsten Fällen, wie z. B. *acto* (actus), *abstracto* (abstractus), *anfractuoso* (anfractuosus), *arctico* (arcticus), *contacto* (contactus), *conspecto* (conspectus), *dictar* (dictare), *directo* (directus), *defuncto* (defunctus), *delicto* (delictum), *erector* (erector), *epactas* (epactas), *facto* (factum), *fructo* (fructus), *intacto* (intactus), *insecto* (insectus), *invicto* (invictus), *inspector* (inspector) *pacto* (pactum), *exacto* (exactus), *protector* (protector), *tacto* (tactus), *tecto* (tectum), *victima* (victima), *victoria* (victoria) u. a.

Daneben findet sich bei einigen bereits Assimilation, welche bei anderen Gesetz ist; so *ato* (actus), *contrato* (contractus), *dileto* (dilectus), *dito* (dictus), *fruto* (fructus), *luto* (luctus), *lutar* (luctari), *matar* (mactare), *tratar* (tractare), *ponto* (punctum) u. dgl.

· Der gewöhnlichste Vorgang indessen ist die **Auflösung** des *c* zu *i*, also nach *a*, das zu e w u · d e, *ei: fe to* (factum; *fetto*, Eluc. I, 460), *geito* (jactus), *leite* (lacte), *aleitar* (adlactare), nach e *ei: affeito* (affectus), *affeição* (affectionem), *asseitar* (assectari), *deleitar* (delectare), *leito* (lectus), *direito* (directus), *eleito* (electus), *eleitor* (elector), *leitor* (lector), *peito* (pectus), *interjeição* (interjectionem), *reitor* (rector), *refeitorio* (refectorium), *seita* (secta), *suspeito* (suspectus), u. s. f. nach i *ei: estreito* (strictus), nach o *oi: coito* (Eluc. I, 290 coctus), *biscoito* (bis coctum), *noite* (noctem), *oito* (octo); ähnlich *oytubro* ·(Foros de Torres Novas p. 614, october), u. a., nach u *ui* z. B. *fruito* (fructus vgl. Camões, Lus. III, 120 u. Einl. z. Lus. p. XIII u. A. 3.) — In der älteren Sprache wurde öfter *u* zu *o*. und trat dann zu ⸱*i* erweichtes *c* hinzu. z. B. *condoito* (Eluc. I, 301 conductus), *loito* (Eluc. II, 98 luctus), *loitoso* (Eluc. ibid. luctuosus.) u. a. m.

Ausser der Auflösung in i fand auch eine in *u* statt; so nach a in *au: auto* (actus), *autivo* (Eluc. I, 150 activus), *auçom* (Eluc. I, 149 actionem), *contrauto* (Eluc. I, 307 contractus), *trautar* (Chron. Guin. tractare), *trauto* (Eluc. II, 388 tractus), *pauto* (pactum), nach e in *eu: teuto* (Hist. do Test. tectum), nach o in *ou: douto* (doctus), *doutor* (doctor), *outubro* (october).

Ganz ausnahmsweise erfolgte Auflösung in *ch*, wie in *colcha* (culcita), *trecho* (tractus), *dicho* (dictum), *ochavo* neben *oitavo* (octavus), *aducho* (Eluc. I, 59 adductus).

*C*s also *x* bleibt im Portugiesischen in der Regel erhalten, doch ist die Aussprache des *x* eine verschiedene.

. Rein *cs* (x) lautet es in wenig Worten wie *fluxo* (fluxus), *nexo* (nexus), *sexo* (sexus).

Wie *is* klingt es in andern (meist mit der Präposition *ex* beginnenden) Worten (so *issecutor*, Eluc. II, 61) wie *exemplo* (exemplum), *excellencia* (excellentia), *experto* (expertus), *exame* (examen), *exceder* (excedere), *extra* (extra), *extremo* (extremus). Die Grammatiker weichen hierin viel ab. Coelho (Quest. 395) verlangt die Aussprache *eizemplo*, *eizame, eistra* u. s. w.; während andere *isemplo, iseeder* u. s. w. sprechen. Schon das Eluc. (I, 392) hat *eixete* (exceptus), *eixeção* (exceptionem), *eixecutor* (executor), *eixerrutamente* (ex abrupto), *eixido* (exitus), *eixuquetar* (exsecutare). — *X* klingt wie *ch* (also sch) in einer Anzahl Worte, wie *buxo* (buxus), *coxa* (coxa), *enxundia* (axungia), *enxugar* (exsuccare), *lixivia* (lixivia), *luxo* (luxus), (im nomen proprium) *Alexandre* (dro).

Auch Auflösung zeigt sich in *i* oder *u*, so in *seis* (sex), wobei man an *eis* (ecce) erinnert wird, ebenso in dem alten *tausar* oder *tousar* (Eluc. II, 242 taxare), davon *tausução* (taxatio).

Diese Auflösung findet sich bisweilen auch da, wo x mit der Aussprache *ch* (sch) trotzdem stehen bleibt z. B. *eixo* (axis), *teixo* (taxis), *freixo* (fraxinus), *madeixa* (metaxa), *seixo* (saxum), *leixar* (laxare), *froixo, frouxo* (fluxus).

Assimilation ist selten: *disse* (dixi), *tecer* (= tesser v. texere), *anciar* (anxiare). Umstellung vielleicht in *nesga* (nexus?).

SC im Anlaute verblieb natürlich mit dem prothetischen *i*, das *e* wurde: so *escabello* (scabellum), *escada* u. *escala* (scala), *escandalo* (scandalum), *escano* (scamnum), *escapulario* (scapularium), *escarabéo* (scarabaeus), *escasso* (scarpsus), *escorpião* (scorpio), *eschola* (schola), *escrever* (scribere), *escroto* (scrotum), *escudo* (scutum) u. s. w. selten ohne e wie *scelerado* (sceleratus), *scena* (scena), *sceptro* (sceptrum), *sciencia* (scientia), *scintillar* (scintillare), wo es nur wie *c* klingt, weshalb auch *centelha* (scintilla), *cetro* (neben sceptro), *ciática* (neben sciática), *cintilhar* (neben scintillar), *cisma* (neben scisma) in den Wörterbüchern sich findet; oder in alten Denkmalen, wovon Eluc. II, 306 zahlreiche Beispiele gibt: *scaan* (scandalum), *scala, scanção, scola, scolheita* u. dgl.

Die ältere Sprache verwechselt ganz gewöhnlich anlautendes *sc* in der Zusammensetzung mit *ç* oder *c*, ohne jedoch die Schreibung *sc* auszuschliessen; so z. B. Livr. de Linhag. III, 189 *decen* = descen, aber III, 186 *descendedes*, wogegen gelehrte Autoren an dem sc festhielten, ja sogar etymologisch falsch sc statt c einsetzten wie z. B. *Sá de* Mir.

Egl. 4 *ascena* statt *acena*, ein Fall, der in der portugiesischen Orthographie zahlreiche Analoga hat. Die Varianten wie *nacer* und *nascer*, *decer* und *descer*, *accrecentar* und *accrescentar*, *florecer* u. *florescer* ziehen sich durch die Ausgaben aller Autoren durch, (s. Einl. z. Lus. p. XVI.) je nachdem der Herausgeber das phonetische oder historische Princip aufrecht erhalten will.

Die neuere Sprache hat sich für das phonetische entschieden und schreibt *merecer* (merescere), *padecer* (padescere), *florecer* (florescere), *perecer* (perescere), *parecer* (parescere), *conhecer* (cognoscere) und so durchgängig, woraus dann ç nach Bedarf entsteht wie *padeço, mereça, pereçamos, pareça, conheço* u. dgl. Wenige erhielten ihr *sc*, wie *crescer* (crescere), *pascer* (pascere).

Ausserdem wird *sc* inlautend (wie *cx*) bisweilen *x* mit der Aussprache *ch* (sch): so *faxa, faixa* (fascia), *feixe* (fascis), *peixe* (piscis), *baixel* (vascellum), *rouxinol* (lusciniolus), *mexer* (miscere). Erweichung des c zu g hat *musgo* (muscus), *visgo* neben *visco* (viscus) und Composita wie *envisgar*.

Rc erhält sich: *arco* (arcus), *barca* (barca), *forca* (furca), *porco* (porcus). — Synkope des r s. dort. — *Cargo, cargar* (carricare) neben *cárrego* und *carregar*. Für *sirgo* nimmt Coelho (Quest. 381) eine Form *serigo* statt *sericus* an, und *forjar* (fabricare) ist ihm „vielleicht dem Französischen entnommen".

CR erweicht c zur Media: *agro* (acris), *alegre* (alacris), *magro* (macrum), *sogro* (socerum), *sagrar* (sacrare), *vinagre* (vinum acre).

TC durch Ausfall wird g: *herege* (hereticus), *selvagem* (silvaticus), *viagem* (viaticum), *percha* (pertica); doch nicht so durchgehend wie in andern rom. Sprachen; sondern gewöhnlich: *heretico, silvatico, grammatico, portico*. — *Nalga* von *natica* (nadega).

DC durch Ausfall wurde Zischlaut in *pejo* (pedica), *mege* (alt, medicus = altspan. miege).

Deutsches *k* verbleibt anlautend Kehltenuis z. B. *camarlengo* (ahd. chamarlinc), *escuma* (scùm); ebenso inlautend: *Frederico, Ruderico, Eurico, senescal* (sini scalh) u. dgl. Indessen sank anlautend und inlautend die Tenuis auch zur Media: *garupa* (kropf?), *esgrimir* (skirman).

Vor e oder i *qu: quilha* (kiel); dagegen *chelim, relim* (skilling).

Kn konnte im Munde des Portugiesen nicht bleiben, weshalb ein Vokal eingeschoben wurde: *canivete* (knifr), *lasquenete* (lands-knecht).

§ 20. Qu.

Qu vor a, o, u erhält sich; manchmal klingt das u mit. *Qual* (qualis), *quanto* (quantus), *quatro* (quatuor), *quasi* (quasi), *quando* (quando); *eloquencia* (eloquentia), *obliquo* (obliquus).

Oft wechselt *c* mit *q*, so *alicota* u. *aliquota, caderna* u. *quaderna, coalhar* u. *qualhar* (s. Einl. zu Lus. p. XV.), ein schon im Lateinischen bekannter Vorgang; (cf. Eluc. I, 259 *cebradas* für *quebradas*); in anderen Worten ist *c* ständig für *qu* eingetreten: *nunca* (nunquam), *como* (quomodo), *escama* (squama). — Umgekehrt stund *qu* missbräuchlich für *c*, wofür das Elucidario Belege gibt z. B. *quabeça* (II, 250), *quaer* (ibid.), *quasu* (II, 254), *quasal* (ibid.), *quomo* (II, 258) statt *cabeça, caer, casa, casal, como* — noch jetzt *esquecer,* (*escaecer* Eluc. I, 412 excadescere), *queda* (cahida).

Häufig wurde qu zur Media: *agoa* (aqua), *aguia* (aquila), *egoa* (equa), *igual* (aequalis), *antiguo* (antiquus); ohne u: *sigo* (sequor), *algo* (aliquod).

Vor e und i bleibt qu seltener: *querer* (quaerere), *quem* (quem), *querela* (querela), *questão* (quaestionem); *quieto* (quietus), *quinhentos* (quingenti), *quinto* (quintus), *quinze* (quindecim); oft lautet es wie c, nachdem u wohl frühe schon abgeworfen wurde; so: *cinco* (quinque), *cincoenta* (quinquaginta), *cerceta* (querquedula), *cocer* (coquere), *torcer* (torquere), *laço* (laqueus).

Conseguir, conseguinte hat gu.

§ 21. G.

G im Anlaute vor *a, o, u* erhält sich: *galgo* (gallicus), *governar* (gubernare), *gordo* (gurdus), *gostar* (gustare); auch im Inlaute verbleibt es in den meisten Fällen: *agosto* (augustus), *agouro* (augurium), *chaga, praga* (plaga), *estriga* (striga), *figura* (figura), *gigante* (gigantem), *jugo* (jugum)׳ *pagão* (paganus׳, *pego* (pelagus), *fuga* (fuga), *ruga* (ruga), *rigor* (vigor), *prodigo* (prodigus), *vago* (vagus), *legal* neben *leal* (legalis), *castigar* (castigare), *litigar* (litigare), *navegar* (navigare), *regar* (rigare), *rogar* (rogare), *sugar* (sugare), *cuidar* (cogitare) u. s. w.

Vor e und i ist Synkope gewöhnlich: *rainha* (regina), *nario* (navigium), *quaresma* (quadragesima), *pais* (pagense), *sello* (sigillum), *mestre* (magister), *dedo* (digitum), *bainha* (vagina׳, *faia* (fagea), *ensaio* (exagium׳, *setta* (sagitta), *grei* (gregem), *lei* (legem), *rei* (regem), *saio* (sagium), *praia* (plagea׳, *leydimo, liidimo, lydimo* (Eluc. II, 89 legitimus), *frio* (frigidus), *mais* (magis), *ler* (legere), *colher* (colligere), und die Zahlwörter *vinte* (viginti), *trinta* (triginta), *quarenta* (quadraginta׳, *cincoenta* (quinquaginta), *sessenta* (sexaginta), *setenta* (septuaginta), *oitenta* (octoginta), *norenta* (nonaginta).

Sehr selten trat Synkope ein vor a, wie in *leal* (legalis), *real* (regalis), *liar* (ligare), *rua* (ruga).

Wie e bisweilen vor a zu ch wird, so g zu *j*; einige Beispiele hiervon: *jalne, jalde* (galbinus), *jouver* (gaudere), *joya* (gaudium), wofern nicht das franz. *jaune, joie, jouir* massgebend war. — Auflösung zeigt *cheirar* (fragrare), *inteiro* (integrum). — Ein Fall ist aufzuweisen, dass die Media g zur Tenuis c emporstieg in *Cadiz* (Gades); *tecla* (aus tegula) ist späterer Terminus. — 1) für g weist Eluc. II, 179 auf in *obridar* = *obrigar* (obligare) nebst Composita; m für g ibid. II, 332 *spremuntar* (percontari); x (ibid. I, 154) *axente* (argentum).

Vor e u. i ist g zum weichen Zischlaut geworden: *genro, gengiva, gente, girar*; höchst selten vertritt z diesen Palatallaut, wie in *esparzir* (spargere) und der vulgären Form *Jorze* für Jorge (Georgius).

Abfall des palatalen g im Anlaute bietet *irmão* (germanus), wozu Eluc. II, 20 *germaho* aus einem Dokumente von 1288 und das Femininum *germaia* [ebenso *germeydade* (aus 1317), *germeymente* (aus 1299), *germayrilmente* u. *germidade* (aus 1321)] hat. Der Name *Elvira* ist gleichfalls aus *Geluira, Geloira, Gailovera* hergeleitet.

Zu den höchsten Seltenheiten gehört die Beibehaltung des Kehllautes vor e und i, wie in *erguer* (erigere), *regular* (reguelar von regolare).

Gu ist vom Lateinischen herübergenommen worden, so in *lingua* (lingua), *sangue* (sanguis), *languir* (languere), *pingue* (pinguis), *unguento* (unguentum), *extinguir* (exstinguere) u. s. w., statt des u oft o z. B. *lingoa* (wie bei qu).

Consonantengruppen mit g sind: *GD, GR*.

In der Formel *gd* wird d zu l in *esmeralda* (smaragdus), zu *u* in *amendoa* (amygdola). Völlige Assimilation hat der Eigenname *Madalena* (Magdalena) erfahren.

GR verbleibt überall: *gráo* (gradus), *graça* (gratia), *grunhir* (grunnire).

Wo *gg* steht, ist es assimilirt aus dem Lateinischen herübergekommen: *aggravar* (aggravare), *aggregar* (aggregare), *agglutinar* (agglutinare) u. dgl.

Die gothische Media — ahd. k — ist in's Portugiesische nicht consequent übertragen worden, indem der Kehllaut nicht stets vor a, o, u verblieb und ebenso wenig die Palatale vor e u. i. Beispiele: *gabela* (ags. gaful, gafol vom goth. giban), *gonfalão* (ahd. gundfano), *albergue* (heriberga), *giga* (mhd. gîge), *girão* (ahd. gêro *acc.* gêrun), *jardim* (garto); und Eigennamen wie *Godofredo* (Gotfrid), *Giraldo* (Gêrhard) u. s. w.

§ 22. J.

Der Halbvokal *j* erhielt zwischen Vokalen seinen lateinischen Rang nur im Inlaute: *maio* (majus), *maior* (major), *maiorino* (Eluc. II, 162) jetzt *meirinho* (maiorinus), *raia* (raja). Die ältere Sprache hatte auch *y* für *j*, z. B. *ya* statt *já* (Foros de Guarda 442), *Yago* (Eluc. II, 413).

Sonst hat es den weichen Zischlaut: *já* (jam), *jovem* (juvenis), *julho* (julius); auch in jenen Worten, wo h ausfiel u. i also Anfangsbuchstabe wurde, wie *jacintho* (hiacynthus), *Jeronymo* (Hieronymus), *jerarchia* (hierarchia), *jeroglyphico* (hieroglyphicus), *Jerusalem* (Hierusalem). Ausfall ereignete sich in *mor* (moor Eluc. II, 151 = major).

G statt *j* trat ein in *genebra* (juniperus), *magestade* (majestas); *z* in *zimbro* (juniperus).

Deutsches j im Anlaute behält in den romanischen Sprachen die hier übliche Aussprache; im Inlaute erhält es sich zunächst nach den Liquidae l, m, n; z. B. *agasalhar* (goth. saljan, ahd. gasolljan); *grenha* (ahd. gran, f. pl. grani); *garanhão* (altndd. wrênjo) u. a., nach anderen Consonanten nicht immer; so *braza* (altn. braza, ags. bräsian), *guarda* (goth. vardja), *gage* (goth. vadi, ahd. wetti), *loja* (ahd. laubja, lauba), *ataviar* (ga-têvjan); aber *sitiar* (alts. sittian).

§ 23. H.

Das römische h ist im Portugiesischen nicht hörbar, wo es überhaupt noch orthographisch steht, also im Anlaute: *habil* (habilis), *hera* (hedera), *historia* (historia), *homem* (hominem), *hyssope* (hyssopus) u. dgl.

Uebergänge des nichttönenden *h* sind nicht denkbar, höchstens ist *anniquilar*, *anniquilação* (adnihilare) zu verzeichnen. Deutsches h im Anlaute verstummte; *arengue* (herine), *albergue* (heriberga), denn in *facha* (haque), *farpa* (harpe) u. a. ist (Diez, R. G. I, 320) kein deutsches h zu suchen. Inlautend *g* in *trigar* (goth. threihan, ahd. dringan; Eluc. II, 390), *c* in *taranho* (tâha). H im Anlaute mit Consonanten *(hl, hn, hr)* fiel ab: *lote* (goth. hlauts, ahd. hlôz, nhd. loos), *Luiz* (Hludowîc); *arenga* (ahd. hring). Ht im Anlaute und Inlaute wird gleichfalls t; *Matilde* (Mahthilt) u. dgl.

§ 24. P.

Der scharfe Laut des p widerstand in den meisten Fällen im Anlaute der Herabsetzung zur Media. So erhielt er sich: *paço* (palatium), *panno* (pannus), *papoula* (papaver), *pincel* (penicillum), *preguiça* (pigritia), *puta* (puta), *possuir* (possidere), *podar* (putare) u. dgl.

Media im Anlaute ist selten: *bandulho* (pantuculum, pantex), *abrunho* (prunum), *bostella* pustula), *belliscar* (von pellis), *buir*, *boir* neben *poir* (polire). — In *bodega* u. *bispo* stund die Media inlautend sicher schon vor dem Abfalle des ersten Vocales.

Im Inlaute zwischen Vocalen ist die Media regelmässig eingetreten; selten Tenuis in echt populären Worten so: *aipo* (apium), *capão* (capo), *capitão* (capitanus, als Fisch: capito), *caporal* (von caput), *copia* (copia), *choupo* (populus), *estupor* (stupor), *lapidario* (lapidarius), *papa* (papa), *papel* (papyrus), *papoula* (papaver), *pipa* (pipa), *principe* (princeps), *principio* (principium), *rapaz* (rapax), *vapor* (vapor), *popular* (popularis), *estupido* (stupidus), *lepido* (lepidus), *participar* (participare), *precipitar* (praecipitare), *separar* (separare); doch *cabedal* neben *capital*, *discrepar*, *increpar* neben *quebrar*.

Gewöhnlich also ist die Media, wie diese Neigung schon im Lateinischen vorlag: *scabillum* st. scapillum, *burgus* bei πύργος, *buxus* bei πύξος, *carbasus* bei κάρπασος. Demnach portugiesisch: *abelha* (apicula), *cabo*, *cabeça* (von caput), *cabello* (capillus), *cabedal* (capitalis), *cabedello* (capitulum), *cuba* (cupa), *sabão* (sapo), *riba* (ripa), *cubiça* (cupiditia), *cebola* (caepula), *lobo* (lupus), *sabor* (sapor), *sebe* (sepis), *soberbo* (superbus), *tibio* (tepidus), *conceber* (concipere), *receber* (recipere), *poborar* (populare), *saber* (sapere), *caber* (capere) u. s. w. In einzelnen Fällen wurde dann die Media b sogar zu v: *escova* (scopa), *povo* (populus), *estorvo* (stropus), was in der älteren Sprache sich öfter findet, wie *proue* = pobre. (Hist. geral c. 142); *soberua* (ibid. c. 1) = soberba.

Golfo von κόλπος, *troféu* von τρόπαιον bieten f. — *Chefe* (cap-ut) ging aus dem Französischen in's Portugiesische über.

Geminirtes lateinisches p verhält sich überall insoferne als es nie zur Media herabsteigt so: *cepo* (cippus), *capa* (cappa), *copa* (coppa), *mappa* (mappa), *estopa* (stuppa), *popa* (puppis), *Filippe* (Philippus), *supplicar* (supplicare) u. s. f. Zu estorvo stimmt nur stropus, nicht struppus.

Consonantengruppen mit p sind *PD*, *PN*, *PS*, *PR*, *PP*, *SP*, *PT*.

PD durch Ausfall ist nur sicher in *aturdir* (extorpidire); *cubiça* kann aus *cubidiça*, *cubiça* ebenso als direkt aus *cupiditia* entstanden sein.

Pn im Anlaute griechischer Worte: *pneuma* (πνεῦμα), *pneumatico*, *pneumonia*.

PS hat meist *p* zu *s* assimilirt: *esse* (ipse), *isso* (ipsum), *gesso* (gypsum), *escasso* (excarpsus mit r). — Auflösung des p zu i und Erweichung des s zu x (= ch, sch), in *caixa* (capsa). — Griechische Worte und wissenschaftliche Terminologie behalten ps; *eclipse* (ἔκλειψις), *ellipse* (ἔλλειψις), *psychologia* (ψυχολογία). — Das anlautende p fiel ab in *salmo* neben *psalmo* (psalmus), *salterio* u, *psalterio* (psalterium), *psalmear*, *salmodear* (enxalmar mit x).

Pr im Anlaute verblieb, (die Erweichung *abrunho* (prunum) ausgenommen): *prado* (pratum), *preso* (prehensus), *provar* (probare). Im Inlaute ist auch bei *pr* Erweichung zu *br* Regel; also *abril* (aprilis), *cabra* (capra), *cobre* (cuprum), *obra* (opera), *lebre* (leporem), *pobre* (pauperem), *abrir* (aperire), *cobrir* (cooperire), *cobrar* (cuperare), *sobrar* (superare), *sobre* (supra). — Nur *mpr*, also pr nach dem Nasallaut verbleibt: *comprar* (comparare), *sempre* (semper), aber Eluc. II, 312 *semple*.

Rp verblieb: *torpe* turpis), *carpir* (carpere).

Sp anlautend ohne prothetisches e nur in griechischen (gelehrten) Ausdrücken: *sperma* (σπέρμα), *sphincter* (σφιγκτήρ) u. dgl. und in älteren Denkmälern wie (nach Eluc. II, 332) *spaladeiro*, *spadanal*, *spadoa*, *spargelar*, *spectante*, *speculo*, *speitamento*, *spectante*, *speitar*, *spitaleiro*, *spreguntar* u. s. w. Ausfall geschah in *pasmo* (spasmus). — Inlautend blieb sp unangetastet: *vespa* (vespa), *espargo* (asparagus), *suspirar* (suspirare).

PT im Anlaute nur in gelehrten Worten z. B. *ptarmica* πταρμική) und Eigennamen *Ptolemeu*, wo z. B. Lus. V, 50 kein Grund ist mit einigen Ausgaben *Tolomeu* zu schreiben. — Ausfall hat *tisana* (πτισάνη). —

Im Inlaute ist Abfall des *p* Regel, da es, auch wo es orthographisch steht, doch keinen Laut hat; (vgl. Cam. Lus. IV, 62 *Egyto* als Reim zu *rito*), so in *apto* (aptus), *inepcia* (ineptia), *inepto* (ineptus), *adepto* (adeptus), *assumpto* (assumptus), *rapto* (raptus), *nupcias* (nuptias), *adaptar* (adaptare), *optimo* (optimus), *adoptar* (adoptare), *baptisar* (baptizare) und anderen meist der Wissenschaft angehörigen Ausdrücken, wie *acataleptico*, *epileptico* u. dgl.

Regel ist also Ausfall wie in *gruta* (grypta), *malato* (male aptus), *escrito* (scriptus), *neta* (neptis), *roto* (ruptus), *sete*, *sette* (septem), *atar* (aptare), *catar* (captare), *contar* (computare), *encetar* (inceptare) u. dgl.

Ganz ausgefallen ist pt in *semana* (septimana).

Auflösung des p zu e und u (wie bei ct) ist· bisweilen eingetreten: *conceito* (conceptus), *preceito* (praeceptum), *receitar* (receptare), *acceitar* (acceptare) — *caudilho* (capitellum), *Ceuta*, *Ceita* (Septa) und in der älteren Sprache häufiger: *auto* (Chron. Guin. aptus), *adoutar* (Eluc. I, 56 adoptare), *boutisar*, *bautisar*, *bouticar* (Eluc. 1, 203 baptizare) u. a. — *Rauso*, *rausso* (Eluc. II, 265 raptus).

Deutsches P verbleibt in der Regel sowohl an- als inlautend: *piscar* (ndl. pitsen, hd. pfetzen), *potassa* (pott-asche), *pote* (ndl. pot), *polé* (engl. pull); *rapar* (ndd. rappen), *estampar* (ahd. stamphôn), *trepar* (trap, treppe).

Hochdeutsches f ist in wenigen Worten bemerkbar; *mofar* (mupfen, mhd.), *rifar* (bair. riffen s. Diez E. W. II, 350), *arrufar* (raufen, engl. ruff), *esquife* (skif).

§ 25. B.

Anlautendes b bleibt; so *baga* (baca), *baixo* (bassus), *boi* (bos), *bolha* (bulla). Allerdings ist der schon im Lateinischen (Corssen, Ueber Ausspr. I, 131) nachgewiesene Wechsel von b und v im Portugiesischen sehr ausgedehnt, besonders in Dialekten (*Douro* u. *Minho*) ganz gewöhnlich. Trotzdem erhielt sich auch inlautendes b in einer Reihe von Worten: *alabastro* (alabaster), *globo* (globus), *gleba* (gleba), *plebe* (plebem), *tabua* (tabula), *tabella* (tabella), *tribu* (tribus), *escabello* (scabellum), *habito* (habitus), *sabugo* (sabucus), *tribunal* (tribunale), *taberna* neben *taverna* (taberna), *sebo* (sevum), *tabão* neben *tavão* (tabanus), *debil* (debilis), *habil* (habilis), *abominarel* (abominabilis), *rebelde* (rebellis), *beber* (bibere, *attribuir* neben *atrever-se* (attribuere), *assobiar* (sibilare), *jubilar* (jubilare), *subir* (subire), *subornar* (subornare), *prohibir* (prohibere), *exhibir* (exhibere), *habitar* (habitare), *obedecer* (obœdire), auch *obynte* (Eluc. II, 179) und auslautend in *sob* (sô), (s. Einl. z. Lus. p. XII).

Gerade aber die portugiesische Erweichung des inlautenden b zu v ist ein unterscheidender Zug der Sprache von der spanischen, welche wenigstens orthographisch, wenn auch nicht immer phonetisch, b festhält. Darum ist echt portugiesisch: v in den Suffixen *avel, evel, ivel*: *amavel* (amabilis), *laudavel* (laudabilis), *indelevel* (indelebilis), *crivel* (credibilis), *terrivel* (terribilis), doch *habil, debil, flebil* (flebilis), weil *ha, de, fle* Stamm, nicht Endung ist; ebenso im Imperfekt der ersten Conjugation *amava* (amabam) und in Worten wie *cavallo* (caballus), *cevo* (cibus), *covado* (cubitus), *fava* (faba), *fivella* (fibula), *maravilha* (mirabilia, auch spanisch v), *carvão* (carbonem), *inverno* (hibernus), *nevoa* (nebula), *governo* (gubernum), *herva* (herba), *trave* (trabem), *governalho* (gubernaculum), *alvedrio* (arbitrium), *nuvem* (nubem), *arvore* (arborem), *Evora* (Ebora), *alvo* (albus), *escrever* (scribere), *sorver* (sorbēre), *cevar* (cibare), *provar* (probare), *duvidar* (dubitare), *governar* (gubernare), *dever* (debere), *avondar* (Eluc. I, 154 abundare) u. dgl.; so alt z. B. *trevudo* (Eluc. II, 390 tributum) und umgekehrt *bodivo, vodibo* (Eluc. I, 201 votivus), *varga* (Eluc. II, 395 v. bargus).

Ausfall des b ist selten. Die zweite u. dritte Conjugation im Imperfekt weist ihn auf: *recebeba* wurde *recebea, recebia* (recipiebam), *vestieba, vestiba, vestia* (vestiebam, vestibam); ferner *marroio* (marrubium), *prenda* (praebenda) und etwa *parola* (neben *palavra*), falls es nicht direkt aus dem französischen herübergenommen wurde.

B wurde zu *m* in *canamo, canhamo* (cannabis), *trementina* neben *terebinthina* (terebinthinus), *vagamundo* neben *vagabundo* (vagabundus), was Coelho (Quest. 119) als Anbildung an *mundo* erklärt, *Jacome* (Eluc. II, 413 Jacobus).

Consonantengruppen mit b sind *BJ, BR, RB, BS, BT, BV.*

Bj findet sich in *abjecto* (abjectus), *abjurar* (abjurare), *objecto* (objectum), *subjugar* (subjugare); sonst mit Ausfall des *b sujeito* (subjectus), *sujeitar* u. s. w.

BR bleibt in der Regel: *febra* (fibra), *membro* (membrum), *celebre* (celebrem). — *V* in *lavrar* (laborare) und *crivo* (cribrum) mit Abfall des *r*. — *Vincos* statt *brincos* (Eluc. II, 303).

In *RB* erweicht b zu v: *sorver* (sorbēre), *carvão* (carbonem). — *Corbelha* (corbicula) steht einzeln, vielleicht ein Gallicismus. — *B* wurde zu *m* in *mormo* (morbus).

RS blieb nur in Worten der höheren Sprache, wie *absynthio* (absynthus), *substancia* (substantia), *absurdo* (absurdus), *obscuro* (obscurus), *obstinado* (obstinatus), *obsceno* (obscenus), *abster* (abstinere), *obstar* (obstare), *absolver* (absolvere), *abstrahir* (abstrahere). Im Munde des Volkes trat Assimilation ein, wie: *sustancia, esconder* (abscondere), *escuro* (obscurus) oder Auflösung des b zu u, wie *ausencia* (absentia), *ausente* (absens), *austinente* (abstinentem), *austinado* (obstinatus).

BT in *soto* (subtus), *sotopôr*; *soterrar* (subterrare), *subtil, sutil, sotil* (subtilis) vgl. Einl. z. Lus. p. XVI.

BV in *obvio* (obvius), *subverter* (subvertere), *subvenção* (subventionem).

Deutsches *B*, d. h. die gothische Media, ist erhalten z. B. in *adubar* (Eluc. I, 58 ags. dubban), *roubar* (ahd. roubôn, roupôn, Eluc. II, 294: *rouba, roubadias*), vielleicht (nach Diez E. W. I, 287) *escalavrar* (vom ahd. nabagêr); doch findet sich anlautend die ahd. Tenuis zur goth. Media auch auf portugiesischem Gebiete: *palco* (ahd. palcho), *poltrão* (ahd. polstar).

§ 26. (F. Ph).

Anlautendes f verbleibt: *façanha* (facinus), *foz* (faucem), *fiuza* (Eluc. I, 467 fiducia), *fojo* (fovea), *furto* (furtum); *phalange* (phalangem), ebenso inlautendes: *prefação* (praefationem), *profano* (profanus), *tufo* (tophus), *beneficio* (beneficium), *escrofula* (scrofula), *profeta* (propheta).

F ging über 1. in b: *acebo* (aquifolium), *abantesma* (phantasma), *abrego* (Eluc. I, 46 africus). 2. in h, was im Spanischen fast durchgängig ist, in: *hediondo* (foetibundus) wohl aus dem Spanischen; *ahinco* (Eluc. I, 64 = *affinco*). 3. in v: *proveito* (profectus), *ourives* (aurifex), *trevo* (trifolium) und in den Eigennamen *Christovão* (Christophorus)

Estevão (Stephanus). 4. in p im Inlaute *golpe* (colaphus), *napta* (naphta), *soprar* (sufflare). Doppeltes f stammt aus lateinischer Zusammensetzung: *suffragio* (suffragium), *suffocar* (suffocare), *offender* (offendere), *officio* (officium) u. dgl. *FR* verblieb: *freio* (frenum), *frio* (frigidus), *esfregar* (fricare), *soffro* (suffero) — *Cheirar* aus flagrare von fragrare. Wie lateinisches f wird das deutsche behandelt z. B. *fralda* (ahd. falt, ags. feald), *faldistorio* (falz-stuol).

§ 27. V.

Im Allgemeinen bleibt anlautendes v vor Vokalen, da Erhärtung zu b Dialekt (von Minho) ist; also: *váo* (vadum), *valle* (vallis), *vello* (vellus), *viuva* (vidua), *vella* (vigilia), *vibora* (vipera), *verga* (virga), *visco* (viscum), *vontade* (voluntatem), *vulto* (vultus), *veloz* (velocem), *vinte* (viginti), *verde* (viridem), *volver* (volvere).— V ward zu b im Anlaute in *bainha* (vagina), *bespa* (vespa), *beco* (viculus), *bexiga* (vesica), *bodo* (votum), *bemcilho* (v. vincire, Eluc. I, 190), *abutre* (vultur), *abanar* (v. vannus), *bascolejar* (v. vasculum), *bolsar* (vorsare); v wurde zu f: *fita* (vitta), *frasco* (vlasculum, vasculum); zu g in *golpelha* (vulpecula), *goraz* neben *voraz* (voracem), *gomitar* neben *vomitar* (vomitare), *gastare* (vastare, Diez, E. W. I, 230). — Auch inlautendes *v* erhält sich meist: *aveia* (avena), *cravo* (clavus), *ave* (avem), *chuva* (pluvia), *navalha* (novacula), *uva* (uva), *vulva* (vulva), *breve* (brevis), *grave* (gravis), *leve* (levis), *novo* (novus), *nove* (novem), *lavar* (lavare), *levar* (levare), *privar* (privare). Indessen tritt auch inlautend *b* ein: *abestruz* (avis struthio), *abetarda* (avis tarda), ebenso f: *palafrem* (paraveredus), *trasfegar* (trasvegar, transvicar, Diez, E. W. II, 187).

Synkope des v zwischen zwei Vokalen ist nicht häufig. So *estio* (aestivus), *estiar* (aestivare), *boi* (bovem), *polilha* (v. pulvis), *cidade* (civitatem), *rio* (rivus), *donadio* (Eluc. I, 384 donativum), *estragar* (extravagari) und die Perfektformen *amai* (amavi), *parti* (partivi) u. s. w. Hinter Consonanten ist Ausfall seltener, wie in *fulo* neben *fulvo* (fulvus). Anlautend fehlt es in *Yolante* (Eluc. II, 413) statt *Violante*.

Deutsches v u. w hat im Portugiesischen dreifache Darstellung erfahren. Selten durch o oder u, bisweilen durch r, gewöhnlich durch *gu*. — O oder u in *oeste* (ags. vest), *Norueya* u. *Noroeya* (Cam. Lus. III, 10), *Baldoino, Balduino, Baldovino* (Cam. Lus. X. 49 Baltwin). — V in *iva* (ahd. îva, nhd. eibe). — Gu in *guisa* (wîsa), *guerra* (werra), *guarir* (warjan), *guirnalda* (wiarn), *Guilherme* (Wilhelm). — Das einzige Beispiel des Inlautes bietet sich in *tregua*, *tregoa* (triwa).

§ 28. T. Th.

Anlautendes t erhält sich vor allen Vokalen: *taberna* (taverna), *teia* (taeda), *telha* (tegula), *trevas* (tenebras), *tambo* (thalamus), *tom* (tonus), *tosse* (tussis), *tinha* (tinea), *terço* (tertius), *todo* (totus), *teu* (tuus), *tender* (tendere), *torcer* (torquere), *tosar* (tonsare).

Auch im Inlaute erhielt sich die Tenuis vielfach, wie in *abeto* (abietem), *apparato* (apparatus), *appetite* (appetitus), *botica* neben *bodega* (apotheca), *capitel* (capitellum), *cautela* (cautela), *coito* (von coitus) oder von cubitus neben *covado*, *espirito* (spiritus), *feto* (foetus), *freto* (fretum), *grabato* (grabatus), *natal* (natalis), *natura* (natura), *merito* (meritum), *nota* (nota), *noticia* (notitia), *pote* (potus), *tutor* (tutor), *vitella* (vitula), *voto* (votum), *astuto* (astutus), *beato* (beatus), *bruto* (brutus), *cauto* (cautus), *eterno* (aeternus), *grato* (gratus), *futuro* (futurus), *hospital* (hospitalis), *util* (utilis), *agitar* (agitare), *gritar* (quiritare), *habitar* (habitare), *visitar* (visitare), so besonders die Endung in *ita* in älteren u. neueren Bildungen, *ermita* (eremita), *hypocrita* (hypocrita), *carmelita*, *ismaelita*, *israelita*, *jesuita* u. dgl.

Auslautendes t verschwand durchweg z. B. *e* (et), *ou* (aut), *cabo* (caput), das einzige alte *est* (= é) ausgenommen, wovon der Cancioneiro des Diniz allein zahlreiche Proben gibt. Auch die neuere Conjugation hat dies t durchweg verloren.

Geminirtes lateinisches t ist im Portugiesischen selten: *metter* (mittere), *setta* (sagitta), *gotta* (gutta), *gluttão* (glutto), dagegen *gato* (cattus, cattus), *fita* (vitta) u. a.

Im Allgemeinen ist inlautend die Media Gesetz; so: *adem*, *aade* (Eluc. I, 24 anatem), *azedo* (acetum), *acedares* (cetaria), *cadea* (catena), *cadeira* (cathedra), *codorniz* (coturnix), *covado* (cubitus), *codeço* (cytisus), *dado* (datum), *edade* aetatem), *grado* (gradus), *greda* (creta), *ladainha* (litania), *lide* (litem), *lodo* (lotum), *marido* (maritus), *madeira* (materia), *meda* (meta), *medo* (metus), *moeda* (moneta), *parede* (parietem), *amenidade* (amoenitatem), *amabilidade* (amabilitatem), *bondade* (bonitatem), *faculdade* (facultatem), *lealdade* (legalitatem), *levidade* (levitatem), *liberdade* (libertatem), *trindade* (trinitatem), *uberdade* (ubertatem), aber *vontade* (voluntatem), *rede* (rete), *seda* (seta), *vida* (vita), *vide* (vitis), *roda* (rota), *dedo* (digitus), *fado* (fatum), *todo* (totus), *lidimo* (legitimus), *miudo* (minutus), *mudo* (mutus), *ledo* (laetus), *quedo* (quietus), *feder* (foetere), *medir* (metiri), *pedir* (petere), *podar* (putare), *mudar* (mutare), *saudar* (salutare) und so in den Participien auf *ado, edo, ido* u. den Suffixen auf *ado, edo, ido, udo*, denen allerdings bisweilen Formen mit der Tenuis zur Seite stehen: *enteado* (ante natus), *nervudo* (nerbutus).

Synkope des t bietet die zweite Person Plural des Verbums, das Perfekt ausgenommen; früher war wenigstens die Media d vorhanden: *amades*, *facedes*, welche langsam allmählig verschwand; ferner *impigem* (impetiginem); *trigo* (triticum).

Vor palatalem, unbetontem i (und auch e) wird t zu ç. so: *presença* (praesentia), *graça* (gratia), *paço* (palatium), *espaço* (spatium), *preço* (pretium), *justiça* (justitia), *sabença* (sapientia), *sentença* (sententia), *poço* (puteus), *Março* (martius), ferner in den von lateinischen Substantiven auf *tio* stammenden: *nação* (nationem), *moção* (motionem), *observação* (observationem), *intenção* (intentionem), *erudição* (eruditionem), *exposição* (expositionem), *tição* (titionem), *ambição* (ambitionem), *attracção* (attractionem), *elaboração* (elaborationem), *razão* (rationem), *enumeração* (enumerationem), wobei jene auf *utio* das i zum u heranziehen: *constituição* (constitutionem), *contribuição* (contributionem), *destituição* (destitutionem), *instituição* (institutionem), *diminuição* (diminutionem), aber *pollução* (pollutionem); vier silbig *destruição* (Lus. VIII, 46).

Einige mit s behalten t, wie *molestia* (molestia), *modestia* (modestia), andere verwandeln es in c: *astucia* (astutia), *sequencia* (sequentia), *sevicia* (saevitia), *pudicicia* (pudicitia), *argucia* (argutia), *arrogancia* (arrogantia), *violencia* (violentia), *facecia* (facetia), *inercia* (inertia), *petulancia* (petulantia), *evidencia* (evidentia), *experiencia* (experientia), *solercia* (sollertia), *pericia* (peritia), *paciencia* (patientia), *ocio* (otium), *solsticio* (solstitium), *divorcio* (divortium), *inicio* (initium), *vicio* (vitium), *prepucio* (praeputium), *propicio* (propitius), selten in z: *dureza* (duritia), *avareza* (avaritia).

So auch vor betontem i: *aristocracia*, *democracia*, *ochlocracia*.

Indessen findet sich Assibilation auch ohne folgendes e oder i: *gonzo* (contus?) und in dem Suffix *azgo* (aus adgo = aticus): *consulazgo* u. dgl.

Consonantengruppen mit t sind RT, TR, NT.

RT verblieb: *arte* (artem), *cortiça* (v. cortex). — *Aborso* neben *aborto* (abortus).

TR findet sich in *lettra* (littera), *nutrir* (nutrire), *quatro* (quattuor), *lontra* (lutra) und häufig mit s, also str: *claustro* (claustrum), *mostrar* (monstrare), *mostrengo* (von monstrum).

Sonst ist in tr das t zur Media herabgestiegen: *alvidro* (arbitrium), *cidra* (citrus), *ladrão* (latronem), *odre* (utrem), *vidro* (vitrum), *podre* (putrem).

Assimilation in *perrexil* (petroselinum), *nosso* (nostro von noster), *vosso* (vosto von vester); Auflösung in *freire* (fraire von frater), *frei;* Ausfall in *Pero* (Petrus). —

NT verbleibt im Inlaute: *ante* (ante), *ente* (ens), *ponte* (pontem). — Im Auslaute der Verbalformen auf *nt* findet sich *t* nur noch in sehr alten Dokumenten (s. Coelho Quest. p. 437) *dent* (foros de Cast. Rodr. in Leges et consuetudines I, 757), *erectent* (ibid. 884). Daneben aber *den* (ibid. p. 850), *façan* (ibid. 849). Die Formen auf *m* sind aber schon frühe die gewöhnlicheren; nachlässig geschriebene Formen sind *chamáro, foro*, wie sie Eluc. (I, 265) aufweist statt *chamarão, forão*; denn die nasale Aussprache bestund sicher.

Gothisches t (ahd. z) verblieb im Anlaute: *tacanho* (ahd. zâhi), *tirar* (goth. taíran, ahd. zëran), *tocar* (ahd. zuchôn), *tascar* (ahd. zaskôn) und im Inlaute: *fato* (ahd. fazza, faz), *batel* (ags. bât, altn. bâtr), *botar* (mhd. bôzen), *guita* (ahd. wita), *espeto* (ahd. spiz). — Ausfall weist auf *guiar* (goth. vitan).

Aber auch die hochdeutsche Steigerung der Tenuis t zu z hat eingewirkt in Wörtern, deren spätere Aufnahme in den romanischen Sprachschatz sich auf diese Weise bekundet. Portugiesische Fälle im Anlaute sind unsicher, desto häufiger im Inlaute: *caço* (ahd. chezi, kezi, altn. kati), *orza* (lurz). — Oft tritt an die Stelle des Sibilanten ein Palatal: *frecha* (ndl. flits, mhd. vliz), *bocheca* (hd. butze, ndl. bute), *mocho* (ndl. mots).

Deutsches *th* erhielt sich im Anlaute als t, während es inlautend, wohl durch Einfluss des hochdeutschen d, vielfach dem d weichen musste; so *tudesco* (thiudisk), *teixugo* (ahd. thahs, dahs), *toalha* (ahd. duahilla, twahilla), *triscar* (goth. thriskan, ahd. drëscan); aber *dansar* (goth. thinsan, ahd. dansôn).

Inlautend aber d: *brodio* (ahd. brod, ags. brodh), *laido* (Eluc. II, 84, ahd. leid, ags. lâdh) und vielfach in Eigennamen: *Frederico* (Lus. III, 87 *Federico*, (goth. Frithareiks, ahd. Fridurih); aber *Gothfredo* (Cam. Lus. III, 27, goth. Guthafriths).

§ 29. D.

Anlautendes d vor Vokalen bleibt erhalten: *damno* (damnum), *deus* (deus), *dor* (dolor), *dom* (donum), *duro* (durus), *de* (de), *dever* (debere), *doer* (dolere). Höchst selten wechselt es mit g: *golfinho* (von delphin), *gragea* ($\tau\varrho\acute{a}\gamma\eta\mu a$, dragea), *gamo* (wohl dama).

Inlautendes d zwischen Vokalen ist in rein populären Worten selten, gehört vielmehr der gelehrten Sprache und ihrer Terminologie an: *coda* (cauda), *estudo* (studium), *modo* (modus), *predio* (praedium), *remedio* (remedium), *adagio* (adagium), *fraude* (fraudem), *odio* (odium), *humido* (humidus), *audaz* (audacem), *ceder* (cedere), *impedir* (impedire).

Regel in solchen Fällen ist Synkope des d: *aluir* (alludere), *costume* (consuetudinem), *creto* (creditum), *fastio* (fastidium), *fé* (fides), *fiuza* (fiducia), *firmidõe*, *firmidoem* (Eluc. I, 465 firmitudinem), *hera* (hedera), *juiz* (judicem), *mezinha* (medicina), *miollo* (medulla), *nó* (nodus), *piolho* (peduculus), *pé* (pedem), *apoio* (podium), *gráo* (gradus), *crueldade* (crudelitatem), *raiz* (radicem), *porfia* (perfidia), *raio* (radius), *teia* (taeda), *váo* (vadum), *homicio*, *omezio* (Eluc. II, 182 homicidium), *paraiso* (paradisus), *preia* (praeda), *baio* (badius), *tibio* (tepidus), *crivel* (credibilis), *crú* (crudelis), *fiel* (fidelis), *frio* (frigidus), *nedio* (nitidus), *meio* (medius), *onze* (undecim), *doze* (duodecim), *treize* (tredecim), *quatorze* (quattuordecim), *quinze* (quindecim), *seize* (sedecim), *feio* (foedus), *nu* (nudus), *caer* (cadere), *crêr* (credere), *ouvir*, *oyr* (audire), *concluir* (concludere), *excluir* (excludere), *incluir* (includere), (*includir* Eluc. II, 56), *remir* (redimere), *possuir* (possidere), *desarraigar* (deradicare), *suar* (sudare), *rir* (ridere), *ver* (videre), *trahir* (tradere), *louvar*, alt *loar* (laudare) u. dgl. Der Hiatus wird dann oft wie in *chouvir*, *ouvir*, *louvar* durch *v*, wie in *trahir* durch *h* vermieden. — Vor palatalem, unbetontem i wird d mit diesem zu *j*; z. B. *hoje* (hodie), *inveja* (invidia), *emsejas* (insidiae, Eluc. S. 37), *nojo* (in odium); wo nicht der als Regel angeführte Abfall des d (wie in meio, raio u. dgl.) erfolgte.

Auslautendes d fiel ab: *a* (ad), *que* (quid), *isto* (istud).

D steht in enger Beziehung zu den Liquidae, zunächst zu l. (So schon im Lateinischen: *Ulysses* (Ὀδυσσεύς), *adeps* (ἄλειφα), *levir* (δαήρ), *lacrima* (δάκρυον), *odor-olere* u. s. w. (Corssen, Ueber Ausspr. I, 224; Schleicher Compendium §. 152; Bopp Vergl. Gr. 2. Aufl. I, 29; Diez R. G. I, 235; Kuhn XIII, 79; Schuchardt I, 141; Romania II, 243 u. 480).

Lateinisches d vertritt l in: *Gil* (Aegidius), *Madril* neben *Madrid*, *Madrilense*, *Caliz* neben *Cadiz* (Variante zu Cam. Lus. IV, 57), *adejar* (v. ala), *cola* neben *coda* (cauda), *julgar* (judicare), *juigar* (Eluc. II, 63), *comilão* (comedere), *caluco* (caducus), *malga* (madiga = magidem), Eluc. II, 333 hat sogar *stallo* für stada; so auch d, das aus t erweicht wurde, wie *ardil* (arditus), *nalga* (nadega von natica). — D wurde zu r in *cigarra* (cigara, cigala, cicada), zu m in *palafrem* (paraveredus). — *Empecimento* neben *impedimento* (Eluc. I, 396), *empecivel, empecivo; empecer* neben *impedir* (impedire oder perdere?), *arcer* (Eluc. I, 134 ardere); *asunada* (Eluc. I, 145).

Consonantengruppen mit d sind *DJ, DV, RD, DR*.

DJ in *adjacente, adjectivo, adjudicar, adjuvar, adjuncto*, aber populär: *ajudar* (adjutare), *ajuizar* (adjudicare), *ajustar* (adjustare).

DV verhält sich eben so: *advento* (adventus), *adverbio* (adverbium), *advertir* (advertere), *advocar* (advocare); aber populär *avocar, avir* (advenire).

RD verbleibt: *cardo* (carduus), *ordem* (ordinem), *perder* (perdere).

DR im Anlaute nur *dragão* (draconem), ausser griechischen, wie *drachma (δραχμή), drama (δρᾶμα); drogman* und *dragomano* (vom arabischen *targama* auslegen, subst. *tarġomân,* torġomân).

Im Inlaute verbleibt dr : *quadrante* (quadrantem), *quadro* (quadrum), *quadrar* (quadrare), *hydra* (hydra), *cedro* (cedrus), *Adriano* (Adrianus). — Auflösung in i in *cadeira* (cathedra).

Ausfall des d geschah in dem Zahlworte: *quarenta* (quadraginta); *quaresma* (quadragesima), *colurea* (quadrella).

Die deutsche Media (ahd. t) bleibt im Allgemeinen meist erhalten: *dardo* (ags. daradh, darodh, ahd. tart), *drudo* (ahd. trût, drût), *ardido* (goth. hardus), *banda* (ahd. band), *bedel* (ahd. petil), *bordel* (goth. baúrd, ahd. bort), *brida* (ahd. brittil, prîtil). — Assimilation in *forro* (goth. fôdr).

§ 30. Z.

Z gilt im Portugiesischen als einfacher Laut z. B. *zelo (ζῆλος), zelosia, zeloso,* seltener palatales g: *gelosia, gengibre* (zingiber).

Da die Aussprache vom weichen s sich kaum unterscheidet, so wird es im Inlaute mit demselben vielfach und ohne Consequenz verwechelt, so *rasão* u. *razão, rizinho* u. *risinho* u. s. w. früher sogar mit ç, s. *boutiçar* (Eluc. I, 203) zu bautizar.

Cio, cioso (aus cilo) sind Scheideformen zu *zelo*; dazu *receiar*.

§ 31. S.

Der Regel nach erhält sich anlautendes s vor allen Vokalen; so: *sacco* (saccus), *sal* (sal), *assaz* (satis), *siso* (sensus), *simples* (simplex), *sonho* (somnium), *seu* (suus); ebenso inlautendes s, in *base* (basis), *caso* (casus), *faisão* (phasianus), *fuso* (fusus), *rosa* (rosa), *uso* (usus), *accusar* (accusare), *excusar* (excusare), *pisar* (pisare), *pousar* (pausare).

Auslautendes s fiel mit wenig Ausnahmen ab, was schon im Lateinischen angebahnt wurde. (Corssen I, 277 u. ff. m.) Es erhielt sich nur in den Eigennamen *Carlos* (Carolus), *Marcus* (Marcus) und in *deus* (deus), ferner im Plurale: *terras, nuncios, flores* und in der zweiten Person Singular (u. Plural) der Verba: *amas, recebes, dizes; amais, recebeis, dizeis; amaras, diziais, amaste* u. s. w.

Die Gemination des s wird portugiesisch bisweilen zischend ausgesprochen und dann durch x dargestellt, so in *baixo* (bassus), *graxo* (grassus), *peixão* (passionem), gewöhnlich aber bleibt ss, z. B. *bisso* (byssus), *excesso* (excessus), *fosso* (fossa), *passo* (passus), *tosse* (tussis), *osso* (v. os, ossis), *massa* (massa), *grosso* (grossus), *assado* (assatus), *lasso* (lassus), *posso* (possum), *cessare* (cessare) u. dgl.

R trat für s ein in *churma* neben *chusma* (κέλευσμα), *cirne* neben *cisne* (cecinus).

X trat ein in *bexiga* (vesica), *xastre* (alt. sartor, nach Pott, L. Sal. p. 146 sarcitor), *xico* (Eluc. II, 413 seccus), *xeringa* neben *seringa* (syrina), bisweilen mit vorgesetzter Silbe *en*: *enxerca* (serica), *enxofre* (sulphur), *enxarcia* (ἐξάρτιον); *enxabido* (in-sapidus), *enxergar* (in-circare), *enxerir* (inserir), *enxertar* (insertare), *enxugar* (ex-sucare), so *enxavão* neben *saião* u. dgl.

Eluc. (II, 411) macht die Bemerkung, dass x für s

oder se sich sehr häufig fand, z. B. *xexus* für sexus, *xire* für scire, *Xancio* für Sancio, *xantificar* für santificar, *xantus* für sanctus, *xeleradus* für sceleratus, *xi* für *si* oder se (was zur Zeit des Königs Dionys sehr häufig war), *Ximeno* für Simão und andere. — Vgl. D i e z, Kunst- u. Hofpoesie S. 112 die Abhandlung über *xe*, was *se* ist; und aus dem Eluc. (II, 411) Formen wie *uxi* (= onde se), neben *quexiquer*, *qualxequer* (sp. si quiera).

Den ganz gewöhnlichen Wechsel von s u. z s. oben § 30.

Consonantengruppen mit s sind: *SL, ST.*

Das einzige Beispiel von *sl* durch Vokalausfall ist *ilha* = *isla* von *insula*.

ST im Anlaute, ohne prothetisches e, gehört der gelehrten Terminologie an, wie: *stalactite (σταλακτίς), statica (στατική), stoico (στωικός)*, oder findet sich in alten Denkmälern, wovon Eluc. (II, 332) Belege gibt an *sta* (= esta, pron.), *stada, stado, stala, stança, star, stede* (= esteve), *sto* (= isto), *studo, styl* u. a. denn zu Worten wie *stalla, stenographia, stellionato, Styge, stolido, stricto, strige* ist überall die populäre Form jene mit dem prothetischen e. — S fiel ab in *tanque* (stagnum). — Inlautend verblieb st, so: *besta* (ballista), *reste* (restis), *veste* (vestis), *isto* (istud). Assimilirt wurde in *mosso, moço* (mustus), *gozo* (gustus? oder gaudium).

S aus *st* wurde *x* (ch) in *queixar* (questare), *congoxa* (conangustia).

Z aus st = ct in *amizade* (amicitatem), *rezar* (recitare).

Deutsches s verblieb zumeist, als *s impurum* erhielt es natürlich das prothetische e, z. B. *eslinga* neben *linga* (ahd. slingâ), *esmalte* (smelz, ahd. Verb smelzan, smalzjan), *escravo* (sklave) u. dgl.; aber *trinquete* (strick), *tripa*, (strippe).

§ 32. Arabische Buchstaben in's Portugiesische übertragen.

Der Einwirkung des Arabischen in die portugiesische Sprache geschah schon oben (S. 5) Erwähnung. Die Umgestaltung arabischer Buchstaben in portugiesische vollzog sich gleichfalls nach bestimmten, fest gehaltenen Regeln, ja oft sogar genauer als jene der lateinischen oder deutschen Sprache. Es erfordert dies Kapitel natürlich die gründliche Kenntniss der arabischen Sprache, so dass hier nur das allernöthigste nach Arbeiten Fremder zusammengestellt werden kann.

§ 33 L. M. N. R. (ر ن م ل).

Die Wechselwirkung der Liquidae zeigt sich auch in Worten arabischer Abkunft. — *R* wird durch *l* dargestellt in *alquile* (Verb. alquilar) von al-kira, Miethpreis (Freytag IV, 31ᵇ), *anafil* (an-nafîr Freyt. IV, 312ᵃ); durch *d* in *alarido* (al-arîr Freyt. I, 24ᵃ); durch *n* in *farol* (fanâr, Müller 105). L durch r in *argola* (algoll).

Anlautendes *n* wurde *m* in *marfim* (nâb Zahn, fîl Elephant)¹ u. zugleich *l* zu *m* (span. marfil); m zu l in *alamar* ala'lam). Ausserdem wiederholen sich die behandelten lautlichen Vorgänge, so Abfall inlautender Liquidae z. B. *adail* (ad-dalil); *almoeda* (al-monadija). Der Artikel (ال) *al* hat sich durchgehends erhalten z. B. *alacrão* (al-'aqrab), *alarde* (al-'ar'd), *alazão* (al-'haçan). *alviçara* (al-baschârah), *alcaide* (al-qâîd), *alcance* (al-qanac vgl. indessen Diez E. W. II, 89), *alférez* (al-fâris), *alfoz* (al'hauz) u. s. w.

§ 34. Ch. H. K. G. Q.

Arabisches *Cha* (ح) gab portugiesisch *f*, so *alfange* (al-changar), *alforge* (al-chorǵ), *refece* (rachîç), *alfinete* (al-chill), *albafor* (albachûr), *alface* (alchasch), *almofada* (al-mechadda), *safra* (cachrah), *tabefe* ('tabiche), *alfarroba* (charrub Freyt. I, 471ᵃ).

Ebenso trat *Hha* (ح) und *he* (ه ة) in *f* über, so in dem nom. propr. *Albufeira* (Albo'heirah), *fata* ('hatta), *forro* (horr Freyt. I, 360ᵃ, 361ᵃ), *almofaça* (alme'hassah Freyt. I, 377ᵇ), *bafari* (ba'hri Freyt. I, 88ᵇ), *sáfaro* (ça-'hra Freyt. II, 482ᵃ), *aljofre* (al-ġauhar Freyt. I, 327ᵇ), *arrefem, refem* (arrahn, rahn; pl. rehân Freyt. II, 203ᵇ), *cafe* (qahvah Freyt. III, 511ᵇ), Mahomet ist altp. *Mafamede* (Camões, Lus. I, 99, 102;

---

¹ Michaelis, Studien S. 35 erklärt *arfil, alfil* (Elephant), durch Einfluss von *marmol*, zu *marfil* umgedeutet.

II, 50; III, 113; IV, 48; VIII, 19, 47) und *Mafoma* (Lus. I, 108; VII, 17¹, aber *Mahometa* als Substantiv (Lus. III, 89; IV, 49; VII, 24) und Adjektiv (Lus. III, 19; X, 108); ebenso *Mahometico* (Lus. VII. 33; VIII, 64) und *Maumetano* als Substantiv (Lus VIII, 84, 88; IX, 8, 12) und Adjektiv (Lus VIII, 81, IX, 2).

An Stelle der arabischen Aspirata trat indessen auch die Tenuis und Media ein; so *alcachofra* (ar'dî schaukî, alcharchufa Diez E. W. I, 34), *fasquia* (fas'chia). Sie ist aufgegeben in *armazem* (almachsan Freyt. I, 484ᵇ), *assassino* ('haschischin), *zero* (çi'hron, *ata* für *fata* u. a.

Caph (ك) und *Koph* (ق) ist im Portugiesischen c und zwar bleiben g, k u. q auch vor weichen Vocalen stets guttural, so im nom. propr. *Quelfes* (Kelfes), *Saquiat* (Saqial), *Guadalquibir* (Vadalkebir), *regueifa* (regeifa), *mesquinho* (meskîn vom Vb. sakana, Freyt. II, 335ᵇ).

Der Kehllaut *Ain* (ع) verschwand ganz: *alarde* (al-'ar'd عرض Freyt. III, 137ª), *arroba* (arrob'a عجر Freyt. II, 113ᵇ). In *atalaya* (Eluc. I, 146) vermuthet Diez (R. G. I, 329) in y einen Rest des *ain* ('tal'aah).

Je (ي) in *jasmim* (jâsamûn) Freyt. IV, 514ᵇ).

§ 35. B. F. V.

Be (ب) zeigt Umwandlung zur Tenuis: *xarope* (scharâb Freyt. II, 407ᵇ), *julepe, julepo* (ǵolab Freyt. I, 290ª).

Phe (ف) verblieb als f: *faro* (fârah), *falua* (folk Freyt. III, 373ª), *farda* (far'd Freyt. III, 335ª), *fustão* (von der Stadt Fostat, Fossat (Cairo) Freyt. III, 347ᵇ), *alférez* (alfâris, Freyt. III, 332ª), *anafil* (s. § 33), *azafate* (as-safa-te Freyt. II, 223ᵇ), *açafrão* (za'farân Freyt. II, 238ª), *açofeifa* (az-zofaizaf), *cafre* (kâfir Freyt. IV, 47ª), *canfor* (al-kâfûr Freyt. IV, 47ᵇ), *sanefa* (aç-çanefah Freyt. II, 527ª), *cifra*, (cifr, çafar Freyt. II, 503ᵇ), *garrafa* (girâf Freyt. III, 270ᵇ), *girafa* (zarrâfah Freyt. II, 234ª), *marfim* (s. § 33).

V wurde anlautend *gu*, inlautend manchmal *v*; so in den nom. propr. *Guadiana* (Vadiana), *Guadelupe* (Vadelûb), *almogravar, almogávre* (Eluc. I, 100 v. al-mogâvir Freyt. III, 302ª).

§ 36. T. D. Z. S. Sch.

Die Dentallaute *Te* (ت), *T"e* (ث) u. *Thâ* (ط) wurden ohne Unterschied[1] zu *t*; ebenso *Dal* (د), *Dsal* (ذ) u. *Dhad* (ض) zu *d*. So: *tamarindo* (tamr hindî Freyt. I, 200), *arratel* (ratt Freyt. II, 160ᵇ); *futa* (hatta), *retama* (ratam, ratamah Freyt. II, 120?), *talisman* ('telsam pl. 'telsaman Freyt. III, 64ᵇ), *tabique* ('tabîq Freyt. III, 40ª), *tara* ('tarah Freyt. III, 47ª), *matraca* (mi'traqah Freyt. III, 53ᵇ), *dala* (dalâlah), *alarde* (al-'ar-'d Freyt. III, 137ª), *almude* (almod Freyt. IV, 159ª); doch weiche Aussprache in *algodão* (al-qo-'ton Freyt. III, 469ᵇ), *maravedi, maravidil, maravidim, marabitino, morabitino* (Eluc. II, 115), *varavidi* (Eluc. II, 394), (vom arab. Gentile morâbi'tin); *badana* (bi'tana).

Ze (ز) blieb gewöhnlich als *z* oder *c*, *ç* stehen; so *açafrão* (s. § 35), *ciranda* (zarandah), *zarco* (zarqa), *azogue* (azzaibaq Freyt. II, 219ª), *carmesim* (qermazî Freyt. III, 434ª).

Uebertritt von *z* zu *g* in *girafa* (s. § 35).

Sin (س) wird durch *s, z, c, ç* vertreten, *Sad* (ص) durch *s, z*, *Schin* (ش) durch *x, (ch), c, s*. Beispiele: *senne* (senâ), *sumagre* (sommâq Freyt. II, 355ᵇ), *azúcar* (sokkar, assokkar Freyt. II, 334ª), *macio* (masî'h Freyt. IV, 177ᵇ), *azafate* (s. § 35), *açoute* (as-sau't Freyt. II, 375ᵇ), *azucena* (as-sûsan Freyt. II, 375ᵇ σοῦσον), *taza* ('tassah Freyt. III, 55ª), *Zoleimão* (Soliman) — *zero* (çi'hron), *surrão* (çorrah Freyt. II, 490ª), *alcázar* (al-qaçr Freyt. III, 452ᵇ), *azófar* (açofr, Freyt. II, 504ª) — *xaroco* (schoruq Freyt. II, 415ª), *xaqueca* (schaqîqah Freyt. II, 437ᵇ), *xarope* (s. § 35), *oxalá* (enschá allah); *achaque* (asch-schaka Freyt. II, 445ª), s. über die alte Bedeutung (= Strafe, Anklage) Eluc. I, 51, *Alcochete* (Alkaschete); *alviçara* (al-baschûrah Freyt. I, 124ᵇ), *sorvete* (schorb Freyt. II, 407ᵇ), *Alcobaça* (Alkobascha).

---

[1] Indessen bemerkt M. Müller (a. a. O. p. 102) zu balde (باطل), dass hier das l nicht als Transposition aufzufassen sei, sondern den eigentlichen emphatischen Laut des Thâ oder Dhad ausdrücken soll, wie in arrabalde, im sp. alcalde u. albayalde.

Das weiche *Dschim* (ج) wurde durch *g*, nach Bedarf durch *j* gegeben: *jaez* (ǵahaz, géhaz Freyt. I, 318ᵃ˙ᵇ), *alforge* (al-chorǵ Freyt. I, 472ᵇ); *jarra* (ǵarrah Freyt. I, 260ᵃ). Dazu Eluc. II, 414 *zarra*.

Allgemeine Bemerkungen zur Lautlehre der Vocale und Consonanten.

§ 37.

Die **Synkope** und die **Contraktion** haben im Portugiesischen auf die Wortgestaltung bedeutenden Einfluss geübt. Durch die Synkope entstund eine Reihe consonantischer Gruppen, welche unhaltbar waren, so erfolgte nicht selten Abfall des Flexionsvocales, worauf mehrsilbige Worte auf die Tonsilbe allein sich zurückziehen mussten. So entstunden Worte wie *Dom* (dominus), *ronda* (rotunda), *cordo* (cordatus Eluc. S. 28), *frio* (frigidus). Wo sich Elision des Vocales hinter dem Consonantenlaute ereignete, ist die Entstellung des Wortes oft sehr gross: *crena* (carina), *triaga* (theriaca), *brilhar* (von beryllus) u. a. Michaelis (Stud. p. 68) zeigt *branda* neben *veranda;* *bringela* neben *beringela;* *clavina* neben *carabina;* *cronha* (coronha) neben *corona;* *cruja* neben *coruja;* *frasanga* neben *farasanga, (parasanga);* *freguez* neben *feligrez* (filius gregis), *granhão* neben *garanhão;* *prigalho* neben *perigalho;* *tramolhada* neben *terra molhada;* *tribulo* aus *turibulum* u. s. w.

Noch mehr griff auf portugiesischem Gebiete die Contraktion ein; so *Nápolis* (Neapolis), *ver* (veer), *vir*, (*viir* Eluc. II, 403 neben *viner*), *vontade* (*voontudes* Eluc. II, 408), *ter* (teer), *pôr* (poor Eluc. II, 225) s. § 13; *avô* (avoo), *só* (soo), *do* (doo), *mó* (moa), *ma* (maa), *pó* (poo Eluc. II, 227) u. dgl. s. § 15.

§ 38.

Die portugiesische Sprache hat vor allen anderen Schwestersprachen die Eigenthümlichkeit durch Abstossen ganzer Silben die Worte zu vereinfachen. So gab *aquifolium* acebo, *canalicula*, *calha* quelha, *mansuetus* manso, *eclipsis* clis, cris, *cotidie* cote; *serpentem* serpe; festigium *festo*, fundibulum *funil;* ganatum *gado*, gracilis *grelo* (Sprössling), minimus *mimar*, panada *pada*, (*padeiro* sp. panadero), redimere *remir*, recitare *rezar*, thalamus *tamo* (tambo), incredulus *increo*, synagoga *esnoga* (Eluc. I, 414) u. dgl. — Etwas ganz gewöhnliches ist Aphaerese am Beginne des Wortes. Nicht bloss anlautende Consonanten (z. B. *azul*, *onza* § 13) und sehr oft *s impurum* sammt dem prothetischen e fielen ab (*pasmo*, § 24), *slinga*, *tanque*, *trinquete*, *tripa* § 31, *lora* (sp. eslora), *quina* (sp. esquina), sondern anlautende zum Stamme gehörige Silben z. B. *beira* (ribeira, v. ripa), *bernia* (hibernia), *Chinto* (Hyacinthus), *cigano* (Aegyptianus), *citreiro* (accipitrarius), *cobrar* (recuperare[1]), *crotalo* (onocrotalus), *doma* (Eluc. I, 384 dazu *domaairo*, *domoça* v. hebdomas), *fundo* (profundus), *geira* (v. jugum), *goivo* (λευκόϊον), *gomil* (Eluc. I, 63 agomil, aquiminale), *mano* (germanus), *relogio* (horologium), *seneca* (arsenico), *sepolo* (discipulus), *tiricia*, *trigia* (hictericia), *tropezia*, *tropigo*, *tropego* (ὕδρωψ, ὑδρωπικός). Ganz besonders aber unterliegen anlautende Vocale (auch mit h) dieser Aphärese, a u. o wohl desshalb, weil hier Verwechslung mit dem Artikel eingetreten sein mochte, z. B. *badejo* (v. abbade), *bespa* (avispa), *betarda* (avis tarda, Diez, R. G. I, 30), *boe* (oboè), *cajão* (occasionem), *aaso* (Eluc. I, 24), *chavo* (octavus), *crelegiastico* (ecclesiasticus), *Duarte* (Eduarte), *geriza* (sp. ojeriza), *Gil* (Aegidius), *gume* (acumen), *lacrão* (alacrão, arab. al-'aqrab), *lambre* (v. acramen), *lambique* (arab. al-anbîq), *lameda* (sp. alameda), *laqueca* (arab. al-âqika), *laúde*, *alaúde* (al-'ûd Diez E. W. I, 251), *lementação* (alimentationem), *lerta* (it. allerta), *letria* (aletria', *licate* (alicate), *licorne* (unicornis), *Lisbóa* (Olysippo), *loendro* (oleandro), *maca* (sp. hamaca), *mayorana* (amaracum), *mina* (hemina), *mir* (emir), *namorado* (inamoratus), *nanico* (v. enanus), *nimigalha* (v. inimicus), *pelde* (v. appellare), *pestuleiro* (epistolarium), *poupa* (upupa), *rejinal* (originalis), *sucena*, *azucena* (as-sûsan arab.), *tegora* (até agora), *tonto*

[1] Diez R. G. p. 29.

(attonitus, Diez E. W. II, 185), *voengo* (abolengo), *xofrango* (ossifragus), *Zaquiel* (gall. Ezechiel), so besonders der erste Buchstabe der griech. Präpositionen *apo* und *epi*, wie *poplexia* (apoplexia), *postema* (apostema), *botica*, *bodega* (apotheca); *bispo* (episcopus), *bitafe* (Eluc. I, 200 epitaphium), *vima* (epitima) und e und i von *ex* und *in*: *saião* (exagium), *saguão* (v. exaquare statt *ensaguão*), *sarpar* (exharpare??), *nojo* (inodium). — Manchmal fiel *in* ganz ab: *sanha* (insania), *salobre* (insaluber), *stança* (instantia), *partuno* (importunus, Gil Vic.), ebenso das griech. *em* in *fateosim* (emphyteusis) und die erste Silbe von *inter* in *termetter* (intermittere), *termentre* (entremente), *troluctor* v. *trolocutor* (interlocutor). (S. Coelho Quest. 124; Michaelis Studien S. 74).

§ 39.

Mehrfache Consonanz im Inlaute. — Die portugiesische Sprache verträgt mehrfache Consonanz nicht gerne. Von drei Consonanten fällt gewöhnlich der mittlere aus, wofern nicht l oder r folgt, gleichviel ob die Consonantengruppe in der Muttersprache schon vorhanden war oder durch Vocalausfall sich bildete; so *ponto* (punctum), *santo* (sanctus), *pronto* (promptus), *tinto* (tinctus), *cinto* (cinctus), *junto* (junctus), *conto* (comp'tum, computum), *esmar* (aestimare) u. s. w.

§ 40.

Ausser Wegwerfung eines Consonanten hatte die Sprache andere, allerdings seltener gebrauchte Mittel, mehrfache Consonanz aufzuheben. So schiebt sie einen Vocal im Anlaut oder Inlaute ein, fast durchgehend den der nächsten Silbe (Epenthese) z. B. *garupa*, *gurupa* (grupa), *gurumete* (grumete), *caranquejo* (cranquejo), *baraça* (braça), *coroça* (Eluc. I, 310 croça), *canivete* (knîfr), *letara* (Eluc. II, 89 = letra).

§ 41.

Auch das Gegentheil, eine gewisse euphonische Einschiebung eines Consonanten, findet statt; hierzu wird verwendet *s* im Anlaute, *estragão* (arab. ´tarchûn Freyt. III, 47ª, dracunculus); *m*: *trempe* (tripus); *n*: *lontra* (lutra), *render* (reddere, gemeinromanisch), *pente* (pecten); *r* nach den Mutae:

estrella (stella), *fralda* (falda). (Ueber *tromba* und sein Verhältniss zu *tuba* s. Diez E. W. I, 428).

§ 42. Darstellung der Lautwandlungen.

a. Vocale und Diphthonge.

Lat.	A	E	I	O	U	Y	Ae	Oe	Au	Eu	Ui
Lang:	a (o,e)	o (i)	i (e)	o (u)	u	y	e	e	au	eu	ui
Kurz:	a	e (i, ei)	e (i)	o	u (o)	(e)			o		
Position:	a	e	e, i	o (u)	o (u)	(u) (o)			ou (a)		

gibt Portugiesisch

b. Consonanten.

Lateinisches	gab	portugiesisch:
L	anlautend	l, (r, Abfall), n
	inlautend u. auslautend	Abfall, (l, r)
M	anlautend	m, (n, l)
	inlautend u. auslautend	m, nasal
N	anlautend	n (l, m)
	inlautend	Abfall, (n), nasal, nh
R	anlautend	r
	inlautend	r (l)
C (Ch)	anlautend	c (g)
	inlautend	g (c), Abfall im Auslaut
Q	anlautend	q (c)
	inlautend	q
G	anlautend	g (j)
	inlautend	g, Synkope, (z)

Lateinisches	gab	portugiesisch:
J	anlautend	j, (g, z)
	inlautend	i
P	anlautend	p (b)
	inlautend	b (p) (v)
B	anlautend	b
	inlautend	v (b, m, Synkope)
F (Ph)	anlautend	f (h)
	inlautend	f (b, v, p)
V	anlautend	v (f, g)
	inlautend	v (b, Synkope)
T (Th)	anlautend	t
	inlautend	d (Synkope), im Auslaute Abfall
D	anlautend	d
	inlautend	Synkope, (d) l, r, c
Z	anlautend	z
	inlautend	z, s, ç
S	anlautend	s (x)
	inlautend	s (r, Abfall im Auslaute)

Von Consonantengruppen siehe: *Bj* § 25. *Bl* § 15. *Br* § 25. *Bs* § 25. *Bt* § 25. *Bv* § 25. — *Cl* § 15. *Cn* § 17. *Cr* § 19. *Cs* § 19. *Ct* § 19. — *Dc* § 19. *Dj* § 29. *Dl* § 15. *Dr* § 29. *Dv* § 29. — *Fl* § 15. *Fr* § 26. — *Gd* § 21. *Gl* § 15. *Gm* § 16. *Gn* § 17. *Gr* § 21. — *Lc* § 15. *Ld* § 15. *Lg* § 15. *Lm* § 15. *Lp* § 15. *Ls* § 15. *Lv* § 15. — *Mb* § 16. *Md* § 16. *Mn* § 16. *Mp, Mph* § 16. *Mr* § 16. *Mt* § 16. — *Nc* § 17. *Nd* § 17. *Ng* § 17. *Nl* § 15. *Nr, Ns* § 17. *Nt* § 28. — *Pd* § 24. *Pl* § 15. *Pn* § 24. *Pr, Ps* § 24. *Pt* § 24. — *Rb* § 25. *Rc* § 19. *Rd* § 29. *Rl* § 18. *Rm* § 16. *Rn* § 18. *Rs* § 18. *Rt* § 28. — *Sc* § 19. *Sl* § 31. *Sm* § 16. *Sp* § 24. *St* § 31. — *Tc* § 19. *Tl* § 15. *Tr* § 28.

II.
Die Buchstaben im Portugiesischen.

a. Vocale[1].

§ 43.

Die portugiesische Aussprache ist grundverschieden von jener der übrigen romanischen Sprachen und weniger als die irgend einer anderen für Ausländer mit ihren Buchstaben darstellbar. Eine andere Schwierigkeit bietet die Unregelmässigkeit der Orthographie, welche schon oben (S. 14) berührt wurde.

A, E, I, O, U sind die fünf Vocale der portugiesischen Sprache, zu denen sich als orthographisches Zeichen *Y* gesellt. Tonlose Vocale haben einen dumpferen Laut, der am Ende des Wortes fast nicht mehr klingt, so ist *a* fast wie das englische *a* im Artikel *a*, *e* wie *i* z. B. *e* (und) (wie das spanische *y*), *o* wie *u*. So wie (Eluc. I, 386) *e* bis zum XI. Jahrhunderte mit *i* verwechselt wurde, (*baselica* statt basilica, *veam* statt viam, u. s. f.) so liest man jetzt *edade* u. *idade*, *egual* u. *igual*, *pae* u. *pai*, *mãe* u. *mãi*, *amaes* u. *amais*, *taes* u. *tais* u. dgl.; ebenso die Ausgänge u statt o, wie *Diu* u. *Dio*, *deus* u. *deos*, *sentiu* u. *sentio* u. dgl. geschrieben, obwohl die Aussprache u ist.

Der Auslaut klingt fast nicht oder nur kaum hörbar, wie in *casa*, gar nicht wo er kurzes *e* ist z. B. *dente*, *lente* (wie deint', leint').

b. Diphthonge.

§ 44.

Diphthonge im eigentlichen Sinne des Wortes d. h. zwei Laute, welche als einer klingen, gibt es im Portugiesischen nicht, da sämmtliche Diphthonge, unter denen der spanische *ue*, die italienischen *uo* u. *ie* sich nicht befinden,

---

[1] Als Zahlzeichen galt ehedem: a 500; ā 5000; c 250; i 1000; o 11, ō 11,000; u 5, ū 5000; y 150 oder 159; ȳ mit Til 150,000.

getrennt gesprochen werden. Die portugiesischen Diphthonge sind meist durch lautliche Vorgänge entstanden, vor allem durch Synkope eines Consonanten *(pai, caer, taes, lei, eu)*, durch Attraktion *saiba, madeira, feira, cativeiro, ruivo*, durch Auflösung *(auto, trauto, bautizo)*, aus einfachem, langem Vocale (*ideia, cheio*), durch euphonische Verlängerung z. B. o in ou (*dou, estou*), seltener schon aus dem Lateinischen (gloria, deus). — Nunez de Lião (Origem da lingoa portugueza) zählt unter Hinzuziehung der einen Nasenlaut ausdrückenden doppelten Vocale (ão, ãe) sechszehn Diphthonge. Verschiedene Fälle sind schon in der Lautlehre des näheren besprochen worden.

c. Triphthonge.

§ 45.

Man kann von portugiesischen Dreilauten sprechen. Auch sie werden getrennt ausgesprochen; so *eia* in *meia* halb, *eia!* wohlan! ferner *uae, uai, uei*: *iguais, iguaes, viviais, averigueis* u. dgl.

d. Consonanten.

§ 46.

L wird wie n durch h, also nach Art der Provenzalen, erweicht; es ist wohl aus der Sprache von Languedoc herübergenommen[1]. Im Eluc. (II, 72) findet sich hierüber folgende Mittheilung: „L dobrado por lh foi muito usado no seculo XIII. v. g. *rello, vella, vellice* por *velho, velha, velhice* etc. Nos fins do seculo XIII e principios do XIV se escrevia em Portugal *hum h em lugar do segundo l* em as dicçoens que aliás se escreverião com l dobrado. v. g. *Eu lhi* por *Eu lli*, preterito do verbo *ler; Elhe. Lheixou, Daquilho, Tarouquelha, Cavalharia, Estabelhecemos, Todalhas, Fazelho, Delhas, Pelho, Seelho, Prelhado* etc. em lugar de: *Elle, Lleixou, Daquillo, Tarouquella, Cavallaria, Estabellecemos, Todallas, Fa-*

---

[1] S. hierüber: Diez, Rom. Gramm. I, 338, 404. — Diez, Kunst- und Hofpoesie, S. 35. — Mila y Fontanals, Trovadores en España, p. 493, Note 4.

zello, Dellas, Pello, Seello, Prellado etc.; affectando deste modo a pronuncia dos Hespanhoes, senão era moda o corrupção dos tempos'.

Diese Erweichung, welche im Anlaute nur *lhama* (ein Stoff), *lhano* (planus), *lhe* (ihm) aufweist, wurde aber früher immerhin noch durch Gemination *ll* dargestellt: *alleo, muller, mellor*, ja auch durch y z. B. *moyer* (Eluc. II, 165, mulier), und *i*, *peguial*, (*pegulhal* Eluc. II, 208), daneben *molo* (Eluc. II, 148), neben *móllo = molho; filo, fillo, filho = filho* (Eluc. I, 463).

Einen allerdings nur diplomatischen Erklärungsversuch dieses h gibt Diez, Kunst- und Hofpoesie, S. 36. Anm.

Ebenso verhält sich *n* im Portugiesischen, das sehr häufig aus *mn, gn* u. s. w. stammt: *dano, dino, indino* etc. Ein vorhergehendes *m* stünde hier nur orthographisch, denn in *calumnia, solemne* u. dgl. ist es jetzt nicht hörbar, obwohl *calumpnia* (Eluc. II, 228), allerdings neben *calonha* (ibid.), für frühere Aussprache des m zu zeugen scheint.

Anlautendes *nh* ist nur in der alten Pronominalform *nho*. Sonst trat auch *gn* als Zeichen der Erweichung ein [1]: *segnor, pegnorar* oder *nn: sennor* (T. 218, 1), oder *nni* (nny) so: *estrannyar* (Cod. Lisb. 174, 4; 230, 3) — ebenso *y*: *estrayo* (Eluc. I, 418), *armentyos* statt *armentinhos* (Eluc. I, 135), *raya* (Eluc. II, 267 = *rainha*). Eigenthümlich ist, dass *h* an Stelle eines palatalen *i* früher zu allen Consonanten trat, wofür der Cancioneiro und das Elucidario zahlreiche Belege geben; so: *mha = mia* (Dionys, Eluc. II, 133), *mheu = meu* (ibid.), *cambhar* (Eluc. I. 231), *cambhar* (ibid. 232), *bestha* (= bestia), *sabha* (= sabhia) u. dgl.

R wird bei starkem Anlaute in alten Dokumenten oft mit rr dargestellt. so: *rrey, rregnos, rrecebam; onrra* (Eluc. II, 184) u. dgl.; im Inlaute oft verloren: *estalar, estralar* (Eluc. I, 418); *masto, mastro* (Var. zu Lus. VI, 75), *acamuçar, acamurçar*.

---

[1] Eluc. II, 8 hat neben *ganhar: ganar, gançar*; ferner (II, 5) *gainharia* (II, 8) *gaainharia, gaança, gainharia* u. s w.

§ 47.

Das portugiesische m hat auslautend die Eigenthümlichkeit die Aussprache des vorhergehenden Vokales nasal zu machen, eine Nasalität, welche indessen von der französischen völlig verschieden ist, weil der Vocal seine Geltung beibehält, und auch das m hörbar bleibt. Dieses m blieb vom Lateinischen, wie in tam, quem oder trat für n ein, wie in gram (grandis), bem (bene), fim (finem), bom (bonum), um (unum). Dagegen trat vor auslautendem s wieder n ein: bens, fins, bons.

Auch im Inlaute macht folgendes m oder n den vorhergehenden Vocal zum Theil (Braga, Gramm. III, 19 p. 8, ‚a voz emitte-se *em parte* pelo nariz e dá á vogal esse caracter') nasal z. B. *amparo, emplastro, improprio, umbroso; ainda, doente, onde, uncção,* wofern nicht der Vocal zur anderen Silbe gehört, wie in *a-men, for-tu-na, li-ma*.

Die Inconsequenz der Orthographie hat nun die verschiedenartigsten Schreibungen hervorgerufen, so *gram, gran, grã, grão; nom, non, nam, nõ, não; acção, acçam, acçom* u. dgl. Heute hat man sich im allgemeinen für den Til entschieden, der auf dem ersten Vocale steht (são), bei anderen über dem zweiten (saõ), selten über beiden (sãõ), wie in der Lusiadenausgabe von *Sousa-Botelho*, (Paris 1819). Vgl. hierüber Einleit. zu m. Lusiaden p. VII—X.

Schon Alvaro Ferreira de Vera (siehe oben S. 11, A. 2), behandelte (1631) den Plural der Worte auf *ão*, ob *ãos* oder *ães?* Er richtet sich nach dem Spanischen, so dass spanische Worte auf *an* auf *ães*, solche auf *ano* auf *ãos*, die auf *on* auf *ões* lauten sollen, also *capitães, aldeãos, opiniões*, rein portugiesische Worte aber auf *ão* auf *ões* z. B. *patacão, patacões*.

Wo ein portugiesischer Nasallaut vorhanden ist, findet sich stets im Spanischen *n*, nur der Pronominalform *mim* u. der Partikel *sim* entspricht kein spanisches *min* und *sin;* die ältesten Autoren haben aber auch *mi* und *si*, und *Fonseca* in seiner Lusiadenausgabe (Paris 1846) nennt (p. 426) *mim* einen ‚vicio nasal', und zu *si* in Ferreira's ‚Castro' (V) bemerkt Parn. lus. (V, 384). ‚No tempo em que Ferreira escrevia, dizia-se *si* e não *sim* como hoje'. — So hat Camões je nach Reimbedürfniss *mi* u. *si*, *mim* u. *sim* (z. B. Lus. V, 35 *mim* als Reim zu *vim*, dagegen *mi* als Reim zu *vi* im Filodemo IV, 2). Diese nasalen Formen sind:

α. *am* oder *ão*, (klingend wie dumpfes nasales au) entsprechend 1. dem lateinischen *anus* z. B. *mão* (manus), *vão* (vanus), *irmão* (germanus); 2. dem spanischen *on*: *coração* (sp. corazon), *galardão* (sp. galardon); 3. dem lateinischen *ionem* in den Femininen auf *io*: *acção* (actionem), *lição* (lectionem), *condição* (conditionem).

Was die Verbalformen betrifft, so schreibt man jetzt gewöhnlich nur das Futur auf *ão*: *amarão*, *receberão*, dagegen die andern Tempora *am*, wie *amam*, *amáram*, *amariam*, *venderiam* u. s. w.; ebenso *são* (sunt), alt *son*; *não* (non), alt *nom*, *nã*. Der Plural der unter 1 genannten scheidet sich in *ãos* und *ães*, *aens*, (klingt wie nasales *ainsch*); *mãos*, *cães*; der unter 2 und 3 genannten ist *ões*, *oens*, *condições*, *acções*, (davon später). — *oem*, gewöhnlich *õe (õi)* in *poem*, *põe*. — Camões zweisilbig (spr. Ca-mu in sch). — (Vgl. Einl. z. Lus. p. VII, A. 3). Der alten Schreibart *am* u. *om* für *ão* u. *om* geschah schon Erwähnung; so *nom* u. *nam*, *coraçom* u. *coraçam*, *dissérom* u. *disseram*.

β. *ã*, *ãa* oder seltener *an* stammt aus *ana*: *lãa* (lana), *rãa* (rana), *irmãa* (germana), *manhãa* (sp. mañana) u. dgl.

γ. *ãi* nur in *mãi* (s. S. 66), was die Akademie ohne Til schreibt. (Andrade de Caminha, pag. 216, 241, 392).

δ. *em*, *ens* ist gewöhnlicher, jetzt ausschliesslich für *ẽ* u. *ẽes*: *homem*, *tem*, *tens* statt *homẽ*, *tẽ (tẽe)*, *tẽs*.

ε. *i* mit Til war nie gebräuchlich, dafür stets *im*, *ins*: *jardim*, *marfim*, *ruins*. — *ui* nasal nur in *mui* u. *muito*, wovon die Handschrift des Cancioneiro d'El Rei Diniz *mũy* u. *mui* hat.

ζ. *om*, *ons*; *um*, *uns* werden gleichfalls nicht mehr durch Til ersetzt; *bom*, *um*, *bons*, *uns*. Dagegen früher *bõ*, *bõos*[1], *um*, *hũum*, *ũ*, *hũ*, *uns*, *huns*, *ũs*, *hũs*, *hũus*, *huma*, *hunha*, *hũa*, *ũa*, *unha*, *uha*, *uhna*, *algum*, *algũ*, *alguns*, *algũs*, *algũns* auch *hua*, *algua* (ohne Til). — Bekannt ist Lus. IX, 48 *lũa* als

---

[1] Eluc. II, 295: *saã* = *som* (sonus).

Reim zu *nenhůa, algůa,* wo einige Ausgaben *lua, nenhua, algua* lesen; derselbe Reim findet sich bei And. Caminha pag. 40 (Ep. VI), wo überhaupt stets (p. 1, 167, 350, 394) *lũa, cada ũa* (p. 16) steht. (Vgl. Diez Kunst- u. Hofpoesie p. 110; *Fonseca,* rudimentos da grammatica portugueza not. III, pag. 17. — Alvaro Ferreira ,da vera orthographia' fol. 26).

Nach Anderen soll *dões* statt *dons* der Plural zu *dom* (donum), *dõos* der zu *dom* (dominus) sein und Parn. lus. (II, 312) bemerkt: ‚os antigos disseram ‚*dões*' por *dadivas* e *dons* prenome de senhores que teem *dom.* Hoje dizem geralmente *dons* em ambos os sentidos'.

Solche Dinge hätte eine Orthographie festzustellen.

§ 48.

C vor a, o, u ist hart, *c* vor e und i und *ç* vor a o, u weich; auch *cc* und *cç* klingt im Munde der Portugiesen wie einfaches *c;* (uncção = unsão). —

Ch ist jetzt weich, wie im Französischen, war aber wohl früher hart wie im Spanischen (= tsch) und noch in der Mundart von *Tras os montes.* — In Worten, welche nicht vom Lateinischen stammen, ist es wie *k,* darum oft durch *q* vertreten: *chimica, cherubim, patriarcha, monarchia* u. dgl.

G vor e und i, *j* vor allen Vocalen hat den erweichten Laut wie französisches *g* u. *j*; *g* vor a, o, u wie im Deutschen. — *Gu* wird alt durch *go* vertreten *goarda* für *guarda;* oft ist *u* ohne Laut eingesetzt: *amiguo* (amigo), *diguo* (digo) u. dgl. — *G* für *j* nach Eluc. II, 38 z. B. *gouver, Giesu* für *jouver, Jesu.*

H ist tonlos; bei den Alten mehrfach angewendet: *hum* (unus), *ho* (*o* Eluc. II, 34), *he* (est), *hir* (ire), *hestromento* (Eluc. II, 34 instrumentum) u. dgl. Zur Hiatustilgung s. § 10.

F wurde im Anlaute in älterer Schrift oft verdoppelt (XIII., XIV., XV. Jahrh.) *ffeita, ffallecido, fforom* (Eluc. I, 424) *ffiaã* (ibid. S. 42).

Ph hat die portugiesische Orthographie (wie *ch, rh, th*) beibehalten: *christandade, rhythmo, philosophia, theocracia.*

S im Anlaute wird scharf gesprochen, zwischen Vocalen weich. Anlautend in alten Schriften oft *ss: ssa* (Pron.

Eluc. II, 295), *ssaber, ssáçom* (= sazão) u. dgl. Ausserdem im Inlaute vornehmlich zwischen zwei Vocalen wechseln c und z sehr häufig. Von dem auslautenden s und z bemerkt der Herausgeber des Hyssope (Paris, A. Bobée 1817) p. 14: ,a letra *z* terminando qualquer palavra tem a propriedade de fazer longa sem precisão de accento a vogal que a precede p. e. *Marquez* titulo de nobreza tem pronuncia e significação bem diversas de *Marques*, appellido de homem e nome patronymico que quer dizer ,*Filho de Marcos*'.

Was sonst von einzelnen Buchstaben[1] zu sagen ist, geschah gelegentlich der Lautlehre. Wie bemerkt ist die reine portugiesische Aussprache typisch nicht darzustellen. Es ist z. B. nicht zu fein gehört, wie Diez (R. G. I, 381) meint, wenn man zwischen Muta und Liquida eine Art Hiatus annimmt wie *p'resença, ag'radavel*, nur kann das Zeichen ('oder') dem Ohre nichts darstellen; ebenso ist es mit dem vor s impurum wahrgenommenem leisem e, z. B '*spirito*, das aber auch da nur leise klingt, wo es geschrieben wird, wie in *está* (°schtá).

Quantität und Accent.

§ 49.

Lang ist im Portugiesischen jene Silbe, welche den Ton hat *(syllaba tonica, accentuada);* die übrigen sind kurz *(syllabas, mudas, inaccentuadas).* — Die betonte Silbe kann die letzte, vorletzte, drittletzte eines Wortes sein, also portugiesische Worte können Oxytona, Paroxytona oder Proparoxytona sein z. B. *sabôr, estio, tibio*.

---

[1] Der Zahlenwerth der einzelnen Consonanten bei den Alten war: *b* 300, mit Til 3000; *c* 100, mit Til 100,000; *d* 500, mit Til 500,000; *f* 40, mit einem Striche nach oben 40,000; *g* 400, mit Circumflex 4000; *h* 200, mit Circumflex 200,000; *k* 150, 151, mit Til 150,000, 151,000; *l* 50, mit Circumflex 50,000; *m* 1000, mit Circumflex 10,000; *n* (90) 900, mit Circumflex 90,000; *p* 400, mit Circumflex 40,000; *q* 500, mit Til 500,000; *r* 800, mit Til 80,000; *s* (7) 70, mit Til 70,000; *t* 160 mit Til 160,000; *x* 10, mit einer durchzogenen Linie 10,000; *z* 2000, mit Circumflex 200,000.

§ 50.

Die portugiesische Sprache hat den Accent der Muttersprache mit grosser Treue bewahrt; denn *razão, condição* u. a., wo der Ton auf die letzte zu stehen kommt, sind nur scheinbare Ausnahmen (ratiónem, condiciónem). Wo ein Accentwandel wirklich stattfand, unterlag meist auch der Vocal einem Lautwandel, so z. B. *ordéno* (ordĭno); wo aber der Accentwandel ohne Lautwandel vor sich ging, ist die Accentversetzung wohl späteren Zeiten zuzuschreiben z. B. *imagéno* (imagĭno statt imageno) u. a.

§ 51.

Trotz des Festhaltens am Accente weist indessen auch die portugiesische Sprache, wenn auch wenigere Fälle als die Schwestersprachen, von Accentwechsel auf; so besonders bei Eigennamen; Cam. Lus. III, 41, X, 21 hat *Dário* (Δαρεῖος), einen allerdings nicht populären Namen; ebenso Lus. III, 141 *Cleopátra* (Cleópatra), ibid. III, 92. *Heliogabálo* (Heliogábalus). Gemeinromanisch hat *Jacóbus* ('Ιάκωβος) den Ton auf dem *a: Yágo, Tiágo.* —

Griechische Eigennamen auf ευ'ς (port. eo) erhielten den Ton auf dem *e: Egéo* (Lus. V, 51), *Peléo, Neréo* (ibid. V, 52), *Theséo* (ibid. III, 137, aber *Théseo* II, 112), *Orphéo* (ibid. III, 1), oft dann schon in *eio* gedehnt. Auch andere nom. propr. aus dem griechischen bleiben ihrer lateinischen Aussprache treu, so: *Achílles, Milcíades, Themístocles* (Lus. V, 103), *Aiáce* (ibid. X, 24), *Callíope* (III, 1 ibid.), *Chiméra* (ibid. VII, 47), doch *Annibál* (ibid. X, 153 wie im Spanischen) und *Cocýto* (Lus. III, 117), *Iliada* (und nach diesem *Lusíadas*). Die Eigennamen auf *on* werden oxytonirt durch die Endung *ão: Jasão, Orião, Amphitrião, Platão, Tritão;* dagegen *Helicona* (Lus. III, 97 Helicon). — Biblische Namen haben den Ton auf der letzten: *Adão* (Lus. IV, 70), *Abrahão* (ibid. I, 53), *Agár* (ibid. III, 110), *Pharaó* (ibid. III, 140), *Sichém* (ibid.), *Noé* (ibid. V, 77), *Moysés* (ibid. X, 108), *Saúl* (ibid. III, 111), *Jesú* (ibid. III, 117), *Ismaél, Israél* (ibid. IV, 63), *Thomé* (ibid. X, 108); doch wieder *Sara* (ibid. III, 140) und so die meisten weiblichen: *Dina, Eva.*

Ausser Eigennamen wären als Fälle der Accentversetzung zu bezeichnen: *acébo* (aquifólium), *alvedrío* (arbítrium), *cinza* (cinericius), *dádiva* (dativa), *héroe* (heróem), *fígado* (ficátum, Hor. satir. II, 8, 88: pinguibus et *ficis* pastum iecur anseris albi), *fúncho* (foenículum), *paténa* (pátina), *quelha*, *calha* (canalícula), *rubrica* (rubríca), *trévo* (trifólium); *alégre* (álacrem), *intéiro* (íntegrum), *humilde* (húmilem), *cadéira* (cáthedra), *bahú* (bájulus), *nóvea* neben *novéna* (Eluc. II, 173), *astr* (apiscire Diez E. W. II, 101), *enxabído* (sápidus), *Déus* behielt seinen lat. Accent; doch wie das spanische *diós* ist es Oxytonon bei Gil Vicente I, 256.

Griechische Wörter, welche durch das Lateinische gingen, behielten selten ihren griechischen Accent, wenn er vom Lateinischen abwich, wie *acónito* (ἀκόνιτον, aconítum), *idéia* (ἰδέα), *ídolo* (εἴδωλον, idólum), *tisána* (πτισάνη, ptísana); besonders Oxytona zogen zurück, ihn wie *cama* (χαμαί), *esquéleto* (σκελετός), *tálo* (θαλλός); gewöhnlich aber ging die lateinische Betonung auf die portugiesische Form über: so *abýsso* (abýssus, ἄβυσσος), *amatésta* (amethýstus, ἀμέθυστος), *bíblia* (biblia, βιβλία), *cólera* (chólera, χολέρα), *elógio* (elógium, ἐλογίον), *práza* (plátea, πλατεῖα, πλατέα?), *préste* (présbyter, πρεσβύτερος), *talénto* (talentum, τάλαντον).

Dagegen gewann bei den Wörtern auf *ia* der griechische Accent die Oberhand über den lateinischen; es entstund *bibliomanía, philosophía, theología, encyclopedía*, mit wenig Ausnahmen wie *académia, comédia*, Lus. VII, 72 *policia* als Reim zu *milicia*. Geographische Namen auf ia werden meist kurz behandelt; so in den Lusiaden: *Abássia* (X, 50), *Achemènia* (IX, 60), *Arábia* (III, 72), *Apúlia* (III, 141), *Arcádia* (X, 72), *Lýdia, Assýria* (VII, 11), *Scýthia* (VII, 12), *Babylónia* (III, 11), *Carmánia* (IV, 65), *Colophónia, Ausónia* (V, 87), *Dardánia* (III, 57), *Escandinávia* (III, 10), *Gállia* (VI, 56), *Germánia* (VIII, 37) u. s. w. Dagegen *Berbería* (VII, 24; VIII, 38), *Gedrosía* (IV, 65), *Turquía* (VII, 12).

Deutsche Wörter, deren Ton auf der vorletzten Silbe bei tonlosem Endvocal lag, bleiben so im Portugiesischen z. B. *osas, (ozas, oças, ossas*, Eluc. II, 187 sp. huesa) vom ahd. *hosâ*, mhd. hose. — Composita erhalten den Ton auf der zweiten Silbe: *allérgue* ahd. *heriberga*; consonantisch schliessende Wörter aber oder solche, deren Ton vor der vorletzten Silbe lag, legen den Ton auf die vorletzte: *arénque* (heríne).

Die Verbalflexion endlich verursacht mehrfache Fälle von Accentversetzung; in *báto, báter* (báttuo, battúere), *cóso, cóser* (cónsuo, consúere) ist z. B. der Infinitiv nach Analogie der ersten Person des Präsens behandelt. (Näheres bei der Flexionslehre).

§ 52

Die Setzung der Tonzeichen, welche übrigens nicht die Quantität, sondern nur den Accent bestimmen, ist selbst heute noch nicht geregelt. In den ältesten Ausgaben der Classiker herrscht keine Consequenz, dasselbe Wort findet sich nicht selten mit allen Accenten in derselben Ausgabe z. B. *só* (solus) in Craasbeeck's Camões (1631): *só, sò, sô;* ebenso *já* (jam) als: *ja, jà, já.* (s. Einl. z. Lus. p. X).

Den Gravis, welcher in älteren Schriften willkürlich statt des Akutes eintritt, hat die heutige Orthographie nicht mehr. Es verbleiben also nur mehr der *Akut* (' agudo) und der *Circumflex* (^ *circumflexo*). Einige Grammatiker nennen den *til* als dritten Accent (~ *nasal*).

Ueber die Anwendung der Accente im Portugiesischen schreibt schon Duarte Nunes de Leão in seiner Orthographia (p. 314): „Sómente devemos accentuar *as dicções em que póde haver differença de significação;* quando tem differente accento como „*côr*" por „color" que escrevemos com accento circumflexo e „*cór*" por „vontade" com agudo; e *póde* quando é preterito e *póde* do presente com agudo e assi outros desta qualidade.... Onde o *accento faz mudança de significação, o notaremos sempre* como nas terceiras pessoas do preterito do modo demonstrativo de todas as conjugações". Ebenso Madureira (Orth. pag. 19): „Quanto ao uso destes accentos na nossa lingua, só é frequente e precisamente necessario naquellas *palavras que se equivocam com outras*".

Steht also der Accent zur Unterscheidung von Homonyma, so ist er berechtigt in *é* (= he, est) gegen *e* (et), *dás* (das), *dá* (dat) gegen *das* (gen. pl. f.). *da* (gen. sing. f.), *nó* (nodus) gegen *no* (cum o), *pór* (poneie) gegen *por* (praep.), *filhó* (Pfannkuchen) gegen *filho* (filius); *aró* (ava) gegen *avô* (avus), *nós*, *vós* (nom.) gegen *nos*, *vos* (cas. obl.) *dê* (dem, det) gegen *de* (de), *fóra* (fueram) gegen *fora* (praeter), *póz* (posuit) gegen *poz* (post), *sê* (esto) gegen *sé* (sedes), *á* (art. fem.) gegen *a* (ad), *péllo* (pilus) gegen *pelo* (por o), doch meist nur *pello*, *séllo* (sigillum) gegen *sélo* (pron.) u. dgl. ähnlich in Verbalformen wie *recebémos* (accepimus) gegen *recebemos* (accipimus), *receberá* (accipiet) gegen *recebéra* (acceperat), *démos* (demus) gegen *demos* (dedimus), und um Verbalformen von Substantiven zu scheiden wie *duvída* (dubitat) gegen *duvida* (dubium), *pronuncía* (pronuntiat) gegen *pronuncia* (pronunciatio) u. dgl., ähnlich *valído*, *válido*. Indessen herrscht hier schon grosse Inconsequenz in der Setzung von Circumflex u. Akut; oft werden auch die Scheideformen durch Accente gar nicht berücksichtigt.

Der Akut als Zeichen hellen Tones ruht häufig auf dem auslautenden betonten Vocale, so: *bahú*, *javalí*, *tafetá*, *café*, [*Gidá* (Lus. X, 50), *Tidoré* (ibid. X. 132), *Sanagá* (ib. V, 7), *Sabá* (ibid. X, 52), *Quedá* (ibid. X, 123); *Pordá* (X, 72) und anderen Fremdnamen], *lá*, *acolá*, *cá*, *até*, *oxalá*, *já* u. s. w.

Als Zeichen des Ausfalles eines Buchstabens wird bisweilen der Circumflex gesetzt; so liest man; *arêa*, *cêa*, *vôar*, *sôar*, *fêo*, *chêo* u. dgl. neben *area*, *cea*, *voar* u. s. f. oder der *ei* Form *feio*, *cheio* u. s. f.; ebenso benutzen einige den Circumflex bei Contraction; man findet *vêm*, *lêm*, *crêm*, *têm* neben *veem* *leem*, *creem*, *teem* und *vem*, *lem*, *crem*, *tem*, ja sogar *vêem* u. *vêem* u. s. f.

Abfall am Schlusse der Worte wird meist mit *Akut* bezeichnet: *mú*, *crú*, *só*, *nó*, *pó*, *sé*, *pé* u. dgl. ohne dass nicht Circumflex bei einigen neueren zu finden wären.

Sonst findet sich hier und dort ein Accent auf einem portugiesischen Worte z. B. (nach Zufall aus Herculano's Historia de Portugal): *infiéis* (p. 129), *áquem* (p. 132), *leonês* (adj. gent. p. 142), *máu* (p. 146), *saiu* (p. 161), *aragonês* (p. 253), *particularisámos* (p. 319), *têem* (p. 329), *português* (p. 321), *andalús* (p. 322), *pôs* (posuit p. 330), *sólta* (verb.

(p. 332), *jámais* (p. 333), *idéas* (p. 334), *céu* (p. 349), *porém* (p. 392), *além* (p. 425); (aus Luciano Cordeiro's livro de Critica, Porto 1869, I. Bd.), *saúda* (p 45), *sólo* (solum, Boden p. 47), *élo* (p. 47), *fórmas* (p. 50), *Hadês* (p. 52), *chôro* (p. 84), *côrte* (p. 100), *vária* (adj. fem. p. 128), *ácerca* (p. 136), *monótono* (p. 184); (aus Th. Braga's visão dos tempos 2. ed. Porto 1869), *véla* (p. 6), *prôa* (6), *caindo* (7), *trépida* (adj. f. p. 16), *anhélito* (p. 18), *mágoas* (p. 20), *conforto* (p. 23), *môlho* (p. 56), *dôce* (p. 72), *fláscido* (p. 110), *cáe* (p. 116), *gôtta* (p. 130), *trémulu* (adj. f. p. 131), *pêso* (p. 142), *corôam* (p. 162), *mêdo* (p. 162), *corôa* (subst. p. 192), *tétrica* (ahd. f. p. 192), *auréola* (ibd.), *sômos* (sumus p. 194), *túrbidas* (adh. f. pl. p. 195), *gêlo* (subst. p. 208), *ár* (p. 211) u. dgl. — Belege aus den neueren Werken wie dringend eine Verständigung oder ein Vorgehen der Akademie zur Einigung auf diesem Gebiete angezeigt wäre, und wie wenig Grund jede Regel hier hat.

§ 53.

Die sonstigen orthographischen Zeichen hat die portugiesische Schrift mit den übrigen gemeinsam. Das Trema ist nicht portugiesisch, nur eingesetzt z. B. Lus. IX, 21. „Da *primeïra* co'o terreno scio', ibid. VIII, 97 „o rei *Threïcio'* um die Diärese anzuzeigen, die VI, 10 „do velho *chaos'* einige Herausgeber durch die Schreibart *cahos* bezeichnen.

Der Apostroph (apostropho) bezeichnet den Ausfall eines a oder e (o), *outr'ora, d'antes, c'o;* auch im Worte selbst, in Poesien, *p'ra, sab'rás, 'spero*. Die Anwendung des Bindestriches *(risca de união, hyphen)* ist dieselbe, wie in den übrigen Sprachen: *dar-te-lo-hei, eil-o*.

III.
Portugiesische Wortbildung.

§ 54.

Aus der Wurzel erwachsen eine Reihe neuer Wörter, welche abgeleitet *(derivata)* sind. Nach Abfall der Flexion nämlich treten einzelne Buchstaben an das Wort, welche seine ursprüngliche Bedeutung erweitern, modificiren, abändern, ja zum Gegentheile umgestalten. Diese Art der Wortbildung nennen wir Derivation (Ableitung). Vereinigen sich aber mehrere Wörter in fester Verbindung zu einem, um so auch einen Begriff auszudrücken, so ist diese Art der Wortbildung Composition (Zusammensetzung).

§ 55.

Hat es die Lautlehre als solche nur mit den Gesetzen zu thun, welche bei Gestaltung der Buchstaben in Kraft traten, so ergeben sich für die Etymologie auch andere Gesichtspunkte zur Beachtung. Wir haben die schöpferische Thätigkeit der Sprache selbst im eigenen Laufe zu verfolgen und besonders einzelne Fälle um so genauer zu beleuchten, als sie im Gebiete jeder Sprache sich wiederholen. Der ersteren Forderung ist das Buch von Carolina Michaelis de Vasconcellos ‚Studien zur romanischen Wortschöpfung, Leipzig 1876' entwachsen, dessen Aufgabe sein soll „die Selbstthätigkeit der romanischen Sprachen, die Art, wie sie sich vom Lateinischen lossagten, um ihre eigenen Wege zu wandeln und sich zu bereichern, gerade was also recht eigentlich romanische Wortschöpfung genannt zu werden verdient" zu beleuchten, den zweiten Punkt behandelt kurz Frd. Diez in der Vorrede (p. XXII—XXVI) seines Wörterbuches (1869).

§ 56.

Die portugiesische Sprache zeigt sich uns wie ihre Schwestersprachen als ursprüngliches Produkt jener Vulgaersprache Roms, jener *lingua rustica* (vulgaris, sordida) (siehe Diez R. G. I, 4*), als das fortgebildete, den Jahrhunderten und ihrem Ideenkreise, der wachsenden Civilisation, der emporstrebenden Geistesbildung, der umfangreicheren, mit den einfachen, frühen Verhältnissen nicht mehr zu vergleichenden Terminologie der Kunst, des staatlichen, bürgerlichen und privaten Lebens und aller sonstigen in's unendliche erweiterten Lebensbeziehungen angepasste.Idiom des alten Italiens. (s. Schleicher, Die deutsche Sprache 3. Afl. 1874, p. 75, 4).

Sie bietet sich uns auch wie jede Sprache, im Gewande verschiedener Jahrhunderte, wir haben also die Geschichte ihrer allmähligen Ausbildung vor uns aufgeschlagen. Vor allem ist der Wortschatz einer ewigen Wandlung unterworfen. Es ist in hohem Grade beachtenswerth, wenn Duarte Nunes de Leão am Beginne des 16. Jahrhundertes Worte (wie *albergar, nenhures, sagaz)* als veraltet bezeichnet, welche heute noch der lebenden Sprache angehören. Von *queixume* z. B. sagt F. José Freire am Beginne des vorigen Jahrhundertes: ‚foi palavra polidissima até o fim do seculo XVII; *hoje não é admittida nem ainda em poesia'*. Coelho indessen (Quest. 31) bemerkt zu dieser Stelle: ‚Hoje *queixume* soa aos nossos ouvidos como uma *palavra nobre* e cheia d'uma doçura triste e não repugna a ninguem empregal-a'. (Aehnlich Eluc. I, 181 zu *barragão*, I, 225 zu *cadimo*, I, 424 zu *façanha*, II, 37 *hospeda* (= *esposa*), *alrotar* (S. 7). Eine reiche Anzahl alter Worte sind indessen in den neueren Sprachschatz nicht mehr zurückgekehrt, wenn auch ein Wort gleichen Stammes in ihr verblieb.

Das alte *acorro, accorrer-se* (Eluc. I, 48) ersetzt nun *soccorro, altividade* (Canc. Resend. I, 196) *altivez, conhecença* (Chron. D. Pedro 10) *conhecimento, corto* (ibid. 8) *cortado, primente* (J. Claro p. 177) *primeiramente, vindiço* (Eluc. II, 403) *adventicio* u. a., welche Coelho (Q. 44—50) gesammelt hat. Es erweist sich Horazens Wort als wahr (ars poet. 70):

Multa renascentur, quae iam cecidere, cadentque
Quae nunc sunt in honore vocabula, si volet usus,
Quem penes arbitrium est et ius et norma loquendi.

§ 57.

In dem Maasse als die portugiesische Sprache, wie jede, alte Worte aufgab und so weit vergass, dass sie unverständlich wurden, bildete sie aus sich heraus neue, griff zurück ins Lateinische zunächst in der gelehrten und dichterischen Sprache (s. S. 18) oder nahm aus der spanischen und französischen so viel als bei dem wachsenden Verkehre der Völker und vor allem ihrer politischen Beziehung zu einander kaum abweisbar war. — Weit tiefer aber haben phonetische Aenderungen in das Wesen der portugiesischen Sprache eingegriffen; die Worte gestalteten sich im Munde des Volkes aufs eigenthümlichste; nur einige Belege aus dem Elucidario. Wer erkennt in *briria* (I, 209) *biblia*, in *crelegiastico* (I, 317) *ecclesiastico*, in *solorgiam* (II, 330) *cirurgião*, in *pragamyo* (II, 235) *pergaminho*, in *persigal* (II, 215) *pocilga*, in *peraraa* (II, 214) *palavra*, in *mincio* (II, 134) *nuncio*, in *masaldeminos* (II, 124) *mais ou menos*, in *emliçoom* (I, 395) *eleição*, in *bemsilho* (II, 190) *rencilho*, in *benicio*, *benissimo* (II, 191) *ab initio*, in *breveriario* (I, 205) *breviario*, in *cinuna*, *cinunha* (I, 278) *synagoga*, in *eigregu* (I, 391) *igreja*, in *homarem* (II, 35) *imagem*, in *Ilandra* (II, 53) *Olanda* in *Savaschaão* (II, 304) *Sebastião*, in *Terradoro*, (II, 380) *Theodoro*, in *anormolo* (S. 9) *anomalo*? Entschieden Falsches erhielt sich im Munde des Volkes. Schon F. J. Freire (Reflex. II, 12) verlangte *antiado* statt *enteado*, *borôa* statt *broa* u. dgl.; aber beides verblieb.

§ 58.

Interessant ist ein Vergleich des römischen Wörterbuches d. h. des Bruchtheiles lateinischer Worte, die auf uns gekommen sind, mit dem Portugiesischen. Die Gründe, warum die romanischen Sprachen gewisse lateinische Wörter (z. B. vir, os oris, bellum u. a.) nicht in ihr Lexikon aufnahmen, hat Diez (R. G. I, p. 51—57) in erschöpfender Weise behandelt. Die portugiesische Sprache hat wie ihre Schwestern einen grossen Theil oft gewöhnlicher Worte durch Ausdrücke der römischen Vulgaersprache ersetzt z. B. *aes* durch *aeramen*, *sapiens* durch *sapius* (nach *nesapius*, Scaur. col. 2251 Putsch) oder von verschiedenen Synonymen nur eines gewählt z. B. von *equus* u. *caballus* das letztere, (doch egoa), ebenso von *orbis* u. *circulus*, von *moenia* u. *murus*, von *laetitia* u. *gaudium* (allerdings Eluc. II, 88 *ledice*), statt *domus* u. *aedes* sogar *casa*. Dagegen bereicherte die portugiesische Sprache ihren Wortschatz durch zahlreiche Scheideformen, indem manches lateinische Wort zweifache Gestalt oft mit veränderter, oft mit gleicher Bedeutung annahm. Schon Duarte Nunes de Lêao (Origem da ling. port. c. 7) bemerkt diesen Vorgang. „Mudamos o mesmo vocabolo latino em diversas formas por a variedade da significação, como esta palavra *macula*, que quando queremos por ella significar abertura de rede, mudamola em *malha* e quando queremos significar labe ou peccado ou sentimento do animo, mudamola em *magoa* e quando nodoa em *mancha*, e de pulvere dizemos *poo* e *polvora* per differente significação'.

Von solchen Scheideformen führt Coelho (Qu. 97) an: von articulus: *(articulo), artigo, artelho;* von apotheca: *bodega, botica;* von plaga: *chaga, praga;* von dominus: *dono, dom;* von diabolus: *diacho, diabo;* von matrem: *mãe, madre;* von capitalis: *cabedal* u. *caudal;* von solea: *solha, sola;* von fratrem: *fradre, freire, (frei);* von corona: *coroa, coronha;* von patrem: *padre, pae;* von insula: *insua, ilha;* von macula (s. oben): *magoa, malha, mancha;* von germanus: *irmão, mano;* von bulla: *bolla, bolha;* von feria: *feria, feira;* von phlegma: *fleuma, freima;* von natica: *nadega, nalga;* von sensus: *senso, siso;* von rationem: *razão, ração;* von tenerum: *tenro, terno;* von raucus: *rouco, ronco;* von sanctus: *são, santo;* von finitus: *findo, fino;* von pensare: *pensar, pesar;* von plantare: *prantar, chantar;* von filare: *filar, fiar;* von vigilare: *vigiar, velar;* von plicare: *pregar, chegar;* von vomitare: *vomitar, gomitar;* von masticare: *mastigar, mascar.* Ebenso *thema* (θέμα), *teima* (Eigensinn), *despedir* u. *despir* (entlassen; entkleiden), *nada* (nichts), *nata* (Rahm), welch letzteres gewiss nur zum Unterschiede t statt d hat; *ordenar* (ordnen), *ordenhar* (melken, Diez E. W. II, 160).

§ 59.

Grösser noch ist die Anzahl jener Scheideformen, welche die gelehrte Terminologie veranlasst hat; die lateinische Form ist immer die gelehrte. So nennt Coelho (Q. p. 99) zu africus neben dem gelehrten *africo* das populäre *abrego*

„ avena	„	„	poet.	*avena*	„ „	*aveia*
„ balista	„	„	gelehrten	*balista*	„ „	*bésta*
„ bulbus	„	„		*bulbo*	„ „	*bolbo*
„ capitalis	„	„		*capital*	„ „	{*cabedal* {*caudal*
„ cardinalis	„	„		*cardinal*	„ „	*cardeal*

— 116 —

zu clavis	neben dem gelehrten	clave	das populäre	chave
„ flamma	„ „ „	flamma	„ „	chama
„ capitulum	„ „ „	capitulo	„ „	cabido
„ decanus	„ „ „	decano	„ „	deão
„ digitus	„ „ „	digito	„ „	dedo
„ area	„ „ „	area	„ „	eira
„ potionem	„ „ „	poção	„ „	peçonha
„ organus	„ „ „	organo	„ „	orgão
„ scala	„ „ „	escala	„ „	escada
„ focus	„ „ „	foco	„ „	fogo
„ spatula	„ „ „	espatula	„ „	espadoa
„ fibra	„ „ „	fibra	„ „	febra
„ ministerium	„ „	ministerio	„ „	mister
„ modulus	„ „ „	modulo	„ „	molde
„ parabola	„ „ „	parabola	„ „	palavra
„ pelagus	„ „ „	pelago	„ „	pego
„ rugitus	„ „ „	rugido	„ „	ruido
„ sigillum	„ „ „	sigillo	„ „	sello
„ oculus	„ „ „	oculo	„ „	olho
„ tela	„ „ „	tela	„ „	teia
„ frigidus	„ „ „	frigido	„ „	frio
„ minutus	„ „ „	minuto	„ „	miudo
„ legalis	„ „ „	legal	„ „	leal
„ rigidus	„ „ „	rigido	„ „	rijo
„ amplus	„ „ „	amplo	„ „	ancho
„ planus	„ „ „	plano	„ „	chão
„ plenus	„ „ „	pleno	„ „	cheio
„ strictus	„ „ „	estricto	„ „	estreito
„ insulsus	„ „ „	insulso	„ „	ensosso
„ delicatus	„ „ „	delicado	„ „	delgado
„ inflatus	„ „ „	inflado	„ „	inchado
„ finitus	„ „ „	finito	„ „	{findo / fino}
„ integer	„ „ „	integro	„ „	inteiro
„ medius	„ „ „	medio	„ „	meio
„ nitidus	„ „ „	nitido	„ „	nedio
„ quietus	„ „ „	quieto	„ „	quedo
„ rotundus	„ „ „	rotundo	„ „	redondo

zu solitarius neben dem gelehrten *solitario* das popul. *solteiro*

" auscultare	"	"	"	*auscultar*	"	"	*escutar*
" aestivare	"	"	"	*estivar*	"	"	*estiar*
" alienare	"	"	"	*alienar*	"	"	*alhear*
" demonstrare	"	"	"	*demonstrar*	"	"	*demostrar*
" expurgare	"	"	"	*espurgar*	"	"	*esburgar*
" erigere	"	"	"	*erigir*	"	"	*erguer*
" pausare	"	"	"	*pausar*	"	"	*pousar*
" radiare	"	"	"	*radiar*	"	"	*raiar*
" polire	"	"	"	*polir*	"	"	*poir*
" vigilare	"	"	"	*vigilar*	"	"	{ *vigiar* / *velar* }

Ausserdem hat Coelho in der Romania (II, pag. 281—294 *„formes divergentes de mots portugais"*) ein Register von 578 portugiesischen Scheideformen geliefert, wozu C. Michaelis (Studien zur romanischen Wortschöpfung, pag. 206—208) noch 305 gesammelt hat, von denen sich aber *poção-peçonha* und *pousar-pausar* schon in Coelho's Questões finden.

§ 60.

Auch aus den Schwestersprachen, zunächst dem Französischen zog das Portugiesische Scheideformen wie: *attitude* (frz.) neben *aptidão, chantre* (frz.) neben *cantor, chefe* (frz.) neben *cabo, chaça* (frz.) neben *caça, cré* (frz. craie) neben *greda, chapiteu* (frz. chapiteau) neben *cabedel, forja* (frz.) neben *fabrica, hotel* (frz.) neben *hospital, iman* (frz. aimant) neben *diamante, jaula* (frz.) neben *gaiola* (caveola), *prez* (Eluc. II, 242, altf. *pris* prov. *pretz, prez*) neben *preço, parola* (frz.) neben *palavra, greu* (D. Diniz p. 56, prov. *greu, grieu*) neben *grave, lhano* (span. llano) neben *chão*. — *Lhano* ist wie bemerkt ein spanischer Eindringling; *chão* ist die echt portug. Form; *plano* gehört unter die *mots savants; piano* endlich als Substantiv ist italienisch — also vierfache Anwendung des lateinischen planus in einer Sprache. Dasselbe Beispiel zeigt Coelho an dem griech. κύλινδρος, das sich schied in *calondro (calondra)* cylindrisches Gefäss, *calhandro* (Leibstuhl), *calandra* (vom frz. calandre) und die gelehrte Form *cylindro*.

§ 61.

Da eine Anzahl Wörter, wie Diez (R. G. I, 51) nachweist, zu klanglos waren und nur wegen „zu geringer Körperlichkeit" austraten, ist eine erweiterte Form derselben Wurzel etwas gewöhnliches. Obwohl *rem* portugiesisch verblieb (Eluc. II, 283), fiel *spem* ab u. wurde durch *sperantia (esperança)* ersetzt; *genu* ist *goelho*, *geolho* (geniculum), merx, mercem *mercadoria* (mercatoria), civis *cidadão* (civitatanus), aes *aerame* (aeramen), *praeco* pregoeiro (praecoarius) geworden. Ganz besonders traten Inchoativformen an Stelle der einfachen Verba ein. Das Streben nach möglichster Deutlichkeit ist überhaupt als besonderer Faktor bei Betrachtung der romanischen Wortschöpfung zu berücksichtigen. Die lat. Sprache vermochte z. B. Frucht und Baum durch ihr Genus zu scheiden: malus, malum; pirus, pirum u. s. w.; nicht so die portugiesische. Sie griff vorerst zu einem Suffixe, um den Baum auszudrücken, meist zu *arius*, so: amygdala, *amendoa — amendoeira*; ficus, *figo — figueira*; laurus, *louro — loureiro*; morus, *amora — amoreira*; mespilus, *nespera — nespereira*; pirus, *pero — pereira*; prunus, *abrunho — abrunheiro*; u. dgl. Sehr häufig ist aber schon die Frucht von einer Adjektivform gebildet wie *castanha* (castanea), *cereja* (cerasea), so das ital. *quercia* von quercus, auch port. Adjekt. *cerquinho* mit Umstellung aus quercinho u. dgl. Zu *oliveira* gilt als Frucht *azeituna* (arab. az-zait, hebr. zait, Freyt. II, 269*), zu *carvalho* (statt quercus) neben *lande* u. *bolota* das gewöhnlichere *bogalho* (bacalium von baca?).

§ 62.

Diez (R. G. I, 55) macht die Bemerkung, dass „in den romanischen Sprachen gar manche Naturgegenstände nach einer neuen Auffassung ihrer Eigenschaften und Merkmale benannt wurden"; so *singularis* für *aper*; *cecinus* für *olor*; *cauditremula* = griech. σεισοπυγίς (sp. andario). Diese Art, Thiere und Pflanzen nach hervorragenden Eigenschaften zu bezeichnen, ist im Portugiesischen ganz gewöhnlich geworden. Wir finden *carneiro* (von crena), das eingeschnittene Thier; *raposa* (neben zorra) für vulpes von *rabo* (Schwanz), also der „stark geschwänzte"; *leitão* statt porculus (nach Cabrera) span. lechon; Spanferkel, (wie im Deutschen spun = Euter); *murcego* statt vespertilio, die blinde Maus, die es bei Tage zu sein scheint; *gafanhoto* für locusta; das Thier das Sprünge macht (saltão), *tremelga* für torpedo, der Zitterrochen (Fisch, tremer); *mariposa* für papilio (mit dem Deutungsversuche Mahn's: mar y posa; Michaelis, Studien S. 35 und 109 deutet sehr hübsch *man y posa!*, und in derselben Bedeutung *pousa — lousa*. (Diez, E. W. II, 153). *Colhereiro* für platalea (Löffelgans) nach colher. *Gralha* deutet *Coelho* gewiss mit Unrecht aus dem lat. *garrulare*, während es wohl von *graculus* (sp. *grajo*, altf. *graille*) kommt; *senteio* Roggen (der hundertfältige Frucht bringt). Ganz nichtssagend ist *veado* (venatus) für cervus, doch auch im Spanischen als *venado* und im Wallachischen *vunat;* ebenso *hortelã* für mentha (ganz allgemein: „Gartenpflanze"). — Für andere Bezeichnungen wählte man hinwiederum deutlichere Ausdrücke; man ersetzte z. B. torques durch *collar* (wegen collum), forfex durch *tesoura* (wie das Provenzalische *tosoira* zeigt, von tonsoria), mungere durch *asoar* (schnäuzen) u. dgl. m.

Eine Anzahl portugiesischer Worte sind Schall- oder Lautnachahmungen z. B. *zãozão* (Klingklang), *zumzum* (Gesumme), *rugeruge* (Knurren des Leibes), *ruxoxo* (Ruf um Vögel zu scheuchen) u. dgl. besonders bei Interjektionen; dem ähnlich entstunden allitterirende Formeln, wie *tripetrepe* (Schritt für Schritt), *triquestroques* (gleichlautende Worte), reimende wie *trapezape* (Geklirre), *trincolhosbrincolhos* (Spielzeug), *a trochemoche* (durcheinander), *trocasbaldrocas* (Trödelhandel), allitterirende und reimende: *lufa-lufa* (grosse Eile), *quinaquina* (Chinarinde), *entre lusco e fusco* (in der Dämmerung) und Phrasen zum Theile mit onomatopoetischem Elemente z. B. *não tugir nem mugir* (nicht mucksen). *Foi-se sem chuz nem buz* erklärt Eluc. I, 217 „nem cousa alguma disse, nem o mais leve sinal de cortesia fez". — Ebenso onomatopoetisch *gruin*

(Eluc. II, 24) der Rüssel des Schweines (grunhir). — Ueber den germanischen Ablaut i, a, u s. Diez, R. G. I, 72 und Höfers Zeitschrift für die Wissenschaft der Sprache, III, 397.

§ 63.

Eine besondere Beachtung verdient bei der Wortschöpfung die s. g. Anbildung und die Umdeutung. (Diez, E. W. XXIV, 5. 8). Das Volk versucht, ein Wort einem bereits vorhandenen zu nähern, indem es ihm z. B. dieselbe Endung verleiht. So behandeln ital. Dialekte andar als Compositum von dare und sagen *andiedi* wie diedi im Definido. — Tiefer eingegriffen hat aber in alle Sprachen die Umdeutung, der zufolge ein nicht ganz verständliches Wort in einem seiner Theile mit einem anderen geläufigen der Sprache verwechselt wurde. (s. oben S. 15 und Belege aus mehreren Sprachen bei Michaelis Studien S. 98—106). Coelho führt aus dem Portugiesischen an: *centinodia* (Wintergrün) gab *sempre-noiva*, *semprenova;* fissura wurde *fressura, forçura* (die wohlfeilen Plätze des Theaters im 17. und 18. Jahrhunderte); *hortelā* wurde *hortelā pimenta* (Anklang an mentha); saudade *soedade*, Balduino *Valdevinos* (val, divino), Stabat Mater *Estevão de Mattos*, Te Deum, *Thadeu;* mal de Hollanda (Pferdekrankheit) *mal de Loanda*, mit Anklang an *Loanda* in Afrika; Name des Lord Wellington lord *Valentão*, ein Pflug nach Holbeche's Construktion heisst *Lambeche* (lamber); die Brücke mit dem Bilde des enthaupteten Johannes des Täufers in Covilhã, „*martyr in collo*" gab den Eigennamen *Martim Collo;* der Name des Stierfechters *Pinto e Silva* wurde *Pintasilgo;* Gil Vicente spricht spasshaft von indulgencia *pernaria* statt *plenaria*, (perna, prenaria); portulacca gab *verdoaga, verdoega, beldroega* (verde), der Distelfink (carduelis) floss zusammen mit *cardeal* (cardinalis), der Sakristan wurde *sanchristão, sancreschão* (Eluc. II, 302); peregrino zu *pelingrin* (pello), britonica zu *bistorta* (bis e torta), centifolium zu *santafolha*, bacharel zu *beijarello* (beijo), *gallicrista* zu *gallatrisca;* majoran zu *manjarona, manjerona* (vgl. das süddeutsche: „*Maigram*"), canapé zu *camapé* (cama), cornalina zu *carnerina* (čarneira), melancolia zu *malinconia*, (Cam. Lus. *merencorio); v*ocalmente zu *boccamente*, carricutium zu *corricoche*, cartabon zu *cartamão*, memoria zu *mormulha*, typhon zu *tufão*, hospital zu *espirital* (alt), *litania* (λιτάνεια) zu *ladainha* u. a. Ganz besonders wird anlautendes e und i im Volksmunde gerne *em, in, em, im* z. B. *Intalia* (Italia), *inconomia* (economia), *insemplo* (exemplo), *insame* (exame), *inleição* (eleição), *enleger* (eligere), *empanafora* (epanaphora), *emphemerida* (ephemeride), *enriçar* (erriçar), *ensaguão* (exaguão), *ensaguar* (exaguar).

Auf diese Weise verdarben, wie Coelho zeigt, ganze Redensarten wie *pancadaria de moio, molho* statt mouro; *braço e cultello* (st. baraço), *escalda-favaes* (st. escalafavaes), *filho da pucara* (st. puta); das Verderbniss von e zu a ist ganz bedeutend; *antre* statt *entre* findet sich noch in Lusiadenausgaben, so *atermetter* für *entermetter* und umgekehrt *menteer* (aus 1451) für *manteer*; so erhielt sich *jantar* (jentare), obwohl zu Gil Vicente's Zeit es noch schwankte, da dieser noch (I, 170) *jenta* hat.

§ 64.

Assimilation und Dissimilation getrennter Consonanten haben gleichfalls die Gestalt vieler Worte geändert. Assimilation der Auslautsconsonanten zweier aufeinanderfolgender Silben hat z. B. *salchicha, salchichão* statt salsicha, *chocho* (exsuctus) für *socho, chinche* (cimicem), nachdem vielleicht das zweite c zu ch geworden war, *chuchar* (suctiare, Diez, W. I, 405) davon *chuchurrear*. Dissimilation: *xastre* (alt)· für sartre. Mehr noch aber ging die Sprache auf Aufhebung von Reduplikationen aus, z. B. *caco* (cácabus?), wobei sie oft scheinbare Reduplikationen vereinfachte z. B. *senoga* (synagoga), *maleiteira* (malaleiteira), *moganga* (neben mogiganga), *idolatra* (idololatra)[1].

§ 65.

Aber nicht bloss die äussere Gestalt der Worte, auch ihre ursprüngliche Bedeutung hat vielfache Aenderungen,

---

[1] S. Variante zu Lusiaden II, 54. Meine Einleitung p. XXV.

oft bis zum Gegentheile erfahren, wovon schon Duarte Nunes de Leão im 7. Kapitel seiner *Origem da lingua portugueza* ausführlich spricht. Die Zahl der Worte, welche ihre Bedeutung verloren haben, ist gewaltig z. B. *Admorsus* (unser ‚Imbiss') gab *almoço* (Frühstück), *apotheca* wurde in *bodega* (kleine Schenke), *botica* (Apotheke) geschieden, *capere* wurde in *caber*, fassen, in sich enthalten; *faux* in *foz* (Flussmündung), *focus* trat für ignis ein; *pacare* in *pagare*, bezahlen (vgl. ‚zahlen macht Frieden') u. v. a.

A. Derivation im Portugiesischen.
§ 66.

Da jedes Suffix in den romanischen Sprachen den Ton haben muss, so erhält es ihn auch da, wo in der Muttersprache Kürze herrscht. wie in der Endung ia (s. § 51); überhaupt entziehen sich Vocale und Consonanten der Suffixe manchmal den lautlichen Aenderungen; z. B. l u. r erhalten sich hier fester als im Innern des Wortes (s. Diez, R. G. II, 279). Trotzdem wirkt Contraktion stark z. B. *grelo* (gracilis, Diez, E. W. II, 139), und auch der Consonant geht verloren: *frio* (frigidus), *limpo* (limpidus), *tibio* (tepidus), *nedio* (nitidus).

Die portugiesische Sprache begnügte sich wie ihre Schwestern nicht mit den vom Lateinischen überkommenen Suffixen; sie entwickelte neben diesen und allerdings aus ihnen heraus neue mit entgegengesetzter oder nüancirter Bedeutung; auch fremde Suffixe gesellten sich bei; *arra*, *orra* sind wohl iberischen Ursprungs, *hart*, *walt*, *ing*, *ling* deutscher Herkunft.

§ 67.

a. **Nomina.** — Adjektiva — primitive und derivate — erhalten ohne weitere Aenderung den Werth von Substantiven, z. B. *alva* (albus) Morgenröthe, *cheia* (plena) Ueberschwemmung, *tarde* (tardus) Abend, *castanho* (castaneus, s. davon § 61), ebenso vertreten Substantive wenn auch ungewöhnlicher ein Adjektiv; so: *fundo* tief (fundus); *porco* unrein (porcus), *ruim* schlecht (ruina), *trigo* von Weizen (triticus), das portugiesische, so eigenthümlich angewandte *ratão* (als Koseform) u. a. Auch aus dem Stamme der Verba werden durch Zutritt der Genusendung Substantive, zunächst aus Verben der ersten Conjugation; so *adorno* (adornar), *liga* (ligar), *pelde* (appellar), *castigo* (castigar), *blasphemia* (blasphemar), *commando* (commandar), *duvida* (duvidar, s. § 52), *choro* (chorar), *rogo* (rogar) u. a. Die Verba der zweiten und dritten Conjugation sind sehr selten hierzu verwendet: *cerne* (das beste im Holz v. cernĕre), *tenda* (tendĕre), *capa* (capĕre), kaum solche der vierten, weshalb Diez (E. W. II, 83) nur unbestimmt *abra* (Bucht, nach Sousa vom arab. 'âbrah) von *abrir* ableitet.

§ 68.

Eine der bedeutendsten Fähigkeiten der romanischen Sprachen besteht in der Anwendung der Augmentativ- und Diminutivformen. Allerdings erreicht hierin die portugiesische Sprache z. B. die italienische bei weitem nicht, immerhin aber theilt sie die Vorzüge, welche den Schwestersprachen aus der Benützung dieser Formen zur Nüancirung des Ausdruckes erwachsen. Ein derartiges Suffix ersetzt ein, bisweilen mehrere bestimmende Adjektive und verleiht oft dem Worte eine kaum übersetzbare neue Färbung. In wie weit die Suffixe auch zur Bestimmung der Genus dienen, soll bei der Lehre vom Geschlechte besprochen werden. Als die wichtigsten Ableitungssuffixe betrachten wir die rein vocalischen *eus, ius, ia, ium, uus;* ferner: *acus, aceus, atius, ascus, alis (Pl. alia), aris, arius, anus, aneus, andus, atus, ast, aster, ant, (Plur. antia), agin, amen, ato, az, tat, ald, ard, arr; ec, edo, ett, etum, elu, elis, ellus, enus, endus, entus, lentus, ensis, ernus, mentum, estus; ic, īcus, icus, icius, itius, itia, iscus, aticus, idus, itus, ita, ites, ista, ilis, (Plur. ilia), bilis, illus, cillus, īnus, inus, ineus, ignus, ivus, igin, imen, issa, ismus, ing, ling; oc, oceus, olus, oneus, osus, on (ão), ion, sion, tion, or, sor, tor, sorius, torius, ott, orr; ucus, uceus, uscus, ulis, ulus, culus, unus, undus, umen, ura, urnus, sus, tus, utus, tude, ugin. tut, urr.*

§ 69.

Eus, ius als Suffixe zur Bildung von Adjektiven, welche Stoffe anzeigen; so *aéreo, aureo, eburneo, aqueo, gramineo, vimineo, marmoreo, pulvereo, escameo, violaceo, florco, argenteo* (Lus. II, 20), *ferreo, corneo, igneo*, (Lus. VII, 67), *plumbeo* (Lus. I, 89), was aber die gewöhnliche Sprache (wie die französische) umschreibt *de ouro, de chumbo* u. s. f. Andere wie *ebrio, sobrio, proprio, idoneo, sabio, necio* sind ebenfalls aus dem Lateinischen übernommen worden. Camões (Rimas p. I, p. 120, Craesbeeck 1623) reimt *idonia* auf *Babylonia*.

Nachdem die gewöhnliche Sprache sich sogar der schon vorhandenen Stoffadjektive nicht bediente, ist es erklärlich, dass Neubildungen nicht um sich griffen. Anbildung ist in *noivo* (sp. nóvio, cat. pr. novi) von novus (neuvermählt), *luzídio* (lucidus). Substantiva: *linha, vinha, aninia* (Schaffell Eluc. I, 119), besonders Namen von Bäumen (s. § 61): *faia* (fagea) u. a., denen neugebildete Adjektiva zu Grunde liegen: *cereja* (cerasous v. cerasus), *endivia* (intybea von intỹbus) u. dgl.

Ia wird zur Ableitung ganz gewöhnlich verwendet (über īa und ĭa s. § 51); so *alegria, baronia, basofia, cortezia, companhia, gelosia, villania*, besonders gerne mit *r*, (siehe Diez R. Gr. II, 303) *beataria, sacaria, porcaria, secretaria* u. a.

Ium an Substantiven gab einige Nachbildungen; *amorio* (Eluc. I, 113), *assassinio, murmurio*, oft mit dem Ton auf dem i wie *mulherio*.

Uus hat keine Neubildungen geschaffen; *mutuo, arduo, assiduo* und die anderen lateinischen erhielten sich grossentheils; (Eluc. I, 403 *engenho* von ingenuus); doch *antigo* (*antiquado* u. a.) neben *antiguo, morto* (mortuus), *viuvo* (viduus).

§ 70.

Acus (= lat. ebriacus) von Adjektiven hat wenig Neubildungen; *velhaco* (vilis), *famaco* (v. fames); ob in Substantiven auf *aca* (= lat. cloaca) man es mit Derivaten zu thun hat, ist zweifelhaft, so in *barraca* (barra), *carraca, casaca* (casa), *cavaca* (Omelette), *ervilhaca* (ervum), *matraca, urraca*. — *Avéaco* (Haferbrot, Eluc. I, 151).

Aceus *(ço, cho)* an **Adjektiva** gehängt bewirkt in Neubildungen **augmentative** Bedeutung: *soberbo, soberbaço, gordo, gordaço, rico, ricaço,* (sehr reich); *agraço, agraz, leigo, leigaço, linguaraz, villanaz;* dagegen *frio friacho* (lauwarm), *verde verdacho* (blassgrün), *bom bonacho, (bonachão, bonacheirão)* gutmüthig, beschränkt, *pardo pardaço* (bräunlich).

Die Neubildung von Substantiven mit dem Suffix *aceus* hat stark um sich gegriffen: *cartaz, chumaço, plumacho, espinhaço, filaça, fumaça, gallinhaça, linhaça, mordaça, louraça, pinaça, terraça, vinhuça, pennacho, embaraço; coraç-ão;* augmentative Bedeutung erwirkt es z. B. in *bicha, bichaço, boca, bocaça, cacho, cachaço, raiva, raivaço, senhor, senhoraço, ministro, ministraço, porco, porcaço, porra, porraço, peccador, peccadoraço, lobo, lobaz, lendea, lendeaço, poeta, poetaço, peccado, peccadaço,* diminutive in *lebre lebracho, rio riacho;* die **Folge des Primitivums** in *canhonaço, mosquetaço, pistolaço* u. a.

Atius (cio, ço) in *palacio paço* (palatium), *solaz* (Eluc. II, 328 neben *solam* v. solatium).

Ascus ist bei **Adjektiven** selten: *chavasco,* bei **Substantiven** häufiger: *borrasca, vardasca, carrasco, penhasco.*

§ 71.

Alis ist eines jener Suffixe, mit welchem zahlreiche Adjektive aus dem Lateinischen herüberkamen *(egual, leal, mortal, natural, tal* u. dgl.), und das auch im Portugiesischen zu weiteren Bildungen diente z. B. *celestial, frescal, vernal, fetal, longal, ferial, femeal, servisal, vidual, accidental, allodial, angelical, arcual, autumnal, bical, crucial, communal, cubital, divinal, frescal, jugal, bochornal, maioral, paternal, perrennal, policial, pontal, litoral, prudencial, terral, terreal.* Ebenso bildeten sich zahlreiche Substantive aus solchen unlateinischen Adjektiven: *antemural, merendal* (Eluc. II, 130), *arsenal, bocal, casal, cunhal, edital, fazonzal* (Eluc. I, 439), *fogal, jornal, pombal, santoral,* besonders zur **Bezeichnung von Ständen**: *official, sarrafaçal, servicial, portal, meesteiral* (Eluc. II, 127), *quintal, senhal, pegulhal, historial* (Eluc. S. 46); ganz besonders wird al (wie etum) an die Namen von Gewächsen zur Bezeichnung einer Menge gehängt: *centeial, cerejal, castanhal, rebolal, faval, faial, areal, cidral, nabal, alcachofral, batateiral, nogueiral, figueiral, rosal, carralhal, canareal, alcaparral, buxal, meloal, olmedal, granzal, ceradal, frexenal, funchal, juncal, olival, peral, pinhal, pimental, sobral, mostardal, sabugal, feigoal, fétal, amendoal, canhameiral, palmital, arelanal* (Eluc. I, 151), *spadanal* (ibid. II, 332), *amoreiral, carrascal, maizal, parreiral, cepserial* (ibid. I, 261), *amial, bambual, espartal, pepinal, ferregial, ferragial* (Eluc. I, 446), *cerejal, giestal, poral, murtal, laranjal, ameixial, espinhal, (espinheiral), tabacal, abobaral, arrozal, milharal, hervaçal, hervançal, rabaçal*. Dass *alis* und *aris* die gleiche Bedeutung haben (Corssen, Lat. Ausspr. I, 80, Schulz, Lat. Gramm. 173. Pott, Etym. Forsch. II, 96, 1. Aufl. Diez, R. G. II, 328 ff. und wechseln *(salival, ar)* ist bekannt. Michaelis (Studien 87) ist der Ansicht, dass überall, wo *al* den Sammlungsort des Primitives bezeichnet und für *etum* steht, es auf *arium* und nicht auf *alis* zurückzuführen ist; eine Vermuthung, für welche viel spricht. Die Pluralform auf *lia* gab zahlreiche Substantiva meist mit collektivem Sinne, so *batalha, mortalha, limalha, victualhas*. Diesen wurde nachgebildet ohne lat. Adjektivform meist in herabsetzendem Sinne: *baralha, canalha, gentalha* u. a.

Aris, wie bemerkt enge mit *alis* verwandt, kam ebenfalls aus dem Lateinischen in zahlreichen Adjektiven herüber: *familiar, singular* u. s. w. Neuere Bildungen wie z. B. *alvar, similar, glandular, leitar* sind selten.

Neue Bildungen von Substantiven sind nicht ungewöhnlich, so: *escolar, espaldar, lugar, palhar* (Strohhütte), *paladar, pilar* u. a.

Arius ist eine der gewöhnlichsten Adjektivbildungen; zu der Unzahl lateinischer Worte kamen im Portugiesischen vielfache Neubildungen auf *ario, eiro* (s. § 11); *trintairo, ementairo* etc.; *ronceiro, traseiro, papeiro, rideiro, menineiro, palavreiro, lisongeiro, lombeiro, lampeiro, legeiro, linguareiro, lambareiro, lambisqueiro, janelleiro, lambugeiro, interesseiro, invencioneiro, gageiro, gaiteiro, guerreiro, chofreiro, domingueiro,* *estrelleiro, fouveiro, primeiro; fraldeiro, verdadeiro, prazenteiro, altaneiro, careiro, grosseiro, costaneiro, fragalheiro, fragueiro, sobranceiro, frascario,* (Eluc. I, 480), *cargueiro, charqueiro, fragueiro.* Bei Substantiven bezeichnet *eiro* wie schon im Lateinischen *arius* 1. vornehmlich das Gewerbe: *chapelleiro, sineiro, alavoeiro, vidreiro, arqueiro, padeiro, taipeiro, abutreiro, cameleiro, açoeiro, carpenteiro, carreteiro, carreiro, carroceiro, cavouqueiro, serralheiro, cervejeiro, albardeiro, aletrieiro, altareiro, atabaleiro, atabaqueiro, boeiro, cabelleireiro, moleiro, armeiro, bahuleiro, cardeiro, carteiro, carniceiro, candeeiro, cesteiro, lagareiro, taverneiro, cerieiro, adegueiro, adufeiro, alcatroeiro, charameleiro, aljubeiro, migalheiro, bodegueiro, cabreiro, chouriceiro, caixeiro, caldeireiro, canastreiro, canteiro, sejeiro, alfineteiro, ceifeiro, calceteiro, chineleiro, relojoeiro, celleireiro, latoeiro, aduaneiro, algulheiro, alcoviteiro, anzoleiro, cronheiro, moleiro, bufarinheiro, cinteiro, cabresteiro, camareiro, campainheiro, caseiro, pichileiro, engenheiro, sirgueiro, engomadeiro* u. zahlreiche andere. 2. Thiere und gewöhnlicher noch Pflanzen: *terneiro, carneiro, varejeira, canario; cordeiro; cafeeiro, alcaparreira, alcamphoreira, amendoeira, aroeira, bananeira, carapeteiro, catapereiro, carrapateiro, cepeira, gilbarbeira, cidreira, roseira, goiveiro, videira, loureiro, cerejeira, maceira, maceeira, damasqueira, albricoqueira, salgueira, algodoeiró, almiscareira, trovisqueira, ananazeiro, gyrofeiro, cacaoeiro, (cacaoseiro), coqueiro, sagueiro, dedaleira, dragoeira, (o), espirradeira, nespereira, vidoeiro, pecegueiro, pereiro, (a), zambujeiro, abrunheiro, alfostigueiro, pinheiro, amoreira, uveira, ameixieira, amieiro, azinheiro, (a), piolheira, cajueiro, cormeiro, escorcineira, espinheiro, gaiabeira, gingeira, jasmineiro, larangeira, limoeiro, sorveira, lombrigueira, tomateiro, mangueira, marmeleiro, mostardeira, muscadeira, nogueira, palmeira, tamareira, tamargueira, tamarinheiro, parreira, pirliteiro, romanzeiro, sabugueiro.* — Worte wie *pomar* (Obstgarten) neben *pombal* (Taubenschlag), besonders Doppelformen wie *vinhar, vinhal* (Eluc. II, 404), *linhar, linhal; malvar, palmar* u. a. scheinen wohl für die oben angeführte Ansicht von Michaelis zu sprechen, dass wir bei Ortsbezeichnungen [1] auch im Suffix *al* die Form *arium* zu suchen haben. 3. Werkzeuge und Geräthe: *ponteiro, chapeleira, peneira, jarreteira, gramadeira, salseira, carteira, colleira, lançadeira, cartucheira, banheira, babeira, poncheira, cafeteira, chocolateira, tinteiro, cartuxeira, chuleira, descansadeiro, estribeira, fendeleira, filtreiro, fumeiro.* In gleicher Weise gebildet sind andere Worte (oft Ortsangaben) wie *caminheiro, cinzeiro, copeira, costeiro, aceiro, formigueiro, gallinheiro, coceira, cativeiro, cegueira, cancioneiro, chouveiro, cimeira, estergueira, estrumeira, atoleiro, barreleiro, cachoeira, celleiro, choqueiro, cocheira, coelheira, esbarrondadeiro, ladroeira, neveira, nitreira.* 4. Seltener die Herkunft: *brazileiro, frieleiro* (von Friela). Andere auf *ario* wie *herbario, aquario* u. dgl. sind gelehrte Bildungen.

§ 72.

Anus schuf neben den überkommenen Adjektiven wie *humano, romano, pagão* eine Anzahl neuer; so *leviano, mediano, soberano, ufano; ruão* (von rua, Eluc. II, 295), *ancião, comarcão, sottão, temporão, villão* und Gentilia auf *ano: prussiano, indiano, italiano, coimbrão*.

Substantiva sind gerne nachgebildet worden; oft zeigen sie (nach *decanus* z. B.) Stand und Geschäft an, wie: *trugimão, escrivão, remendão, charlatão, tecelão, capitão, cirurgião, escanção, capellão, ermitão, guardião, hortelão, aldeão, truão, cidadão, serrão, serrano;* ebenso *alão, verão, gavião, gusano, palaciano, pántano, (a), solano;* Feminina: *cabana, sotana, tortana, ventana. Artesão, artesano;* nach Diez E. W. I, 35 aus *artitianus, cortezão*, mittell. *cortisanus*.

Aneus (*estranho, subitáneo* u. dgl. nachgebildet) *presentaneo, cutaneo, subcutaneo, frustráneo, tacanho*. Camões (Lus. III, 6, 18) reimt *mediterrano* statt *mediterraneo* auf Oceano.

Auch Substantiva wurden (*aranha, castanha* u. s. w.)

---

[1] Aehnlich *estendal* (Bleiche), *forrageal* (Fourageplatz), *pedregal, pegulhal, piçarral, seixal, sarçal, tanchoal, telhal*.

neu gebildet: *barganha, campanha, entranhas, cucanha, façanha, maranha, murganho, montanha, louzanha, rebanho,* wobei manche, die im Spanischen noch n mit Tilde haben, im Portugiesischen ihr e verloren z. B. *ermitão,* (sp. ermitaño), *espadana,* (sp. espadaña), *fustão,* (sp. fustaña), *pestana,* (sp. pestaña) u. a.

Andus, die lateinische Gerundivform, erhielt sich in Adjektiven in der Urbedeutung: *adorando* (anbetenswerth), *formidando*.

Atus, die Participialform der ersten Conjugation, gab sehr zahlreiche Nachbildungen von **Adjektiven**; so: *bandado, afidalgado, acereijado, demasiado, timorato, insensado, abastado* (Eluc. I, 26), *adoorado* (ibid. I, 56). Zahlreich sind die Substantivbildungen. a. **Maskulina**, welche wie im Lateinischen **Aemter** und **Würden** bezeichnen: *abbadado* (Eluc. I, 26), *condado, consulado, ducado, episcopado, marquesado, chantrado, reinado, canonicato, baroado.* b. **Feminina**; diese geben an: 1. die **Wirkungen des Primitivums** (besonders von Werkzeugen) z. B. *estocada, calçada* (Eluc. I, 226), *espadeirada, cutilada, alabardada, espingardada, fouçada, arcabuzada, aldavada, mosquetada, punhalada, martellada, agulhada, dentada, cornada, esporada, punhada, patada, pegada, machadada, enxadada, morteirada, pistolada, lançada, remada, tesourada, caravonada, pincelada, vergalhada, vangalada, facada, fachada, pernada,* (Eluc. II, 215), *varancada* (Eluc. II, 394), *adagada, badalada, cabeçada, cajadada, camartellada, chibatada, chinelada, crisada, ferretoada, frechada, navalhada, pennada, zagaiuda, seringada, vardascada;* etwas aus dem Primitiv **bereitetes**: *xaropada, pinhoada, limonada, perada* u. viele andere. 2. Eine **Anzahl** und **Menge**: *barregada, carretada, bochechada, baciada, braçada, tachada, dedada, colherada, caldeirada, brigada, taleigada, tigelada, candeiada, livrada* (Eluc. II, 95), *talhada, garfada, tonelada, torroada,* selten **Maskulina**, wie *bocado, puntado*. In ähnlicher Weise haben sie **Collektivbegriff**: *ramada, cabrada, porcada, cachorrada, canzoada, asnada, burrada, cavalgada, ferrada,* *briada, vacada* u. a. — *Andada* (Eluc. I, 117), *marejada* (Meersturm, Eluc. II, 119).

§ 73.

Ast (in wenigen Worten) ist (Diez R. G. II, 380) ein aus anderen entstelltes Suffix; *codaste* (Diez, E. W. I, 131) aus *coda*.

Aster wirkt in der aus dem Lateinischen schon überkommenen Bedeutung eines nicht so völlig vollendeten, brauchbaren Gegenstandes wie das Primitiv; es setzt herab, verkleinert; so (mit ausgefallenem r) *padrasto, madrasta, medicastro, pilastra; mentrasto* (mit versetztem r) neben *mentastro*.

Ant, ent (Plural **antia, entia**) aus den Formen des lateinischen Particip Praesens findet sich als solches nur frühe, *temente* (Eluc. II, 346) oder bei Dichtern z. B. Camões (Lus.) *adjacente* (III, 26), *ardente* (II, 91; III, 6), *jacente* (V, 22), *luzente* (I, 24; III, 6; V, 10), *prestante* (II, 78), *rompente* (III, 48), *fulgente* (III, 107), *estridente* (IV, 31), sonst bisweilen noch in Adjektiven wie: *brilhante, adoçante* und Substantiven; zu einigen indessen fehlt auch ein lat. Verbum: *ajudante, amante, estudante, galante, galan, cobiçante* (Eluc. I. 288), *gardante* (Eluc. I, 18), *garante, pedante, pedinte, agente, aggravante, birbante, chibante, embargante, larrante, sargente*. Meist haben diese Substantiva **persönliche** Bedeutung wie: *convenente* (Eluc. S. 28), *adherente, attestante, bargante*, seltener sind sie **abstrakte** oder **sachliche** Begriffe: *corrente, crescente, enchente, levante, poente, presente, semblante, semelhante, batente, fendente, estante, nascente*.

Die Pluralform *antia, entia* gab zahlreiche Nachbildungen auf *ança, ença*, während die vom Lateinischen herübergekommenen meist *ancia, encia* erhielten (wie *arrogancia, maledicencia, desobediencia, complacencia, ignorancia, innocencia, paciencia, diligencia, beneficencia, indecencia, insolencia*, allerdings *temperança, perseverança)*, — *andança* (Eluc. I, 118), *esperança, vengança, estança, fiança, bonança, maridança* (Eluc. II, 119), *lembrança, doença, crença, sabença, esquença* (Eluc. S. 39).

Ag-in (lat. *ago, aginis*) in lateinischen: *imagem, voragem, tussilagem, farragem, tanchagem* (plantago). Nachbildungen bei P**flanzennamen**: *borragem, saturagem*.

Amen hat neben den vom Lateinischen überkommenen *(velame, vexame)* Nachbildungen meist mit **Collektivbedeutung** hervorgebracht; so *corame, cordame, pellame, poleame, bujame, raizame*.

Ato dient zur Bezeichnung von Abkunft und zur Diminution; *cervato, lobato; novato*.

Az (lat. ax, acis) z. B. *falaz, tenaz, mordaz, capaz, voraz, vivaz, veraz,* [bei Dichtern z. B. Camões Lus. ace: *fugace* (IX, 63), *pertinace* (V, 44), *rapace* (VII, 86), *face* (II, 42; VI, 10)], hat wenig Neubildungen geschaffen; vielmehr ist in einigen der jetzt eingeschlechtlichen portug. Adjektiva auf *az* die Endung aus *aceus* abgekürzt z. B. *beberaz lambaz, robaz, roaz, rochaz, salaz*.

Tat (tas, tatis) portug. *tade, dade* ist zu den zahllosen lateinischen Wörtern (wie *bondade, cidade, vontade, liberdade* u. s. w.) auch durch Nachbildungen vertreten; so: *amizade* (amicitas), *asnidade, beldade, lealdade, velleidade, estudiosidade, irmandade, leviandade, porquidade, ruindade, morteydade* (Eluc. II, 157) und andere Abstrakta; dafür alt auch die Endung *ão, am,* wie *ceguidam* (Eluc. S. 21). Bei Ableitungen von *tat* wird bisweilen *at* nicht in Anschlag gebracht, so *idoso* (aetat-osus), *facultoso* (facultat-osus), *caridoso* (caritat), *magestoso* (majestat); allerdings wieder *cidadão, verdadeiro* (civitat, veritat).

Ald (deutsch *wald*, latinisirt *oaldus*) in Eigennamen und z. B. in *ribaldo* (Taugenichts).

Ard (deutsch *hart*; goth. *hardus*) in Eigennamen und (*ardo, arde*) z. B. in *baluarte, bastardo, goliardo,* (Eluc. II, 21), *bilharda, bombarda, cobarde, espingarda, estandarte, galhardo, mostarda, petardo*.

Arr wohl iberischen Ursprungs, in zahlreichen Geschlechtsnamen, sonst *bizarro, chibarro, cocharra, cimitarra, samarra, piçarra, chicharro, gamarra, homemzarr-ão, bandarra, bimbarra*.

§ 74.

Ec hat nicht die Kraft einer bestimmten Bedeutung, ist wohl auch in einigen Worten kaum Suffix. *Aiveca* (neben *airaca*), *boneco, caneca, charneca, chaveca, faneco, folheca, foreca* (Eluc. I, 473), *marreco, (a), munheca, pateca, raqueca, greco* (Eluc. II, 414). — *Taleiga* (span. *talega*, prov. *taleca*).

Edo, ein sehr seltenes Suffix: *torpedo*.

Ett, port. *eto, ete, ito* ist meist zur Diminution verwendet, so in Adjektiven: *clarete, doudete, fraquete, mollete, brunhete, tomadete, soberbete, pretete, pobrete, picadete, grossete, bonito* und Substantiven: *carreta, elmete, graceta, naveta, ilheta, bacineta, saleta, corneta, rolete, filhita, lembrete, boceta, anete, baixete, capeirete* (Eluc. S. 20), *jarrete, joanete, faceta, cincelete, clarineta, soneto, cabrito, vinhete, amarreta, mosquete, beberete, copete, colchete, corveta, salmonete, rapazete, fardete, bolinete, verdete, grumete, pilarete*.

Etum blieb portugiesisch *(edo),* mit collectivem Sinne: *arvoredo, vinhedo;* so auch in Nachbildungen, doch geringer vertreten als *al: olmedo, figueiredo, penedo, rochedo, lapedo* (Eluc. II, 85), *moreiredo* (Eluc. II, 157).

Ela in lateinischen Worten herübergekommen *(clientela, loquela, tutela* u. dgl.) hat wenig Nachbildungen geschaffen, *(longarela, pascoela);* denn treffend weist Diez (R. G. II, 327) bei *furtadela, mordidela* auf das spanische *hurtadilla* hin. — *Estadela* (Eluc. I, 416), *ourela*.

Elis hat keine Nachbildungen: *fiel, cruel*.

Ellus (port. *ello, eo, el, ela, ea)* ist selten mehr Diminutiv; *sacudidela, portilho, portello, bostello* (Eluc. I, 203), *lucelo* (Eluc. II, 100 locus), *ilheo* (nach *ilha*), sondern wie ein Primitiv: *capello, folhelo, manteo, martello, modello, batel, annel, gemeo, astea, cadela* (Hündin).

Enus (nach den lateinischen *alheio, cheio)* gab sehr wenige Neubildungen, so das Adjektiv *moreno,* das Substantiv *azucena*.

Endus hat Substantiva gebildet wie *facenda, lenda, moenda, ofrenda, vivenda, prebenda*.

Entus *(cruento)* bildet zahlreiche Adjektive: *branca-*

cento, manteiguento, choquento, coceguento, trapento, vasento, sebento, sumarento, corajento, gafeirento, ladeirento, lazarento, nojento, pennugento, pulguento, rabugento, sarabulhento, sarnento, avarento, bazulhento, barrento, mazellento, catarrhento, chaguento, lazeirento, faulhento, peçonhento, correnta, garabulhento, lamacento, pachorrento, sardento, farelento, fastiento, camarento, ferrugento, fedorento, bexiguento, birrento, grassento, cinzento, estopento, gasguento, languinhento, natento, passento, praguento, sanguento, sedento, sederento (Eluc. II, 309), *vidrento*; mit *i: faminto* (neben *famulento*).

Lentus hauptsächlich nur in lateinischen doch auch in Neubildungen: *vinolento, macilento, purulento, somnolento, esculento, flatulento, pulverulento, violento* (doch *friorento, friolento*); da das einfache *entus* (s. oben), es vielfach verdrängte, ist es ziemlich selten.

Ensis neben den lateinischen (z. B. *forense, hortense*), gab bei Neubildungen vorerst Gentilia *(ez)*, so *milanez, burgonhez, piamontez, polonez, irlandez, norueguez, arragonez, avinhonez, dinamarquez, escossez, hamburguez, genovez, maltez, francez, inglez, leonez, portuguez, lisboez, tarragonez*; seltener (bei Städtenamen) *ense: coimbricense, pacense, eborense* (Lus. III, 107), *granatense, lisbonense; europense* (neben *europeo)*; auch andere Bildungen sind vorhanden: *burguez, camponez, cortez, marquez, montez, pavez, paiz* (mit i), *arnez, burgalez, terrantez*.

Ernus in lateinischen Adjektiven z. B. *hodierno, paterno, moderno* (modernus, Priscian).

Substantiva auf *erna* sind theils vom Lateinischen erhalten *(caverna, cisterna, taverna)* theils nachgebildet: *caserna, luzerna* (Klee), *galerno* u. a.

Mentum an den Stamm des Verbums mittelst Ableitungsvokal gesetzt (a, i) lieferte neben den vielen vom Lateinischen überkommenen Substantiven *(fragmento, nutrimento)*, zahlreiche Neubildungen wie: *pensamento, abilhamento* (Eluc. I, 45), *andamento, conhecimento, parlamento, soffrimento, sortimento, sentimento, fallimento, descobrimento, descoramento, contentamento, desprovimento, emperramento, refalsamento, refreamento*.

Estus und **estris** beschränken sich auf lateinische Adjektive: *funesto, honesto, modesto, molesto; equestre, t rrestre, pedestre, palustre.*

§ 75.

Ic (ĭ) dient in den westromanischen Sprachen als diminutives Suffix, (seine Herkunft s. Diez R. G. II, 309), so *morenico* und in Substantiven z. B. *Anica* (Ana), *amoricos* (amores), *bacinica* (bacia), *santico.*

Icus (ĭ) bieten meist nur lateinische Adjektiva und Substantiva, wie *antiguo, pudico; amigo, mendigo, formiga, postigo, embigo, bexiga, ortiga;* doch *pacigo* (Eluc. II, 194), *mulharigo* (Eluc. S. 54).

Icus (ī) ist gleichfalls selten zu Neubildungen von Adjektiven *(barbarico)* verwendet worden, ausser zu Gentilia wie *betico, cambaico, ethiopico, gangetico, hydaspico, hesperico, hispalico, judaico, lusitanico, mahometico,* — (aus den Lusiaden) — Eluc. II. 13 *gramatego*. — *Gallego* aus *Gallaecus, Gallaicus*. — Andere auf *ego* ausgehende Worte, Eigennamen wie *Mondégo* oder *ardego, borrego, labrego, ninhego,* sind kaum auf *icus* zurückzuführen (s. Diez R. G. II, 308).

Neugebildete Substantive sind neben den lateinischen (wie *abrego, fábrica, medigo, musica)* wenige vorhanden: *oca* (avica), *barca* (barica).

Icius hat zahlreiche Adjektiva neu geschaffen: *foradiço* (Eluc. I, 63), *mudadiço, mettediço, cevadiço, atravessadiço* (Eluc. I, 148), *postiço, levadiço, mestiço, abafadiço, feitiço, espantadiço, massiço, noviço, castiço, vindiço* (Eluc. II, 403), *amostradiço* (Eluc. II, 140), *palhiço, inteiriço, enojadiço, ensinadiço* (El. ib.), *tornadiço* (Eluc. II, 384), *sediço, namoradiço, escorregadiço, malhadiço, fingidiço* (Eluc. S. 42), *pregadiço, espandadiço, movediço, lançadiço* (Eluc. S. 46), *pegadiço, abaladiço, cahidiço, recahidiço, fugidiço, achacadiço, achadiço, açoutadiço, afogadiço, agastadiço, descontentatiço, sumidiço, quebradiço, antojadiço, apegadiço, atoladiço, roliço, chegadiço, chorediço, compradiço, dobradiço, encalmadiço, encobridiço, encontradiço, enfadadiço.* — Nach dem Lateinischen auch in der Form: *accomodaticio, alimenticio, ascripticio, collecticio, nutriticio, ficticio, adventicio, advendiço* (Eluc. I, 59).

Auch die Neubildung von Substantiven gewann ein grosses Gebiet: *aprendiz, egoariço, enliço, caniço, carriço, cavallariço, cavalhariça, passadiço, nabiça, salchicha* (s. § 64), *hortaliça, papeliço, capricho, sumiço, peliça, fornicio* (Eluc. I, 473).

Itius hat neben den herübergenommenen Substantiven *(ium)* kaum Neubildungen geschaffen; so *serviço, exicio, flagicio, armisticio, aparicio, hospicio*. Desto häufiger sind Bildungen mit **itia**, zu abstrakten Substantiven. Die Zahl der direkt vom Lateinischen genommenen ist gross, wie *avaricia, justiça;* doch mussten die meisten schon die Urform *icia* in *iça* oder am häufigsten in die populäre *eza* umtauschen, die dann auch zu Neubildungen verwendet wurde. Die Nebenform auf *ities* gab dann Worte auf *ice*, und häufig verschaffte sich *ez* neben *eza* oder allein Geltung. Demnach also: *sevicia; avaricia* und *avareza; justiça* (Sicherheit im Schusse), *justeza,* (Gerechtigkeit); *dureza, molleza, lhaneza, pureza, pereza;* und von neueren nach Adjektiven geformten: *alteza, altiveza* (u. *altivez), rudeza, maleza,* (Eluc. II, 106). *escureza, fraqueza, tibieza, baixeza, crueza, amarellidez, mesquinhez, belleza, cobiça, delicadeza, fortaleza* (Eluc. I, 474 *fortiliza), candideza, (candidez), franqueza, largueza, pequenez, pequenhez, pequenineza, nobreza, riqueza, arideza (aridez), languidez, rispidez, frouxeza, graveza, igualeza, liberaleza, lereza, torpeza, lenteza, liquidez, limpeza, ligeireza, madureza, (madurez), magreza, mudez, nitidez, profundeza, rapidez, rareza, rustiqueza, surdeza (surdez), vasteza, solidez, favoreza* (Eluc. I, 437).

Von **ities**: *planicie, calvicie (calvez), crassicie;* darnach gebildet *bebedice, ligeirice* (Eluc. II, 89), *cortezanice, fanchonice, rouquice, doudice, garridice, guapice, ledice, velhice, damice, artice* (Eluc. I, 141), *alcovitice, freirice, modernice*.

Iscus (port. *isco, esco)* bezeichnet die Herkunft, Annäherung, Aehnlichkeit in einem von einem Substantive gebildeten Adjektive; so: *morisco, brutesco, tudesco, pedantesco, fradesco, grutesco, pittoresco, picaresco, soldadesco, gatesco.* — Eluc I, 479 *francisco* für *francez; grecisco* (Eluc. II, 23), *grezisco* (24), *romanisco, turquesco, barbaresco,*

Auch Substantiva werden gebildet: *aprisco, rabisco, parentesco, pedrisco, patesca, ventrisca.*

Aticus bi'dete ausser den lateinischen (wie *fanatico, lunatico, selvatico)* wenige neue Adjektive z. B. *freiratico, opiniatico.*

Die Substantiva auf *adego* (z. B. *vinhadego*, Weinberg) entsprechen meist den spanischen auf *adgo* und *azgo*, und bezeichnen wie diese Aemter und Würden: *tabelliadego* (officio de tabellião, Eluc. II, 337), *infantadigo* (Eluc. II, 59), oder den auf gewisse Dinge gelegten Tribut, so *levadigas* (Eluc. II, 89), *libradigas* (ibid.), *achadégo* (Eluc. I, 51 auch *achadigo)* (Finderlohn), *eiradéga* (Eluc. I, 391 *eira* Tenne), *lagaradiga* (Eluc. II, 83), *montatico, montadégo* (Eluc. II, 151 für Viehweiden), *terradégo, terradigo* (Eluc. II, 379 Pacht), *amadigo, cathedradégo,* (Eluc. I, 250), *fumadégo* (Eluc. I, 483), *maninhadégo* (Eluc. II, 112), *padronadiga* (Eluc. II, 194), *pessoadégo, pessoadigo* (Eluc. II, 217), *portadigo* (Eluc. II, 229), *chavadégo* (Eluc. S. 22). — Die wichtigere port. Form von *aticum* ist indessen die auf *age*, oder meist mit paragogischem m zu *agem* geworden. So in Adjektiven wie *selvagem* (silvaticus), in Substantiven *viagem* (Reise), *viático* (Zehrpfennig), lat. viaticum. — Nachbildungen sind zahlreich: *bagagem, albergagem* (Eluc. I, 68), *carnagem, corage, coragem, hervagem, mensage, mensagem, fumagem* (Eluc. I, 483), *cartilagem, carriagem, carruagem, corretage(m), homenagem, lingoagem, paragem, passagem, friagem, teagem, ultraje, personagem, cordagem, farelagem, peonagem, fardajem, farandulagem, hospedagem, rantajem, salvagem, risajem, villagem, paisagem, menagem, postagem, linhagem, alliagem, rodagem, vassallagem.*

§ 76.

Idus hat den Ton nicht, weshalb es zahlreichen Verstümmlungen ausgesetzt war, nach port. Lautgesetze in den meisten Fällen sein d abwarf, also zu Neubildungen nicht verwendbar war. So sind nach dem Lateinischen vorhanden: *arido, avido, humido, perfido, rigido, rispido,* (re-hispidus); *caldo, lindo, lerdo; sujo, rijo; frio, tibio, lucio, nedio, murcho,* *limpo, turbo;* **edo** in *palledo* (pallidus); betontes *i* in *enxabido* (insipidus).

Itus hat einzelne Adjektiva gebildet z. B. *dolorido* (Schmerz duldend), *rorido, aguerrido, saborido, florido, garrido,* (arab. garî); die Substantiva mit gleichem Suffix bezeichnen gerne einen Klang oder Schall und haben oft *i*, auch wenn sie von Verben der ersten Conjugation stammen; so: *estalido* (v. estalar), *bramido,* (v. bramar oder bramir), *ladrido* oder *ladrado* (v. ladrar), *ganido* (v. ganir), *grasnido* oder *grasnado* (v. grasnar), *alarido* (arab.), wie in den lat. *mugido* (mugir), *rugido* (rugir), *tinido* (tinir), *zumbido* (zumbir), *zunido* (zunir) u. a.

Ita bei Masculinis: wie *eremita* (gewöhnlich *ermitão),* *levita, jesuita, carmelita, ismaelita;* so *cirita (σειρός* Eluc. I, 279); *adamita*.

Ites (das griech. *ίτης)* floss bei Personen zusammen mit *ita* z. B. *Israelita ('Ισραηλίτης);* sonst (sächlich) nur an wissenschaftlichen Ausdrücken und dann gewöhnlich durch *e* oder *a* seltener *es* dargestellt: *etites (ἀετίτης); tympanites (τυμπανίτης),* hematite *(αἱματίτης),* margarida *(μαργαρίτης); marcaseta* (arab. marqaschita).

Ista gab anknüpfend an *evangelista, salmista, alchimista, exorcista* u. a. zahlreiche Maskulina: *camarista, versista, assentista, ebanista, diamantista, conclavista, alfarrabista, duellista, calendarista, fabulista, jurista, bairrista, formalista, conformista, florista, recadista, paisagista, artista, papista, carlista, cambista, casuista, dentista, criminalista, arbitrista, chupista, farcista, feudista, diarista, machinista, romancista, demandista, aggravista, algebrista, anatomista, arpista, oculista, papelista*.

Ilis (ī) fand ausser in überkommenen lateinischen Adjektiven *(civil, gentil, sotil)* wenig Verwendung zu Neubildungen; *baroil, varonil, senhoril, feminil, mulheril, serril, granadil* (Cam. Lus. III, 114). Auch der neuen Substantive (nach *ile* z. B. *cabril)* gibt es wenige, wie *peitoril, barril, campanil, buril, candil, mostil* (Eluc. II, 164), *carril, funil, fuzil, pernil, redil, granil*.

Ilis (ĭ) beschränkt sich auf die vom Lateinischen überkommenen wie *facil, difficil, futil, saxatil, util* u. dgl. *Humilde* mit verändertem Accente.

Bilis ist eines der gewöhnlichsten Bildungsmittel für Adjektive geworden; es trat an den reinen oder geänderten Stamm fast jedes Verbums. Den lateinischen *amavel, delevel, indelevel, terrivel, voluvel* sind nachgebildet: *agradavel, defensavel, saudavel, friavel, mercavel, pagavel, aspectavel, convinhavel, conversavel, caroavel* (carus Eluc. I, 240), *cursavel* (ibid. I, 339), *mundavel* (Eluc. II, 166, wie *mundanario* ibid. II, 110 weltlich gesinnt), *penavel* (Eluc. II, 211), *accusavel, decimavel, doutrinavel, temivel, soffrivel, flexivel, movivel (movel), acomettivel, conversivel, furtivel* (Eluc. I, 483), *apravivel, impossivel, marcescivel, soluvel* und zahlreiche andere, wobei die Form *avel* vorherrscht auch bei Verbis, die nicht der ersten Conjugation angehören, wie obige Beispiele zeigen (z. B. *convinhavilmente* (El. I, 308). Bei Dichtern findet sich häufig die lateinische Form auf *bil* z. B. Camões in den Lusiaden V, 48 *implacabil*, V, 53 *impossibil*, VI, 11 *invisibil* u. s. w. (vgl. Parnaso lus. II, 340). — *Estere, esterel, esterelle, esterere* von sterilis (Eluc. I, 417). — Die Pluralform *lia (abilia, ibilia)* gab einzelne neue Substantive; so: *maravilha*, (mirabilia) und darnach andere ohne Grundlage eines lateinischen Adjektives.

§ 77.

Illus ist ursprünglich Diminutiv, doch so portugiesisch selten vorhanden, wie in *chorrilho, tortilha*, da dieser Begriff erloschen, und durch *inho* fast ausschliesslich ersetzt wurde. Die wenigen Substantive mit dem Suffix *ilho* haben keine diminutive Bedeutung, wie *pentelho, formiguilho, peitilho, polhilha, caudilho, sapatilhos;* an Adjektive (wie im Spanischen) trat es nicht. Ebenso ist *cellus* und *cillus* nicht vertreten.

Inus (i) im Portugiesischen *ino, inho* gab neben den lateinischen Adjektiven *(canino, marinho, divino, ferino)*, nicht viele neue Bildungen: *daninho, grandinho, raposino, grenadino, interino,* (von interim), *paulatino,* (v. paulatim). Substantiva entstunden nach Art der aus lateinischen Adjektiven gebildeten, wie *sobrinho, cusina* (Eluc. I, 339), ziemlich zahlreich, sowohl Masculina (auf *ino, inho* oder *im)* als Feminina: *padrinho, caminho, menino, estorninho; boletim, festim,* *florim, frautim, jardim, mastim, paladim, rossim, rubim* (rubi), *Severim — zebelina, cortina, collina, bolina, escravinha, mofina, neblina, rebentina* (Eluc. II, 269), *petrina, armelina, campina.*

Inus (i) zur Angabe des Stoffes bei Adjektiven unterscheidet sich im Portugiesischen von *īnus* nicht, da es den Ton auf *i* erhielt; so: *crystallíno, (κρυστάλλινος),* doch *prístino, selvágino, jalne* (galbinus), *abietino;* ebenso bei Substantiven, wo das *i* oder *n* oft verloren ging: *pagina, femea, asno, dono, retintim, freixe* (fraxinus). Neubildungen fehlen.

Incus (in-eus) ohne viele Neubildungen: *vimineo, albugineo, pezenho, sanguineo.* Subst. *estamenha.*

Ignus bildete neben den lateinischen *(benigno, maligno)* wenige Adjektiva wie *canhenho* (canho), *pequeno* (sp. pequeño), *ferrenho;* der Substantive sind mehrere: *arminho, espartenhas, azinho,* meist jedoch mit diminutiver Bedeutung: *corpinho, louraminha.*

Ignus ist indessen oft nur eine Aenderung von *inus*, das zu *ineus* und willkürlich mit diesem verwechselt wurde.

Inus — **inho, im** oft mit *s* oder *z* ist die einzige gewöhnliche portugiesische Diminutivform für Adjektiva und Substantiva: *agudinho, tenrozinho, azedinho, doudinho, mansinho, poucochinho, fornacinho, gordinho, pretinho, negrinho, branquinho, crespinho, doentinho, alvarinho, amarellinho, brandinho, rouquenho, curtinho, coitadinho, delgadinho, docesinho, almarinho, filhinho, fornezinho,* (Eluc. I, 473), *barrilinho, feiticinho, criancinha, pontinho, annelinho, escudellinha, diabinho, cupidinho, covinha, cousinha, criaturinha, espadinha, estrellinha, fradinho, fitinha, livrinho, mediquinho, sapatinha, cruzinha, taboinha, tacinha; galopim, alfonsim, espadim, cassim, frautim, estufim, carrozim, patim, amigozinho, tamborim, amorsinho, amorecinho, annelzinho, animalzinho, bosquezinho, cãozinho, camarazinha, arzinho, criaturazinha, hervasinha, historiasinha, tossezinha, tossinha, vallezinho, homemzinho, irmãosinho, livresinho, mãozinha, torrezinha, torrinha, melãozinho, rerãozinho, carvãozinho, carvãosinho, pradosinho, leãosinho.*

Ivus hat zahlreiche Nachbildungen zu den überkommenen

Adjektiven (wie *cativo, fugidio, nativo*) geschaffen, so: *altivo, pensativo, sensitivo, baldio, tardio, empecivo* (Eluc. I, 397), *gentio, macio, sombrio, regadio, caritativo, dormitivo, arredio, assertivo, eversivo, meditativo, missivo, resvaladio, preparativo, electivo, exageravio, prestadio, ortivo.* Viele Adjektiva galten als Substantiva wie *dádiva, donadio* (Eluc. I, 385), *donativo, comitiva, saliva;* überhaupt sind die Substantiva neuer Bildung ziemlich zahlreich: *motivo, murmurio, poderio, estio, senhorio, baixio, bailio, rocio; iniciativa, inventiva, invectiva, sensitiva, outiva, prerogativa, tentativa.*

§ 78.

Igin (lat. igo, iginis) blieb wohl ohne Nachbildung bei den lateinischen Substantiven: *caligem, fuligem, origem, vertigem.*

Imen beschränkt sich gleichfalls auf die überkommenen lateinischen Substantiva wie *crime, regime, vime.*

Issa (griech. *ισσα*) dient zum Ausdrucke von Aemtern und Würden: *abbadessa, diaconissa, condessa, baroneza, duqueza, poetiza, princeza, prophetiza.*

Ismus (*ισμός*) hat (wie ista) zahlreiche Neubildungen hervorgerufen, meist wissenschaftliche Termini, so: *archaismo, algarismo, anachronismo, anabaptismo, germanismo, solecismo, gongorismo, analogismo, islamismo, escolasticismo* u. dgl.

Ing und **ling** in deutschen Worten wie: *gardingo* (Eluc. II, 18), *camarlengo, Flamengo,* doch auch in portugiesischen Bildungen wie: *christengo,* (Eluc. II, 89), *solarengo, abadengo* (Eluc. I, 25), *verdoengo, molherengo, realengo, reguengo, reguengo* (Eluc. II, 277, 78, 79), *bordalengo, voenga,* (Eluc. II, 407), *judengo* (Eluc. II, 61.)

§ 79.

Oc (ital. *occ*) bildet wenig Worte, wie *pardoca, moçoco,* (Eluc. II, 140), *dorminhoco, bichoca, minhoca, beijoca, bicharoco, matroca, marzoco, barroca.*

Ocens hat wenige Bildungen mit *och* (= ital. *occio, ozzo*) wie *gallocha, garrocha.*

Olus ursprünglich mit diminutiver Kraft: *bestiola; cerol, portinhola, lençol, rouxinol, bandeirola, gaiola,* (Eluc. II, 5: prisão estreita), *maliolo* (Eluc. II, 108), *monesteirol* (Eluc. II, 148:

monasteriolum), doch oft ohne Diminutivbegriff. Nachbildungen sind nicht sehr viele: *linhol, terçol, camisola, ventarola, anzol.* — Mit abgeworfenem l, diminutiver Bedeutung und dem Ton auf ó hat Eluc. I, 436 *figueiró* (— uma só figueira *insignificante e pequena)*, II, 23, *grijó* u. *egrijó* (ecclesiola), I, 424, *faceiró* u. *faceiroó* (= pequena almofada); *mamóa* (kleiner Berg, Brust, sptl. mamola Eluc. II, 109), *mosteiró* (monasteriolum (Eluc. II, 148), *mantó* u. *mantol*. Noch seltener tritt *olus* an Adjektiva, wie *hespanhol*.

Onéus (*erroneo*, port. *onho*) an Adjektiven mit verstärkender Bedeutung: *enfadonho, guardonho, medonho, pedigonho* (u. *pedigolho*), *risonho, tristonho, tardonho*. Auch an Substantiven: *peçonha, vidonho, sanfanha*.

Osus ist sehr häufig zur Adjektivbildung verwendet worden. Zu den zahlreichen, aus der lateinischen (wie *formoso, glorioso, laborioso*) und spätlateinischen Sprache (wie *amoroso, sonoroso, virtuoso)* herübergekommenen ergaben sich zahlreiche neue Bildungen selbst aus Adjektiven und Verben, wie *perdidoso* (Eluc. II, 214), *dioso* (von *dia* alt, Eluc. S. 35), *astucioso, embaraçoso, esperançoso, pundonoroso, rouvinhoso, caudaloso, actuoso, aluminoso, catarroso, cavalleiroso, carinhoso, difficultoso, fedegoso* (Eluc. S. 41), *donairoso, fraldoso, amargoso, invernoso, salivoso, alteroso, piedoso, duvidoso, teimoso, venturoso, abastoso* (Eluc. I, 26), *humildosamente* (Eluc. II, 37). Der Substantivbildungen sind weniger: *raposa, ventosa*.

On (o, onis) port. *ão* zeigt viele aus dem Lateinischen herübergenommene, meist Personalbildungen: *ladrão, leão, falcão, pregão, pulmão* u. a. Feminina (mit Ausfall des n) auf *oa: ladroa* (ladra), *leoa, pavoa* u. s. w.

Im Portugiesischen ist *ão* die gewöhnlichste Augmentativform: *aldavão, caixão, quintalão, memorião, pulgão, bolhão, narigão, cavallão, torreão, taboão, facão, ratão, vergão, tampão, homemzarrão, tampão, espingardão, febrão, velhão, velhancão, moscão, leirão, garrafão, rapagão, podão, salão, salchichão, espadão, verrumão, esteirão, beberrão, caldeirão, canzarrão, capeião, fivelão, franjão, abelhão, agrião, agulhão, asneirão, ceirão, paredão, gurganton* (Eluc. II, 19), *ataluião, bolão, chantão, chavão*.

Indessen sind nicht alle mit *ão* formirten Wörter Augmentative. Nach *ladrão* u. dgl. bildete man weitere Personalsubstantive wie *brigão, feanchão, fidalgarrão, garanjão, mandão, espião, comilão, babão, brincão, peão, buffão* (buffo), *remanchão, bulrão, beatão, santilão, santarrão, maricão, gunhão, valentão, campeão, cagão, fanfarrão, furrupão, desmanchadão, regatão, poupão, pellão, pedinchão, barão, trapalhão, glotão, dormilão, barregão, postilhão, parvalhão, fanchão, mirão;* und sonstige Substantive wie: *baxão, arpão, alcatrão, argão, armão, coração, galão, galião, espetão, bulhão, cabuxão, tostão, baldão, barrigão, botão, fuzilão, cabeção, formão, fogão, basilicão, bastão, galvão, gabão, latão;* auch Thiernamen: *tavão, camão, caimão, cameleão, camarão, barrão, mergulhão, garanhão, cacão, gafanhão, furão, leitão, bespão, briguigão, bribigão, guivão, galedrão, trotão,* oft das Männchen: *cabrão, perdigão;* auch einzelne **Völkernamen** wie: *bretão, frisão*.

Bisweilen steht *ão* auch an Adjektiven (fem. *ona),* augmentativ: *sublime, sublimeão* (Eluc. S. 56), *doudarrão, parvoeirão, carrascão, correntão, estranhão, frieirão, garganção, mansarrão, saltão, moucarrão, orelhão, regalão, respondão, soberbão, toleirão, velhão, velhancão*.

Ion kam zahlreich aus dem Lateinischen herüber wie: *tabellião, escorpião, tição;* einzelne Maskulina wurden darnach gebildet wie: *lampeão, infanção* (f. infançoa), *garção, arção*.

Tion und **sion**, *(ção, são)* gab zu den zahlreichen überkommenen lateinischen Substantiven (wie: *aspersão, combinação, nação, conciliação, conclusão*) viele Neubildungen: *meisom* (= mansio, franz. *maison* Eluc. II, 128), *guarnição, embarcação, tripolação, frouxidão, escrituração*. — *Tosão* (neben *toison*) ist Maskulin.

§ 80.

Or (lat. or, ōris), zählt wenig lateinische wie: *tumor, rubor, estupor, estridor, teor, fedor, calor, fervor, esplendor, candor, languor, tepor, alvor, clangor, furor, fragor, odor* (Eluc. II, 181), *pudor, temor, rancor, pallor, tremor, rigor,* *vapor, dor* (= dolor), *horror, terror, livor*. Nachbildungen selten wie: *amargor, verdor, longor, cremor, pendor*, da *ura* diese Bedeutung übernahm.

Tor und **sor** ergab zu den zahlreichen lateinischen *(salvador, indagador, tutor, antecessor)* eine grosse Anzahl neuer Bildungen: *brunidor, calçador, alcançador, caçador, conhecedor, corredor, disciplinador, senhoreador, vencedor, refinador, regador, soffredor, alcatifador, pintor, seguidor, fazedor, estampador, improvisador, colhedor, defendedor.*

Das nach dem lateinischen *trix* auf *triz* lautende Femininum *(imperatriz, embaixadriz, saltatrice)* ist im Portugiesischen durch *ora* verdrängt worden: *conquistadora, traidora, amadora, habitadora, autora, voadora, caçadora, peccadora, redemptora, cortadora* u. s. w.

Torius und **sorius** ergab nach lateinischen Vorbildern *(transitorio, aleatorio, censorio)* zahlreiche neue Adjektivbildungen, auch wo keine Substantiva auf tor und sor vorlagen: *deambulatorio, declaratorio, abrogatorio, defamatorio, derivatorio, divinatorio, adulatorio, mortorio, natatorio.* Auch Substantive (meistens Orte oder Instrumente) sind häufig in beiden Geschlechtern. So nach den lateinischen *auditorio, dormitorio, purgatorio, adjutorio*, die neueren wie: *accusatorio, refeitorio, genuflexorio, escriptorio, lavatorio, laboratorio, escapatorio, cartorio, envoltorio, pallatorio* (Eluc. II, 196). —

Einzelne haben (wie im Spanischen) nur die Endung *dor*, wie: *feridor, cobertor, assador, contador, atacador* (Zähltisch), *espivitador, pejador, esfriador, (resf. esfregador), coador, mirador* (Wartthurm), *obrador, velador, vasador, raspador, esquentador.* Feminina sind seltener, wie: *curadoria, moratoria, tutoria, inquiridoria* u. a.

Eine andere portugiesische Form zu *torius* ist *doiro, douro* an Adjektiven, welche wie jene auf *bilis* eine Möglichkeit, ein Passendsein ausdrückt: *corregedoiro* (Eluc S. 30), *vividouro, aguardadoiro* (Eluc. S. 5), *scomungadoiro* (Eluc. II, 309), *reprendoiro* (Eluc. II, 285), *podeidoiro* (Eluc. II, 223), *peadoiro* (Eluc. II, 207), *doestadoiro* (Eluc. I, 384), *comedouro* (Eluc. I, 296), *segadouro, casadouro, vindouro, filhadoiro,* (Eluc. I, 463), *desperçadoiro* (Eluc. I, 371), *faze-*

doiro (Eluc. I, 437), *duradouro*, *passadouro*, *arorrecedoiro* (Eluc. I, 154) und Substantiva beider Genera wie: *matadouro*, *cingidouro*, *sorvedouro*, *rapadoura*, *espojadouro*, *escoadouro*, *surgidouro*, *resfolegadouro*, *estendedouro*, *escondedouro*, *sumidouro*, *rumidouro*, *escorregadouro*, *desembarcadouro*, *dobadoura*, *varredouro*, *pejadouro*, *logradouro*, *bebedouro*, *comedouro*, *miradouro*, *achadouro*, *lavadouro*, *respiradouro*, *muradouro* (Eluc. II, 107), *suadouro*, *ammassadouro*, *tournadoura*, *selladouro*, *esfolinhadouro*, *enroladouro*, *envolvedouro*, *trepadouro*, *semeadouro*, *pousadouro*, *espalhadouro* (oira), *barbadouro*, *calcadouro*, *fervedouro*; *barcadoura*, *barredoura*, *manjadoura*, *varredoura*, *varadoura*; *aradoiro* Eluc. I, 132), *vendedoiro* (Eluc. II, 398), *ajudouro* (Eluc. S. 5), *envestidoyro* (Eluc. S. 38), *alevadouro*, *ancoradouro*, *babadouro*, *cevadouro*, *descarregadouro*, *vassoura*, *tisouras*. Seltener *deiro*: *espivitadeira*, *dobradeira*, *matadeiro*, *ajudadeira* (Eluc. I, 165), *obradeira* (Eluc. II, 179), *andadeiro*.

Ott (port. *ote)*, vermittelt bisweilen eine pejorative Bedeutung, ein Herunterkommen, Verkleinerung des Primitivums, so an Adjektiven *(pequenote, anhoto)* und Substantiven wie: *cavalheirote, pacote, ilhote, camarote* (Loge, Cajüte), das Junge, *perdigoto*, die Herkunft: *Minhoto* (von Minho), doch nicht immer so: *ancorote, brulote, rapazote, barbote, risota(e)*, *capote, fagote, filhote, garrote, camisote* (Eluc. I, 231), *chamalote, raigota, milhote, gamote, galeote, pinçote, peixote, pellote, gaivota; bolota.*

Orr (wie *arr)* iberisch in: *beatorro, cachorro, (orra); chamorro* (Eluc. I, 265), *machorra, petorra, modorra* (Eluc. II, 143), *pachorra, pichorra, chinchorro, ganchorra, cachaporra, cachamorra.*

§ 81.

Ucus (nach *caduco)* bildete kaum neue Adjektive: *maçuco* (Eluc. I, 446); ebenso ist die Zahl der Substantive nicht gross; *sambuco, melharuco, charrua, verruga*, nach diesem *abejaruco, abelharuco, mendrugo, turugo, teixugo, massuca* (Eluc. II, 124), *peruca, tartaruga.*

Uceus an Adjektiven selten: *machucho*, und auch an Substantiven nicht häufig: *capuz, capucho, alcaçuz; garrocha; pellucia; Andaluz*.

Uscus ist wenig verwendet worden; an Adjektiven: (nach *fusco*) *revelhusco;* an Substantiven (nach *mollusco*) *farrusca*.

Ulis hat wenig Bildungen: *bahúl*. — Ein Suffix *ulho* (aus ulia oder uculus) bedeutet im Portug. (wie das ital. *uglio*, Diez R. G. II, 332) eine ungeordnete Menge, so: *bagulho, bandulho, barulho, cascabulho, casculho, graulho, pedregulho*.

Ulus ist gleichfalls wenig verwendet worden. Nach *credulo, emulo* bildete man Adjektive wie *acidulo, pendulo, tremulo, esdrúxulo;* die Substantive *bussola* (franz.), *góndola* (ital.), *cúpola*, (franz.), *girándula, girandola* (ital.) sind aus den Schwestersprachen.

Die lateinischen Worte verblieben zum Theil, z. B. *discipulo, mórula, rotula* (Eluc. II, 294), *villula* (Eluc. S. 61), theils verloren sie ihr l, z. B. *povo, magoa, tavoa, nodoa* oder wurden anderen lautlichen Aenderungen unterworfen, wie *espelho, tecla*.

Culus *(aculus, eculus, iculus, uculus)* sind reich an Nachbildungen. Nach dem Muster von *gralha, governalho* (Eluc. II, 22), *tenalha, abelha, aurelha, joelho, agulha, carbunculo (carbunclo)* bildeten sich neu: *serralho, trabalho, cascalho, espantalho, estropalho, estropajo, migalha, tinalha; azulejo, cangrejo, caranguejo, armadilha, junquilho, botelha*, meist mit diminunitiver Bedeutung und dann auf *ejo: animalejo, castillejo, cordelejo, lugarejo, zagalejo*.

Die Adjektive sind weniger: *rermelho* (vermiculus), *sobejo* (superculus).

Unus (z. B. *jejum)* wird bisweilen zur Bezeichnung der Abkunft verwendet: so *zebruno, cabrum (cabrua), gatuno, gatum* (Eluc. II, 19), *perúm, vacúm, ovelhúm* (Eluc. II, 191), doch ist *io* (wie *cabrio*) und *ino (raposino)* viel gewöhnlicher.

Undus gab nach lateinischen Vorbildern *(oriundo, furibundo, moribundo, facundo)* kaum Nachbildungen: *hediondo* (span.), *tremebundo*.

Umen nach lateinischen Substantiven *(bitume, legume)* gab eine reiche Zahl von Nachbildungen: *azedume, cerumen, cardume, ciume, estrume, chorume, cortume, fortum, negrume, ordume, orelhum* (Eluc. II, 191), *corrume, queixume, pesume* (Eluc. II, 218), *pesadume*.

Ura bildete (nach *natura, factura*), eine reiche Anzahl neuer Substantive: *armadura, calçadura* (Eluc. I, 226), *direitura, formatura, forcadura, forjadura, abanadura, leitura, levadura, gravura, bravura, altura, andadura, largura, grossura, diabrura, verdura, pelladura, vereadura, fritura, frescura, impostura, estructura, judicatura, lavadura, levantadura, lizura, mochadura, mollura, mollidura, ordidura, quentura, tecedura, pendura*.

Urnus ist ausser in den überkommenen (*diurno, nocturno, taciturno*) kaum vorhanden.

§ 82.

Tus und **sus** ergab Masculina wie *cadeado, pedido, partido, gado*, und mehr noch Feminina: *armada, geada, rociada, venida, entrada, passada, errada, ida, bebida, perdida*.

Utus (nach *nasutus, cornutus*) bildete zahlreiche Adjektive, welche eine **nicht normale** Eigenschaft anzeigen. (Michaelis Stud. p. 30—34.) So: *abelhudo, barbaçudo, barbudo, barrigudo, beiçudo, bicançudo, bicogrossudo, bicudo, bochechudo, bojudo, braçudo, cabeçudo, cabelludo, cambudo, campanudo, capelludo, capribarbudo, carnudo, carrancudo, cascudo, cascalhudo, ceboludo, chorudo, colmilludo, conchudo, coraçudo, cornudo, chofrudo, chordentudo, espadaudo, façudo, felpudo, focinhudo, galhudo, guedelhudo, graudo, joelhudo, lanudo, linguarudo, lombudo, mamudo, mamalhudo, malsisudo, membrudo, mercatudo, mioludo, nadegudo, narigudo, nervudo, olhudo, orelhudo, ossudo, pantafaçudo, papudo, patudo, parrudo, pelludo, pennudo, pernudo, pescoçudo, pestanudo, polpudo, portudo, quartaludo, quartelludo, rabudo, ramalhudo, rechonchudo, repolhudo, sanhudo, sedeudo, sisudo, taludo, testudo, testaçudo, tetudo, topetudo, tromoudo, tronchudo, tropeçudo, varudo, versudo (verçudo)*.

Tude (lat. tudo, inis) hat nach lateinischen abstrakten

Substantiven *(mansuetude, solicitude, amplitude, excelsitude, habitude, solitude)* wenige gebildet wie *plenitude, aptitude, decrepitude*, da die portugiesische Sprache die Form *idão* vorzieht (alt *idom, idon*) und also sagt: *certidão, firmidão, fortidão, rouquidão, brutidão, gratidão, frouxidão, fresquidão, amarellidão, vermelhidão, multidão, escuridão, amplidão, aptidão, grossidão, latidão, levidão, promptidão, mollidão, mouguidão, crespidão, mansidão, negridão, pretidão, prenhidão, solidão, rectidão, servidão, sovejidão, porquidão, escravidão*, ebenso *om, oem* (s. § 29), wie *liverdoem* (Eluc. II, 90), *livridoem* (ib. II, 95), *limpidoem* (ib. II, 90), *firmidoem* (ib. II, 465) neben *firmideu*.

In einer Anzahl von Worten wirkte *ume* ein, indem das nicht leicht zu sprechende *udn* mit *ume* verwechselt wurde; so *costume. (consuetudinem, costudn*, Mask.), *negrume, mansedume*, so dass vielleicht einzelne unter *ume* aufgeführte Bildungen *(queixume, pesadume)* hieher gehören.

Ugin (lat. *ugo, inis*) ausser in überkommenen *(ferrugem, lanugem, albugem)* selten: *pennugem*.

Tut ist in wenigen lateinischen Substantiven erhalten, wie *juventud (juventude), virtude, sobre-virtude*.

Urr (iberisch) selten: *saburra, caturra, panturra*.

§ 83.
b. Verba.

Die Ableitung der Verba geschieht auf zweifache Weise, auf **unmittelbare**, indem an das Thema die Flexionsform tritt (z. B. *moordom — ar* (Eluc. II, 151), *açoute — açoutar, almocreve — almocreviar, abbade — abbadar* (Eluc. I, 26), *frei — freirar-se* (Eluc. I, 481), *força — forçar)*, auf **mittelbare**, indem ein Suffix die Ableitung vermittelt (z. B. *branco, branquejar*). Die gewöhnlichsten der portugiesischen Ableitungssuffixe für Verba sind: *tare, sare, tiare, siare, icare, ascere, escere, iscere, znar, antare, entare, izare, iscare, ucare, ulare*.

§ 84.

Tare, sare, die lateinische Frequentativform, war von den romanischen Sprachen mit besonderer Vorliebe zur Verbalbildung verwendet worden. Zu den wenigen der Ursprache (wie *ajudar*, *pensar*, *cuidar*, *jeitar*) gesellten sich zahlreiche neue: *osar*, *avisar*, *junctar*, *olvidar*, *offertar*, *conquistar*, *acquistar* (*acquirir*), *refusar*, *despertar*, *untar*, *usar*, *projectar*, *cavidar* (Eluc. I, 257, v. caveo) ohne frequentative Bedeutung.

Tiare, siare. — Nach Adjektiven auf *tus* und von Participien des Praeteritums werden mit *i* einige Verba erzeugt: *caçar* (capt-iaro), *escorçar* (curt-iare), *adelgaçar* (delicat-iare), *aderecar* (direct-iare), *traçar* (tract-iare).

Icare gab im Portugiesischen *car*, *gar*, *ejar*, wie *falsificar*, *pacificar*, *fabricar*, *amargar*, *vingar*, *julgar*, *verdejar*, *negrejar*. — Ebenso die Neubildungen: *beberricar*, *salpicar*, *fustigar*, *cavalgar*, *madrugar*, *rasgar*, *amolgar*, *outorgar*, *salgar*; *amarellear*, *amarellejar*, *branquear*, *branquejar*, *cortejar*, *farejar*, *dardejar*, *guerrear*, *falquear*, *falquejar*, *falsear*, *rastejar*, *manear*, *manejar*, *joguetear*, *vicejar*, *damejar*, *senhorear*, *arpejar*, *arquejar*, *saborear*, *formiguejar*, *doudejar*, *motejar*, *campear*, *truanear*, *sobejar*, *parvoejar*, *fadejar*, *gotejar*, *carpentejar*, *gracejar*, *partejar*. Die Formen auf *ejo* gaben eine Anzahl Substantive wie *cortejo*, *manejo*, *motejo*, *arpejo*, *arquejo*, *gracejo*, *rastejo*.

Ascere, escere, iscere, die lateinische Inchoativform, griff schon im späteren Latein stark um sich; auch die portugiesische Sprache ist reich an solchen Neubildungen meist ohne inchoative Bedeutung und mit Ausschluss des *a* als Bindevokal. So: *offerecer*, *favorecer*, *compadecer*, *florecer*, *agradecer*, *esquecer*, *merecer*, *acontecer*, *carecer*, *entorpecer*, *entenrecer*, *parecer*, *enfraquecer*, *enfurecer*, *empobrecer*, *emparvoecer*, *embrutecer*, *envelhecer*, *enverdecer*, *aquaecer*, *aquecer* (Eluc. I, 131), *permanecer*, *remaescer* (Eluc. II, 284).

Znare in *graznar* (span.).

Antare, entare gibt aus dem Particip des Praesens hergeleitete Verba: *acrepantar* (Eluc. I, 52), *açujentar*, *amamentar*, *enriquentar*, *accrecentar*, *adormentar*, *aposentar*, *aguarentar* (Eluc. I, 64), *afugentar*, *alevantar*, *amedrontar*, *apacentar*, *apouquentar* (Eluc. I, 128), *quentar*, *endurentar* (Eluc. I, 403), *espantar*, *assentar*, *aparentar*, *aviventar* (Eluc. I, 152), *endurentar* (Eluc. I, 403), *fermosentar* (Eluc. I, 444). *acalentar, aferventar, agorentar, mamentar*.

Izare hat zum Theile noch seine Urbedeutung (die Thätigkeit nach Art des Primitives wie φιλιππίζειν) erhalten in Verben wie: *grecizar, judaizar, moralizar*, sonst aber ist es zu Bildungen verschiedener Art verwendet worden: *feitorizar, tyrannizar, senhorizar* (Eluc. II, 302), *favorizar, autorizar, escravizar, vulgarizar, barbarizar, fautorizar, aromatizar, polvorizar, pulverisar, eternizar, fabulizar, fertilizar, herborisar, suavizar, latinizar, fanatizar, subtilizar, temporizar, catechizar, martyrizar, terrorizar, preconizar, canonizar, agonizar, allegorizar*.

Iscare zeigt sich in *choviscar, lambiscar, belliscar, petiscar* mit eingeschränkter Bedeutung des Primitives; in *fariscar, mariscar*, eben so *uscare* in *chamuscar*.

Ucare findet sich in einigen Verben, wie *batucar, machucar*.

Ulare ist verwendet in *tremolar, tremular, mesclar, cantarolar*.

§ 85.

B. Composition im Portugiesischen.

Die portugiesische Sprache hat wie ihre Schwestern neben der Derivation (§ 54) die Composition als wirksames Mittel zur Wortbildung erhalten. Die Composition geschieht mit Nomina, Partikeln oder mit vollständigen Phrasen.

§ 86.

Substantiva mit Substantiven componirt. 1. Sie stehen auf gleicher Linie nebeneinander, z. B. *dia-noute* (Eluc. I, 374), *cappa-pelle* (Eluc. I, 234), *ab-estruz, coli-flor, pera-pão, bete-rraba, pedra-pomes, raba-vento, lobis-homem, lupis-homem, lobo-gato*. 2. Das erste Substantiv steht in genitivischem Verhältnisse zum zweiten: *roca-amador* (Eluc. II, 290), *terremoto, pampolho (pampan), sanguesuga, sanguechuva, gallicanto, manobra, manistergio, quartelmestre*. 3. Das zweite Substantiv steht in genitivischem Verhältnisse

zum ersten: *mordomo, madreperola, madresilva, condestabre*.
4. Das erste Substantiv steht im Verhältnisse eines **Stoff** oder **Beschaffenheit angebenden Adjektives** wie in *ferrocarril, ferropeas, clavicordio, claviorgão, artimanha, varapao*. 5. Die Substantive sind durch **Präpositionen** verbunden: *fidalgo* (filho d'algo), *pundonor* (point d'honneur), *mordida-do-diabo*.

Wo **Substantiva mit Adjektiven componirt** sind, bezeichnet das Substantiv das Adjektiv näher; solche Fälle sind: *perni-aberto, campani-forme, pont-agudo, fé-per-juro* (Eluc. I, 443), *faz-alvo, man-alvo, mani-presto, cari-redondo, barbi-ruiva, olhi-negro, olhi-zaino, cabis-baixo, perni-curto*. **Substantiva mit Verben oder Verbaladjektiven** zeigen bisweilen das Substantiv noch als Objekt im **Akkusative**; so: *arrebata-punhadas, car-comer, fe-mentir, lugar-tenente, arripia-capello, vi-andante, mani-atar, meter-mentes* (Eluc. II, 132, wie lat. *animadvertere*), oder im **Ablative**: *man-ter, man-obrar, sal-pimentar, sal-presar, terra-plenar*.

§ 87.

a) **Adjektiva mit Substantiven** geben zahlreiche Bildungen. 1. Adjektiv vor dem Substantiv in *van-gloria, longa-mira, bella-dona, bel-veder, mal-versação, meio-dia, prima-vera, salvo-conducto, salva-guarda, ric-omem, rico-homem* (Eluc. II, 289), *Santa-rem* (Santa-Irene), *mal-entrada, mal-grado, grão-Turco, gran-vizir, gran-mestre, gran-duque, gran-senhor, gentil-homem, malas-caras, mala-ventura, acut-angulo*. 2. Adjektiv nach dem Substantive in *abe-tarda, rabi-forcado, rabi-curto, vin-agre, barba-ruiva, agu-ardente, mor-cego, turba-multa, front-aberto, pinta-roxo*, und gerne bei Eigennamen wie *Torres-vedras, Fon-seca*.

b) **Adjektiva mit Adjektiven**: *roxi-oscuro, verde-gai, verde-negro, agri-doce, acut-angular, alta-baixa, ambi-dextro*, und Zahlwörtern: *quatr-alvo*.

c) **Adjektiva und Verba**: *digni-ficar, dulci-ficar, clari-ficar, equi-parar, equi-vocar*.

§ 88.

Bei der **Partikel-Zusammensetzung** hat die portugiesische Sprache, wie ihre Schwestern, auch jene lateinischen Partikeln zu neuen Bildungen verwendet, welche sie in ihrer Sprache nicht erhalten hatte, *intro*, *ob*, *se* und *subter* ausgenommen, während sie ihre neu geschaffenen Partikeln zur Zusammensetzung ausschloss, allerdings wieder bei einzelnen Doppelformen, die lateinische und die portugiesische verwendete, z. B. *entremetter* und *intermittir; empregar* und *implicar* (v. Diez R. G. II, 416—420).

§ 89.

Ab selten zu neuen Bildungen verwendet: *a-bater*, *ab-orbitar* (Eluc. I, 45); mit Substantiven *ab-ovila* (ab-Avila Eluc. ibid.); *es* statt *abs* in *esconder* (aber Eluc. I, 46, *abscondudo*).

Ad ist häufiger: *ac-clarar*, *ac-curar*, *as-sanhar*, *as-saborar*, *as-soalhar*, *ar-rastar*.

Ante: *ante-parar*, *ante-ver; ante-braço*, *ante-camara*, *ante-cuco*, *ante-fosso*, *ante-loquio*, *ante-mão*, *ante-mural*, *ante-paro*, *ante-pasto*, *ante-sala; enteado (ante-natus)*. — **Ab ante** in *avan-braços*, *avam-braços* (Eluc. I, 150). — *van-guarda* (benguarda Eluc. I, 258). — *Davandito* (Eluc. I, 344).

Ante (ἀντί): *anti-christo*, *anti-papa*, *anti-pútrido*, *anti-verminoso*.

Circum: *circum-foraneo*, *circum-locução*, *circum-visinhança*, *circum-vizinho*, *circum-damento* (Eluc. I, 278).

Cum: *co-madre*, *com-panha*, *con-forto*, *co-proprietario*, *co-irmão*, *com-parte*, *con-frade; com-bater*, *com-binar*, *com-enzar*, *con-chavar*, *con-testar* — *cusina* (Eluc. I, 339); *cobrir*, *colgar*, *coser*, *colher*.

Contra: *contra-almirante*, *contra-baixo*, *contra-banda*, *contra-dança*, *contra-fosso*, *contra-muralha*, *contra-parente*, *contra-prova*, *contra-vento; contra-cambiar*, *contra-fazer*, *contra-pesar*, *contra-pontear*, *contra-provar*, *contra-sellar*.

De (mit dem Begriffe der **Beraubung** in Neubildungen): *de-bandar*, *de-florar*, *de-cotar*, *de-frontar*, *de-campar*, *de-gelar*, *de-gollar*, *de-gradar*, *de-laidar*, *de-longar*, *de-partir, de-rrabar, de-rribar, de-rrotar, de-honestar* (Eluc. I, 360). *de-partição* (ibid. I, 368).

Dis bezeichnet ein Zerreissen, Trennen, ein Lösen früherer Verhältnisse: *des-abono, des-abrigo, des-servidor* (schlechter Diener), *des-acordo, des-aforo, des-canso, des-carga, des-sujeito* (nicht unterworfen), *des-favor, des-dita, des-ventura, des-aire, des-temor, des-interesse, des-embarque, des-conto, des-vairo* (Eluc. I, 372); *des-querer, des viver, des-velar, des-unir, des-saber, des-regrar, des-parar, des-primorar, des-locar, des-offuscar, des-folhar, des-precer-se* (Eluc. I, 371), *des-inchar, des-enlodar, des-engarrafar, des-infadar, des-cuidar, des-embebedar.*

Dis ist in einzelnen lateinischen Worten geblieben *(discernir, discordar, discrepar, dispersar)*, sonst selten: *dis-gregar, dis-farçar, dis-nembrança* (Eluc. I, 379).

§ 90.

Ex in *es-bagulhar, es-bofar, es-calvar, es-carnar, es-corchar, es-corcar, es-viscerar, es-campar; ens-anchar, enx-agoar; exquisa, esquisa, en-quisa* (Eluc. I, 421). — **Ex** hielt sich in lateinischen Worten: *ex-acto, ex-cavar, ex-celso, ex-ceder, ex-cursão, ex-plicar, ex-pugnar, ex-tenso,* doch auch hier: *ens-aio, enx-ame, enx-ugar, ens-alzar, en-secar, es-cavar* u. dgl. — *Exouvido* (Eluc. I, 421).

Extra ist nicht häufig in neuen Worten: *extra-mural, extra-numeral, extra-vagante, extra-vasar, extra-viar, extra-mundano, extra-judicial.*

In zu zahlreichen Neubildungen verwendet: *en-amorar, namorar, em-bandeirar, em-barcar, em-bocar. em-poar, en-contrar, en-frascar, en-lourar, en-terrar, en-vergonhar, en-viscar.* —Lateinische Wörter haben *in* oft bewahrt: *imbuir, immergir, importar, infusão, insinuar,* was bei Neubildungen nicht der Fall ist. — *Amparar* und *emparar* (imparare).

Inter in lateinischen Worten: *intercalar, interdizer, intermedio, interpôr, interceder, interrogar, interromper,* sonst **entre**: *entre-branco, entr-ouvir, entre-conhecer, entre-costo, entre-dizer, entre-metter, entre-pôr, entre-tecer, entre-ter, entre-duo, entre-acto, entre-vista,* wofür alt oft *antre* (*untre*

Eluc. II, 407) stand: *antreliar* (Eluc. I, 120), *antrelinhadura*, *antreluiado* (ibid.).

Intro nur im lateinischen *introduzir* (*introdir* Eluc. II, 60), *introito*.

Ob nur in lateinischen (s. § 88): *ob-edecer*, *ob-servar*, *ob-tuso*, *ob-strucção*.

Per ist zu wenigen Neubildungen verwendet worden: *per-doar*, *per-filar*, *per-filhar*, *per-longar* (Eluc. II, 215), *per-calçar* (Eluc. II, 214), *per-fectar* (ibid.), *per-solver* (ibid. II, 216), *pervencer* (ibid.). — Verstärkend (wie im lat. *permagnus*): *persolver*, *pervencer* (Eluc. II, 216), *persemelhante* (Eluc. II, 215); sonst nur in lateinischen Wörtern wie *perceber*, *peremptorio*, *persuadir*, *perleudo* (Eluc. II, 215), *perspicaz*. — *Pre* statt *per* in *premitimento* (= permissão Eluc. II, 238).

Post nur in *pos-tergar*, *pos-pasto* und *pescoço* (*post, cocca*) neu.

Prae in *pre-catar*, *pre-determinar*, *pre-posterar* und zahlreichen lateinischen: *predizer*, *predominar*, *presumpção* u. v. a.

Praeter in *preterir*, *pretermittir* und dem neugebildeten *preternatural*.

Pro in zahlreichen lateinischen Worten, wie *prófugo*, *proferir*, *promulgar*, sonst kaum verwendet; *prae*, *per* und *pro* werden häufig mit einander verwechselt.

Re neben mehreren überkommenen (wie *receber*, *recobrar*, *referir*) auch in Neubildungen: *re-alçar*, *re-bombar*, *re-buçar*, *re-cuidar*, *re-pesar*, *re-quentar*. — Nomina und Adverbia werden mit *re* verstärkt: *re-bem*, *re-bonissimo*, *re-falsadamente*, *re-espumas*, *re-vosso*, *re-falsamento*, *re-senhor;* doch auch herabsetzend: *re-camara*, *re-cru*, *re-saber*.

Retro nur in lateinischen: *retroceder*, *retrogrado;* Eluc. II, 287: *retro-itar*. — *Retaguarda* (Eluc. II, 279 *reguarda*), ital. retroguardia.

Se nur in lateinischen *seduzir*, *segregar*.

§ 91.

Sub ausser in überlieferten in zahlreichen Neubildungen:

sub-chefe, *sub-freganho* (Eluc. II, 333), *so-colhedor* (Eluc. II, 227), *so-prior; so-abrir*, *subjugar*, *sob-linhar*, *sub-sidiar*, *sub-stabelecer*, *su-ffumigar*, *so-assar*.

Subter nur in *subter-fugio*.

Subtus vertritt bisweilen *sub;* so *sota-vento, sota-almirante, sota-piloto, sota-patrão, sota-capitaina;* *sotaventear, sotopôr*.

Super in lateinischen Worten: *super-ficie, superfluo, supervivente*, in portugiesischen *sobre: sobre-carga, sobre-cheio, sobre-cú, sobre-mesa, sobre-vento, sobre-face*, doch auch in lateinischen: *sobre-natural, sobre-viver*. — *Desusodito* = sobredito (Eluc. I, 371).

Trans in lateinischen *(transferir, transmudar, transportar)* und nachgebildeten: *tras-bordar, tras-ordinario* (Eluc. II, 388), *tras-passar, tras-tornar, tras-trocar, tras-fegar.* Neben der Form *tras* (und *trans*) ist im Portugiesischen **tres** gewöhnlich: so *tremudar* (Eluc. II, 389), *trespassado* (ibid.), *trespassar, tres-andar, tres-jurar, tres-ler, tres-loucado, tres-noitado, tres-tombar, tres-vario*.

Ultra in *ultra-mar, ultra-marino, ultra-montano*.

§ 92

Zusammensetzungen mit Nominaladverbien, Numeraladverbien, mit *archi, vice* und *bis* sind im Portugiesischen nicht sehr zahlreich. — **Bene** in: *bem-afortunar, bem-aventurar, bem-fazejo, bem-quistar, bem-sabido, bem-soante, bem-fazer, ben-diçoar, aben-diçoar* (neben *bemdizer, benzer*), *benemerencia, benzimento*. — **Male** in: *mal-afortunado, mal-andante, mal-andrim, mal-cozinhado, mal-baratar, mal-casar, mal-barato, mal-cheirante, mal-contente, mal-criado, mal-destro, mal-são, mal-visto, mal-diçoar, amal-diçoar* (neben *maldizer*), *mal-ditoso, mal-parir, mal-tratar, mal-fadado, mal-fadar, mal-fazer, mal-facejo, mal-querer, mal-ferido, mal-vesada* (Eluc. II, 108), *mal-sentido, mal-pecado* (ibid.). — **Minus** in *meno-scabar, meno-scabo, meno-sprezar, meno-spreço*. — **Magis** in *maisquerer*. — Sonstige Bildungen wie *longanimo* stehen vereinzelt. — Numeraladverbia sind zur Composition verwendet a) **uni** in *unisono;* b) **bis** in *bisavô*,

— 155 —

bisarma, bis-bilhoteiro, bisdono, biscouto, bisneto, bivalve;
c) **tres, tris** in *tresdobrar, tresdobro, tresneto, trespanno, tricolor;* d) **centum** in *centopea, centipeda, centimano, centigrado;* e) **mille** in *milfolhas;* f) **ambo** in *ambidextro.* — **Semi** in *semicirculo, semimorto, semicupio, semilunio, semihomem, semideus, semiviro, semitono,* **medius** in *meio-dia, meio-irmão, meio-homem, meia-lua, meio-crú.* — **Archi** (ἄρχι) in *arcipreste, archiduque, arcediago, arcebispo, archicancellario, architrave.* — **Vice** in *vicerei, vice-almirante, visconde, visorei.* — **Bis, vis** in *vislumbrar, vislumbres.* Ueber die muthmassliche Etymologie s. Diez E. W. I, 70.

§ 93.

Der arabische Artikel *al* (ال) findet sich nicht nur in Worten arabischer Abkunft und hier oft assimilirt (*arratel* aus *al ratt*, Freyt. II, 160ᵇ), sondern auch an romanischen Worten, z. B. *acipreste* neben *cypreste;* ebenso *xorca* neben *uxorca* (Eluc. II, 413), *alabarca* neben *abarca, abarca* (Eluc. I, 25) neben *barca, alagoa* neben *lagoa, azaga* neben *zaga* (Eluc. II, 414), *alicorne* neben *licorne, azambujeiro* neben *zambujeiro*, ganz in *alfarda* neben *farda* u. a. Auch sonst brachte der Artikel *al* Verwechslungen, so *alforbion, alforfião* statt euphorbium, *alfocigo, alfostigo* etc. statt pistacium.
— Was die Verneinungspartikel *in* betrifft, so erhielt sie sich als *in* nicht blos in lateinischen Worten, sondern auch in neuen Bildungen *(inacção, indiligente, inadvertir* u. dgl.).
— **Não** tritt an Nomina und substantivisch gebrauchte Verba: *não-caminho, não-homem, não-existencia.* Aehnlich **sem**: *sem-nó, sem-par, sem-sabor, sem-saboria, sem-sal, sem-valor.*

§ 94.

Zusammensetzungen von Phrasen bestehen a) aus einem Verbum mit Substantiv oder einem Pronomen: *abr-olho, bati-folha, camba-pé, lança-luz, monda-dentes, papa-gente; gir-a-sol, torn-a-sol, serra-fila, vade-meco, guarda-roupa, guarda-mão, garda-cós* (Eluc. II, 18 corpus); *passa-tempo, guarda-vento, guarda-queda, guarda-pó, guarda-reposta* (Eluc. II, 25), *pousa-foles, pousa-teigas* (Eluc. II, 234), *pras-me* (Eluc. II, 235 = mihi placet), *alça-pé, alça-perna, bati-barba, saca-rolhas, beixa-mão, brita-ossos, busca-amante, busca-caixas, cresta-colméas, descasa-casados, enxota-diabos, escava-terra, esfola-vacca* (Nordwestwind), *espirra-carivetes, estanca-cavallos* (Gottesgnadenkraut), *furta-côr, furta-fogo, furta-passo, gana-pão, guarda-barbeira, guarda-fechos, guarda-porta, guarda-raio, guarda-rio, lava-dente, lara-pés, liga-gamba, mata-borrão, mata-cavallo, mata-ratos, pica-pao, pica-milho, mira-olho, papa-jantares, papa-moscas, passa-muros, dorme-em-pé, passa-pé, porta-frasco, porta-lapis, porta-machado, porta-mantó, pungi-barba, quebra-osso, quebrant'-osso, queima-roupa, quita-sol, rapa-pé, rega-margem, saca-bala, saca-bocado, saca-buxa, saca-filaça, saca-molas, saca-pelouro, saca-trapo, salt-im-banco, salt-im-vão, salt-im-barca, tira-pé, tira-testa, vaga-lume, volta-cara, torci-collo, pesa-licôres, porta-voz, passa-culpas.* b) Verbum mit Adjektiv: *mata-sanos, pisa-mansinho, mija-mansinho.* c) Verbum mit Partikel: *pass-avante, pux-avante.* d) Zwei Imperative vereint: *luze-luze, passe-passe, ganha-perde* (man y posa in *mariposa*, s. oben § 62).

Zweites Buch.
Wortbiegungslehre.

1. Capitel.
Deklination.

§ 94.

Wenn wir die romanischen Sprachen speziell also die portugiesische, betrachten, so kann von einer **Wortbiegungslehre** strenge und wissenschaftlich genommen nicht die Rede sein. Die portugiesische Sprache hat, wie ihre Schwestern, einen grossen Theil der Flexionsfähigkeiten ihrer lateinischen Mutter aufgegeben. Die zum grossen Theile noch **synthetische** Muttersprache, obwohl auch sie bereits in ihrer Verbalflexion auflösende Elemente aufweist (z. B. das mit *esse* gebildete Perfekt Passiv), ist auf portugiesischem Boden fast völlig **analytisch** geworden. Die **Deklination** durch Wandlungen des Stammes ist bis auf den **Plural** beschränkt, vom Verbum haben sich nur mehr die wenigsten Zeiten erhalten, andere sind bereits zusammengesetzt und mit Hülfe der Hülfsverba (tener, haver, ser) gebildet u. s. w. Dennoch haben wir die Bezeichnung Deklination beibehalten und sprechen von einer **Deklination** (declinação) des **Substantives, Adjektives, Zahlwortes** und **Pronomens**, von einer **Conjugation** (conjugação) der **Verba**, obwohl von Flexion (wie z. B. im Lateinischen) nicht mehr die Rede ist, höchst wenige Formen ausgenommen.

Genus.

§ 95.

Das Genus, das im Lateinischen dreifach war, wurde im Portugiesischen, wie in allen romanischen Sprachen, zweifach: männlich (genero *masculino*) und weiblich (genero *feminino*). Ausser wenigen Pronominalformen hat das Portugiesische keine Spur des Neutrums mehr. — Die Zahl ist zweifach: Einheit (numero *singular*) und Mehrheit (numero *plural*). Die vorübergehende Bestrebung einzelner portugiesischer Gelehrter, in ihre Sprache nach griechischer Art auch einen Dual (numero *dual*) einzuführen, drang nicht durch, und es war auch gänzlich unmotivirt, da eine eigene Form nicht bestund, Plurale wie *gemeos* (gemelli), *orelhas* (aures) u. dgl. als Dual zu bezeichnen. — Auch wenn man von Casus in romanischen Sprachen, ob von den sechs lateinischen redet, oder vier annimmt, so kann dies nur eine in der Praxis eingeführte Redeweise sein, da eigentliche Casus im Portugiesischen nicht vorhanden sind, vielmehr Praepositionen die Beziehungen der Substantiva, Adjektiva, Numeralia und Pronomina regeln.

§ 96.

Die Frage, welchem lateinischen Casus die Form der romanischen Worte verdankt wird, ist lange verschieden behandelt worden. Ausgehend von äusserer Aehnlichkeit (zunächst im Italienischen) hat man den lateinischen Ablativ (Diefenbach, über die rom. Schriftspr. S. 119) aufgestellt. Einerseits die wohlberechtigte Frage, wie gerade dieser Casus zu der wichtigen Aufgabe gelangte, die Worte der romanischen Sprachen zu bilden, während doch der Nominativ als Casus des Subjekts oder der Akkusativ als der des Objekts, somit als die integrirendsten Theile eines jeden Satzes, hiezu mehr geeignet scheinen müssten, andrerseits aber in ungleich höherem Grade die Forschungen über die Aussprache bei den Alten und die Geltung der schliessenden Consonanten (Schuchardt, der Vokalismus des Vulgärlateins, Lpz. 1866, Corssen, über Aussprache, Vokalismus und Betonung der lateinischen Sprache, Lpz. 1868, Corssen, kritische Beiträge zur lat. Formenlehre, Lpz. 1863, und seine Nachträge hiezu, Lpz. 1866) und die Kenntniss alter Inschriften (Ritschl), haben in dieser Frage Licht verbreitet, so dass wir den Akkusativ als jene Form gelten lassen, welcher die portugiesischen Worte ihrer Mehrzahl nach entsprangen, wobei wir jedoch auch dem Nominative einzelne Bildungen zuschreiben müssen.

Wir haben ausser unleugbaren Akkusativformen wie *adem, aadem* (anatem), *nuvem* (nubem), *rem* (rem, Eluc. II), *quem* (quem), die Form des Akkusatives deutlich im Plurale auf *s*, z. B. *livros* (libros), *poetas* (poëtas), von solchen Nomina, welche im Lateinischen der ersten, zweiten, vierten und fünften Deklination angehörten, aus deren Akkusativendung (as, os, us, es) allein die portugiesische Pluralform erklärlich wird.

Die Wörter auf *a* könnte man nun allerdings formell als lateinische Nominative fassen; die Analogie indessen verweist uns auf einen anderen Casus, was am klarsten aus dem Accente der Wörter der dritten Deklination hervorgeht. Substantive wie *ladrão, leão, canção, nação, carvão; idade, parede; senhor* zeugen durch ihren Accent entschieden für einen Casus obliquus der lateinischen Substantiva latro, leo, cantio, natio, carbo, aetas, paries, senior, der nun allerdings der Akkusativ nicht gerade sein müsste.[1]

Eine Reihe lateinischer Neutra jedoch, wie z. B. *lado* (latus), *corpo* (corpus), *peito* (pectus), *tempo* (tempus), weisen, wenn sie aus einem casus obliquus hergeleitet werden sollen, nur auf den Akkusativ. — Die Geschichte des m endlich in den alten Sprachen, die uns zeigt, dass „schon im

---

[1] Vgl. die Bemerkung von Diez (R. G. II, 9), dass auch deutsche Worte in romanischer Nachbildung in der Akkusativform stehen, wie *balcão* (nhd. balco), *girão* (gêro), *garanhão* (wrênjo), *esporão* (sporo) neben espora (§ 4 S. 49).

Anfange des 4. Jahrhunderts das gänzliche Schwinden des auslautenden *m* (und *s*) im Volksmunde eine vollendete Thatsache war" (Corssen I, 294, Coelho, Quest. 318—349), sowie die im Portugiesischen so zahlreichen Beispiele des Abfalles des schliessenden m [z. B. *dez* (decem), *sete* (septem), *nove* (novem), *amava* (amabam) u. s. w.] machen auch hier den Abfall des m des lateinischen Akkusatives wahrscheinlich und möglich, während Worte wie *adem, nuvem,* [1] *quem* ihn geradezu beweisen. Die Wörter der vierten Deklination fielen natürlich mit jenen der zweiten zusammen; so *canto, seio, curso, exercito, gosto, moto, passo, senso, uso* neben *vento, anjo, servo, conselho* u. s. w. Die fünfte ging wie schon oft im Lateinischen in die erste über; so nur *dia, materia* (materiem, am), *segnicia* (segnitiem), doch *effigie, especie, planicie, serie, canicie, superficie, fé (-fede,* fidem) u. a. So erblicken wir also auch in den Wörtern der dritten Deklination den Akkusativ; wie in den Neutris *systema, jus, par, animal, fel, mel, mar, exemplar, carme* (carmen), *marmor,* so auch in denjenigen, wo das schliessende *m* abfiel, *fome, satellite, mercê* (merce[d]em), *ave, lide, pyxide, pyramide, trave, noute, ponte, phalange* oder die ganze Endung *em,* wie in *homem, ordem, origem, côr, dôr, flor, juiz, pez, voz, luz* u. a. Der Plural auf *es* wird demnach der Analogie gemäss eher als Akkusativ denn als Nominativ zu gelten haben.

Es kann aber dem Nominativ nicht jeder Einfluss abgesprochen werden. Vor allem erhielten sich im Nominative zahlreiche Eigennamen, z. B. *Adonis, Apelles, Astyanax, Apollo, Carlos, Carthago, Ceres, Cicero, Cupido, Doris, Eneas, Hercules, Jupiter* (neben dem seltenen *Jove.* Lus. X, 4), *Juno, Moises, Marcos* (neben *Marco,* Lus. III, 141), *Phalaris, Phasis, Nemesis, Nero, Semiramis, Téthys, Tigris, Ulysses, Venus, Xerxes* u. s. w., während andere sich der portugiesischen Form anpassten, z. B. *Euphrates* (Lus.

---

[1] Parn. lus. II, 431: Antonio Ribeiro dos Santos na sua versão das odes de Horacio usou tambem nuve sem *m*! So Diniz im Idyll Tresea „altas nuves".

IV, 64, 102), dagegen *Hydaspe* (ibid. I, 55; VII, 52); *Ganges* (ibid. IV. 74, VI, 92; VII, 1; X, 120, 121), aber *Gange* (ibid. VII, 17, 20; X, 33, 105, 118); dagegen nur die Formen *Aiace, Baccho, Marte (Mavorte), Mercurio, Neptuno, Plutão, Pallade, Tritão, Vulcano* u. s. w.

Von andern Substantiven entstammen einige der lateinischen Nominativform, wie *deus* (Gott), *sastre* (sartor, Pott. L. S. p. 146 sarcitor), *sor* (so[r]or), *serpe* (serpens, Diez E. W. I, 380), *sangue* (sanguis), einige Wörter auf x wie *bombyx, calix, frutex* neben *calice, frutice, fornice;* caries und wissenschaftliche Bezeichnungen, wie *pirites, hematites* u. s. w.

Neutrale Plurale folgen natürlich den Worten auf *a, maravilha* (mirabilia), *temporas* (tempora), *armas* (arma), *folha* (folia), *conselha* (consilia, Jorge Ferreira, statt *conselho*), *obra* (opera), *penhor* (pignora) u. a. m. Die Endung e und o wechselt oft ohne Rücksicht auf Herkunft. Man sagt *Alexandre* neben *Alexandro;* in den Lusiaden (s. meine Einleitung pag. XIX, 4, 5) sind Varianten wie (V, 62) *bailes* und *bailos*, (VI, 39) *miude* und *miudo;* ebenso *abete* und *abeto* (abietem) u. a. — Auch Uebertritt von einer Deklination zu einer anderen ist zu vermerken; *osso, vaso* beruht auf lateinischem ossum, vasum; dagegen *genero* (genus), *código* (neben *codex* und *codice*), die Verwandtschaftsbezeichnungen *sogra* (socrus), *nora* (nurus), *neta* (neptis); *grua* (gruem). — Auch alle lateinischen Monatsnamen auf *ber* lauten portugiesisch auf o, wie *septembro, outobro, novembro, decembro.*

Für eine baskische Genitivform nahm man [1]

---

[1] So heisst es in „El imposible vencido; arte de la lengua bascongada", su autor el padre Manuel de Larramendi; nueva edicion publicada por Don Pio Zuazua (San Sebastian 1853) pag. 4: En el mismo genitivo hay otros dos articulos especiales, que aunque corresponden al *de* castellano, no significan posesion, y mas parecen del ablativo: estos son *z, ez*. Pongo ejemplo: *saturatus pane*, harto de pan; *cinere oppletus*, lleno de ceniza, se traducen asi: *oguiz ase-a, autsez beted,* .... *autséz, berunéz, cillarez*, de polvo, de plata, de plomo . . . . *De aqui se puede conocer fácilmente que no tienen otro origen los patronímicos castellanos acabados en* ez, v. g. Rodriguez, Martinez, Perez,

früher die spanischen und portugiesischen Patronymika auf *ez, es*, wie *Fernandes, Gonçalves* u. dgl.; Diez (E. W. I, XV) führt dieses *es* auf die gothische Genitivform *is* zurück und ergänzt filius, was entschieden näher liegt.

Sonstige Casus, welche aus dem Lateinischen erhalten blieben, wie der Ablativ *como* (quo modo), das Wort *mente* in der Adverbialbildung, stehen vereinzelt.

a. Substantiv.

1. Genus.

§ 97.

Im Allgemeinen richtet sich das Genus der portugiesischen Substantive nach dem der lateinischen und der Endung. Demzufolge bleiben die Wörter der ersten und fünften Deklination Feminina. *Mappa* (Landkarte, mappa) ist mask. (früher auch fem.), auch sagt man substantivisch *o nada* (das Nichts), mit Ausserachtlassung der Etymologie (res nata). *Dies* behält sein männliches Geschlecht *o dia*. Ausserdem gehören wie im Lateinischen eine Reihe von Worten auf *a* wegen des natürlichen Genus zum Maskulinum, wie *escriba* u. dgl., und eine Reihe solcher, deren Bedeutung das Genus bestimmt, z. B. *lingua* (Dollmetscher), *cura* (Pfarrer), *cabeça* (Häuptling), *justiça* (Gerichtsperson), *atalaia* (Wächter), *guia* (Führer), *corneta*

Sanchez etc. que el que se toma del artículo *ez* del bascuence. La razon es porque esos patronímicos significan el *de*, que traen comunmente los demás apellidos, Rodriguez de Rodrigo, Martinez de Martin, Perez de Pero ó Pedro, Sanchez de Sancho y asi de los demás. Pues es claro que el *ez* en esa significacion no puede ser sino *el artículo pospuesto* ez del bascuence, que en romance se construye con el *de*....
Y en esto sucede á los bascongados una cosa particular, y es que habiendo dejado á los castellanos para sus apellidos patronímicos el artículo *ez*, ellos han tomado para casi todos sus apellidos el artículo *de* del romance, y asi dicen Manuel *de* Garagorri, Miguel *de* Vildosola, Francisco *de* Veroiz etc. pudiendo haber retenido su *ez* pospuesto, Garagorriez, Vildosolez, Veroizez, como siempre lo retuvo el Idiaquez, aunque aun á este apellido anteponen el *de* del romance.

(Hornbläser), *trombeta* (Trompeter), *espia* (Spion); ebenso *camarada* (Kamerad), *cornaca* (sansc. karnikin) u. a.

Die griechischen Feminina auf η werden bisweilen Maskulina; z. B. *o aloe* (ἀλόη), *o epítome* (ἐπιτομή); doch *a catástrophe* (καταστροφή). Vieira macht (nach Pinheiro S. 44) *catástrophe* öfter männlich, und *hypérbole* (ὑπερβολή) fast immer so. Die Maskulina auf ης behalten ihr Genus, z. B. *o cometa* (nach Braga 23. gegen Diez II, 18, nach Pinheiro [S. 46] früher fem.), *o planeta*, und selbstverständlich bei männlichen Bedeutungen wie *dynasta*, *monarcha*, *democrata*, *poeta* und die zahlreichen (§ 76) Bildungen auf *ista*. Doch *a clematite* (κληματίτης), *a hematite* (αἱματίτης), wohl aber von der Form κληματίς, αἱματῖτις.

Uebergänge zu anderen Deklinationen erhalten das Genus, das die Endung bezeichnet, z. B. *o lagarto* (lacerta), *o pejo* (pedica), *o miollo* (medulla), *o madeiro* (materia), umgekehrt *a amethysta*, *ametesta* (s. § 100 S. 166).

Die zweite und vierte Deklination lieferte der portugiesischen Sprache mit Ausnahme von *a mão* (manus) und *a colher* (cochlearium) nur Maskulina; also *o carbaso*, *o vulgo*, *o domo*, *o portico*; *o choupo*, *o amethysto*.

Die dritte Deklination mit ihren vielfachen Ausgängen gestaltete auch im Portugiesischen ihr Genus verschieden. Die Wörter auf o blieben Maskulina, z. B. *sermão* (sermonem), *pavão* (pavonem); die lateinischen Feminina auf *do, go, io* sind es auch hier, wie *fortidão* (fortitudinem), *aptidão* (aptitudinem); *imagem* (imaginem), *origem* (originem); *lição* (lectionem), *nação* (nationem); ferner gegen lateinischen Sprachgebrauch: *a ordem, a margem*, doch übereinstimmend mit demselben: *o tição* (titionem), *o escorpião* (scorpionem). — Nach dem einmal festgestellten Genus richteten sich dann alle gleichen Ausgänge, ob sie auch anderer Abkunft waren. So wurden die meisten auf *em* Feminina, wenn sie auch nicht von lateinischen Substantiven auf *go* stammten, wie *viagem* (viaticum) u. a. (§ 75).

Die lateinischen Maskulina und Neutra auf **or** verblieben Maskulina mit Ausnahme von *a côr* (colorem) und *a dôr* (dolorem); ebenso erhielt *a arvore* (arborem) sein lateinisches Genus. — Auch die Worte auf os stimmen zum Lateinischen mit Ausnahme von *a flor* (florem).

Die lateinischen Maskulina und Neutra auf er blieben im Portugiesischen Maskulina: *o ar* (aer), *o cárcere* (carcerem), *o cadáver, o gengibre* (zingiber), *o odre* (uter).

Die lateinischen Imparisyllaba auf es bleiben im Portugiesischen Maskulina: *estipite, limite, abete, quadrúpede* u. a. *Merces* blieb auch im Portugiesischen *mercê* Femininum; auch ergab sich: *a parede* (parietem).

§ 98.

Die lateinischen Feminina auf as erhielten im Portugiesischen ihr Geschlecht: *sociedade, vontade, lenidade, verdade,* wo nicht, wie in dem alten *podestade* (obrigkeitliche Person), das natürliche Genus entscheidet. — Die lateinischen Parisyllaba auf es bleiben auch portugiesisch Feminina: *a indole* (indoles), *a fome* (fames), *a sede, sê* (sedes), *a mole* (moles), *a prole* (proles). — Ebenso verblieben bei ihrem Genus die lateinischen Feminina auf is, wie *torre* (turris), *messe* (messis), *tosse* (tussis), *febre* (febris); *lide* (litem), *pyxide* ($\pi v \xi i \varsigma$); von lateinischen Maskulinis auf is hat die portugiesische Sprache gleichfalls: *sangue; calhe, canal, caule, colle, feixe, fim* (alt auch fem.), *folle, fuste, mez, orbe, peixe, poste, verme,* sowie die eigentlichen Adjektiva *os annais, o natal.* — *Hoste* (hostis) die Kriegschaar ist fem., ebenso *crine,* häufiger *crina* (Mähne). — *Axis* gab *o eixo, pulvis* gab *o pó* (póo, polvo). — *Fraude* (fem. wie fraus).

Lateinische Feminina auf x bleiben auch portugiesisch Feminina, wie *cal* (calx), *paz, fez* (faex); *lei; raiz; cicatriz, voz; luz, cruz; neve, noite; fouce* (falx); *phalange, sphinge* u. dgl., doch *o pez* (picem). — Auch die lateinischen Maskulina stimmen zu den portugiesischen, wie *anthraz, thorax, apex, codex, codice, chinche* (cimicem), *frutex, frutice, podice, murice, police* (häufiger pollegar), *vertice; calix, cálice;* andere schwanken, wie *phenix,* das meist Femininum ist; *as varizes* (auch im Lateinischen varix bisweilen Fem.); *o bombyx, o onyx, o oryx* u. a., ebenfalls wie im Lateinischen: doch *a grege* (grex).

Die Wörter auf s mit vorhergehenden Consonanten sind wie im Lateinischen Feminina; nur sagt man *o oriente* (oriens), *o occidente* (occidens), *o dente* (dens), *o monte* (mons), *o tridente* (tridens), *o continente* (continens); dagegen *a fonte* (fons), *a ponte* (pons), *a corrente* (currens), *a torrente* (neben *o torrente*) und analog dem lateinischen: *a estirpe* (stirps), *a fronte* (frons), *a morte* (mors), *a plebe* (plebs), *a lande* (glans), *a gente* (gens), *a arte* (ars), *a sorte* (sors), *a parte* (pars), *a mente* (mens).

§ 99.

Bei lateinischen Neutra auf *e, al, ar, ur, us* ist Uebergang zum Maskulinum Regel, z. B. *o leite* (lac), *o mar* (mare). Mit dem Lateinischen stimmen überein Worte wie *o sal* (sal), *o sol* (sol), *a virtude, a incude* (incus), *a tripode* (tripus), *a grou* (grus); dagegen: *a rede* (rete), *a lebre* (lepus). — Die griechischen Neutra auf a wurden Maskulina, wie *o drama* (δρᾶμα), *o dogma* (δόγμα), *o systema* (σύστημα) u. s. w. — *Estratagema* (στρατήγημα) findet sich bei Aelteren Fem. — Zwischen beiden Geschlechtern schwankt *o* und *a aneurisma* (ἀνεύρυσμα) und *o* (und *a*) *apostema* (ἀπόστημα). — Von den lateinischen Neutra ist, wie in allen romanischen Sprachen, so auch im Portugiesischen eine reiche Anzahl im Plurale auf *a* herübergekommen und natürlich den portugiesischen Feminina beigesellt worden, z. B. aus der zweiten Deklination: *lenha* (ligna), *folha* (folia), *vela* (vela), *armas* (arma), *fila* (fila), *joia* (gaudia), *testemunha* (testimonia) (s. § 96 S. 161); auch die Namen einzelner Obstarten: *pera* (pira), *cereja* (cerasus), *pomas* (Braga S. 23); aus der vierten: *corna* (cornua); aus der dritten: *temporas* (tempora), *penhora* (pignora), *obra* (opera) u. s. w. Dazu kommt die Unzahl von Nachbildungen von Adjektiven: z. B. *nova* und besonders der dritten Deklination, wie *maravilha* (mirabilia), *batalha* (batualia), *esponsalias* (sponsalia).

§ 100.

Die Bestimmungen über das natürliche Geschlecht stimmen im Portugiesischen mit jenen der lateinischen Sprache überein. Demnach sind die Namen der Männer, Völker, Flüsse, Winde und Monate Maskulina; ebenso die Berge, z. B. *os Persas, o Sequana* (Lus. III, 16), *o Garumna* (ibid.), *o Tamiza, o Sena; o Etna* (Lus. VI, 13). — Einzelne und zwar die besseren Lusiadenausgaben lesen VII, 70 indessen *Goadiana* als Femininum (*fresca Guadiana*). An drei weiteren Stellen der Lusiaden (IV, 28; VIII, 3, 29) ist das Genus desselben Namens nicht erkenntlich. — Was die lateinischen Feminina Lethe und Styx betrifft, so ist *Styge, Estyge* immer Femininum, z. B. Lus. IV, 80 *a Estyge;* dagegen wird Lethe meistens als männlich gebraucht; so (Cam. Son. ed. Craasb. 73) *do Lethe;* (Cabral de Mello Od. I) *o tôrvo Lethes*. — Von Winden sind Feminina: *a briza* (Nordost) und *a tramontana* (Nord).

Die allgemeine lateinische Genusregel behält auch für das Femininum im Portugiesischen ihre Geltung; nur die Namen der Bäume und Edelsteine richten sich nach der Endung.

Communia
§ 101.

Die portugiesische Sprache hat wie die lateinische Personalbenennungen, die beiden Geschlechtern gemeinsam sind (Communia); die Form für beide Genera bleibt die gleiche. Solche sind: o und a *artifice* (artifex), o und a *doente* (dolens), o und a *espia* (Spion), o und a *guarda* (Wache), o und a *hypocrita* (ὑποκρίτης), o und a *infante*[1] (Infant, Titel), o und a *intérprete* (interpres), o und a *martyr* (μάρτυς), o und a *servente* (serviens), o und a *taful* (Spieler) u. a. — Die Mehrzahl der portugiesischen Thiernamen sind *epicoena (promiscuos, epicenos)*, d. h. beide Geschlechter werden nur durch ein grammatisches Genus dargestellt, entweder durch das Maskulinum, z. B. *o rouxinol* (lusciniolus), *o mosquito, o crocodilo* (κροκόδειλος), *o leopardo* (λέων πάρδος), *o esquilo* (squiriolus), *o teixugo* (taxus), *o elephante* (elephas), *o atum* (θύννος, thunnus), *o corvo* (corvus) u. v. a., oder

---
[1] Doch auch *infanta*.

durch das **Femininum**, z. B. *a mosca* (musca), *a panthera* (panthera), *a lebre* (lepus), *a perdiz* (perdix), *a enguia* (anguilla) u. s. w. — Handelt es sich um genaue Bezeichnung des Geschlechts der Thiernamen, so fügt man dem männlichen *macho* (masculus, mas), dem weiblichen *femea* (femina) bei, z. B. *o elephante femea*, der weibliche Elephant, *a formiga macho*, die männliche Ameise u. s. w. Einzelne Grammatiker verbinden diese Ausdrücke mit einem Bindestriche, andere führen die (indessen nicht durchgeführte) Regel an, *macho* habe sich nach dem Genus des Substantives zu richten, *femea* bleibe unverändert.

Substantiva mobilia.

§ 102.

Jene Substantive, welche bei gleicher Stammsilbe nur durch Anhängung einer gewissen Endung eine männliche Form und eine weibliche darstellen können, bezeichnen wir als bewegliche Substantive (mobilia). Die weibliche Form ist im Portugiesischen wie im Lateinischen *a* und *triz* (trix), wie immer auch das Maskulinum ausgehen mag.

1. Maskulina auf *o* (lateinisch *us*) erhalten einfach im Femininum *a*, z. B. *viuvo* (viduus), *viuva*; *burro* (buricus), *burra*; *amigo* (amicus), *amiga*. Die Genusmotion ist meist schon im Lateinischen da, wie: *filho, filha; tio* ($\vartheta\varepsilon\tilde{\iota}o\varsigma$), *tia* ($\vartheta\varepsilon\acute{\iota}a$) u. a. Richtig bildet Jorge Ferreira (Eufr. 223) aus *diabo(l)o* das Feminin *diaboa*.

2. Maskulina auf *e* bilden selten das Femininum auf *a*, z. B. *mestre* (magister), *mestra*.

3. Maskulina auf einen Consonanten erhalten als Femininumsendung *a*, z. B. *Pascoal, Pascoala; Hespanhol, Hespanhola; Deos, deosa; Inglez, Ingleza; rapazas* (Jorge Ferr. Aul. 154) u. s. w. — Von den Wörtern auf *or* nehmen die meisten *a* im Femininum an, z. B. *senhor, senhora* [allgemein jedoch gilt bei alten Dichtern (z. B. im König Diniz), ja bis ins 16. Jahrhundert, die Form *senhor* als Feminin[1] (wie das altfranzösische Seigneur auch auf Frauen

---

[1] So hunha *pastor* (eine Schäferin, Monaci, Cant. X).

geht), z. B. Bellermann p. 58: mia Sennor, Sennor fremosa], selbst die auf *tor* (port. *dor*) ausgehenden, so dass die lateinische Endung *triz* (trix) gewöhnlich nur erhielten: *actor, actriz; cantador, cantatriz* (neben dem Feminin *cantora* zu *cantor*, und *cantadeira*); *director, directriz; embaixador* (*ambactus*, Caes. bell. gall. VI, 15), *embaixatriz; eleitor, electriz; imperador, imperatriz; instiduidor, institutriz*. — Sonst also fast immer *ora*, z. B. *autora* tens sido (Din. Hyss. II, 130); serpente *voadora* (Mal. conq. I, 89), a espada *cortadora* (ib. I, 88), com proa *vencedora* (ib. I, 96); nympha *caçadora* (ib· II, 100); alma *traidora* (ib. III, 9); A ignorancia *habitadora* (ib. VI, 31), da *redemptora* lei (Lindoya I, 1), *peccadoras* terras (ib. II, 3). A raça dos wisigodos, *conquistadora* das Hespanhas (Hercul. Euric. 1) u. s. w. Dieses Feminin auf *ora* war früher (auch bei Quinhentisten) nicht in Gebrauch. Costa (I, 72) führt aus João de Barros noch an: cidade *dominador*, mulher *merecedor*.

4. Die Wörter auf *ão* erhalten ihr Femininum nach Maassgabe ihrer Abstammung; *ão* vom lateinischen *anus* bildet *ãa* (an) im Femininum, z. B. *irmão* (germanus), *irmãa; orphão* (orphanus, ὀρφανός), *orphãa; christão* (christianus), *christãa; aldeão* (aldeanus von aldea, arab. a'd-'daï'ah), *aldeãa*. — Die Form auf *ão* ist die eigentliche portugiesische. *Romano* z. B. statt *romão* ist neu. Noch Ferreira (Castro II, 1) sagt: „Tantos exemplos nos deixáram os famosos *Romãos*", wozu Parn. lus. V, 306 bemerkt: Assi screviam os antigos esta palavra. Exemplo: Vês-tu aquella cidade que constrangida foi per mi que obedecesse ao povo *romão*. (Duarte de Resende, sonho de Scipião, pag. 85.)

Das portugiesische *ão* entstanden von lateinischem *o, onis* erhält *ôa*, z. B. *leão* (leo), *leôa; pavão* (pavo), *pavôa;* das aus dem Suffix *on* (§ 79 S. 141) stammende *ão* erhält im Femininum *ona*, z. B. *sabichão, sabichona; chorão, chorona* u. dgl.

§ 103.

Etwas abweichende Formen sind, zu 1: *avô* (avolus), *avó;* zu 2: die Anzahl derer, welche ihr Feminin auf *essa (eça, eza)* bilden, welche Endung der lateinischen *issa* (griechisch εσσα und ισσα) entspricht, besonders bei Gentilia, z. B. *abbade, abbadessa; conde, condessa; doge, dogareza; duque, duqueza; principe, princeza*; oder auf *issa*, wie *sacerdote, sacerdotissa; heroe* (ἥρως) behält die griechische Form ἡρωΐνη, *heroina;* zu 3: *adevinhador* (divinator) bildet *adevinha; prioreza* neben *priora* von *prior;* zu 4: *ladrão* (latro) hat neben *ladrôa* auch *ladra, barão* (baro) bildet *baroneza*.

Die Maskulina auf *a* bilden das Feminin auf *iza: poeta, poetiza; propheta, prophetiza*.

§ 104.

Eine bedeutende Anzahl von Substantiven hat schon aus der Muttersprache zur Bezeichnung beider Genera eigene Wörter erhalten, wie *homem, mulher; pai, mãi; mancebo, virgem*, und besonders Thiernamen, z. B. *cavallo, egoa; cão, cadella, cadela; gallo, gallinha*, und auch Neubildungen: *zangão, abelha; cabrão, cabra* u. dgl.

§ 105.

Abgesehen vom natürlichen Genus und den aus etymologischen Gründen bisher aufgestellten Genusregeln kann man über das grammatische Genus der portugiesischen Substantive als Regel festsetzen:

a) Maskulina sind der Endung nach die portugiesischen Substantive auf einen betonten Vokal (á, í, ó, ú), die auf *e* und *o, l, m, r, s, t, z*. Z. B. *o chá* (russ. tschai, ital. cià), *o tafetá* (pers. tâfteh), *o manná* (heb. מן); *o javali* (chinzîr ġabalî); *o sagú* (Sago), *o bahú* (mhd. behuot); *o funil* (fundibulum); *o jejum* (jejunium); *o lapis; o azimut* (al semt).

b) Feminina sind der Endung nach die portugiesischen Substantive auf *a, ã, em* und die auf *ão*, welche von lateinischen Substantiven auf *io* (ionis) stammen, während die von solchen auf *o* (onis), *anus* und dem Suffix *on* abgeleiteten Maskulina sind.

§ 106.

Mit Ausschluss der in § 97—102 besprochenen Worte entziehen sich der § 105 gegebenen Regel und sind a) Feminina: *a cortiçó* (Rebhuhnart), *a enxó* (Hobel), *a mó* (vom lat. mola, der Mühlstein), *a filhó* (Pfannkuchen), *a ilhó* (Schnürloch), *a semnó* (Schilfrohrart), *a teiró* (Pflugsterz); *a nāo* (das Schiff); b) Maskulina: *o alcunha* (arab. al-kunia; goth. athala-kuni?), *o carcóma* (caro und comedere); *o alliagem* (Metallverbindung), *o apeiragem* (Ackergeräthe), *o braçagem* (Handarbeit), *o braccagem* (Münzrecht); *o piratagem* (Seeraub).

Das Genus der Substantive auf *em* schwankte früher; *coragem, linhagem, origem* u. a. galten früher als Maskulina, jetzt als Feminina; z. B. *personagem* männlich bei Fr. Rod. Lobo; weiblich bei Vieira (cart. I, 122; serm. II, 217). — Einige Maskulina entschied die Etymologie, z. B. *o desdem* (disdegno, frz. dédain), *o armazem* (al machsan Freyt. I, 484 b); und Zusammensetzungen wie *o regamargem* (regar und margem), *o porpõem* (porpôr), *o retêm* (retinere); *o vaivem* (sp. va y viene!) u. dgl.

§ 107.

Substantive, welche je nach ihrer Bedeutung das Genus ändern, sind im Portugiesischen weniger als in den übrigen romanischen Sprachen, z. B. *o trombeta* (Trompeter), *a trombeta* (Trompete), *o lingua* (Dollmetsch), *a lingua* (Sprache), *o justiça* (Gerichtsperson), *a justiça* (Gerechtigkeit), *o cabeça* (Häuptling), *a cabeça* (Haupt), *o vigia* (Wächter), *a vigia* (Nachtwache).

2. Numerus.

§ 108.

Die Bedeutung einzelner Substantive schliesst die Möglichkeit ihres Vorkommens im Plurale aus. Solche *singularia tantum* sind im Allgemeinen Eigennamen von Personen, abstrakte Begriffe, Collektivnamen, z. B. Carlos, odio, infancia, gentalha. Von der zierlichen Anwendung solcher Substantive im Plurale hat die Syntax zu handeln.

§ 109.

Pluralia tantum sind entweder aus dem **Lateinischen** herübergekommen, z. B. *nupcias* (nuptiae), oder es bildeten sich **ihrem Begriffe zufolge** plurale Substantive, z. B. *os bofes* (v. bufar blasen; die Lunge), *as ventas* (die Nasenlöcher).

Nach lateinischem Vorgange sind *pluralia tantum*: *os aborigenes* (aborigines, Ureinwohner), *os annaes* (annales), *as armas* (arma), *as blandicias* (blanditiae), *as calendas* (calendae), *as erratas* (errata, Druckfehler), *esponsaes* (sponsalia), *exequias* (exsequiae), *fastos* (fasti), *nonas* (nonae), *nupcias* (nuptiae), *preces* (preces), *proceres* (proceres), *reliquias* (reliquiae), *trevas* (tenebrae), *comestiveis* (comest.), *utensilios* (utensilia), ebenso plurale **Städte- und Ländernamen**: *Athenas* (Cam. Lus. III, 97; V, 87), *Thebas* (ib. IX, 19), *Thermopylas* (ib. X, 21), *Hierosolyma* (ib. III, 27; VII, 6), *Sirtes* (ib. VI, 81), allerdings wieder *Syracusa* (ib. IV, 72) u. a.

Trevas gebraucht **Francisco Manoel** (ode XV aos novos Gamas) im **Singular**: Com manto espesso de nublada *treva*. Hiezu bemerkt er (Parn. lusit. IV, 2): „Alguns meninos inda boçaes em poesia me censuraram de ter eu usado treva no singular, porque talvez se lembraram da quarta feira de trevas. Aos taes lhe aponto aqui tres logares de Camões, que tenho á mão: II, 64. III, 15. V, 30."

Im Plural stehen eine Reihe **konkreter Sachnamen**, an denen der Begriff von **zwei oder mehreren Gegenständen** haftet, z. B. *algemas* (Handfesseln), *antolhos* (Augenkappen), *bragas, calças, calções* (Hosen), *pantalonas, ceroulas, cuecas* (Unterhosen), *cachagens, ventanas* (Nasenlöcher), *cervilhas* (Tänzerschuhe), *gemeos* (gemelli), *cangalhas* (die zwei Seitenkörbe des Lastthieres), *ferropéas* (Fussschellen), *gorgomilos* (Speiseröhre), *parpados* (Augenlider), *brincos, pinjentes, pendentes* (Ohrgehänge), *bolsas, testiculos* (Hoden), *alfaias* (Hausgeräthe), *branchas, guelras* (Kiemen), *maravalhas chamiços* (Reisig), *caricias* (Liebkosungen), *fidéos* (Nudeln), und darum besonders **Collektivbegriffe**: *teres* (Güter), *victualhas, viveres* (Lebensmittel), *bonicos* (Eselsmist), *entranhas* (Eingeweide), *amigdalas* (Halsmandeln), *mantens* (Tischzeug), *postres* (Nachtisch), *temporas* (Quatember), *bufarinhos* (Trödelwaare), *ossas* (Hochzeitsgeschenke), *cantares* (das hohe Lied), besonders auch Pflanzennamen: *cominhos* (Kümmel), *alchechenges* (Judenkirsche), *cambrões* (Kreuzbeerdorn), *labruscas* (wilde Rebe), *mercuriaes* (Bingelkraut). — Auch geographische Namen wie *Açores* (die Habichtsinseln), *Dorcadas* (Lus. V. 11) u. a.; ähnlich *ursas* (ib. V, 15), das Sternbild des Bären u. s. w.

Die Grammatiken führen nicht selten eine reiche Anzahl auf, von denen indessen nicht gerade alle strenge genommen *pluralia tantum* sind, vielmehr im Singular recht wohl vorkommen. Richtig bemerkt hierüber Moraes (Epit. de grammat. port. § 1 Cap. 4): „Nos dizemos os *azeites, méis, oleos, assucares, manteigas, especiarias, pimentas, vinhos, leites;* dar *incensos; famas; os trens dos exercitos; as memorias;* os quaes alguns grammaticos dizem que só se usam no singular.[1] Pelo contrario usamos no singular *uma fava, um grão de bico, um tremoço, uma lentilha, a papa, o farello, o alforge* etc., os quaes Barros ensina que só se usam no plural: „todas as forças de Sansão levou *uma tezoura*", diz elle contra a sua regra."

§ 11).

Einzelne Substantive ändern im Plurale ihre Bedeutung, was schon im Lateinischen Vorbilder hatte. Die plurale Bedeutung leitet sich meist aus der singularen sehr leicht ab, indem sie häufig collektiven Sinn hat. Gewöhnlich bedeuten diese Plurale auch wirklich die Mehrzahl des Gegenstandes und ihre zweite Bedeutung läuft nur neben der pluralen her. Die gewöhnlichsten dieser Substantive sind:

acção Handlung acções Aktien
agoa Wasser agoas Gewässer, Fluthen, Urin
arma Waffe armas Waffen; **Wappen**

---

[1] Aehnlich führt Braga (p. 25) aus der **gewöhnlichen Sprache** Plurale an wie *os azeites e vinagres, os comes e bebes, as fidalguias.*

arreio Schmuck	arreios Geschirr, Pferdezeug
arte Kunst	artes Kunstgriffe, Kniffe
artificio Kunstwerk	artificios Feuerwerk
avô Grossvater	avôs Ahnen
bexiga Blase	bexigas Blattern
bico Schnabel	bicos Ausflüchte
bigode ein Kartenspiel	bigodes Schnurbart
bolsa Börse	bolsas Hoden (§ 108)
braço Arm	braços Kraft, Stärke
brinco Scherz	brincos Ohrgehänge
burro Esel	burros Besansegeltaue
cadeira Stuhl	cadeiras Hintere, Gesäss
calda Zuckersaft	caldas Gesundbrunnen
camera Zimmer	cameras Durchfall
candeinha Lichtchen	candeinhas Irrlichter
cargo Amt, Last	cargos Würde; Anklage
casco Schädel	cascos Verstand
casinha Häuschen	casinhas Gefängniss der Inquisition
castello Schloss	castellos Heroldsstäbe
cimalha Karniess	cimalhas Trennungspunkte
contraste Gegensatz	contrastes Missgeschick
corpo Körper	corpos Brüderschaften
corredor Läufer	corredores Streifcorps
curso Lauf	cursos Durchfall
debuxo Zeichnung	debuxos Schwierigkeiten
descante, Ständchen, Concert	descantes Verläumdungen
despejo Entledigung	despejos Thaten
dizer Meinung, Ausspruch	dizeres Witzeleien
dó Schmerz	dós (alt) Trauerkleider
doce das Süsse	doces Confituren, Eingemachtes
duvida Zweifel	duvidas Streitigkeiten
effeito Wirkung	effeitos Effekten
embate Stoss	embates Unannehmlichkeiten
emenda Besserung	emendas Correkturen im Drucke
empola Blase	empolas Wortschwall

escrito Schrift	escritos Miethanzeigen
fada Fee	fadas Geschick, Schicksal
feitiço Zauber	feitiços Amulet
feria Feiertag	ferias Ferien
ferro Eisen	ferros Fesseln
fim Ende	fins Grenzen
força Kraft	forças Streitkräfte
foro Tribunal	foros Gerechtsame
garra Klaue	garras Haken
huminade Menschlichkeit	humanidades die schönen Künste, Humaniora
mantilha Mäntelchen	mantilhas Windeln
matriz Gebärmutter	matrizes Matrizen
memoria Gedächtniss	memorias Memoiren
oculo Sehrohr	oculos Brille
pensamento Gedanke	pensamentos Ohrgehänge
pérola Perle	pérolas Thränen
policía Feinheit	policías Luxusartikel
ponta Spitze	pontas Hörner
proprio Eigenthum	proprios Krongüter
sendal Flor	sendaes Strumpfbänder
sorte Schicksal	sortes Lotterie
traste Griffbrett	trastes Hausgeräthe
trindade Dreieinigkeit	trindades Nachmittagsgebet
versa Wirsingkohl	versas unnütze Blätter
visagem Gesicht	visagens Fratzen

3. Deklination.

§ 111.

Der ständige Begleiter der romanischen Substantive ist der Artikel *(o artigo)* in seinen beiden Formen, als bestimmter *(artigo definido)* und als unbestimmter *(artigo indefinido)*.

Der portugiesische bestimmte Artikel *o, a* (alt *ho, ha*) zeigt uns die zweite Silbe des lateinischen Demonstrativs *illum, illam;* der Abfall des schliessenden *m* ist früher (§ 16, § 96) erörtert worden; das l ist durch Aphärese weggekommen; denn der alte Artikel war dem Spanischen *el, lo, la* völlig gleich, was sich aus zahlreichen Belegen ergibt und aus der contrahirten Form *pelo* (in alten Handschriften *pello = per lo*). Indessen ist die Form el sehr selten (Trov. 286 *el rei*), Maldito sea-*l* mare (Monaci, Cant. p. 7), und *o* und *a* sehr frühe schon neben *lo* und *la* vorhanden; den Vorzug unter den Formen mit der Liquida hatte *la;* so: eu sei *la* dona (Din. 122), vou m'eu a *la* corte (Trov. 128), guai *la* mia ventura (Trov. 6), sobre *lha* (s. § 46) alçada (foros de Guarda 437). *Sobrelhas* = sobre *as* (Eluc. II, 226).

Dies ursprüngliche *l* tritt wieder besonders auf nach *todo*,[1] indem *todolos, todolas*[2] in der älteren Sprache ganz gewöhnlich ist (z. B. Bellermann, die alten L. p. 17: Ontre todas *las* vertudes; in den trovas dos figueiredos: *todolos* machucara, *todolos* machuquey), auch *per lo* statt *pelo* häufig vorkommt, z. B. Eluc. II, 118: *per lo* marco. *Pelhos* (Eluc. II, 210).

Die neuere Sprache hat durch den Curialstil den Artikel *el* vor *rei* erhalten, z. B. *El* rei de Pam. (Mal. con. IV, 127); A entrada *d'el* rei de França (Man. art. p. XIX); De *El*-rei a estatua (Braga, folh. 188); recorrer *a el* rei (Herc. O monge de C. IX). Pedia *a el* rei (Herc. Inquis. II, 133). Ante *el* rei (Mal. con. IV, 129). Aqui *del* rei (zu Hilfe!) (Herc. Mong. IV). [Dagegen aber Herc. (Hist. I, 457) bradando: *ao rei! ao rei!*]

La in der neueren Sprache zeigt: *a-la-fé* que não o sei eu' (Herc. Mong. IV), wie *a la fe* in den Trovas (151, 5), *a la mha fe* (Din. 59) und einige wenige Ausdrücke wie *a la grande, a la larga, a la mar, cabo la (lo) mar,* nach dem Spanischen. *Alfim = emfim* (Eluc. I, 66).

Das Feminin Plural *las* war besonders häufig, z. B. (Monaci, Cant. 8): Se eu vejo *las* ondas e vejo *las* costeyras.

---

[1] *Todolos, todolas* noch spät; z. B. Bern. Ribeiro: *Todalas* minhas querellas. *Todolhos* (Eluc. II, 383)

[2] Das *s* des vorausgehenden Wortes geht dabei verloren, erhält aber das *l* des Artikels; eben dieselbe Folge hat oft *r*, auf welches der Artikel folgt. — Nach einem Nasenlaute wird das *l* des Artikels oft zu *n* (s. Diez K. und H. S. 110 und später beim Pronomen) So liest man oft *com no, com na* u. s. w., *com no* escriban (For. Guard. 431), *com na* palma (For. Mart. 584). Eluc. I, 395 *em no, em na* wie (I, 298) *cono, conos; cona, conas*.

Der unbestimmte Artikel ist *um, uma* (lat. unum, unam); das alte *hum, huma* schreiben auch vielfach neuere Autoren. Ausserdem findet man in älteren Handschriften *huum* (im Vatican. Codex), was aber einsilbig ist. *hũ, ũ, hũu* und das Femininum *hũa, ũa, hua, uha, huna, una, ũhna, hunha, unha.* Bei Dichtern wird so häufig eine Silbe gewonnen, indem z. B. *ũa* statt *uma* einsilbig, die Composita *algũa, nenhũa* statt *alguma, nenhuma* zweisilbig gelten. Die Strophe 48 andrerseits in den Lusiaden (IX) mit den Reimen *lũa, nenhũa, algũa,* wo andere *lua, nenhua, nenhuma* lesen, zeigt, dass hier der Til keine Nasalität bewirkt, sondern *ua* zu sprechen ist. Derselbe Reim *ũa, lũa, algũa* findet sich in Andrade Caminha (p. 40 Epist. VI). Vgl. oben § 47 S. 104.

§ 112.

Der portugiesische Artikel kann als Surrogat der verlorenen Flexion nicht gelten, denn auch er hat nicht die Kraft einer Deklination in sich. Die Casus werden im Portugiesischen durch die Praepositionen *de* und *ad* ausgedrückt, welche in gewissen Formen mit dem Artikel kontrahiren. Im Allgemeinen gilt im Portugiesischen das Gesetz der Elision, so dass also *de* seinen Vokal, entgegen dem spanischen Sprachgebrauche, verliert, wofern das folgende Wort vokalisch anlautet. Die Formen des Artikels sind demnach:

a) Maskulin

Singular:	Plural:	Singular:
o	os	um
do	dos	d'um
ao	aos	a um
o	os	um

b) Feminin

Singular:	Plural:	Singular:
a	as	uma
da	das	d'uma
á	ás	a uma
a	as	uma

§ 113.

Die Dative *a o, a a; a os, a as* statt *ao, á; aos, ás* sind die älteren Formen, die, wie die getrennte Schreibart zeigt, zweisilbig sind, so bei älteren, z. B. Bellermann (Alfons X. Lieder p. 18): Deu *ao* minyno vida; ebenso (ibid. p. 19):

Ontre todas *las* vertudes
Que *aa* Virgem son dadas,

und noch im 16. Jahrhundert, in Resendes Liederbuch und bei Gil Vicente; indessen sind zweisilbige Femininformen wie *a a, a as* seltener als maskuline.

Dativformen mit *l* zeigt der Vatican. Codex (4803) genugsam, z. B. (Monaci) p. 7: Que mi non venhan ondas *al* cor pol-a fremosa, 9: Hir ei *al-o* mar, 15: juso *a-l* mar e o rio.

. Eine zusammengezogene Dativform [1] *ó, os* im Maskulinum (nach Art des weiblichen *á, ás*) findet sich bei Dichtern gewöhnlich, bisweilen auch in Prosa. Francisco Manuel ist ein besonderer Vertheidiger der Form *ós* (statt *aos*) und bezeichnet sie als eine „licença que tomaram os nossos clássicos, *que tinham mais delicado ouvido, e mais familiaridade co'a grammatica do que os meus doctissimos censores.*" — So auch Diogo Bernardes (Eclog. VI): Que de novo *ó* chrral trazem cada anno, wozu jedoch Moraes bemerkt: „*ó* abreviado por *ao* vem nos poetas e rarissimas vezes nos prosadores; e ainda dos poetas usam-o os mais antigos entre os quaes o trazem com mais frequencia *Ferreira, Bernardes e os antigos.*" — Gewöhnlich ist noch die Aussprache *ó* statt *ao*, z. B. fui *ó* campo (Braga p. 66).

§ 114.

Die Praepositionen *em* (in), *per, por* (per) kontrahiren mit den Artikelformen, wie *de* und *a;* man sagt:

em o = *no*   per o = *pelo*   por o = *polo*
em a = *na*   per a = *pela*   por a = *pola*
em os = *nos*   per os = *pelos*   por os = *polos*
em as = *nas*   per as = *pelas*   por as = *polas*

Die Volkssprache vereinigt auch andere Praepositionen mit dem Artikel durch Elision, z. B. *para o* jardim wird *p'r'ó* jardim; *para a* igreja wird *p'r'á* igreja.

[1] Eluc. II, 190, 191 hat *ou, ous* = ao; aos, II, 187 *oo* = ao.

Aehnlich verbinden Dichter und ältere Handschriften *com* (cum) mit dem bestimmten und unbestimmten Artikel; neben *com o* und *com a* liest man *cõo, cõa; coo, coa; co'o, co'a; co, ca; c'o, c'a;* neben *com os* und *com as* findet man *cõos, cõas; coos, coas; co'os, co'as; cos, cas;* ebenso mit *um* in seinen verschiedenen Schreibarten *com um, com uma;* aber ebenso: *cõ um, cõ uma; co um, co uma; c'um, c'uma* u. s. f. — Schriftsteller und Handschriften gehen hierin weit auseinander.

Em verliert häufig sein *e* vor dem **unbestimmten** Artikel und erhält dann einen allerdings unmotivirten Apostroph nach *m*, das zu *n* wurde, den einige, ohne jedoch durchzudringen, **voraus** an Stelle des abgeworfenen *e* setzen wollen. Man schreibt also *n'um, n'uma; n'uns, n'umas* für *em um, em uma, em uns, em umas,* z. B. Lus. II, 96: *N'uma alta e dourada hastea.* Indessen steht auch vor dem bestimmten Artikel neben *no* und *em o* die Form *en* statt *em*; *en a vila* (For. Torr. 637), *en a sı devida* (For. Guard. 445), **Bellerman** (d. a. L. p. 13): quantos *en* o mundo son, (ib. p. 17): *en* as outras, (p. 57): *En* o mar cabe.

4. Pluralbildung.

§ 115.

Der **Plural** portugiesischer Substantive **mit vokalischem Auslaute** wird durch Anfügung eines *s* an den Singular gebildet, z. B.: *grammatica, grammaticas; jesuita, jesuitas; vento, ventos; idade, idades; javali, javalis; mãi, mãis; perú, perús.*

Substantive auf *er* und *z* setzen *es* an, z. B.: *colher, colheres; flor, flores; luz, luzes; nariz, narizes; vez, vezes.*

Zusammengezogene Maskulina und Feminina, wie *avô* (= avo[l]o), *nó* (no[d]o), *rã* (ra[n]a), *irmã* (germa[n]a) u. dgl. erhalten nur *s*, z. B. *avôs, nós; rãs, irmãs,* die Feminina oft *rãas, irmãas* oder *rans, irmans* geschrieben.

Substantive auf *m* verwandeln vor dem *s* des Plurales das *m* zu *n* (§ 47), z. B.: *nuvem, nuvens; fim, fins; som, sons; jejum, jejuns; debrum, debruns.* — Von *dom* (donum) siehe S. 105.

Bei den auf *l* endigenden Substantiven ereignet sich

vor der Pluralendung *es* (s. S. 57 § 15) **Ausfall der Liquida**; es bilden also Substantive auf *al, el, il, ol, ul* ihre Plurale auf *aes, eis, ís, oes, ues*, z. B.: *cristal, crist*aes; *punhal, punh*aes; *batel, bat*eis; *annel, ann*eis; *ardil, ard*is; *funil, fun*is; *terçol, terç*oes; *caracol, carac*oes; *paúl, pa*úes; *taful, taf*ues.

Wörter auf *x* nehmen im Plurale die **lateinische Form** an, so: *appendix, appendi*ces; *bombyx, bomby*ces; *calix (caliz), cali*ces; *index, indi*ces u. s. w.

Die Wörter auf *s* bleiben im Plurale **unverändert**; so: *Carlos, Marcos; alferes, ourives, cáes, arráes, pires* u. a. Indessen hatte die alte Sprache Plurale wie *alférezes* (Lus. IV, 27: *Alférezes* volteiam a bandeira, wozu die Variante: *Os alferes*; ebenso Mausinh. de Queb. XI, 23 und anderweitig); *ourivezes* (G. Resende, Barros, Dec. III. liv. 4 cap. 4; Dec. IV, 9, 5), *ourivicis* (= aurifices); *caezes* (Quai; Barros, Dec. IV. liv. 1; cap. 8); *arraezes* (Schiffspatron, Leão, Chron. de Dom João I, cap. 72).

§ 116.

Gegen die bisher ausgeführte Regel bilden ihren Plural: *Eiró* (eine Art grosser Aale), *eirozes*; *mal* (malum), *males*; *real* (Münze), *reis*; *mel* hatte früher neben *méis* den Plural *meles*; *consul* (mit Composita *proconsul, visconsul)* bildet *consules (proconsules, visconsules)*; *deos, deoses*.

§ 117.

Die Wörter auf *ão* bilden ihren Plural auf *ãos* **oder** *ões* **oder** *ães*. Die Feststellung dieses Plurales hat frühe die portugiesischen Grammatiker beschäftigt. Duarte Nunes Leão handelt (p. 29) von der Schreibung des nasalen *om, am* u. s. w., Ferreira de Vera in seiner Orthographia (1631 Fol. 25) schrieb hievon: E porque no formar *dos pluraes dos nomes*, cujos singulares são em *ão* se embaraçam muitos *sem saberem, se hão de pronunciar e escrever cidadães, cidadões ou cidadãos; villães, villões ou villãos, cortezães, cortezões ou cortezãos*, farei aqui regra geral pera esta pronunciação e escriptura: Todas as vezes que na lingua portugueza acabar qualquer nome em *ão*, avendo duvida na fórma do plural, veja-se, *como se termina na lingua castelhana*, porque se acaba em *an*, faz o plural (acerca dos Castelhanos) em *anes*, como: *capitan, capitanes; gavilan, gavilanes; alleman, allemanes.* E assi fórma sempre sem excição alguma o Portuguez o singular em *ão* e o plural em *ães*, como de *capitão, capitães; gavião, gaviães; allemão, allemães.* Mas se acerca dos Castelhanos o singular, que os Portuguezes acabam em *ão*, elles formam em *ano* como *villano, ciudadano, aldeano*, de que elles formam o seu plural em *anos*, o nosso plural será em *ãos*; e assi como elles dizem: *villano, villanos; ciudadano, ciudadanos; aldeanos*, diremos nós *cidadãos, aldeãos, villãos.* E se o singular acerca dos mesmos Castelhanos for em *on* será o nosso plural em *ões*, como *sermon, opinion, corazon*, que dizem *sermones, opiniones, corazones*; diremos nós *sermão, sermões; coração, corações; opinião, opiniões.* Porque n'isto e em outras cousas que por brevidade deixo, tem respeito e correspondencia a lingua portugueza e castelhana. Porém, se os vocabulos em *ão* são meros portuguezes ou communs a outras linguas e os não ha em Castelhano, sempre se acabará a voz do plural em *ões*, como *patacão, patacões; tecelão, tecelões.* Porque tem n'isto respeito ao antigo, que as palavras que agora acabam em *ão*, acabavam todas em *om*. E pelo costume, (que n'isto sempre hemos de seguir) ficaram fora da dita regra *tabeliães, escrivães*, que pela dita analogia houveram de fazer *tabelliões, escrivões* e tambem ficam fóra da dita regra indifferentes, como *cidadão, cidadões; villão, villões.*

Dasselbe lehrt João Franco Barreto (1671, Orthogr. pag. 192) und seine Nachfolger. Die Grammatiker des 18. Jahrhunderts gingen auf die Abschaffung der Endung ão aus. Auch Antonio de Mello da Fonseca in seinem Antidoto da lingua portugueza (1710) findet, dass der Laut *ão* die Sprache *„mui tosca e muito grosseira"* mache und schlägt die Endung *tude* statt *ão* in *solidão* (solitude), *mansidão* (mansuetude) u. a. vor — eine Weise, die das Leben einer gesprochenen, nationalen Sprache geradezu verkennen heisst.

Indessen war ursprünglich die Schwierigkeit um einen Fall geringer, da man nur zwei Singularendungen auf *am* und *om* und hiezu die Pluralformen *ães* und *ões* hatte. Als *am* und *om* in die Schreibart *ão* zusammenfloss, suchte man die Plurale im 16. und 17. Jahrhundert zu scheiden.

Noch jetzt gilt als sicherste Regel für die Pluralbildung der Worte auf *ão*, dass diejenigen, welche im Spanischen auf *ano* (Plural *anos*) ausgehen, im Plurale *ãos* bilden, die spanischen auf *an* (Plural *anes*) *ães*, und die spanischen auf *on* (Plural *ones*) *ões*, z. B. *irmão* (sp. hermano), *irmãos*; *grão* (sp. grano), *grãos*; *pagão* (sp. pagano), *pagãos*; *rabão* (sp. rábano), *rabãos*; — *Alemão* (sp. Aleman), *Alemães*; *truão* (sp. truhan), *truães*; *charlatão* (sp. charlatan), *charlatães*; *pão* (sp. pan), *pães*; — *acção* (sp. accion), *acções*; *impressão* (sp. impresion), *impressões*; *barão* (sp. varon), *barões*; *glotão* (sp. gloton), *glotões* u. s. w.

Nach der Herkunft aus dem Lateinischen liesse sich über den Plural im Allgemeinen bestimmen: 1) Das vom lateinischen *anus* (anum) kommende *ão* wird im Plurale (durch Ausfall des *n*) einfach *ãos*; so *christão* (christianus), *christãos*; *chão* (planum), *chãos*; *orgão* (organum), *orgãos*; *mão* (manus), *mãos*; *orfão* (orphanus), *orfãos*; *anão* (νάννος), *anãos*. Eine Ausnahme hievon macht eine Reihe von Substantiven auf *ão* (= anus), welche Aemter und Würden ausdrücken und ihren Plural auf *ães* bilden, z. B. *capellão* (capellanus, sp. capellan), *capellães*; *capitão* (capitanus, sp. capitan), *capitães*; *deão* (decanus, sp. decano), *deães*; *ermitão* (prov. hermitan, sp. ermitaño), *ermitães*; *escrivão* (scribanus, span. escriban, escribano), *escrivães*; *guardião* (guardianus, sp. guardian), *guardiães*; *sacristão* (sacristanus, sp. sacristan), *sacristães*; *soldão, sultão* (sultanus, sp. sultan), *soldães, sultães*; *tabellião* (sp. tabelion), *tabelliães*.

2) Das vom lateinischen *anis* kommende *ão* wird im Plural (durch Ausfall des *n*) einfach *ães*, z. B. *cão* (canis, sp. can), *cães*; *pão* (panis, sp. pan), *pães*.

3) Das vom lateinischen *onem* (Maskulina und Feminina auf *o, io, onis*) stammende *ão* wird im Plural (durch

— 182 —

Ausfall des *n*) einfach *ões*; so *sermão* (sermo), *sermões; ladrão* (latro), *ladrões; salmão* (salmo), *salmões; falcão* (falco), *falcões; sabão* (sapo, σάπων), *sabões; pavão* (pavo), *pavões; carvão* (carbo), *carvões; leão* (leo), *leões;* Tritão (Triton), *Tritões; escorpião* (scorpio), *escorpiões; annotação* (annotatio), *annotações; collecção* (collectio), *collecções; inscripção* (inscriptio), *inscripções; menção* (mentio), *menções; navegação* (navigatio), *navegações; paixão* (passio), *paixões; razão* (ratio), *razões; versão* (versio), *versões; unção* (unctio), *unções* u. s. w.

Die bei weitem grösste Zahl portugiesischer Substantive auf *ão* bildet den Plural auf *ões;* so die vom deutschen stammenden, wie: *balcão* (balco), *balcões; esporão* (sporon), *esporões; girão* (gêro), *girões; garanhão* (wrênjo), *garanhões;* ebenso andere, wie *limão* (pers. laimun), *limões; melão* (nach μῆλον), *melões; algodão* (arab. al-qo'ton, Freyt. III, 469 b), *algodões;* und die mit dem Suffix *on* gebildeten (zum Theile augmentativen) Substantive, wie *perdigão* (perdix), *perdigões; canhão* (canna), *canhões; leitão* (lac, sp. lechon), *leitões; coração* (sp. corazon), *corações; torreão* (turris), *torreões; xergão, enxergão* (serica, sarica; bask. ciricua), *xergões, enxergões.*

§ 118.

Bei einzelnen Wörtern auf *ão* schwankt der Gebrauch der Pluralendungen noch; so führen verschiedene Grammatiker *cidadãos* und *cidadões, villãos* und *villões* u. dgl. an. — *Zangão* (ital. zingano; span. zángano) bildet neben dem regelrechten *zangãos* auch *zangões; benção* (benedictio) neben dem richtigen *benções* häufiger *bençãos;* andere mit dem Suffix *anus* sind gleichfalls unregelmässig im Plurale; so *hortelão* (hortulanus), *hortelões;* ebenso *volcão* (vulcanus), *volcões; soão* (solanus), *soões; tecelão* (v. texere), *tecelões.*

§ 119.

Der Plural der zusammengesetzten Substantive richtet sich nach der Art der Zusammensetzung (s. S. 155). Zwei Substantive in attributivem oder appositivem Verhältnisse erhalten beide das plurale *s*, z. B. couveflôr, *couves-flôres;* chave-mestra, *chaves-mestras;* livro-mestre, *livros-mestres;* chaile-manta, *chailes-mantas;* derselbe Fall tritt ein bei Substantiven mit Adjektiven, z. B. cofre-forte, *cofres-fortes;* porto-franco, *portos-francos.* — Sind zwei Substantive mit Praepositionen verbunden, so erhält nur das erstere das plurale s, z. B. ajudante de campo, *ajudantes de campo;* homem do mar, *homens do mar;* purga do sangue, *purgas do sangue.* Ebenso ergeht es jenen Zusammensetzungen, deren erster Theil nicht flexivisch ist; z. B. não-homem, *não-homens;* quasi-deos, *quasi-deoses;* contra-vontade, *contra-vontades.*

Ganz unflektirt bleiben sonstige Zusammensetzungen, z. B. Substantive und Verba, Verba und Adverbien, wie mata-sanos, *mata-sanos;* pesa-licôres, *pesa-licôres;* saca-rolhas, *saca-rolhas;* passa-culpas, *passa-culpas;* meist ist das Substantiv schon in der pluralen Form; seltener im Singular, wie etwa *porta-voz, tira-pé,* in welcher Form es dann (nach der Lehre einiger Grammatiker) den Plural annehmen kann *(porta-vozes; tira-pés).*

Dagegen stets unverändert bleiben alle übrigen Zusammensetzungen, wie: *mija-mansinho, dorme-em-pé* u. a.

b. Adjektiv.

1. Genus.

§ 120.

Das portugiesische Adjektiv stimmt mit seinem Substantiv im Genus und Numerus überein. Das Genus ist zweifach. Der neutrale Begriff wird durch die maskuline Form dargestellt, z. B. *o formoso* das Schöne, *o vero* das Wahre, wo die span. Sprache noch den Artikel *lo* hat. Die ältere Sprache zeigte (besonders bei den Pronomina, vgl. *al, algo, tudo* u. s. w.) bisweilen das Streben nach einer neutralen Form. Aehnlich ist noch z. B. *agro* (zum Adjektiv *acre*), *rudo* (zum Adjektiv *rude*), früher *avondo* (zu *abundante*).

§ 121.

Die lateinische Muttersprache bot Adjektiva dreier, zweier und einer Endung. Nach den waltenden Lautgesetzen mussten die Adjektive auf *us, a, um* und *er, a, um* (Akk. *[er]um*) zu Adjektiven auf *o* werden; die zweigeschlechtlichen auf *is, e* und die lateinischen einer Endung wurden auch portugiesisch Adjektive einer Endung. So haben wir also *amaro* (amarus), *duro* (durus); *inteiro* (integer), *negro* (niger); *celebre* (celeber), *salubre* (saluber); *doce* (dulcis), *facil* (facilis); *pobre* (pauper), *pertinaz* (pertinax) u. s. w.

Uebertritt zu einer anderen Endung ist sehr selten; *contente* (contentus), *firme* (firmus), *livre* (liber); und umgekehrt noch seltener: *agro* (acer, schon Palladius *acrus*), *grelo* (gracilis), *vedro* (alt, vetus, noch in Torres*vedras*, Castel*vedro*), *rudo* (neben *rude*), obwohl neugebildete Adjektive am liebsten nach Art der lateinischen auf *us, a, um* Eingang fanden, so dass nur sehr wenige Neubildungen der dritten angehören, wie etwa *covarde, cobarde* (co-ardo, codardo von cauda), *ruim* (ruina).

§ 122.

Die Genusmotion der portugiesischen Adjektiva geschieht, indem das Femininum nach lateinischem Vorbilde die Endung *a* erhält. Dieser Motion sind fähig:

a) alle auf *o* aus lateinischen Adjektiven auf *us* und *er* oder diesen nachgebildeten: formoso, *formosa;* formosos, *formosas;* bello, *bella;* bellos, *bellas;*

b) die auf *ão (am)* = lateinischem *anus*, bei denen dann das Femininum *ãa (an)* lautet, z. B. vão, *vãa;* vãos, *vãas;* são, *sãa;* sãos, *sãas;* christão, *christãa;* christãos, *christãas;*

c) die auf *or* (nach § 102,3 S. 167), z. B. protector, *protectora;* protectores, *protectoras;* seductor, *seductora;* seductores, *seductoras;* merecedor, *merecedora;* merecedores, *merecedoras;*

d) die auf *m, u* und die Gentilia auf *ez* und *ol*, z. B. ruim, *ruima;* ruins, *ruimas;* cru, *crua;* crus, *cruas;*

nu, *nua;* nus, *nuas;* inglez, *ingleza;* inglezes, *inglezas;* hespanhol, *hespanhola;* hespanhoes, *hespanholas.*

Entgegen dieser Regel bilden ihr Femininum:

a) *máo* (schlecht), das das kontrahirte Feminin *má* (= mala, § 15, S. 57) hat; *só* (allein), das im Feminin unverändert *só* bleibt. — *Parvoa* (Jorg. Ferr. Aul. 56); *judeo, judia.*

b) Die populäre Form des Femininums derer auf *āo* ist oft *ôa,* z. B. furão, *furôa;* pobretão, *pobretôa;* temporão, *temporôa* (Braga p. 45); andere, die nach dem spanischen *on* gebildet sind, nehmen *ona,* z. B. pedinchão, *pedinchona.*

c) Die auf *or* waren in ältester Zeit (s. § 102 S. 168) einer Endung.

d) *bom* (bonus) bildet im Feminin *boa.* — Verschiedene Grammatiker führen auch alle auf *m* als Adjektive einer Endung an, z. B. *ruim* (Braga p. 44). Die Adjektive auf *um* sind indessen insgesammt Adjektive einer Endung geblieben (mit Ausnahme von *um* und seinen Composita *nenhum* und *algum*). Auch *commum* (communis), das bei alten Classikern (z. B. Barros I, 8, 8: opinião *commum*) einer Endung ist, findet sich selten mit dem Feminin *commua;* ebenso selten die übrigen auf *um (cabrum, ovelhum, vaccum),* so dass man die Adjektive auf *m* eben so richtig als Adjektive einer Endung bezeichnen kann.

Im Allgemeinen bemerkt Costa (II, 48) über diese bald ein- bald zweigeschlechtlichen Adjektiva: Os adjectivos em *or,* em *ez* e *alguns* eram *antigamente commum de dous;* por isso achamos tantas vezes nos autores antiguos e mesmo em *João de Barros:* cidade *competidor,* uma *Portuguez,* uma *Hollandez* etc. Mesmo muitos tempos depois deste uso ter cessado, *Antonio Diniz da Cruz e Silva,* que de certo sabia a sua lingua, não duvidou dizer no Hyssope: „E *a* nossa *portuguez* casta linguagem" (V, 133).

§ 123.

Im Femininum bleiben unverändert alle Adjektive, welche auf *e* oder einen Consonanten endigen,

z. B. grande, facil, mudavel, simples, cortez, montez, capaz, veloz. — *Covarda* (Jorg. Ferr. Aul. 77).

§ 124.

Die Adjektive *grande, maior* und *santo* erleiden Abkürzungen. *Grande*, in der alten Sprache *grão, gram, gran', grand, gran*, lautet noch so in Zusammensetzungen, z. B. o *grão*-Turco, o *gran*-senhor, selbst in Femininen: as *gran*cruzes. Die Akademie hat die ungeordnete Schreibweise (s. m. Lus. IX, 2) fortgesetzt, z. B. Caminha (p. 28):

Gram nome como grão merecimento.

Maior kontrahirt zu *môr* (*moor* Eluc. II, 151), wenn es vor oder nach gewisse Titel tritt: *môrdomo* (majordomus), *môr* domo *môr* (Obersthofmeister), monteiro *môr* (Oberforstmeister), almirante-*môr*, esmoler-*môr*, copeiro-*môr*, estribeiro-*môr*, mão-posteiro-*môr* u. a.

Santo wird vor männlichen consonantisch anlautenden Eigennamen *São, Sam*, z. B. São Paolo.

2. Pluralbildung.

§ 125.

Der Plural der Adjektive wird wie jener der Substantive nach den § 115 gegebenen Regeln gebildet; also bello, *bellos;* vão, *vãos;* forte, *fortes;* fertil, *ferteis;* cortez *cortezes* u. s. w.

Die auf unbetontes *il* endenden Adjektive haben im Plural *eis*, die auf betontes *il* endenden *is*, z. B. vil (vilis), *vis;* civil (civīlis), *civis*.

Die alten Schriftsteller bildeten bisweilen den Plural nach lateinischem Vorgange, z. B. *faciles, fertiles, utiles* neben *faceis, ferteis, uteis;* so Quebedo: fazeis os campos *fertiles* viçosos; Silva (Manhan d'estio): per *fertiles* planicies; ebenso findet sich der Plural *simplices* neben dem regelmässigen *simples*.

Andere Bildungen, wie z. B., wenn Sá de Miranda aus Reimrücksichten[1] den Plural *mudaves* statt *mudaveis* von

---

[1] Reimrücksichten bestimmen öfter die Dichter zu Unregelmässigkeiten (siehe oben § 72 S. 128 *mediterrano*). Antonio

mudavel bildet (Ó cousas todas vans, todas *mudaves* als Reim zu *naves* — cf. Parn. lus. III, 1), sind ungrammatische Freiheiten.

3. Comparation.

§ 126.

Die portugiesische Sprache hat, ob sie auch die **vollständige** organische Comparation der lateinischen Mutter nicht mehr erhielt, doch mehrere Reste derselben als die übrigen romanischen Schwestersprachen, indem eine Reihe von Adjektiven, deren **Positiv** sich den Lautgesetzen fügte und dadurch die strenglateinische Form verlor, **im Superlative wieder zur Grundform zurückkehrte.**

Wie die lateinische Sprache verwendet die portugiesische zur Bildung der Comparation **das steigernde Adjektiv** *magis* (nach § 21 S. 75) *mais* im **Comparativ,** den **Artikel vor demselben im Superlative,** also: rico, *mais* rico (a), *o (a) mais rico* (a); *os (as) mais ricos (as);* amavel; *mais* amavel; *o (a) mais* amavel; *os (as) mais* amaveis.

Neben dieser Steigerung mit *magis*, welche die portugiesische Sprache mit der spanischen *(mas)* und wallachischen *(mai)* gemeinsam hat, fand sich in der älteren Sprache die den übrigen romanischen Sprachen geläufige, allerdings auch im Lateinischen, wenn auch selten, vorhandene Steigerung mit *plus*, hier *chus* (Eluc. I, D i e z R. K. und H. P. S. 123), z. B. *chus* pequena (For. de Gravão 375) (s. Diez R. G. II, 71).

§ 127.

Der s. g. *superlativo absoluto* nach lateinischer Art auf *imo* ist neueren Datums; er erscheint zum ersten Male in den *Côrtes d'Evora*, im *Leal conselheiro*, im *Cancioneiro geral*,

---

d e Abreu reimt allerdings (descripção de Malaca) *Malaca* und *atarca;* dagegen schreibt F e r n ão A l v a r e s do O r i e n t e (in einem Sonnette) *chouro* statt *choro* als Reim zu *tesouro*, wozu C o s t a (IV, 215) bemerkt: „Esta licença não seria hoje desculpada, *porém os nossos antigos eram mais indulgentes em materia de ryma.*"

also mit dem 15. Jahrhunderte. Ursprünglich wurde der absolute Superlativ durch Vorsetzung steigernder Adverbia wie *assaz, bem, mui, muito* u. dgl. wie noch heute ausschliesslich im Französischen gebildet; ja stark *mui muito*, z. B. „Que dos *mui muitos* ciumes nasce o *mui muito* amor" (Gil. Vic. III, 268); a donzella *muito* inchuta (Romanc. I. 50); ebenso ergab *tam muyto* den absoluten Superlativ in den alten Liederbüchern: „Porque *tam muyto* tarda d'esta vez" (Canc. da Vatic. no. 333). — Auch *per* drückt nach lateinischem Vorbilde den Superlativ aus, z. B. *Perfelizes* ser podem (Lindo. III, 1); ähnlich *re* (s. § 90 S. 153), *rebonissimo*.

Der jetzt gewöhnliche *superlativo absoluto* ist indessen der organisch durch Anhängung von *issimo* an den Stamm des Adjektives gebildete, z. B. bello, *bellissimo;* formoso, *formosissimo;* forte, *fortissimo;* util, *utilissimo*.

Hiebei sind einige durch die Aussprache geforderte orthographische Aenderungen nothwendig.

a) Die Adjektive auf *co* verwandeln im Superlative *c* in *qu*, z. B. rico, *riquissimo*.

b) Die Adjektive auf *go* setzen ein *u* nach *g* ein, z. B. longo, *longuissimo*. — F. Man. (art. poet. VI, 18): *greguissimos* Scaligeros.

Ausnahmen: parco (parcus), *parcissimo* und nach lateinischem Vorgange antigo, *antiquissimo;* amigo, *amicissimo*.[1]

c) Die Adjektive auf *z* verwandelten *z* in *c*, z. B. capaz, *capacissimo;* feliz, *felicissimo;* veloz, *velocissimo*.

§ 128.

Auf den lateinischen Stamm gehen bei Bildung des Superlatives auf *issimo* zurück:

---

[1] *Amigo* wird auch adjektivisch gebraucht. So bemerkt Parn. lus. IV, 132 zu „Ao vate *amigo*" (T. Canuto de Forjó, ode aos meus amigos): „*Amigo* aqui é *adjectivo* e não substantivo." Vede: Affonso Africano IV, 27; Franc. Dias Gomes, Eleg. I, 198. — Indessen erhalten auch Substantiva superlative Form, wie *generalissimo*, das populäre *cousissima;* ähnlich sogar *mesmo* (selbst) *mesmissimo* (J. Ferr. Euf. 224).

a) die Adjektive auf *ão* = lat. *anus* (früher war diese Schreibung gewöhnlich, z. B. Bern. Riboiro [a visão]: „Vi um homem todo *cão*" = cano, lat. canus); also: *vão* (vanus), *vanissimo; são* (sanus), *sanissimo; chão* (planus), *chanissimo;* und jene mit schliessendem *m*, z. B. *bom* (bonus), *bonissimo; commum* (communis), *communissimo;*

b) die von lateinischen Adjektiven der zweiten und dritten Deklination auf *er* stammenden portugiesischen Adjektive auf *o* und *e*, z. B. *aspero* (asper), *asperrimo; misero* (miser), *miserrimo; prospero* (prosper), *prosperrimo; integro* (integer), *integerrimo; acre* (agro, acer), *acerrimo; celebre* (celeber), *celeberrimo; salubre* (saluber), *saluberrimo; pobre* (pauper), *pauperrimo; uberrimo* (lat. uber) u. a. Indessen schwankt der Gebrauch, und es ist nicht zu verkennen, dass die lateinischen Formen einen gewissen Classicismus verrathen und weniger populär sind. So liest man auch neben *asperrimo* (Cam. Lus. III, 34: o inimigo *asperrimo*), *miserrimo* (ibid. V, 48: *miserrima* prisão), *prosperrimo* (Mascarenh. Variat. VIII, 122). *integerrimo* (Card. Agiol. II, 572). *celeberrimo* (Brito, monarch. part. I, I, 7), *saluberrimo* (Brit. Chron. de Cist. IV, 4), *pauperrimo* (Barbosa de Carvalho, Peregr. dialog. II), *uberrimo* (o *uberrimo* imperio, Lind. I, 1) ebenso *asperissimo* (Cam. Lus. III, 116: *asperissimo* contrario), *miserissimo, pobrissimo* u. a.;

c) die Adjektive auf *vel*, die auf die lateinische Grundform zurückgehend im Superlativ *vel* in *bilissimo* verwandeln (vgl. über die Positivform § 76 S. 138), z. B. *amavel* (amabilis), *amabilissimo; terrivel* (terribilis), *terribilissimo; soluvel* (solubilis), *solubilissimo;* indessen kommen Superlative auf *velissimo* gleichfalls vor, wie *miseravelissimo* (Sousa, vida do arceb. I, 24), *amavelissimo* (Card. Agiol. I, 57), *terrivelissimo* (Vieira, Serm.) u. a.

d) Von den sechs lateinischen Adjektiven auf *ilis*, welche den Superlativ auf *illimus* bilden, erhielten sich in dieser Form im Portugiesischen *facil* (facilis), *difficil* (difficilis) und *humilde* (humilis) in *facillimo, difficillimo, humillimo* (Cam. Lus. IV, 54: *humillima* miseria); doch finden sich ebenso: *facilissimo* (Couto, Decad. VII liv. X, 13), *diffi-*

cilissimo (Arraes, dialog. VII, 6), *humilissimo* (Vieira, Serm. V, p. 184) und *humildissimo*. — Dagegen ist nachgebildet *fragillimo* neben *fragilissimo* von *fragil* (fragilis).

e) *Christão* (christianus) bildet *christianissimo; frio* (frigidus) *frigidissimo* (neben *friissimo*); *sabio* (sapius) nach *sapiens sapientissimo; sagrado* (sacratus) *sacratissimo; doce* (dulcis) *dulcissimo* (neben *docissimo*); *nobre* (nobilis) *nobilissimo* (pop. *nobrissimo*); *cruel* (crudelis) *crudelissimo* (neben *cruelissimo*); *fiel, infiel* (fidelis) *fidelissimo, infidelissimo; geral* (generalis) *generalissimo; simples* (simplex) *simplicissimo*. Die classischen Schriftsteller bieten noch mehrere dieser Beispiele (s. m. Lus. p. XIII), z. B. *superbissimo* zu *soberbo* u. v. a.

§ 129.

Wie im Lateinischen bilden ihren Superlativ und erhalten auch die lateinische Comparativform:

bom gut	*melhor* besser	*optimo* best
máo schlecht	*peior, peor* schlechter	*pessimo* schlechtest
grande gross	*maior* grösser (s. § 124)	*maximo* grösst
pequeno klein	*menor* kleiner (Eluc. II, 127 auch *meor, meior*)	*minimo* kleinst.

Diese lateinischen Formen schliessen indessen den Superlativ auf *issimo* nicht aus; so hat man zu bom *bonissimo*, zu máo *malissimo*, zu grande *grandissimo* und bisweilen auch die Form *grandedissimo* (a *grandedissima* tola, Hercul.), zu *pequeno* (s. Diez E. W. I, 318) *pequenissimo*.

Dazu benützt man auch den Comparativ mit dem Artikel zu superlativen Begriffen, so dass also *o bonissimo, o melhor, o optimo* unserem „der beste" entsprechen kann. Auch die Comparative *mais* grande, *mais* pequeno, nicht aber *mais* bom, *mais* máo sind in Anwendung geblieben.

§ 130.

Andere Reste organischer lateinischer Comparation erhielten sich noch in den den romanischen Sprachen überhaupt verbliebenen Comparativen und Superlativen, die nach lateinischen Praepositionen gebildet sind, so: *citerior* (nicht aber citimus ; *ulterior, ultimo; interior, intimo;* ferner: *exterior, extremo* (nicht aber extimus); *inferior, infimo* (nicht aber imus); *superior, supremo, summo; posterior, postremo* und in der lateinischen Bedeutung *postumo* (Eluc. II, 217 *pestrumeiro, prestumeiro*); *proximo* (aber nicht propior); *prior* ging als **Adjektiv** verloren; *primus* wich der Form *primeiro* (primarius).

c. Numeralia.
1. Cardinalia.
§ 131.

Von den portugiesischen **Cardinalzahlwörtern** sind *um, uma* eins, *dous, duas* zwei und die Zahlen von 200 bis 1000 (dieses nicht mehr) **zweier** Endung. — Von 1 bis 15 ist die Form der lateinischen nachgebildet, ebenso bei den Zehnern und Hundertern. Bei 16, 17, 18, 19 folgt der Einer dem Zehner nach. Die Form der portugiesischen **Cardinalzahlwörter ist:**

1	um, uma	19	dezanove
2	dous, duas	20	vinte
3	tres	21	vinte e um
4	quatro	22	vinte e dous
5	cinco	30	trinta
6	seis	40	quarenta
7	sete	50	cincoenta
8	oito	60	sessenta
9	nove [1]	70	setenta
10	dez	80	oitenta
11	onze	90	noventa
12	doze	100	cento; cem
13	treze	101	cento e um
14	quatorze	200	duzentos, as
15	quinze	300	trezentos, as
16	dezaseis	400	quatrocentos, as
17	dezasete	500	quinhentos, as
18	dezoito	600	seiscentos, as

---

[1] Populär ist die Pluralform *noves*, z. B *noves-fóra*.

700 setecentos, as | 2000 dois mil
800 oitocentos, as | 100,000 cem mil
900 novecentos, as | 1,000000 um milhão
1000 mil | 10,000000 um bilhão

Aeltere Ausgaben schreiben *hum, huma; dés* statt *dez;* oft findet man auch *dois* statt *dous; outo* statt *oito; dezeseis, dezesete* neben *dezaseis, dezasete.*

§ 132.

a) Beim Aussprechen der Zahlen kömmt die kleinere Zahl bei den Zehnern stets nach der grösseren; *e* (und) steht nur vor der letzten Zahl einer Abtheilung, z. B. 1877: mil oito centos *e* setenta *e* sete.

b) *Cento* steht vor Zahlwörtern, *cem* vor Substantiven, z. B. *cento* e oito livros; dagegen: *Cem* caras, *cem* vestidos, *cem* figuras, *cem* linguas toma (Hyss. I, 196).

c) Eine Million Reis ist portugiesisch: *um conto de reis* (nicht um *milhão*).

d) Nur bei Dichtern finden sich Zahlwörter ihrem Substantive nachgebildet; so z. B.: O peito poz por vós já a riscos *cento* (Malac. conq. II, 55). De victorias *cento* (ibid. IV, 15).

§ 133.

Milhão, bilhão sind Substantiva, nicht Zahlwörter, *(adjectivos numeraes).* Solcher Zahlsubstantive besitzt die portugiesische Sprache mehrere: ·uma *parelha,* um *par* (ein Paar), um *terno* (drei Stücke), um *quaterno* (vier Stücke), uma *dezena* (zehn Stücke), uma *duzia* (ein Dutzend), uma *quinzia* (eine Mandel), uma *vintena* (zwanzig Stücke, eine Stiege), um *quarteirão* (fünf und zwanzig Stücke), uma *trintena* (dreissig Stücke), uma *sessenta* (sechzig Stücke, ein Schock), uma *centena* ein Hundert; aber auch *cento,* und in dieser Bedeutung erhält es natürlich den Plural *centos,* z. B. Franc. Man. (art. poet. II, 13): „Que a bem·fallamos muitos *centos* de annos"; uma *grosa* (ein Gros, zwölf Dutzend), um *milhar* (tausend Stücke) u. s. w., z. B um *milhar* de contos (tausend Millionen). — *Quarentena* eine Zeit von

40 Tagen, dann die 40-tägige Fastenzeit und Schiffsquarantäne.

Ambos, ambas (beide) tritt oft zu dous, duas, wobei der Artikel nach ambos steht, z. B. *ambos os dous* monges, tão amigos (Hercul. mong. de Cistér. VI). — Das arabische *çifron, çihron* (صفر = ç) drückt unsere „Null" aus: uma *cifra*, um *zero* (Freyt. II, 503 b; Mahn p. 46).

2. Ordnungszahlen.

§ 134.

Die Ordinalzahlen sind als Adjektive zweier Endung auf *o* (a) vom Lateinischen herübergekommen. Die Form der portugiesischen Ordinalzahlen *(numeros ordinaes)* ist:

o primeiro, a primeira der erste, die erste
o segundo der zweite
o terceiro der dritte
o quarto der vierte
o quinto der fünfte
o sexto der sechste
o septimo der siebente
o oitavo der achte
o nono der neunte
o decimo der zehnte
o undecimo der elfte
o duodecimo der zwölfte
o decimo terceiro der dreizehnte
o decimo quarto der vierzehnte
o decimo quinto der funfzehnte
o decimo sexto der sechszehnte
o decimo septimo der siebzehnte
o decimo oitavo der achtzehnte
o decimo nono der neunzehnte
o vigesimo der zwanzigste
o vigesimo primeiro der ein und zwanzigste
o trigesimo der dreissigste
o quadragesimo der vierzigste
o quinquagesimo der funfzigste
o sexagesimo der sechzigste
o septuagesimo der siebzigste
o octogesimo der achtzigste
o nonagesimo der neunzigste
o centesimo der hundertste
o centesimo primeiro der einhundert erste
o ducentesimo der zweihundertste
o trecentesimo der dreihunderste

o quatrocentesimo der vier-
hundertste
o quinhentesimo der fünf-
hundertste
o seiscentesimo der sechs-
hundertste
o setecentesimo der sieben-
hundertste

o oitocentesimo der acht-
hundertste
o novecentesimo der neun-
hundertste
o millesimo der tausendste
o dez millesimo der zehn-
tausendste
o millionesimo der millionste

Primeiro (von primarius) hat das früher gebräuchliche lateinische *primo* verdrängt. Es findet sich z. B. Bernard. Ribeiro (a visão): a *prima* cousa que vi e a derradeira tambem; ebenso Camões (Eclog.): o escuro enigma ao *primo* vate deram. Dazu bemerkt Parn. lus. II, 363: „Deste termo com *igual significação*[1] usou tambem *Jorge Ferreira* na sua comedia *Euphrosina*. No prologo da dicta comedia acha-se o seguinte exemplo: „que por muito que o tempo como *primo* mobil faça'."

Terço (Eluc. II, 377), *tercer* (ibid. II, 377) statt *terceiro*.

Neben *septimo* findet man *setimo;* neben *oitavo* auch *outavo*, alt auch *ochavo* (S. 71); neben *undecimo, duodecimo* findet sich *decimo primeiro, decimo segundo;* neben *decimo terceiro tercio decimo;* neben *trigesimo* auch *tercesimo;* neben *quadragesimo quarantesimo;* daneben sind einige Ordinalzahlen zu verzeichnen, die nach der lateinischen Form der Distributiva auf *eno* gebildet sind, wie dies auch im Spanischen der Fall ist: *deceno, dozeno, trezeno, quatorzeno, vinteno, duodeno, seteneno.*

Der Portugiese wendet seine Ordinalzahlen zur Bezeichnung der Wochentage an, indem er sie zu *feira* (feria) setzt; also *segunda* feira (Montag), *terceira* (Dienstag), *quarta* u. s. w. [aber o *domingo* der Sonntag], was an den neugriechischen Gebrauch δευτέρα, τρίτη, aber κυριακή erinnert (s. Schmeller I, 321). — *O tegeremo* (Eluc. II, 343) der 30. Tag.

---

[1] Die jetzige Verwandtschaftsbedeutung von *primo* „Vetter" (d. h. erster Bruder in der Verwandtschaft nach dem wirklichen) findet sich gleichfalls im Spanischen, Walachischen (primariu) und Provenzalischen, wo auch ein *segon* und *quart* existirt.

3. Bruchzahlen.

§ 135.

Die Bruchzahlen *(as fracções)* werden durch das Adjektiv *meio, meia* ($1/2$) und die substantivirten Ordinalia gebildet; also: um *terço* (ein Drittel), um *quarto* (ein Viertel), um *quinto* (ein Fünftel), um *sexto* (ein Sechstel), um *oitavo* (ein Achtel), um *centesimo* (ein Hundertel) u. s. w.

Daneben hat der Portugiese, wie der Deutsche, Bildungen mit *parte* (Theil), also: a *terça, terçeira, quarta, quinta, sexta* parte, und dann ohne das Substantiv blos das Femininum der Ordinalzahl: uma *quarta, quinta, sexta* ($1/4$, $1/5$, $1/6$), für letzteres auch *uma sexma, uma sesma; um seistil.* —

Das lateinische *octavus* gab auch das Muster zu neuen Bruchzahlen auf *avo*, wie *onzavo* ($1/11$), *dozavo* ($1/12$), *cincoentavo* ($1/50$) u. a.

Ebenso dann: *tres oitavos* $3/8$, *quatro sextos* (sesmas) $4/6$ u. dgl.

Zur Bezeichnung der Stunden des Tages werden die Bruchtheile an die ganze Zahl gefügt; also: *que horas são?* (wie viel Uhr ist es?), é *uma* hora; são *duas, tres* horas; são *duas horas e um quarto* ($2 1/4$), são *duas horas e meia* ($2 1/2$); dagegen subtrahirend: são duas horas *menos um quarto* ($2 3/4$) u. a.

4. Distributiva.

§ 136.

Die lateinischen Distributivformen auf *eni* besitzt die portugiesische Sprache nur in einzelnen soeben (§ 134) besprochenen Formen auf *eno*, die jedoch dann als Ordinalia gelten. Als Substantive leben allerdings einzelne dieser Formen fort, z. B. um *terno* (terni), *quaterno, quinterno;* die neue Sprache ersetzt die fehlenden lateinischen Distributiva durch Reduplikation, wie *um a um, tres a tres, cem a cem,* z. B.: As vernaes crenças minhas *uma a uma* (Lindoy. II, 3). Lagrimas de meus olhos *cento a cento* (Mal. conq. VII, 107). Auch mit *por* statt *a: Uma por uma* lhe rouba a liberdade (Lind. IV, 4). — *Ser.hos, senos* (as), *selhos* für *singuli* (Eluc. II, 312).

5. Multiplikativa.

§ 137.

Im Lateinischen unterscheidet man gewöhnlich die **Multiplikativa** (Fachzahlwörter) auf *plex* und die **Proportionalia** (Verhältniszahlwörter) auf *plus*. Beide Formen haben sich auch im Portugiesischen erhalten; so haben wir:

simples		(singelo)	einfach
duplex / duplice \	duplo [2]	dobrado [1] duplicado (dobre)	zweifach
triplice	triplo	(triple) tresdobrado tresdobro	dreifach
	quádruplo	(quartado)	vierfach
	quintuplo	(quintuplicado)	fünffach
	sextuplo	(sextuplicado) (seisdobro)	sechsfach
septemplice	septuplo	(septuplicado)	siebenfach
	octuplo	(octuplicado)	achtfach
	nonuplo	(nonuplicado)	neunfach

und so fort: decuplo, duodecuplo, centuplo; decuplicado, centuplicado. — *Trino* (dreifältig) in theologischem Sinne als Adjektiv zu *trindade*, z. B.: Que é nas pessoas *trina*, uma na essencia (Mal. conq. II, 50).

Die Multiplikation wird durch *vez* (mal, *vix*, *vices*, *vega*, *vegada*, Eluc. II, 379) vollzogen, also: uma *vez*, duas, tres, vinte *vezes*. — *Atrenado* = *tres vezes* em dobro (Eluc. S. 14). — Von lateinischen **Numeraladverbien** *(Quotientiva)* findet sich *bis*, auch in Zusammensetzungen, die aus dem Lateinischen kamen, und in neuen Bildungen (*bípede*, *bipenne*, *bisavó*, *bisneto*, *biscouto* u. dgl.).

---

[1] Dobrado (Lus. II, 76) falsch: palavras sinceras não *dobradas* (= *duplex* Ulyxes des Horaz).

[2] *Dublo* (Eluc.).

Auf die Frage: „zum wievielten Male?" antwortet
der Portugiese meist mit den lateinischen Ablativen:
primò, segundo, tercio, quarto, quinto, vigesimo, centesimo
u. s. w., oder man umschreibt mit *lugar;* also: *em primeiro
lugar, em segundo, terceiro, quinto lugar* u. s. f. — Von
den ersten drei Ordinalien finden sich dafür auch adver-
biale Bildungen (auf mente): *primeiramente, segunda-
mente, terceiramente.*

§ 138.

Die portugiesische Sprache hat die meisten der latei-
nischen Zusammensetzungen mit Zahlen erhalten; so: *biennio,
triennio, quadriennio, quinquennio; bíduo, tríduo; quinquagenario,
sexagenario, octagenario;* nach *quartana* (sc. febris) *terçã,
quartã* (*quartão*, ein Maass), *quintana* und dazu neue Adjektiv-
bildungen zunächst auf *alis* geschaffen, z. B. *biennal, triennal*
(2-, 3jährig), *novenal* (9tägig) u. dgl.

d. Pronomina.

§ 139.

Das Pronomen der lateinischen Sprache ist zwar im
Portugiesischen, wie in den übrigen Schwestersprachen, vieler
Formen verlustig gegangen, doch hat die Sprache andrer-
seits hier auch neue geschaffen, und ein **wesentlicher
Zug der romanischen Tochtersprachen gegen-
über dem Lateinischen ist die Scheidung des
Personalpronomens in selbständige und ver-
bundene Formen.** Auch haben sich im Pronomen zahl-
reichere Neutra erhalten.

Ego, nos, tu, vos sind sogar mit den Verbindungen
(mecum, tecum u. s. w.) verblieben, für die dritte Person
trat zweigeschlechtig *ille* ein, meist in der Form des
Artikels; die Possessiva blieben stehen, ohne dass der Por-
tugiese zu dem französischen *leur* (= griech. σφέτερος) ge-
griffen hätte, da er sich mit *seu* (suus) begnügte, auch bei
Beziehung auf Plurale. Von den lateinischen Demonstrativen
vermissen wir *is* (idem), *hic, alius* (als Maskulinum, doch

ein neutrales *al*), *tot* (totidem), von Relativen *uter, quot* und mehrere zusammengesetzte, (dagegen trat *cujus*, a, um ein), ebenso das interrogative *uter* und *quot* nebst Composita, so wie auch eine Anzahl der zusammengesetzten Indefinitpronomen verloren gegangen ist.

1. Personalia.

§ 140.

Die absoluten, selbständigen Personalpronomina (pronomes *pessoaes*) sind:

I. Person:	II. Person:	III. Person:	
		mask.	fem.
Singular			
eu (ego) ich	*tu* (tu) du	*elle* (is) er	*ella* (ea) sie
de mim meiner	*de ti* deiner	*d'elle* seiner	*d'ella* ihrer
a mim mir	*a ti* dir	*a elle* ihm	*a ella* ihr
mim mich	*ti* dich	*elle* ihn	*ella* sie
Plural			
nós (nos) wir	*vós* (vos) ihr	*elles* (ii) sie	*ellas* (eae) sie
de nós unser	*de vós* euer	*d'elles* ihrer	*d'ellas* ihrer
a nós uns	*a vós* euch	*a elles* ihnen	*a ellas* ihnen
nós uns	*vós* euch	*elles* sie	*ellas* sie

Das reflexive Pronomen *(reciproco)* lautet *si, de si, a si* (sich).

Ein neutrales Pronomen „es" hat die neuere portugiesische Sprache nicht; populär hört man, wie im Italienischen *egli*, hier *elle*, z. B. *elle* chove (pluit), *elle* è bom (bonum est); indessen muss die alte Sprache (wie die spanische ihr *ello*) gehabt haben, was aus der Form *nello* (Eluc. II, 170) statt *nisso* hervorgeht.

§ 141.

Eu (lat. ego = wall. eu) hat bei Diniz auch die provenzalische diphthongirte Form *ieu*, die vielfach vorkömmt. *Ei* verzeichnet Eluc. I, 391. — Nach Eluc. II, 172 stammt die jetzige Form *Eu* el rei von 1524, wo Johann III. die bisherige plurale „*Nós* el rei fazemos saber" abschaffte. —

Mim passt nicht zur Analogie von *ti* und *si;* auch steht ihm, wie Diez (R. G. I, 383) bemerkt, kein spanisches *min* zur Seite. Fonseca in seiner Lusiadenausgabe (Paris, Baudry 1846) nennt diese Form (not. aos Lusiad. p. 426) einen „*vicio nasal*" und die ältesten Quellen, z. B. Diniz und die Trovas, haben so häufig *mi* als *mim (min)*, z. B. (Monaci, Cant. IV): logo *mi* veen ondas; que *mi* faz tanto male; VII: viveria sen *mi;* — e non *mi* queria; morria por *mi* u. s. w.

Ebenso schwankt *mim* und *mi* bei späteren Schriftstellern,[1] so Cam. Lus. I, 64: dar-te-hei relação de *mi*, dagegen gewöhnlich wieder *mim*, wo es der Reim erfordert, wie Lus. V, 35: que estaveis ea sem *mim* (zu *vim* gereimt). Allerdings wieder: non som para *min*, trotz des Reimes zu *vi* (Monaci, Cant. XII). — Woher diese Nasalität kam, ist schwer nachzuweisen; dass sie auf die erste Person beschränkt blieb, liess die durch Analoga indessen nicht bestätigte Vermuthung entstehen, dass die anlautende Liquida *m* den Vokal beeinflusst habe. — Eluc. (I, 298) hat *mhi*.

Eine alte sehr geläufige Form für *elle* war *el*, wie das spanische *él*. Sie findet sich nicht blos in den Foros, sondern auch später noch bei Barros (*el á dentro*).

Ebenso gab es eine Form *ello*, z. B. B. Ribeiro (a visão): ficando eu pasmado *dello,* wozu Parn. lus. (III, 150) bemerkt: „variação antiquada de *elle*"; ebenso *elli* (= ital. *egli* und altspan. *elli*) in den alten Foros.

Für das reflexive *se* führt Eluc. (II, 19) *ge* an.

Die unverbundenen Personalpronomina können, um ihre Persönlichkeit noch entschiedener hervorzuheben, das der adjektivischen Flexion fähige Pronomen *mesmo, a* zu sich nehmen, also *eu mesmo, ellas mesmas, a si mesmo* u. s. w. (semetipsissimus). Die ältere Form ist noch *medes*, Plural *medeses* (Eluc. II, 126), oft dann in Handschriften mit dem

---

[1] Dasselbe Schwanken zwischen Nasalität und reinem Vokale zeigt uns *sim, si* und sein Compositum *assim, assi* (s. S. 68), z. B. Caminha (p. 42) *assi*, (p. 167) *assim;* Lus. VII, 82, 3 *assi*, andere *assim;* zu *si* in Ferreira's „Castro" (V) bemerkt Parn. lus. (V, 384): „No tempo, em que Ferreira escrevia, dizia-se *si* e não *sim* como hoje."

Pronomen zusammengezogen, wie *eleiso = elle mesmo* (Eluc. I, 393) u. a. — Statt *mesmo* findet sich dann gerne besonders beim Reflexiv *si* in gleicher Bedeutung *proprio*, z. B.: Em *si proprio* (Hyss. III, 161), aber auch: E *eu propria a sorto coadjuvei* (Lind. IV, 3); Dicestes-mo *vós proprio* (ibid. III, 1).

Zu beachten sind die Verbindungen der Pronomina *mim, ti, si, nós, vós* mit *com* und *elle, a; elles, as* mit *em*. Das lateinische Vorbild (mecum, tecum, secum, vobiscum, nobiscum) hat die Formen *commigo (comigo), comtigo, comsigo, comnosco, comvosco* mit doppeltem *cum* veranlasst. Eluc. I, 296 hat: *comegoo* (mecum), II, 324: *sigo* (secum), II, 173: *nosco* (nobiscum), II, 409: *vosquo* (vobiscum). Das dem Lateinischen nähere *migo, tigo, sigo, vosco* ist übrigens bei den Alten überall neben *commigo* u. s. w. — Non vive *migo* (Monaci, Cant. V), aber (ibid. I): que mentiu do que pos *conmigo*.

Die Verbindung von *em* mit *elle* hat den Verlust des Vokales der Praeposition zur Folge: *nelle, nella, nelles, nellas*. Dafür weist Eluc. I, 403 die alten Formen *enle = nelle, enlhes = nelles* auf.

§ 142.

Die Formen der verbundenen Personalpronomina sind:

	I.	II.	III. m.	III. f.
Singular				
Dativ:	me	te	lhe	lhe
Akk.:	me	te	o	a
Plural				
Dativ:	nos	vos	lhes	lhes
Akk.:	nos	vos	os	as

Die einzige Form des Reflexivums ist *se*.

Neben *me* gilt bei den Alten (z. B. Diniz) auch *mi* als verbundene Form; nicht aber *me* als selbständige. — Für *lhe* und *lhes* haben alte Schriften *lhi* und *lhis* (= ital. *gli*), *lli* und *llis* (Eluc. II, 91; 97); noch in viel späterer Zeit gilt *lhe* auch als Plural für *lhes* und hat viele Varianten

(z. B. in den Lusiaden) hervorgerufen, z. B. Cam. Lus. IV, 36: emquanto pasto *lhe* (= aos filhos) buscara, IV, 63: ficam-*lhe* (= aos mensageiros) atraz as serras, I, 94: *lhe* (= aos Portuguezes) manda guerra; *lhe* (= iis) mandava; II, 76: Manda-*lhe* (= aos cavalleiros) mais lanigeros carneiros, V, 88: Dem-*lhe* (= aos semideoses), ebenso IV, 61, V, 88, VI, 48, 49 und an zahlreichen Stellen.

Nos und *vos* sind im Gegensatze zu den unabhängigen Pronominalformen ohne Accent; eine Form *vus* zeigt sich öfter in den Trovas, ebenso *vusco:* Pois vos veg' e *vus* ouço falar (Bellerman p. 59); dagegen nicht ein *nus*, das diesem entspräche. Ueber *us* (= span. *os*) verbreitet sich Diez (A. K. und Hp. S. 113), insoferne es sich bestimmt nachweisen liesse.

Die Akkusative *o, a, os, as* treten in der älteren Sprache sehr häufig noch mit *l* auf *lo, la, los, las*. Eluc. I, 145: Que lho *lo* confirme (ibid. I, 162, 165, 368). (Vgl. oben S. 175 beim Artikel.)

Zu dem aus dem Elucidario oben angeführten *ge* statt *se* stimmt das bei Diez (Altp. K. S. 112) besprochene *xe*, das gleichfalls *se* ist [1] (vgl. § 31, S. 90, 91).

Wie im Französischen und Italienischen einzelne Partikeln *(inde, ibi)* für den Genitiv und Dativ der Pronomina personalia stellvertretend sich verwenden lassen, so weist auch die portugiesische Sprache ähnliche Fälle auf, z. B. Eluc. I, 361 *dende* = delles, doch nur sehr wenige. (Vgl. Syntax beim Fragepronomen *onde, d'onde*.)

---

[1] Ueber das Reflexiv *se* in seiner verbundenen Form bemerkt der Herausgeber des Hyssope (p. X), nachdem er für die Conditionalconjunktion *si* (statt se) gesprochen hat: „Observará outro sim o leitor que o pronome *si*, quando regido por verbo, muda-se em *se* e que neste caso muitas vezes precede o verbo e essencialmente, si o inciso ó condicional. Ora encontrando-se com a conjuncção *si*, si esta se escrever e pronunciar *se* e si o verbo, que se segue, começa pelas syllabas *se* ou *ce*, o triplice successivo som de *se* será sem duvida sobejamente desagradavel, por exemplo: se se separa, se se segura, se se segue, se se celebra, se se semea, se se ceifa, se se cega, se se cêa etc."

§ 143.

Kommen Conjunktiva wie *me, te* u. s. w. vor die Formen *o, a, os, as,* so tritt regelmässig in der heutigen Sprache Contraktion ein, also: me o *mo,* me a *ma,* me os *mos,* me as *mas;* te o *to,* te a *ta,* te os *tos,* te as *tas* und derartig kontrahirt *lho, lha, lhos, lhas,* aus *lhe o* u. s. w. Gewöhnlich findet man dabei noch den Apostroph, also: *m'o, lh'a, lh'os* u. dgl. In den ältesten Denkmälern begegnen wir noch den Formen *lhe lo, lhi lo, lhi la* == *lho, lha* (Eluc. II, 89).

In den Trovas wird *me* vor Vokalen zu *mi* und bildet dann Synizese: *mi o, mi a* (klingt einsilbig); in den Foros wird dies *i* dann häufig durch *h* dargestellt: *mho, mha,* und einzelne Male auch bei Diniz so: Pois que *mh'o* meu a errado (Monac. X).

An *nos* und *vos* traten die Formen mit *l,* wobei *s* abfiel, also: *nolo, volo; nola, vola; nolos, volos; nolas, volas;* ebenso an das Reflexiv *se: selo, sela; selos, selas,* und an *eis* (ecce), das gleichfalls sein *s* verliert: *eilo, eilas.* Dieses wurzelhafte *l* zeigt sich in derselben Weise, wo das Pronomen mit dem Verbum verbunden wird und die Form des Verbums auf *r, s (z)* endet, z. B.: *amar-o, amar-a* wird *amal-o, amal-a; buscamos-os, buscamos-as* wird *buscamo-los, buscamo-las.* Die Schreibungen sind verschieden; man liest *amalo, ama-lo,* alt *amallo* (vgl. Eluc. I, 369 *desfacelha*), z. B.: Para que voltes a *vel-a* [= ver-a] (Hardung, Rom. II, 119). Devêra *tê-lo* (= ter o) percebido. (Hercul. Monge IX.)

Endigt jedoch die Verbalform mit einem Nasenlaute (durch *m* oder den Til ausgedrückt), so wird das *l* durch *n* dargestellt und statt *amão o, buscaram os* schreibt man *amão-no, buscaram-nos.* Diese Wirkung des schliessenden Nasallautes auf den anlautenden Vokal des folgenden Wortes ist indessen ein in der portugiesischen Sprache wurzelnder Grundzug. Er findet sich nicht nur in der ältesten Sprache, in den juristischen Quellen (s. Diez R. G. II, 96), sondern auch in späteren Classikern, z. B. Cam. Lus. IX, 33: Curam-*no* (Variante curaõno, curão-no, curan-o) = curam *o;* VIII, 28: Não *no* vês (= não o); und so oft.

Fonseca in seiner Lusiadenausgabe (p. 502) beruft sich auf den Herausgeber des Hyssope, wenn er V, 97 „quem não sabe a arte não-*na* estima (= não a)" bespricht. Es heisst nämlich an der genannten Stelle: „Para evitar os hiatos costumaram em algumas desinencias conservar o som e a força do *n* para não ferir com elle a vogal, que desse principio á palavra seguinte, *mormente sendo artigos*. . . Em alguns manuscriptos do XVI e XVII seculos temos encontrado palavras acabadas em *n* em vez de *m*, la onde a voz seguinte princípia por vogal e todos nosos poetas e prosadores dam-nos repetidas e sovejas provas d'este uso que a favor da euphonia reclama o emprego do *n*." — Im Ferneren gibt er dann Belegstellen aus Fernão d'Alvares do Oriente (Lusit. transf. 1781 pag. 45): „E os pastores *ataca-no*" (= atacam-*o*), und Francisco de Sá de Miranda (cart. 2 quintilh. 36): „O muito *nan-o* trocas .. aos porcos *nan-as* lanceis."

Der Parnaso lus. (II, 255) erklärt dieses *n* gelegentlich einer Stelle des Bernardim Ribeiro: „A terá *quen a assi tem*", auf rein diplomatischem Wege: „Assim escreviam nossos classicos, quando queriam evitar o hiato *em a* ou *em o* etc. *Os editores ou impressores desses classicos julgando que a lingua portugueza não admittia desinencias em* n *e desejando comtudo conservar esta união euphonica imprimiram em na, em no etc*. Tão palpavel absurdo torna difficil e até amphibologica a leitura de nossos bons autores; como bem o mostra este exemplo de Camões, Lus. X, 38, 5: ‚Occultos os juizos de Deus são; As gentes vãas que não *nos* entenderam‘."

(Vgl. auch oben § 111,2 S. 175 vom Artikel.)

Die Anrede war im Portugiesischen, wie in den übrigen Sprachen, nach dem singularen *tu* das plurale *vós*. Ay fremosinha, se bem *ajades*, longe de vila quem *esperades* (Braga, Anthol. 13). Mia senhor, que Deus *vos* perdon (ibid. 39), so auch die Widmung in den Lusiaden (I, 8—19: *Vós*, poderoso rei, und X, 147—156: Por isso *vós*, o rei).

Verschiedene andere Titulaturen mit *vosso* gebildet: *vossé, vossa mercê* (= span. usted), *Vossa Senhoria* (= span.

useñoria), *Vossa Excellencia* (= span. usencia), das populäre *voss' mecê, vossencia (vossancé)*, werden *Vm.* geschrieben. Dazu gehört das Personalpronomen der dritten Person, z. B. ich habe Ihnen geschrieben: *lhe escrevi*, und das Reflexiv *se*, z. B. ich war bei Ihnen: estive *comsigo*. Indessen zieht der Portugiese mündlich und ganz besonders schriftlich vor, den Namen des Angeredeten statt des Pronomens zu setzen oder anders zu umschreiben, z. B. *o meu amigo;* z. B.: Ich besitze dies Buch nicht, wie Sie wohl wissen: Não possuo este livro, como *o meu amigo* bem sabe u. dgl.

2. Possessiva.

§ 144.

Die Formen der portugiesischen Possessivpronomina (pronomes *possessivos*) sind:

	I. Person	II. Person	III. Person
	Singular		
Mask.:	*meu, meus* mein	*teu, teus* dein	*seu, seus* sein
Fem.:	*minha, minhas*	*tua, tuas*	*sua, suas*
	Plural		
Mask.:	*nosso, nossos* unser	*vosso, vossos* euer	*seu, seus* ihr
Fem.:	*nossa, nossas*	*vossa, vossas*	*sua, suas*

Die Deklination des Possessivpronomens geschieht wie im Italienischen und Altspanischen mit dem Artikel. (Näheres in der Syntax.)

Meu findet sich in Urkunden des 13. Jahrhunderts *meheu* (Eluc. II, 127), auch *mehu* (s. § 10 S. 52), *mheu* (§ 46 S. 102) geschrieben, ebenso *meo, meos* (Diniz), und auch bei neueren (Lindoya) *meo, teo, seo*. Die Form *minho* gehört dem indisch-portugiesischen Dialekte an. — Das Feminin *minha* (wohl vom Genitiv *min*) lautet alt auch *mia*, was oft *mha* (§ 46) geschrieben wurde, z. B. *mha* irmana fremosa (Braga, Anth. 6), *mha* filha velida (ib. 21), *mha* madre (ib. 59, ebenso Eluc. I, 66; II, 19, 133); com *mia* molher (Eluc. II, 222); *mia* Sennor (Bellermann, d. a. L. 55), por *mia* Sennor (ib. 56); daneben aber, d. h. neben diesem

einsilbigen *mia, mha* immer schon *minha;* auch *minna.*
— Gil Vicente hat (I, 128) die noch im 16. Jahrhunderte
volksübliche Form *enha:* a *enha* esposa. — Seltener
findet sich die Form *ma, mas,* z. B. For. Guard. 399: *mas
fillas.*
 Durch alle alten Schriften aber ist *sa, sas* (*ssa* Eluc.
II, 295) statt des allerdings vorhandenen *sua* verbreitet.
Die Dichter besonders suchten diese einsilbige Form nach
Art der Provenzalen (wie auch im Italienischen *so, sa*
vorkömmt), z. B. ja per *sa* missa oir (Brag. Ant. 25), de *sa*
natura (Bellerm. 60 und dort noch oft).
 Dieser Gebrauch reicht weit herunter. An den Stellen
I, 33; III, 89; V, 100; VIII, 8 in den Lusiaden ist *sua*
einsilbig, weshalb Fonseca überall *sa* schrieb. Francisco
Dia Gomez (obras poet. pag. 289) sagt hierüber: „Adoptáram as mesmas regras de economia *metrica* que os Provençaes lhes communicaram e com ellas as mesmas liberdades
... por exemplo em *sua,* parte feminina do possessivo *seu,*
raramente deixavam de contrahir todos os melhores poetas
que escreveram nos sobreditos idiomas modernos fazendo de
sua „*sa*" á maneira dos Provençaes ... como se pode ver
nos dous sonetos do dito rei *Dom Diniz,* os quaes andam
nas obras de *Antonio Ferreira*", und in den Memorias de
litt. portug. (IV, 352) heisst es: „Pronunciava-se então ‚*sa*'
á maneira dos Provençaes com mais o menos modificação
do som, como o comprova este exemplo: ‚Com *sa* fermosa
madre e *sas* donzellas' (Ferreira, poem. II. Son. 35)."
 Nosso und *vosso* sind schon in den ältesten Denkmalen
in der heutigen Form. *Nostro* weist Diez (Ap. K. und II.
S. 114) nur in der Verbindung mit Senhor als Gott nach;
dagegen *nosso* senhor El-rey.
 Das von *loro* gebildete Pronomen der dritten Person
der Franzosen und Italiener hat die portugiesische Sprache
nicht; eben so wenig eine eigene Form für das absolute
Possessiv der Franzosen (le mien) und Spanier (el mio,
tuyo etc.).

3. Demonstrativa.

§ 145.

Die portugiesischen **Demonstrativpronomina** (pronomes *demonstrativos*) sind:
este, esta; estes, estas, dieser
esse, essa; esses, essas, dieser, der da
aquelle, aquella; aquelles, aquellas, jener (dort),
dazu die drei **Neutra** *isto* dieses, *isso* das da, *aquillo* jenes.

Die Deklination geschieht mit *de* und *a*, wobei *de* in der Regel mit dem Demonstrativ kontrahirt wird: *deste, dessa; destes, dessas; daquelle; disto* (neben *d'este, d'essas* u. s. w.).

Zu *este* tritt oft die Ortspartikel *ca* oder *aqui* (= frz. ce-ci), z. B. este *ca*, estes *aqui*; zu den drei Demonstrativen gesellt sich gerne das Pronomen *outro* (alter), also: *est'outro, ess'outra*, oft noch mit *lá: Est' outro homem lá*.

Este (lat. iste), das Pronomen der **ersten** (sprechenden) Person, lautete alt im Neutrum *esto* (Eluc. I, 417); Se non foss' *esto* (Monaci, Cant. XII); ebenso *esso, aquello* in den Trovas und bei Diniz, während der Cancioneiro geral schon die Formen mit *i* hat.

Aquelle (lat. ecce illum) findet sich in den ältesten Quellen sehr häufig *aquel* mit Abfall des *le: Aquel* que mentiu (Monaci, Cant. I); Plural *aqueles;* Neutrum *aquel, aquelo*. Die Plurale auf *os* (z. B. *aquelos* Eluc. II, 222), die indessen selten vorkommen, sind nach dem Spanischen gebildet.

Neben *aquelle* hatte die ältere Sprache das Pronomen *aqueste* (= este Eluc. I, 131) mit dem Neutrum *aquisto*, älter *aquesto*, z. B. So *aqueste* ramo; So *aquestas* avelaneyras (Mon. Cant. III); E por *aquesto* vos venho rogar (ibid. XII); E *aquesto* lhe fazo (Braga, Anth. 3); noch B. Ribeiro (Persio e Fauno): *Aqueste* meu mal contar; (a visão): Quando lhe eu *aquisto* ouvi.

Ausser *aqueste* findet sich noch einige Male *queste, questa* (Neutrum *questo*, wie das italienische; vom lateinischen *eccu' iste*), z. B.: e por *quest'* eu quero seer (Alfons X, Bellerm. A. L. p. 16); *quest'* é mha morte (Diniz).

Formen von *este* mit abgeworfenem anlautendem *e*

(oder) *i*, z. B. *sto* = isto (Eluc. II, 333), *sta* terra = (esta, ibid. II, 332) sind selten. Bei den Demonstrativen ist wie bei den Personalpronomina eine Vereinigung mit der Praeposition *em* durchgeführt worden; also *neste, nesse, naquelle, nisto, nisso* (und so im Plural und im Feminin *nesses, nestas* und so fort). Ebenso bei Aelteren *naqueste* u. s. w. — Bei Bernardim Ribeiro (a visão) steht: „E *na quisto*, triste estando" statt *naquisto* = nisso.

4. Relativa.
§ 146.

Die Relativpronomina (pronomes *relativos* oder *conjunctivos*) im Portugiesischen sind:
que welcher, o (a) *qual;* os (as) *quaes* welcher,
quem welcher, *cujo* (a), os (as) dessen, deren.

Que ist unveränderlich, ebenso *quem*, (das also dem spanischen *quienes* von *quien* keinen Plural mehr an die Seite zu stellen hat); ihre Flexion vollzieht *de* und *ad; qual* hat als Relativ stets den Artikel; *cujo* (= span. cuyo) ist vollständig adjektivisch (lat. *cujus, a, um,* Virg. Buc. III, 1: *cuium* pecus, wozu der *Virgiliomastix* bemerkt: „sic *rure* loquuntur"). *Qui* ist ein ganz seltener Latinismus (Eluc. II, 112): *qui* ffilhos ouver. — *Cuigo* statt cujo (Eluc. I, 339).

Teus olhos *que* agitam, *que* queimam, *que* fitam (Braga, Parn. p. mod. p. 209). — *Quem* nasceu para chufas e chalaça nem epopeas, nem tragedias faça (ibid. p. 16). — E é bello esse mundo de phantasmas aereos, por entre *cujos* labios descorados não transpiram nem perjurio, nem dobrez e a *cujos* olhos sem brilho não assoma o reflexo de animos pervertidos (Hercul. o presb. V, 3). — As caricias feminis, atras *das quaes* corrêra (ibid. VIII).

5. Interrogativa.
§ 147.

Die Interrogativpronomina (pronomes *interrogativos*) sind der Form nach mit den Relativpronomina gleich; also:
quem? wer? *que?* was? *cujo?* wem gehörig?
qual? (quaes?) welcher?

Quem viu sempre um estado deleitoso, ou *quem* viu em fortuna haver firmeza? (Cam Lus. IV, 51.) *Qual* será mais feliz? (Braga, Anth. p. 113.) *Qual* foi meu crime? (ibid. p. 24.) *Que* me quer Deus? (ibid. p. 145.)

6. Indefinita.

§ 148.

Die unbestimmten Pronomina (pronomes *indefinidos*) theilen sich in substantivische und adjektivische.

I. *alguem* (m. f.) irgend jemand, jemand
ninguem (m. f.) niemand, keiner
outrem (m. f.) ein anderer
fulano, a solcher
sicrano, a ein gewisser
nada nichts
quemquer wer nur immer
algo etwas
tudo alles
al anderes
qual—qual der eine — der andere
cada um, cada qual ein jeder

II. *um, uma; uns, umas* irgend einer, einige
algum, alguma; alguns, algumas irgend einer
nenhum, a; ns, as keiner
outro, a; os, as anderer, andere
tal, taes solcher
certo, a; os, as ein gewisser
cada (m. f.) jeder
todo, a; os, as jeder, ganz; alle
qualquer, quaesquer wer nur immer
um e outro der eine und der andere, beide
um ou outro einer von beiden
nenhum nem outro keiner von beiden

Statt *alguem* hat Eluc. I, 135 *arguem*. — Alt findet sich für *outrem* auch *outri* (= span. *otri*, ital. *altri*, frz. *autrui*, For. Sant. 558). — *Fulano* (s. S. 7) lautet alt *fuão, folão, fullano*, arab. *fôlan*; *sicrano* von *securus* (= *certus*, provenz. *seguran*). — *Nada* (res *nata*) hatte in der älteren Sprache auch *rem, ren* (res) zur Seite; ursprünglich wie das lat. *res* für „Sache": fazer alguna *ren* (Bellerm. p. 55), de nulla *ren* veer (ibid. 56), dann mit Negation „nichts": *non* soub'el no mundo *ren'* (ibid. 58). Não ha hi *rem* que tanta dôr mitigue? (Lind. IV, 3). — *Soca* für *nada:* Franc. Manoel (o Entrudo): Antes durmo sem ver sem ouvir *soca*. — *Nemigalha, nemigalla, nimigalla* gar nichts (Eluc. II, 170). Nen comia nen *migalla* (Bellerm. p. 61). — Die neutrale Form *tudo* ist in den älteren Denkmalen noch häufig durch *todo* vertreten. — *Al* ist veraltet, ebenso *algo*. — *Cada um* (usque ad unum oder *quisque* ad unum, da im For. Grav. 387 *quiscadaun* sich findet), im Eluc. I, 225 *caduu*, ebenso *nemu, niu* (Eluc. II, 170, 171) für *nenhum*. — *Outro* (alter) auch *oitro, obtro,* ja missbräuchlich (§ 19) *octro* (s. doctra = de outra Eluc. I, 383). — Statt *todo* war auch sehr frühe *tudo, tuda, tudos (as)* (in den juristischen Quellen) in Gebrauch. — Neben *qualquer* bestand die Form *quexiquer:* Sá de Mirande (Eclog. Parn. lus. II, 283) de *quexiquer* espantoso (= qualquer cousa espantosa) und *quequer* = quidquid (Eluc. II, 156).

Steht das Verbum vor *ninguem* oder *nenhum,* so tritt die Negation dazu; steht es nach den negativen Pronomina, so fällt *não* weg.

Todo mit dem Artikel nach sich heisst „ganz", im Plurale „alle": *toda a* cidade (πᾶσα ἡ πόλις); *todos os* homens (πάντες οἱ ἄνϑρωποι). — *Tudo o que* alles was; *todos os que, todos quantos* alle die (oft auch bloss *quantos* = πάντες ὅσοι). — *Um todo* ein ganzes: Compõe um *todo* (Franc. Manoel. art. poet. 3).

Beispiele: Jamais segredos conta de *alguem* (Braga, Parn. p. mod. p. 201). Sem conhecer *ninguem* na côrte (Here. Monge VIII). Si *outrem* lhe podera atalhar essa ousadia (Lobo, Condestab. IV). Quem sabe lá *nada* da outra vida? (Here. Monge IX). Se eu *al* não consultara (Lind. II, 1). Tanto como *qualquer* Romano antigo (Cam. Lus. X, 26). Discorre *cada qual* no entendimento a grande empreza (Mal. conq. I, 34). Alegre *cada qual* perderá a vida (ibid. II, 45). *Qual* abraça o caro amigo, *qual* procura o pezar de erros passados (ibid. II, 40). Redigiram *uns* capitulos (Herc. Mong. IX). Sem fallar com pessoa *alguma* (Herc. Monge II). Como falla entre nos *certo* Inglez (Fr. Man. art. p. VI, 11). O ultimo thesouro que me resta *de tudo o que* deixei. (Herc. Monge IX.) Um edificio como *todos os que* ainda subsistem (Herc. Euric. II). De *todos quantos* Gregos apportarão o mais prudente foi (Din. Hyss. V, 310). O mais calado de *quantos* pizão d'Elvas a cidade (ibid. VII, 23). Offerecido a *quanto* está temendo (Mal. conq. II, 111).

§ 149.

Das unbestimmte „man" wird im Portugiesischen (wie im Italienischen) mit dem reflexiven *se* gegeben, z. B. se vê man sieht (si vide). Im 16. und 17. Jahrhunderte jedoch und noch in der heutigen Volkssprache (Braga G. p. 64) trat sehr gewöhnlich *homem* (brasil. gerne *gente*) ein, z. B.: Leixar *homem* liberdade (Canc. geral).

§ 150.

Die portugiesischen Pronomina stehen zu einander in nachstehendem correlativen Verhältnisse:

demonstr.	relativ	interrog.	indef.	verallg. indef.
este esse aquelle outro	que quem o qual cujo	quem? qual? que? cujo?	alguem certo	qualquer ninguem cada um
tal	qual	qual?		qualquer
tanto outro tanto tamanho	quanto (quamma- nho)	quanto? (quamma- nho?)	algum tanto	
tantos (tot)	quantos todos quan- tos	quantos? (quot)	alguns algum pou- co	

Quammanho (wie gross) ist veraltet. Diogo Bernardes (Eclog. V): *Quammanha* saudade me deixou! Moraes sagt: Adjectivo composto de *quam* e *magno* ou *manho* (como alguns diziam) *quam grande;* hoje é desusado. — Amores da alta esposa de Peleo me fizeram tomar *tamanha* (so gross) empreza (Cam. Lus. V, 52) = *tam magnus*. — Para dobrar-lhe as dôres *outro tanto* (nochmal so viel) (Cam. Eleg. VI). — Os dous frades calados iam *algum tanto* (ein wenig) affastados (Herc. Monge V).

2. Capitel.

Conjugation.[1]

§ 151.

Die portugiesische Conjugation hat die drei Personen beider Numeri, das Praesens, Imperfekt, Perfekt, Plusquamperfekt Indikativ, das Praesens und Plusquamperfekt Conjunktiv des Aktives der lateinischen Conjugation beibehalten; dagegen das Futur periphrastisch gebildet, die übrigen Tempora und Modi ganz oder theilweise verloren, oder in neuer Bedeutung verwendet. — Die Zeiten des Passivums sind vollständig untergegangen; das Particip Perfekt allein ist verblieben, um (nach lateinischem Vorgange) in Verbindung mit *esse* (und wenigen begriffsverwandten Verba) die fehlenden Tempora und Modi des Passivs zu ersetzen. — Damit fiel selbstverständlich auch die Reihe der Deponentia und Semideponentia, welche im späteren Latein ohnehin vielfach wieder zu Aktiven umgesetzt wurden. (Pott. Lex. Sal. 142.)

1. Tempora.

§ 152.

Das Praesens erhielt in der ersten Person Singular sein *o*: *canto, vendo, parto* (*dou* von *dar*, *estou* von

---

[1] F. Adolpho Coelho, theoria da conjugação em Latim e Portuguez Estudo de grammatica comparativa. Lisboa (Travessa da Victoria 71) 1871.

estar ausgenommen, ferner *vou* [vado], *sei* [sapio]); in der zweiten das *s*, *cantas, vendes, partes;* das *t* der dritten Person fiel durchgängig ab, *canta, vende, parte;* bei den ältesten fiel bisweilen sogar das *e* der Flexion, so: *sol = soe; dol = doe; sal - sale* (Alf. X). — Der Plural *mus* erhielt sich überall in der Endung *mos, cantamos, vendemos, partimos,* die oft auch *mus* in den ältesten Denkmalen heisst, so in einem Denkmale (era 1298, Rib. I, 278) *outorgamus, vendemus.* — Die zweite Person des Plurals *tis* hat im Neuportugiesischen das *t* verloren: *cantais, vendeis, partis,* nicht so in der älteren Sprache, wo *t* als *d* fortwirkte: *cantades, vendedes, partides,* und so ausschliesslich bis etwa in die Mitte des 14. Jahrhunderts, z. B. bei Diniz: *matades, dades, leyxades, cuydades; podedes, perdedes, tenedes* und zahlreiche andere; es folgt nun die Zeit des Ueberganges zur synkopirten Form; im *leal conselheiro* stehen volle und synkopirte Formen neben einander; Gil Vicente braucht die Formen mit *d,* wo er die Sprache des Volkes nachahmt *(sabedes);* spätere Classiker weisen sie nicht mehr auf, eben so wenig die Grammatik des João de Barros (1540), welche *amáyes, ouvis, soes* als Paradigmen gibt und jene Formen unregelmässiger Verba, wo es noch heute sich erhalten hat *(tendes, pondes, credes, ledes).* — Die dritte Person Plural erhielt nach den Lautgesetzen *am, em,* also *cantam, vendem, partem.* Die Schreibung *am* (statt ão) ist im Praesens jetzt fast allgemein.

Interessant ist, wie in den alten Denkmalen sich bei Verben der zweiten, dritten und vierten Conjugation noch eine Erinnerung an die Endung *eo, io* erhielt, z. B. in den Trovas: *soio* (= soleo), *senço* (= sentio), bei Diniz: *dormho, dormio* (dormio), u. a.

Das Imperfekt bildete sich nach dem lateinischen unter Beachtung der portugiesischen Lautgesetze. Es wiederholen sich die im Praesens soeben besprochenen Fälle, Abwerfen des schliessenden *m* und *t, cantava* (cantabam), *cantavam* (cantabant), des *d* in der zweiten Person des Plurales *(diziades, amavades),* bei João de Barros bereits *amáueyis.*
— Der Vokal *e* der zweiten Conjugation, der z. B. im

Italienischen sich erhielt *(temeva)*, floss im Portugiesischen mit dem *i* der vierten zusammen, also: *temia* wie *partia*.

Bemerkenswerth ist der Wechsel des Accentes in der ersten Person des Plurales *cantávamos* (aus lateinischem cantabámus). Das Perfekt entstand zunächst durch die schon im Lateinischen in einzelnen Formen vollzogene Synkope des *v*, so *cantei* (canta[v]i), *cantai;* und im Plurale *cantámos* = canta[vi]mus, eine mit dem Praesens gleichlautende, darum von einzelnen Grammatikern mit dem unterscheid'enden Akut versehene Form. — Die zweite Person stimmt im Singular und Plural zu der synkopirten lateinischen Form *cantasti, audistis*, also: *cantaste, vendeste, partiste; cantastes, vendestes, partistes;* das *t* ist hier in beiden Formen durch das begleitende *s* vor Abfall geschützt. — Die dritte Person Singular schwankt zwischen *eu* und *eo, iu* und *io* bei den Alten und in der heutigen Orthographie. Dem Stamm *canta* gesellte sich ein *o* bei, *canta-o* = *cantou* (statt des zu erwartenden *cantà*). Die dritte Person des Plurals verlor nach dem Lautgesetze ihr schon im Lateinischen erschüttertes *t* (Schuchardt, I, 122). Wenn bisweilen in sehr alten portugiesischen Denkmalen ein *t* sich geschrieben findet, so ist dies nur Affektation des Lateinischen; das *n* [ama(ve run(t)] wurde alt abwechselnd *n* oder *m* geschrieben; aber das den Portugiesen eigenthümliche *m* gewann die Oberhand; Schreibungen, wie sie das Elucidario gibt *(chamaro, foro)*, sind nur Eigenthümlichkeiten oder Versehen des Kopisten, der den Til vergass. — Das lateinische *unt* wurde zunächst *om* (on), so: *ouverom, chamarom, disserom*, nur selten (wie in einem Denkmale aus era 1240, Rib. I, 272) schon frühe *am: disseram*, die heutige Form *cantaram, venderam, partiram;* genau also wie bei Substantiven: *sermon(em), sermom, sermam, sermão.*

Fehlerhaft sind die volksthümlichen Formen *cantastes, vendestes, partistes* für den Singular und die spanischen *cantasteis, vendesteis, partisteis* für den Plural.

Das Plusquamperfekt besitzt die portugiesische Sprache allein von allen romanischen Schwestersprachen in seiner ursprünglichen Bedeutung;

cantára (canta[ve]ram, *partira* (parti[ve]ram). Alle bis hieher besprochenen Lautregeln finden auch hier ihre Anwendung; bei João de Barros gleichfalls ohne d: *amáreyes, ouuireyes*.

Die bisher besprochenen Formen schliessen sich an's Lateinische an. Ihre eigenen Wege gingen die romanischen Sprachen bei Bildung ihres **Futurs**. Das lateinische Futur *amabo, monebo* und noch mehr jenes der **dritten** und **vierten** Conjugation *(tegam, audiam)* musste, unter dem Einflusse der herrschenden Lautgesetze, zur Unkenntlichkeit herabsinken, d. h. mit anderen Tempora (z. B. dem **Conjunktive des Praesens** tegam, dem **Imperfekt** amabam) zusammenfliessen. Deshalb griff man zur Bildung eines **periphrastischen Futurs**, das aus dem Verbum *habere* und dem Infinitive des Verbums geformt wurde; also *habeo cantare, cantar hei, cantarei*. Die portugiesische Sprache (mit der spanischen und provenzalischen) musste eher noch als die anderen Schwestersprachen auf die Zusammensetzung mit *habere* hinweisen, da hier noch eine Trennung der in anderen Sprachen bereits verbundenen Futurform möglich ist, sowie auch dieses Idiom auf die Bildung des Adverbs mit *mente* am klarsten hinwies. Man sagt also *cantar*-ei, *vender*-ei, *partir*-ei und aufgelöst: *Avisa-lo-hei de que deve comparecer ante vos* (Hercul. Mong. VIII). — *Vingar-nos-hemos ambos* (ib. IX). *Acha-la-heis* mettida ou desaproveitada ou *vê-la-heis* (ib. I), statt avisar*ei*, vingar*emos*, achar*eis*, ver*eis*.

In derselben Weise ergab sich ein **zweites periphrastisches Tempus**, aus dem **Infinitive** und dem Imperfekte *habebam* geformt; *cantar*ia, *vender*ia, *partir*ia, gleichfalls im Portugiesischen noch auflösbar und also seiner Zusammensetzung nach leichter erkenntlich, z. B.: *Tomaria a meu cargo essas pobres ruinas, ampará-las-hia como um filho, livrá-las-hia dos olhos . . . e em Deus revelaria* (Hercul. Mong. pref.).

Diese neugebildete Form hat jedoch **keine** indikative Bedeutung erhalten, sondern sie ist mit dem allerdings nicht zutreffenden Namen **Conditional** (condicional) in die romanischen Sprachen übergegangen, weil sie häufig im Conditionalsatze Verwendung fand. Ihre eigentliche Bezeichnung wäre **Imperfekt des Futurs** (= lat. amaturus essem).

Die Composition des **Futurs** und **Conditionales** war schon den älteren Grammatikern bekannt. Nunes de Leão (Orig. da ling. port. XIX) sagt hievon: „Tambem na voz activa supprimos algumas faltas que temos em nossa conjugação portugueza com este verbo *hei, has, ha*, que é *habeo, habere* dos Latinos. que ajuntamos ao infinitivo, porque dizemos *amar***ei**, *amar***ao**, *amar***emos**; *amar***ias**, *amar***iam**."

Sie hat auch in anderen Sprachstämmen (im germanischen und slavischen) Analoga in der Futurbildung.

Das **Plusquamperfekt** hat neben seiner Urbedeutung im Portugiesischen (wie im Spanischen **ausschliesslich**) die Bedeutung eines **Conjunktiv des Imperfekts** übernommen, so dass also que *amara* dem lateinischen *amarem* völlig gleich steht (dass ich liebte, ich würde lieben).

Die zusammengesetzten Zeiten der Vergangenheit bildet das Hilfsverb *ter* (tenere), das *haver* (habere) fast völlig verdrängt hat, während die spanische Flexion nur *haber* zu Hilfe nimmt; *tenho* cantado, *tinha* partido. Das Vorbild zu dieser Umschreibung bot schon das Lateinische in Ausdrücken wie *cognitum, dictum* habere, ähnlich Cic. Cacc. 4: Siculi meam fidem *habent spectatam* jam et *cognitam*.

2. Modi.

§ 153.

Der **Conjunktiv des Praesens** ist ganz nach dem Lateinischen mit Abfall des *m* und *t*; die ältere Form der zweiten Person Plural hatte gleichfalls *d; cante, venda, parta*.

Das **Imperfekt** vertritt der lateinische **Conjunktiv des Plusquamperfektes**: canta[vi]ssem, *cantasse;* die zweite Person Plural alt mit *d, matassedes* (Trov. 126), bei João de Barros schon *amasseyes, ouuisseyes.*

Es ist somit der lateinische Conjunktiv des Imperfekts (cantarem) und des Perfekts (cantaverim) nicht in's Portugiesische übergegangen, dagegen hat die portugiesische Sprache einen Conjunktiv des Futurums, cantar, vender, partir, entstanden aus dem lateinischen Futurum exactum (cantavero). oder wie Delius sagt, aus dem Conjunktive des Perfekts (cantaverim). Allein für die Herkunft vom Futurum exactum spricht die altspanische Form auf *o* (s. Diez R. G. II, 172). — Dieser Conjunktiv des Futurums hat auch in der zweiten Person Plural sein *d* bewahrt, *cantardes, partirdes* (cantaveritis), geschützt durch r.

Der lateinische Imperativ des Praesens ist in's Portugiesische übergegangen, *canta* (canta), *cantai, cantae* (canta[t]e), wofür die alte Form *cantade* lautete, bei João de Barros wieder schon *amay;* einige Imperative *(crede, ide, lede, ponde, ride, tende, vede, vinde)* erhielten dies *d* noch, wo es theils durch andere Consonanten geschützt war, theils den Umfang des Wortes zu erhalten hatte. — Der Imperativ des Futurs (amato, amatote) ist spurlos verschwunden; für die erste und dritte Person Plural tritt der Conjunktiv ein: *cantemos* (cantemus), *cantem* (cantent).

Der lateinische Infinitiv ist gleichfalls nur als Praesens (mit Abfall des e) erhalten geblieben; *ama(vi)sse* u. s. w. hat keine Spur hinterlassen; für die Vergangenheit lag die Zuhilfenahme des ohnehin schon verwendeten Auxiliares viel näher.

Eine besondere Fähigkeit entwickelt die portugiesische Sprache im flektirten Infinitiv, dessen Form gleich ist mit jener des Conjunktives des Futurs, *cantar, cantares, cantar; cantarmos; cantardes, cantarem,* mein, dein, sein, unser, euer, ihr Singen z. B. antes de *eu sair* (Herc. Mong. II), para *eu cavalgar* até o paço (ibid.) Que te arreas *de seres* de Candace e Sabé ninho (Cam. Lus. X, 52). Não te basta trivial locução para *subires* o primeiro degrão do templo (Fr. Man. art. poet. VIII, 2). Para não *voltarmos* a fallar deste miseravel (Herc. Inquis. II, 261). Quinhentistas sejais. Campae de o *serdes* e que elles de o não *serem,* se envergonhem. (Frc. Man. art. p. XX, 2). Concedido vos e *saberdes* os futuros feitos (Cam. Lus. X, 142). Viram elles não *terem* fortuna por amiga (Mal. conq. III. 105 . Senti *renovarem-se-me* as forças (Herc. Mong. II). Aqui alguns mancebos fingiam acometter-se, *pelejarem, vencerem, serem* vencidos (ib. IV).

3. Nominalformen.
§·154.

Von den sog. Nominalformen des lateinischen Verbums erhielt sich das Gerundium in der Bedeutung als Particip des Praesens, *cantando, vendendo,* was natürlich das wirkliche Particip Praesens auf *ns* entbehrlich machte. Dieses ging denn auch, strenge genommen, verloren. wenn auch seiner Form nach es sich in einzelnen Adjektiven und bei den Dichtern in vereinzelten Beispielen selbst als Particip erhielt (s. davon § 73 S. 130). Das Particip des Praeteritums erhielt sich als eine der wichtigsten Nominalformen, zunächst zur Bildung der zusammengesetzten Zeiten des Aktivums und des vollständigen Passivums, dann vielfach als Adjektiv von Verbis, die als solche nicht in die neue Sprache übertraten, besonders in der starken Form z. B. *confuso, mixto, tenso, completo, tinto* u. s. f. (vgl. Michaelis Stud. 29). — Die Participialendung ist *ado* für die erste, *ido* für die zweite und dritte Conjugation. Die Reste der starken Conjugation sind in äusserst wenig Participien *(dito, feito, visto, posto)* erhalten. Das *Elucidario* bietet ausserdem *aducho* (aductus I, 59 , *appresso* (apprehensus I, 129), *coito* (coctus I, 289).

Die alte Participialbildung geschah auf *udo* in der zweiten Conjugation nach dem Vorbilde des lateinischen *tributum, minutum, indutum*. So führt das *Elucidario* an *adudo* (additus I, 59), *aduzudo* (I, 61), *arrompudo* (I, 140), *cognoçudo* (I, 289), *corrumpudo* (I, 312), *creudo* (I, 318), *cunuçudo, conozudo* (I, 339), *decorudo* (I, 356), *desfaleçudo* (I. 370), *ententudo* (I, 404). *espantudo* (I, 415), *estabeleçudo* (I, 416), *estendudo* (I, 417). *metudo* (II. 133), *onjudo* (= ungido II, 184), *perdudo* (II, 214), *perleudo* (II, 215), *scondudo* (II, 309), *vendudo* (II, 398', *devudo* (S. 35); so bei Dom Diniz *sabudo, enquerudo, sofrudo, ascondudo*, in den Trovas *creudo, teudo* u. s. w. (siehe weitere Beispiele bei Coelho, Theoria da conj. p. 130 und Questões p. 72).

Neben diesen Participien auf *udo* galt jedoch schon frühe die Form auf *ido*. Im funfzehnten Jahrhundert war die Form auf *udo* noch die allgemeine, im sechszehnten wurde sie d rch *ido* völlig verdrängt und zeigt in der heutigen Sprache nur mehr Reste in den Formeln *teuda* und *manteuda* und dem Substantive *conteudo*. Das Particip des Futurums auf *urus* ist verloren gegangen. Wörter wie *nascedouro, casadoura, vindouro, idoiro, temedoyro* u. dgl. sind mit dem Suffixe *torius* gebildet. Eine Anzahl solcher Adjektiva, deren Bedeutung allerdings zum futuralen Participe stimmt, findet sich § 80 S. 143. 144.

Das Gerundivum *(participium necessitatis)* auf *ndus* ging gleichfalls verloren, ebenso die beiden Formen des lateinischen Supinums.

4. Hilfsverba.

§ 155.

Die Hilfsverba *(verbos auxiliares)* sind für die Tempora des Aktives *ter* (tenere) und *haver* (habere), für jene des Passives *ser* (sedere), dem *estar* (stare) zur Seite steht. *Ter* hat das Verbum *haver* fast ganz verdrängt, währed zwischen *estar* und *ser* doch immerhin ein Unterschied gemacht werden kann, wenn er oft auch sehr gering ist, wovon in der Syntax gehandelt wird.

Die Conjugation der Hilfsverba ist folgende:

a) **Haver.**

	Indikativ.	Conjunktiv.	Imperativ.	Infinitiv.
		Praesens *(tempo presente).*		
Sing. 1.	hei.	haja.		haver.
2.	has.	hajas.	ha tu!	
3.	ha.	haja.	haja elle!	Gerund.
Plur. 1.	havemos.	hajamos.		havendo.
2.	haveis.	hajais.	havei vós!	
3.	hão.	hajam.	hajam elles!	

Indikativ.	Conjunktiv.

Imperfekt *(preterito imperfeito)*.

Sing. 1. havia. houvesse.
2. havias. houvesses.
3. havia. houvesse.
Plur. 1. haviamos. houvessemos.
2. havieis. houvesseis.
3. haviam. houvessem.

Perfekt *(preterito perfeito)*.

Sing. 1. houve.
2. houveste.
3. houve.
Plur. 1. houvemos.
2. houvestes.
3. houveram.

Plusquamperfekt *(preterito mais que perfeito)*.

Sing 1. houvera.
2 houveras.
3. houvera.
Plur. 1. houvéramos.
2. houvereis.
3. houveram.

Futur *(futuro)*.

Sing. 1. haverei houver.   Infinitiv.
2. haverás houveres.   ter de haver.
3. haverá houver.
Plur. 1. haveremos. houvermos.   Gerund.
2. havereis. houverdes.   tendo de haver.
3. haverão. houverem.

Neben dem Conditional houvera, der gleichlautend ist mit dem Plusquamperfekt besitzt die portugiesische Sprache den eigentlichen

Conditional.

Sing. 1. haveria.   Plur. 1. haveriamos.
2. haverias.   2. haverieis.
3. haveria.   3. haveriam.

Die zusammengesetzten Zeiten werden gewöhnlich mit dem Verb *ter* und dem Participe *havido* gebildet; also *tenho, tinhas, teve havido*. Mit sich selbst wird das Verbum nur in wenigen Fällen (zunächst im Conjunktive: *houvesse havido, houvera havido*¹) gebeugt. — Der deklinirte Infinitiv lautet *haver, haveres* u. s. f. (vgl. § 153).

Wie *haver* zur Bildung des Futurs verwendet wird (§ 152¹, so umschreibt es auch (mit *de*) dasselbe, ohne mit dem Infinitive des Verbums verbunden zu sein z. B. Quando *has-de tu ser* quem foste? (Herc. Mong. IV.)

Was abweichende Formen betrifft, so sind in der zweiten Person Plural auch hier die alten Formen mit *d* zu verzeichnen: *avedes, ajades* (Eluc. I. 65). — Formen ohne *h* sind häufig *ouve, ouvera* (Eluc. II, 191 *ove, overa*); Eluc. (I, 63) führt aus dem dreizehnten und vierzehnten Jahrhunder c den Conjunktiv des Praesens *aga, agas, aga; agamos, agades, agão* und (I, 154) das Particip *avudo* auf. — Ausserdem zählen Grammatiker *hemos* und *heis* (statt *havemos* und *haveis*) auf. wie diese Formen beim Futur des Verbums angewendet sind. — Der Imperativ *ha* wird jetzt durch den Conjunktiv „*hajas*" ersetzt; ein früherer populärer war *ave* (= lat. habe), so: *Ave dó, senhor, te peço, ave mercê de Sião* (Gil. Vic. Obr. III, 329).

Seine hauptsächlichste Verwendung findet *haver* als selbständiges Verbum in unpersönlicher Gestalt 1. = frz. *il y a* (es gibt) z. B. Aqui *ha* mysterio (Herc. Mong. IV); 2. zur Zeitbestimmung (= frz. *il y a*, ital. *fa*) z. B. *Ha* tres annos (Herc. Mong. I). *Ha* dez annos (Herc. Euric. XVIII).

b. **Ter.**

	Indikativ.	Conjunktiv. Praesens.	Imperativ.	Infinitiv.
Sing.	1. tenho.	tenha.		ter.
	2. tens.	tenhas.	tem tu!	
	3. tem.	tenha.	tenha elle!	Gerund.
Plur.	1. temos.	tenhamos.		tendo.
	2. tendes.	tenhais.	tende vós!	
	3. tem.	tenham.	tenham elles!	

¹ Doch auch sonst öfter.

	Indikativ.	Conjunktiv.
		Imperfekt.
Sing.	1. tinha.	tivesse.
	2. tinhas.	tivesses.
	3. tinha.	tivesse.
Plur.	1. tinhamos.	tivessemos.
	2. tinheis.	tivesseis.
	2. tinham.	tivessem.

Perfekt.

Sing. 1. tive.
2. tiveste.
3. teve.
Plur. 1. tivemos.
2. tivestes.
3. tiveram.

Plusquamperfekt.

Sing. 1. tivera.
2. tiveras.
3. tivera.
Plur. 1. tiveramos.
2. tivereis.
3. tiveram.

Futur.

Sing.	1. terei.	tiver.	Infinitiv.
	2. terás.	tiveres.	haver de ter.
	3. terá.	tiver.	Gerund.
Plur.	1. teremos.	tivermos.	havendo de ter.
	2. tereis.	tiverdes.	
	3. terão.	tiverem	

Neben dem Plusquamperfekt *tivera* ist der eigentliche Conditional:

Sing. 1. teria.   Plur. 1. teriamos.
2. terias.   2. tericis.
3. teria.   3. teriam.

Die zusammengesetzten Zeiten werden mit *ter*

(seltener *haver*) und dem Particip *tido*[1] gebildet also: *tenho tido, tinha tido, terei tido* u. s. w. — Der flektirte Infinitiv *ter, teres, ter, termos* u s. w.

Im Praesens Indikativ und Imperativ hat *ter* sein *d* behalten: *tendes* (Trov. 54 *tenedes*\, *tende;* in den übrigen Tempora und Modi ging es verloren *tenhais, tinheis;* doch alt: *tinhades* (Cort. de Coimbra de 1428), aber im *Leal Conselheiro* c. 88. *tenhaaes*. — Eluc. führt auf (II, 242) *teeya* und (II, 382) *tia* statt *tinha* und (II, 392) das Particip *teudo* statt *tido* (s. § 154).

c. Ser.

		Indikativ.	Conjunktiv. Praesens.	Imperativ.	Infinitiv.
Sing.	1.	sou.	seja.		
	2.	és.	sejas.	sê tu!	ser.
	3.	é.	seja.	seja elle!	
Plur.	1.	sômos.	sejamos.		Gerund.
	2.	sois.	sejais.	sêde vós!	sendo.
	3.	são.	sejam.	sejam elles!	

Imperfekt.

Sing.	1.	era.	fôsse.
	2.	eras.	fôsses.
	3.	era.	fôsse.
Plur.	1.	éramos.	fôssemos.
	2.	éreis.	fosseis.
	3.	eram.	fôssem.

Perfekt.

Sing.	1.	fui
	2.	foste.
	3.	foi.
Plur.	1.	fômos.
	2.	fostes.
	3.	foram.

---

[1] Eluc. II *tédo* dann im 14. und 15. Jahrhdt. *teudo; tirudo* (aus d. J. 1310), *tudo*.

Indikativ.		Conjunktiv.

Plusquamperfekt.

Sing. 1. fôra.
2. fôras.
3. fôra.
Plur. 1. fóramos.
2. fóreis.
3. fôram.

Futur.

Sing. 1. serei. fôr. **Infinitiv.**
2. serás. fôres. haver de ser.
3. será. fôr.
Plur. 1. seremos. fôrmos. **Gerund.**
2. sereis. fôrdes. havendo de
3. serão. fôrem. ser.

Neben dem Plusquamperfekt *fôra* ist der eigentliche Conditional.

Sing. 1. seria.   Plur. 1. seríamos.
2. serias.   2. seríeis.
3. seria.   3. seriam.

Die zusammengesetzten Zeiten bildet *ter* (oder *haver*) und das Particip *sido*, also: *tenho sido, terei sido, teria sido* u. s. f. — Der flektirte Infinitiv ist *ser, seres, ser, sermos* u. s. w.

Zahlreich gestalteten sich in der älteren Sprache die Formen von *ser*. Der Infinitiv *ser* lautet alt zweisilbig *seer* und diese Form weist nach der Analogie von *ver* (vi [d] ere), *crer* (cre [d] ere) u. a. (s. § 29 S. 88) auf das lateinische *sedere* hin.[1] Wenn z. B. im Italienischen das lateinische *esse* entweder um ihm die Gestalt eines romanischen Infinitivs zu geben (Diez E. W. I, 164) oder um dem Worte mehr Umfang zu verleihen (Brachet, nouv. gramm. p. 124) in *essere* erweitert wurde, so wird es im Portugiesischen kaum seiner ersten Silbe beraubt worden sein. Zudem stimmt die Bedeutung und lässt sich dieselbe historisch entwickeln (s. Diez

---

[1] Eluc. II, 227 sobreseer.

1. c.) Auch andere dem Sinne nach ähnliche Verba (wie z. B. *ficar*) vertreten *esse* und Diez (R. G. II, 175) zeigt an einer Stelle der *Trovas* (Canc. da Ajuda, 6): „Todas as donas non *son* ren contra ela nen an ja de *seer*" (= hão-de ser) die Beziehungen von *esse* und *sedere*. — Im Canc. da Vat. (n. 509) findet sich der Infinitiv *soer* „deva *soer* desamado poren."

Der Form *sendo* steht ein altes *seente, sente* (nach Eluc. II, 310 aus 1318) zur Seite. — [*Seendo* = sitzend; aus dem Jahre 1318. Cod. Alf. L. III. T. 53. § 5.] Der Indikativ Präsens *sou* fusst auf vulgärlateinischem *so, su* = sum (Orell. 4810; 7411); im Altportugiesischen begegnen wir indessen nasalen Formen und zwar *som, son, soon, sõo* (Eluc. II, 330), *soõ; sam, san*.[1] *Sou* ist schon 1265 (Rib. I, 292) vorhanden; die Grammatiker waren hierüber im Zweifel und Fernão d'Oliveira (1536) schreibt (c. 47): „Nos generos dos verbos não temos mais que uma só voz acabada em o pequeno, como *ensino, amo* e *ando*, a qual serve, como digo, em todos os verbos tirando alguns poucos como são estes: *sei* de saber, e *vou* e *dou* e *estou* e mais o verbo substantivo, *o qual uns pronunciam em om como som, e outros em ou, como son, e outros em ão como são, e tambem outros que eu mais favoreço em o pequeno como so* no parecer da primeira pronunciação com *o* e *m*, que diz *som*; é o o mui nobre João de Barros a rezão que dá por si é esta: que de *som*, mais perto vem a formação do seu plural, o qual diz *somos*, com tudo sendo eu moço pequeno, fui criado em São domingos Devora onde fazião zombaria de mim os da terra porque eu assi pronunciava segundo que aprendera na Beira."

Die Frage, welche Diez (Altp. K. u. h. S. 116) aufwirft, warum man *sóon* mit zwei *o* schrieb, beantwortet Coelho (Theor. p 22) dahin, dass wir es in *soon* mit einer irrthümlichen Orthographie zu thun haben, und dass das *sõo* des Diniz das richtige sei; die spätere Orthographie jedoch bezeichnet gewöhnlich die Nasalität des ersten Vokales an einem nachfolgenden; *sõ* ist die der Aussprache gemässe Form, daran trat das *o* der Flexion: *sõo* und dann missbräuchlich

---

[1] Bernard. Ribeiro (a visão). Eu mesmo *sam* teu cuidado.

lich daraus *sõo* = soon. — In den Liederbüchern und noch bei Gil Vicente findet sich *sejo* für *sou* (von sedeo).

Statt der zweiten Person *és* findet sich bei Gil Vicente *sés*, bei Alfons X. (Argote 152[b]) das spanische *éres*, ebenso Bernard. Rib. Menin. II, 13; Moraes, Palmeirim P. I, cap. 27. — Neben *é* der dritten Person findet sich in den alten Liederbüchern häufig *est* (so bei Diniz und in den Trovas), bei Alfons X. das spanische *es*. (Bellerm. p. 16. Santa Maria, que *es* la mellor cousa.); see (Eluc. II. 309.) — An die Stelle von *sois* trat *sodes*, mit synkopirtem *d sooes, soes* in der Grammatik des João de Barros, und (das noch populäre) *sondes*: „Que *sondes* já carantonha" (Gil. Vic. III, 75).

Die dritte Person Plural findet sich noch alt *sunt*, dann *sum, som, son*, auch *sam* (= são).

Vom Imperfekt ist zu verzeichnen die *d* Form *erades*; die dritte Person Plural *erom, erão*. — Für *era* findet sich *sia* alt *syha, segua* (nach Eluc. II, 309 aus 1298). — Statt des Perfekts *fui* hat Diniz auch *seve* (sedit wie im Altsp. *sovo*); ebenso wechseln *fui* und *foi* in der ersten und dritten Person. Die Verwechslung von *fostes* und *foste* (sowie *foreis* für *fordes*) ist volksthümlich.

Der Conjunktiv Praesens *seja* (aus lateinischem siem, sim) hat die alte Form *seiades, siades, seiaees*; der des Imperfekts lautet (z. B. Trovas 76, 4) spanisch *fuesse* statt *fosse; focedes = fostes* (Fr. João Claro, c. 3); die alte Nebenform zu *for* war *sever, severem* (Foros de Gravão 422, 401).

Die Imperative *sê* und *sêde* weisen auf sedere.

Die Conjugation von *estar* folgt bei den Anomalien der ersten Conjugation (§ 160 b).

5. Conjugationen.

§ 156.

Wenn wir der üblichen Scheidung in eine schwache und eine starke Flexionsform der romanischen Conjugation folgen, so sind die Reste der lateinischen starken Flexion im Portugiesischen äusserst geringe. — Wir haben im Portugiesischen drei Conjugationen, welche der Infinitiv kennzeichnet:

die erste auf *ar* (= latein. are),
die zweite auf *er* (= latein. ĕre, ēre),
die dritte auf *ir* (= latein. ire).

Die Verba der lateinischen Conjugationen treten indessen nicht immer in die gleiche Conjugationsform der port. Sprache über z. B. *cumprir* (complēre), *repetir* (repetĕre), *luzir* (lucēre) und zahlreiche andere.

Was die portug. Sprache neu schuf an Verben, gehört in die schwache Flexionsart; so dass für die starke Flexionsart nur wenige übrig blieben, wie *dizer* (dicere), *fazer* (facere), andere gemischt wurden wie *querer* (quaerere), *trazer* (trahere) u. a.

Die der spanischen Sprache eigene Diphthongirung des Stammvokales kennt die portug. Sprache nicht; Ablaut jedoch ist sehr thätig; Attraction bietet wenige Fälle.

Was den Accent betrifft, so ist die portugiesische Sprache dem lateinischen treu geblieben; eine Ausnahme bilden nur die Formen *cantávamos, cantáveis* (cantabámus, cantabátis S. 213), *cantássemos, cantásseis* (canta[vi]ssémus, canta[vi]ssé[t]is) und *cantárão, vendérão, partírão* (wo der lat. Ton (wenn auch mit Ausnahmen) auf *erunt* lag.

§ 157.

Die lateinischen Personalendungen verhalten sich zu den portugiesischen den Lautregeln gemäss also:

	Latein:		Portugiesisch:
Sing. 1.	o m	i	o — i
2.	s	ti	s te
3.	t		— —
Plur. 1.	mus		mos
2.	tis		(des alt) es, is
3.	nt	unt.	am (ão) [alt um, om, am].

Wie bei den Nomina die Schreibung *ais* und *aes* (pais, paes, tais, taes u. dgl.) willkürlich wechselt, so auch bei den

Verbis der ersten Conjugation die zweite Person Indikativ und Imperativ: cant*ais*, cant*aes*; cant*ae*, cant*ai*.

Was die dritten Personen des Plurals betrifft, so schreibt man jetzt gewöhnlich nur das Futur mit *ão*, während man in allen anderen Zeiten der Schreibung mit *m* den Vorzug einräumt.

§ 158.

Paradigmen der drei Conjugationen.

a) Aktivum.

			I. Conjugation.	II. Conjugation.	III. Conjugation.
			Praesens.		
Indikativ.	S.	1	cant-*o*	vend-*o*	part-*o*
		2	cant-*as*	vend-*es*	part-*es*
		3	cant-*a*	vend-*e*	part-*e*
	Pl.	1	cant-*amos*	vend-*emos*	part-*imos*
		2	cant-*ais*	vend-*eis*	part-*is*
		3	cant-*am*	vend-*em*	part-*em*
Conjunktiv.	S.	1	cant-*e*	vend-*a*	part-*a*
		2	cant-*es*	vend-*as*	part-*as*
		3	cant-*e*	vend-*a*	part-*a*
	Pl.	1	cant-*emos*	vend-*amos*	part-*amos*
		2	cant-*eis*	vend-*ais*	part-*ais*
		3	cant-*em*	vend-*am*	part-*am*
Imperativ.	S.	2	cant-*a*	vend-*e*	part-*e*
	Pl.	2	cant-*ai*	vend-*ei*	part-*i*
Infinitiv.			cant-*ar*	vend-*er*	part-*ir*
Gerund.			cant-*ando*	vend-*endo*	part-*indo*
			Imperfekt.		
Indikativ.	S.	1	cant-*ava*	vend-*ia*	part-*ia*
		2	cant-*avas*	vend-*ias*	part-*ias*
		3	cant-*ava*	vend-*ia*	part-*ia*
	Pl.	1	cant-*avamos*	vend-*iamos*	part-*iamos*
		2	cant-*aveis*	vend-*ieis*	part-*ieis*
		3	cant-*avam*	vend-*iam*	part-*iam*
Conjunktiv.	S.	1	cant-*asse*	vend-*esse*	part-*isse*
		2	cant-*asses*	vend-*esses*	part-*isses*
		3	cant-*asse*	vend-*esse*	part-*isse*
	Pl.	1	cant-*assemos*	vend-*essemos*	part-*issemos*
		2	cant-*asseis*	vend-*esseis*	part-*isseis*
		3	cant-*assem*	vend-*essem*	part-*issem*

		I. Conjugation.	II. Conjugation.	III. Conjugation.
		Perfekt.		
Indikativ.	S. 1	cant-*ei*	vend-*i*	part-*i*
	2	cant-*aste*	vend-*este*	part-*iste*
	3	cant-*ou*	vend-*eu*	part-*iu*
	Pl. 1	cant-*amos*	vend-*emos*	part-*imos*
	2	cant-*astes*	vend-*estes*	part-*istes*
	3	cant-*aram*	vend-*eram*	part-*iram*
		Plusquamperfekt.		
Indikativ.	S. 1	cant-*ara*	vend-*era*	part-*ira*
	2	cant-*aras*	vend-*eras*	part-*iras*
	3	cant-*ara*	vend-*era*	part-*ira*
	Pl. 1	cant-*aramos*	vend-*eramos*	part-*iramos*
	2	cant-*areis*	vend-*ereis*	part-*ireis*
	3	cant-*aram*	vend-*eram*	part-*iram*
		Futur.		
Indikativ.	S. 1	cant-ar-*ei*	vend-er-*ei*	part-ir-*ei*
	2	cant-ar-*ás*	vend-er-*ás*	part-ir-*ás*
	3	cant-ar-*á*	vend-er-*á*	part-ir-*á*
	Pl. 1	cant-ar-*emos*	vend-er-*emos*	part-ir-*emos*
	2	cant-ar-*eis*	vend-er-*eis*	part-ir-*eis*
	3	cant-ar-*ão*	vend-er-*ão*	part-ir-*ão*
Conjunktiv.	S. 1	cant-*ar*	vend-*er*	part-*ir*
	2	cant-*ares*	vend-*eres*	part-*ires*
	3	cant-*ar*	vend-*er*	part-*ir*
	Pl. 1	cant-*armos*	vend-*ermos*	part-*irmos*
	2	cant-*ardes*	vend-*erdes*	part-*irdes*
	3	cant-*arem*	vend-*erem*	part-*irem*
Infinitiv.		haver de cantar	haver de vender	haver de partir
		Conditionalis.		
Praesens.	S. 1	cant-ar-*ia*	vend-er-*ia*	part-ir-*ia*
	2	cant-ar-*ias*	vend-er-*ias*	part-ir-*ias*
	3	cant-ar-*ia*	vend-er-*ia*	part-ir-*ia*
	Pl. 1	cant-ar-*iamos*	vend-er-*iamos*	part-ir-*iamos*
	2	cant-ar-*ieis*	vend-er-*ieis*	part-ir-*ieis*
	3	cant-ar-*iam*	vend-er-*iam*	part-ir-*iam*

I. Conjugation.	II. Conjugation.	III. Conjugation.
Zusammengesetztes Perfekt.		

		I.	II.	III.
S.	1	tenho	tenho	tenho
	2	tens	tens	tens
	3	tem	tem	tem
Pl.	1	temos	temos	temos
	2	tendes	tendes	tendes
	3	tem	tem	tem
		cantado.	*vendido.*	*partido.*
S.	1	tenha	tenha	tenha
	2	tenhas	tenhas	tenhas
	3	tenha	tenha	tenha
Pl.	1	tenhamos	tenhamos	tenhamos
	2	tenhais	tenhais	tenhais
	3	tenham	tenham	tenham
		cantado.	*vendido.*	*partido.*
Infintiv.		ter cantado	ter vendido	ter partido
Gerund.		tendo (havendo) cantado.	tendo (havendo) vendido.	tendo (havendo) partido.

So bildet sich dann mit dem Hilfszeitworte *ter* (nicht so häufig mit *haver*) wie das *preterito perfeito composto (tenho cantado)* das zusammengesetzte Plusquamperfekt (*preterito mais que perfeito composto*): *tinha* oder *tive cantado* (vendido, partido), das zweite Futur (*futuro perfeito*) *terei, tiver cantado*, der Conditional der Vergangenheit (*preterito perfeito condicional*) *teria (tivera)* cantado u. s. f.

Der flektirte Infinitiv fällt der Form nach mit dem Conjunktiv des Futurs zusammen *cantar, vender* u. s. w.

b) Passivum.

Nach § 151 wird das Passivum der portugiesischen Verba durch das Hilfsverbum *ser* und das Particip Perfekt (cantado, vendido, partido) in allen Tempora gebildet. Von einzelnen anderen Verben, die (wie *ficar, ir*) das Passiv umschreiben, hat die Syntax zu handeln.

Praesens:	Ind. sou amado (a), vendido (a) ich werde geliebt, verkauft. — Conj. seja amado (a), vendido (a) u. s. f. durch alle Personen. — Inf. ser amado (a), os (as), vendido (a), os (as)

Imperfekt.	Ind. era amado (a), vendido (a) ich wurde geliebt, verkauft. — Conj. fosse amado (a), vendido (a) u. s. f.
Perfekt:	Ind. fui amado (a), vendido (a) ich wurde geliebt, verkauft u. s. f.
Zusammengesetztes Perfekt:	Ind. tenho sido amado (a), vendido (a) ich bin geliebt, verkauft worden. — Conj. tenha sido amado (a), vendido (a) ich sei geliebt, verkauft worden. — Inf. ter sido amado (a), os (as) geliebt worden sein. u. s. f.
Plusquamperfekt:	Ind.: tive sido amado (a), vendido (a) ich war geliebt, verkauft worden. — Conj. tivesse sido amado ich wäre geliebt worden.
Futur:	Ind. serei amado (a), vendido ich werde geliebt, verkauft werden. — Conj. fôr amado. — Inf. haver de ser amado u. s. f.
Futur exact:	Ind. terei sido amado ich werde geliebt worden sein. — Conj. tiver sido amado u. s. f.
Conditionale:	seria amado ich würde geliebt (werden) u. s. f. teria sido amado ich würde geliebt worden sein u. s. f.

§ 159.

Bei der Conjugation einzelner regelmässiger Verba sind orthographische Eigenthümlichkeiten zu beobachten:

a) Die Verba der ersten Conjugation, deren Stamm auf *c* oder *g* auslautet, also jene auf *car* und *gar*, verwandeln *c* in *qu*, *g* in *gu*, so oft die Flexionssilbe *e* oder *ei* ist z. B. *tocar, ficar; toque, fique; toquei, fiquei; julgar, entregar; julgue, entregue; julguei, entreguei.* — Umgekehrt wird *qu* vor der Infinitivendung der zweiten und dritten Conjugation *(quer, quir)* vor *a* und *o* zu *c* und in der Verbindung *gu* der Infinitive *guer, guir* wird *u* vor *a* und *o* ausgestossen z. B. *delinquir, delinco; distinguir, distingo, distinga.*

b) Die Verba der zweiten Conjugation, deren Stamm auf *c* oder *g* endigt, also jene auf *cer* und *ger* und jene der dritten auf *gir* verwandeln ihr *c* zu *ç* und das *g* zu *j*, so oft ein *a* oder *o* folgt z. B. *conhecer, agradecer; conheço, conheça; agradeço, agradeçamos; proteger, eleger; protejo, proteja; elejo, eleja; corrigir, fingir; corrijo, corrija; finjo, finja.*

Einzelne Anomalien der drei Conjugationen.

§ 160.

Erste Conjugation.

a) Einige Verba auf **ear** und **iar** dehnen in der Conjugation im Praesens Singular *e* und *i* zu *ei* also z. B. *semear, semeio, semeias, semeia; premiar, premeio, premeias, premeia.* — Ueber diese Conjugationsform gehen die Grammatiker am weitesten auseinander. Allgemein lässt man die Dehnung in *agencear, alhear, arrear* (gegen Madureira), *atear, lisongear, negocear, semear; cambiar, mediar, penitenciar, premiar, sentenciar* u. a. — Vgl. dagegen Cam. Lus. IV, 101. *Porque a fama te exalte e te lisonge* (als Reim zu *longe*).

b) Abweichend sind die Verba *dar* und *estar*.

dar. geben.

Indikativ.	Conjunktiv.
Praesens.	
S. 1. dou ich gebe	dê (dass) ich gebe
2. dás	dês
3. dá	dê
Pl. 1. damos	dêmos
2. dais	deis
3. dão	dem
Imperfekt.	
S. 1. dava ich gab	desse (dass) ich gäbe
2. davas	desses
3. dava	desse
Pl. 1. dávamos	dessemos
2. dáveis	desseis
3. davam	dessem

Perfekt.
Indikativ.   Conjunktiv.
S. 1. dei ich gab
   2. deste
   3. deu
Pl. 1. démos
   2. déstes.
   3. dérão.
                 Plusquamperfekt.
S. 1. déra ich hatte gegeben
   2. déras.
   3. déra
Pl. 1. deramos
   2. dercis
   3. derão.
                     Futur.
S. 1. darei ich werde geben   der (dass ich geben werde)
   2. darás   deres
   3. dará   der
      u. s. f.   dermos
      regelmässig.   derdes
                               derem
   Alles übrige ist regelmässig. — Alte Formen mit d wie
dades, dedes (Eluc. I, 357) sind selbstverständlich.
                    estar sein.
                    Indikativ.
                    Praesens.
Sing. 1. estou ich bin   Plur. 1. estamos wir sind
      2. estás   2. estais
      3. está   3. estão.
                  Imperfekt.
Sing. 1. estava ich war   Plur. 1. estávamos wir waren
      2. estavas   2. estáveis
      3. estava   3. estavam.
                   Perfekt.
Sing. 1. estive ich war (bin   Plur. 1. estivemos wir waren
         gewesen)   (sind gewesen)
      2. estiveste   2. estivestes
      3. esteve   3. estiveram.

Plusquamperfekt.
Sing. 1. estivera ich war gewesen
2. estiveras
3. estivera

Plur. 1. estiveramos wir waren gewesen
2. estivereis
3. estiveram.

Futur.
estarei u. s. w. ich werde sein (regelmässig).

Conjunktiv.
Praesens.
Sing. 1. esteja ich sei
2. estejas
3. esteja

Plur. 1. estejamos wir seien
2. estejais
3. estejam.

Imperfekt.
Sing. 1. estivesse ich wäre
2. estivesses
3. estivesse

Plur. 1. estivessemos wir wären
2. estivesseis
3. estivessem.

Futur.
Sing. 1. estiver dass ich sein werde
2. estiveres
3. estiver

Plur. 1. estivermos dass wir sein werden
2. estiverdes
3. estiverem.

Conditional.
estaria ich würde sein u. s. w.

Imperativ.
está! estae!

Gerund.
estando.

Particip.
estado.

Der Conjunktiv Praesens *esté* statt *esteja* des Diniz und der Trovas findet sich noch später z. B. Sá de Miranda (Ecl.) „Por mais mudado que *estes*"; Parn. lus. II, 266. Vês-tu cousa que *esté* queda?
Eluc. II, 333 hat das Perfekt *stede* = esteve (altsp. estido).

Eine seltenere Bedeutung von estar ist „stellen". Parn. lus. II, 262 erklärt: „*Estem-se* a parte os favores" gleich *ponham-se*.

§ 161.
Zweite Conjugation.

1. Das Verbum *perder* (perdĕre) verwandelt in der Form *perco* und im ganzen Conjunktive sein *d* in *c*, also *perca, percas, perca; percamos, percais, percam*, alles übrige ist regelmässig gebildet.

2. Das Verbum *valer* (valēre) verwandelt in der Form *valho* und im ganzen Conjunktive l in lh; also *valha, valhas, valha; valhamos, valhais, valham;* alles übrige ist regelmässig von *valer*.

3. *Crer* glauben und *ler* lesen dehnen in der ersten Person des Praesens Indikativ und im ganzen Conjunktive des Praesens e zu ei; also: *creio, crês, crê* u. s. f. *creia, creias, creia; creiamos, creiais, creião; leio, lês, lê;* u. s. w. *leia; leias, leia; leiamos, leiais, leião*. Alles andere ist regelmässig.

4. *Morrer* (sterben) lautete oft im Praesens Indikativ *mouro* (statt morro), im Conjunktiv Praesens *moura* (statt morra). (s. Varianten zu Lus. II, 41; III, 129.)

§ 162.
Dritte Conjugation.

1. Die Verba *medir* (metiri) und *pedir* (petĕre) verwandeln in der Form *meço, peço* und im ganzen Conjunktive ihr *d* in *ç* also: *meça, meças, meça; meçamos, meçais, meção; peça, peças, peça; peçamos, peçais, peção*. (vgl. § 29 S. 89). Populaer ist noch die Form *mido* oder *medo* statt *meço*; ebenso sagt Camões (Filodemo IV, 2). Amor, Amor, mas te pido (als Reim zu *oido* und *perdido*); und Parn. lus. bemerkt hiezu „assim se dizia n'esta epoca".

2. *Ouvir* (audire) erhält *ç* in der ersten Person Singular Praesens Indikativ und im ganzen Conjunktive; also *ouço, ouves, ouve* u. s. f.; *ouça, ouças, ouça; ouçamos, ouçais, oução*. Doch bei Gil Vic. *ovo* statt *ouço*. — Neben *ouço* und den Formen mit *ouç* liest man *oiço, oiça*, doch selten.[1]

---

[1] Der Wechsel von *ou* und *oi* kehrt im Portugiesischen immer wieder. So wurde selbst aus *Osorio, Osoiro — Osouro*, wie Andrade de Caminha diesen Eigennamen schreibt. Costa (III, 25) bemerkt

3. *Parir* (parĕre) erleidet in der ersten Person des Indikativ Praesens Singular und im ganzen Conjunctive eine Attraktion; also *pairo, pares, pare* u. s. f.; *paira, pairas, paira; pairamos, pairais, pairão*.

4. *Cahir* (altp. *caer*, Diniz; cadĕre) und *sahir* (salire) verlieren im Praesens Indikativ erste Person und im ganzen Conjunktive ihr *h* (§ 10 S. 52) also *caio, cahes, cahe* u. s. f. *caia, caias, caia; caiamos, caiais, caião; saio, sahes, sahe* u. s. f.; *saia, saias, saia; saiamos, saiais, saião*.

5. *Rir* (ridēre) lautet im Indikativ Praesens *rio, ris, ri; rimos, rides, rim*, im Conjunktiv: *ria, rias, ria; riamos, riais, rião*.

6. Die Verba auf *uzir* wie *luzir, reluzir,* meist Composita von *ducĕre, introduzir, induzir, traduzir, produzir, conduzir, reduzir* stossen in der dritten Person des Praesens Indikativ ihr *e* ab; also *luz, reluz; introduz, induz, traduz, produz, conduz, reduz*. Indessen findet sich bei Dichtern die *e* Form sehr häufig; so z. B. in den Lusiaden: *reluze* (II, 95; IX, 61), *produze* (II, 4; IV, 65; IX, 58) und bei anderen Schriftstellern oft.

7. *Ir* (alt *hir* = lat. ire) hat sich hier wie im Französischen mit *vadere* vereinigt, wozu einige Formen von *esse* treten, um ein ganzes Verbum neben *andar* zu bilden, welch letzteres im Portugiesischen vollständig und in allen Formen regelmässig ist. Die Stämme *ire, vadere, fu* vereinigten sich, wie folgt:

Indikativ.

	Praesens.	Imperfekt.	Perfekt.	Plusquamperfekt.	Futur.
Sing. 1.	vou	ia	fui	fôra	irei
2.	vas	ias	foste	fôras	irás
3.	vai	ia	foi	fôra	irá
Plur. 1.	vamos, *imos*	iamos	fômos	fôramos	iremos
2.	ides	ieis	fostes	fôreis	ireis
3.	vão	iam	fôram	fôram	irão

hierzu: „o poeta escreve *Osouro* o mesmo appellido que nós hoje escrevemos *Osorio;* é pois evidente que a pronunciação deste vocabulo se acha alterada, como tem acontecido a muitos outros".

Conjunktiv.

	Praesens.	Imperfekt.	Futur.
Sing. 1.	vá	fôsse	fôr
2.	vás	fôsses	fôres
3.	vá	fôsse	fôr
Plur. 1.	vamos	fôssemo	fôrmos
2.	vades	fôsseis	fôrdes
3.	vão	fôssem	fôrem.

Conditional.
iria, irias, iria; iriamos, irieis, iriam.
Imperativ.
S. vai (tu)! Pl. ide (vós)!
Inf. *ir.* Gerund. *indo.* Partic. *ido.*

Ide findet sich bei älteren in *i*, *ides* in *is* zusammengezogen. — *Ide vós* zu *ivos* (Ferr. Castro II, 1); *fuy* = foi (Eluc. I, 384. Dokum. von 1312).

8. Die Fälle des Ablautes der portugiesischen Verba bieten *e* zu *i* und *u* zu *o*.

a. In der ersten Person Singular des Praesens Indikativ und im ganzen Conjunktive verwandeln das *e* des Stammes in *i* die Verba: *sentir* (fühlen) und seine Composita *assentir, consentir, desconsentir, dissentir, presentir, resentir; mentir* (lügen) und sein Compositum *desmentir; seguir* (folgen) nebst Composita *conseguir, proseguir;* die Composita des lateinischen *ferre*, nämlich: *conferir, deferir, preferir, referir;* ferner *servir, ferir, vestir, repetir, digerir, advertir, competir, despir* (entkleiden de-expedere), *despedir, impedir, encerir, fregir (frigĕre)* u. a.

Die Conjugation ist also:
sinto, sentes, sente u. s. f.
sinta, sintas, sinta; sintamos, sintais, sintam. (cf. Fonseca, rudiment. da ling. port. p. 347.) Die ganze Regel ist mit Ausnahme der gewöhnlichsten Verba bei den Grammatikern vielfach streitig. Einzelne setzen den Ablaut *i* auch in den übrigen Personen des Praesens Indikativ: *sigo, sigues* statt *segues* u. s. w. So die Ausgabe der Lusiaden von José da Fonseca zu III, 30, 68 *sigue*. —

Neben *despido, me despido* findet man *me despesso*, was jedoch verworfen wurde, sowie die Beibehaltung des Ablautes im Praesens Indikativ in anderen als in der ersten Person.

b. Der **Ablaut** *u* zu *o* erstreckt sich auf die **zweite und dritte Person Singular und die dritte Person Plural Indikativ** und die **zweite Person Singular des Imperatives** bei den Verbis *acudir, sacudir* (accutere, saccutere), *bulir* (bullire), *construir, destruir, estruir* (con-de-extruere), *sumir, consumir* (nicht aber *presumir*); *cospir, cuspir* (conspuere), *engulir* (gula), *fugir* (fugere), *tussir* (tussire), *subir, surgir* (ankern), *cubrir* (coperire); also *acudo, acodes, acode; acudimos, acudis, acudem, acode, acudi; fujo, foges, foge; fugimos, fugis, fogem; fuja, 'fujas* u. s. w.

Bemerkenswerth ist *subir*, bei welchem (wie oben bei *despir*) der Ablaut in der **Praeposition** (*sub, de*) stattfindet.

Bei den Alten wird indessen diese Regel **nicht strenge** durchgeführt z. B. Cam. Lus. II, 61 findet sich dreimal der **Imperativ** *fuge* statt *foge*; ibid. I, 90 *estrue* e mata, was Braga (Bibl. crit. p. 262) als ‚menos correcto' (gegenüber der Variante des Franco Barreto *estróe*) erklärt. Auch andere Classiker (Ferreira, Bernardes) weisen *acudes, consumes* u. dgl. auf.

c. Den umgekehrten, allerdings natürlicheren Fall weisen die beiden Verba *dormir* (schlafen) und *sortir* (vertheilen) auf. *Dormir* hat in der **ersten Person Singular des Praesens Indikativ, im ganzen Conjunktive des Praesens und in der zweiten Person des Imperatives** *u* statt *o*, also: *durmo, dormes, dorme; dormimos* u. s. f.; *durma, durmas, durma; durmamos, durmais, durmam; durme.*

— *Sortir* nimmt in der **zweiten und dritten Person Singular und in der dritten des Plural (Indikativ Praesens), im ganzen Conjunktiv und im Imperativ** (zweite Person Singular) *u* statt *o* an; also *sorto, surtes, surte; sortimos, sortis, surtem; surta, surtas, surta; surtamos, surtais, surtam; surte.*

Starke Flexionsreste.

§ 163.

Wie bemerkt, zieht die portugiesische Sprache die schwache Flexion der starken vor, und so hat sie nachweisbare starke Formen verloren und durch schwache ersetzt. Zu dem oben (S. 71) aus dem Eluc. (I, 59) angeführten *aducho* (= adductus) hat noch Diniz das Perfekt *adusse* (= adduxit); zu dem noch vorhandenen *preso* findet sich das Perfekt *pres* nach *presés* in den Trovas; doch im selben Denkmal auch *prendi*; das Perfekt *respos* und *resposse* findet sich (= altsp. respuso) bei Alfons X. Der Conjunktiv *valvesse* bei Diniz lässt ein Perfekt *valvi* ahnen zu *valer* (valēre). *Appresso* = apprendido (Eluc. I, 129); *coito* = cozido (ib. I, 289) vgl. Michaelis, Stud. p. 28 ff. Ausserdem haben wir die starke Flexion in *dizer* (dissi), *fazer* (fez), *jazer* (jacēre), *poder* (pude), *querer* (quiz), *saber* (soube), *caber* (coube), *trazer* (trouxe), *ver* (vi, visto) *vir*; *pôr* (puz, posto). [Von *haver* s. S. 218, von *ter* S. 220, von *prazer* (placēre) bei den unpersönlichen.]

§ 164.

Dizer *(dicēre)* sagen. Indikativ: Praes: **digo**, *dizes, diz; dizemos, dizeis, dizem*. Imperf.: *dizia* u. s. f. Perf.: **disse**, *disseste, disse; dissemos, dissestes, disseram*. Plusq.: *dissera* u. s. f. Futur: **direi**, *dirás, dirá* u. s. f. Conjunktiv: Praes.: *diga, digas, diga; digamos, digais, digam*. Imperf.: *dissesse* u. s. f. Futur: *disser, disseres* u. s. f. Imperativ.: **dize!** *dizei!* Gerund.: *dizendo*. Part. **dito**.

Die starken Perfekta haben in der alten Sprache in der ersten Person des Perfekts oft noch das lateinische *i* wie *dissi* (bei Diniz und a. oft *dixi*), das dann e wurde *disse* (alt *dixe*, Trovas), bis auch dies abfiel, *dis* (Trov. 39, 2). — *Dim'* uma rem (Eluc. I, 375) = *diz*-me uma cousa.

Ebenso die Composita *contradizer, desdizer, predizer*. — *Benzer* (benedicere): *beneizeron* o seu nome. (Bellermann p. 19.) Ebenso *benedixi*. Part. *benzido* und *bento*. (*beito* Eluc.)

Fazer *(facēre)* machen, thun. Indikativ: Praes.:

faço, fazes, faz; fazemos, fazeis, fazem. Imperf.: *fazia* u. s. w. Perf.: fiz, *fizeste, fiz; fizemos, fizestes, fizeram.* Plusq.: *fizera, fizeras, fizera* u. s. f. Futur: *farei, farás, fará* u. s. w. Conj.: Praes.: *faça, faças, faça; façamos, façais, façam.* Imperf.: fizesse, *fizesses, fizesse.* Futur: *fizer, fizeres* u. s. f. Imperativ: *faze! fazei!* Gerund.: *fazendo.* Partic. feito.

Facer (Eluc. I, 425). — Alt ist *fues* für *fazes* z. B. Olha o que *faes* (Sá de Miranda, Ecl.) — *Fez* ist jetzt neben *fiz* im Gebrauche; daneben alt *figi, fige* (in den Trovas), *figeste* (Gil Vic. III, 266); *figesse* (Eluc. I, 309). *fezo* 3 p. s. (Bellerm. p. 61.) — Part. *fetto* aus 1273 (Eluc.)

Jazer *(jacēre)* liegen. Indikativ: Praes.: *jazo, jazes, jaz; jazemos, jazeis, jazem*; Imperf.: *jazia.* Perfekt: jouve. Plusq. *jouvera.* Fut.: *jazerei.* Conjunktiv: Praes.: *jaça.* Imperf.: jouvesse. Futur: jouver. Part.: *jacido.* Das Particip *jacente* (z. B. Lus. V, 22: co' a agua a *jacente* agua molhe) ist ein Latinismus. — Die regelmässigen Perfektformen *jazi, jazeu* finden sich bisweilen (alt auch *jogui*). — *Gouver* = *jazer* (Eluc. II, 22).

Poder *(posse)* können. Indikativ: Praes.: *posso, podes, pode; podémos, podeis, podem.* Imperf.: *podia.* Perf.: pude, *pudeste,* pode; *pudemos, pudestes, puderam.* Plusq.: *pudera, puderas* u. s. w. Futur: *poderei.* Conjunktiv: Praes.: *possa, possas, possa; possamos, possais, possam.* Imperf.: *pudesse.* Fut. *puder.* Part.: *podido.*

Die Grammatiker suchen durch Accente verschiedenartig das Praesens *póde* vom Perfekt *pode* zu scheiden. Alt ist *podo* für *posso* (Gil Vic. III, 260).

Querer *(quaerĕre)* wollen. Indikativ: Praes.: *quero, queres,* quer; *queremos, quereis, querem.* Imperf.: *queria.* Perf.: quiz, *quizeste, quiz; quizemos, quizestes, quizeram.* Plusq.: quizera. Futur: *quererei.* Conjunktiv: Praes.: *queira, queiras, queira; queiramos, queirais, queiram.* Imperf.: quizesse. Futur: quizer. Gerund.: *querendo.* Part.: *querido* (*quisto* adjektivisch in bemquisto, malquisto).

Qués statt *queres* findet sich öfter z. B. Fernão d'Alvares do Oriente, Lus. transf. II, 389. — *Quera* statt *queira* (Eluc. II, 256). Part. *querente* (ibid. aus 1343, 1476). — Das Futur hiess alt auch *querrei* (Trovas) und der Conditional *querria*; das Perfekt *quigi, quige, quis, quix* (auch *quiso*). — Auch die Praesensform *quere* statt *quer* findet sich (Cam. Lus. VIII, 82 com instancia lhe *requere*.)

Saber *(sapĕre)* wissen. Indikativ: Praes.: sei, sabes, sabe; sabemos, sabeis, sabem. Imperf.: *sabia*. Perf.: soube, *soubeste, soube; soubemos, soubestes, souberam*. Plusq.: *soubera*. Fut.: *saberei*. Conjunktiv: Praes.: saiba, saibas, saiba; saibamos, saibais, saibam. Imperfekt: soubesse. Futur: souber. Imperativ: *sabe! sabei!* Part.: *sabido*.

Der Conjunktiv lautet in den alten Denkmalen *sábia* (Proparoxytonon), *sabha* (Diniz); Perfekt auch *soubi*.

Caber *(capĕre)* nehmen, (in sich) fassen. Indikativ: Praes.: caibo, *cabes, cabe; cabemos, cabeis, cabem*. Imperf.: *cabja*. Perf.: coube, *coubeste, coube; coubemos, coubestes, couberam*. Plusq.: *coubera*. Fut. *caberei*. Conjunktiv: Praes.: caiba, caibas, caiba; caibamos, caibais, caibam. Imperf.: *coubesse*. Fut.: *couber*. Imperf.: *cabe! cabei!* Part. *cabido*.

Trazer *(trahĕre)* tragen; bringen. Indikativ: Praes.: trago, *trazes, traz; trazemos, trazeis, trazem*. Imperf.: *trazia*. Perf.: trouxe, *trouxeste, trouxe; trouxemos, trouxestes, trouxeram*. Plusq.: *trouxera*. Futur: *trarei, trarás, trará; traremos, trareis, trarão*. Conjunktiv: Praes.: *traga, tragas, traga; tragamos, tragais, tragam*. Imperf.: *trouxesse* u. s. w. Futur: *trouxer*. Imperativ: *traze! trazei!* Part.: *trazido*.

Der alte Infinitiv ist *trager*, daher die Form *trago* (und alt *trajo)*; ferner alt *trage* neben *traz, trax* und *trae* (wie die übrigen Composita, die nach dem lat. *trahere* die Form *trahir* erhielten z. B. *attrahir*). — Statt *trouxe* (lat. traxi-traxui-*trauxi*), auch *troxe* (Diniz) bieten alte Foros *trouve, trouvesse, trouver* (nach *jazer* und *prazer*). *Trazerei* statt *trarei* (bei Gil Vic. II, 34).

Ver *(vidēre)* sehen. Indikativ: Praes.: vejo, vês, rê; *vemos, vedes* (nicht *veis*, wie Diez R. G. II, 196 anführt), *rêm*. Imperf.: *via, vias, via* u. s. f. Perf.: *vi, viste,*

viu; vimos, vistes, viram. Plusq.: *vira.* Futur: *verei.*
Conjunktiv. Praes.: *veja, vejas, veja; vejamos, vejais, vejam.*
Imporf.: *visse.* Futur: *vir, vires, vir* u. s. f. Imperativ:
rê! vede! Gerund: *vendo.* Part.: visto.

Der ursprüngliche Infinitiv ist *veer*, davon dann das Futur *veerei* (Bellerm. p. 14); viele schreiben (wie *teem* = tenent) noch jetzt *veem* (vident). Das alte Imperfekt ist *veia* und *viia*, das Perfekt *vii* (vi[d]i); ein altes Particip *ventes* (Eluc. II, 398). Ebenso gehen die Composita. *Prover* mit etwas versehen geht nach *ver* (provejo); *prover* für etwas sorgen nach *vir* (provenho).

Vir *(venīre)* kommen. Indikativ. Praes.: *venho, vens, vem; vimos, vindes, vêm.* Imperf.: *vinha, vinhas, vinha; vinhamos, vinheis, vinham.* Perf.: *vim, vieste, veiu; viemos, viestes, vieram.* Plusq.: *viera, vieras, viera; vieramos, viereis, vieram.* Fut.: *virei, virás, virá; viremos, vireis, virão.* Conjunktiv: Praes.: *venha, venhas, venha; venhamos, venhais, venham.* Imp.: *viesse, viesses, viesse; viessemos, viesseis, viessem.* Fut.: *vier, vieres, vier; viermos, vierdes, vierem.* Imperativ: *vem! vinde!* Part.: *vindo, a.*

Vir hat bei den Alten zahlreiche Formen. Die dem Lateinischen nächste Infinitivform *reir* (ve[n]ire) weist Eluc. II, 222 nach; *avenhir* (I. 151), dann *viir* (ib. II, 403). Imperfekt *ria, vina* = vinha (Eluc. II, 400), Perfekt *vi* (ibid.); *reo* für *veiu* (Diniz); Futur *rerei, verrei* (mit dem Conditionale *veria, verria* in den Trovas); *verrá* = *rirá* (Eluc. II, 399); Conjunktiv des Futurs: *viner* (Eluc. II, 403), *veer* (Trovas), Plur. *veerem.* — Partic. *vinte* (Eluc. II, 404) und *vintes.*

Pôr *(ponĕre)* setzen, stellen. Indikativ: Praes.: *ponho, poens (pões), poem; pômos, pondes, poem.* Imperf.: *punha, punhas, punha; punhamos, punheis, punham.* Perf.: *puz, puzeste, póz; puzemos, puzestes, puzeram.* Plusq.: *puzera, puzeras, puzera* u. s. f. Futur: *porei, porás, porá; poremos, poreis, porão.* Conjunktiv: Praes.: *ponha, ponhas, ponha; ponhamos, ponhais, ponham.* Imperf.: *puzesse, puzesses, puzesse; puzessemos, puzesseis, puzessem.* Futur: *puzer, puzeres, puzer*; *puzermos, puzerdes, puzerem*. Imperativ: *põe! ponde!* Gerund.: *pondo*. Part.: **posto**.

Zahlreich sind auch die alten Formen von *pôr*. — Der Infinitiv *poner* ist Eluc. II, 226, ebenso die *n* Formen: *pono* = ponho u. s. w. Nach Abfall des *n* blieb der Infinitiv *poer* (Eluc. II, 225, Diniz u. A.), contrahirt *pôr*. — Perfekt *pozy* (Eluc. II, 233) und *pusy* (ib. 255); dafür auch palatales *y* in *puge* (Trovas 42, 2), *pugeste* (Gil Vic. III, 269). — (Hinsichtlich der neueren Schreibungen *põe*, *poem* s. Einl. z. Lus. VII).

§ 165.

Reste starker Participien erhielten sich in den sonst schwachen Verben:

II. Conjugation.

absolver lossprechen	absolvido	*absoluto* / *absolto*
absorver verschlucken	absorvido	*absorto*
accender anzünden	accendido	*acceso*
attender aufmerken	attendido	*attento*
comer essen	comido	*comesto*
convencer überzeugen	convencido	*convicto*
converter wenden	convertido	*converso*
corromper bestechen	corrompido	*corrupto*
cozer kochen	cozido	(alt *coito*)
defender vertheidigen	defendido	*defeso*
descrever beschreiben	descrevido	*descripto*
despender ausgeben	despendido	(alt *despezo*)
dissolver auflösen	dissolvido	*dissoluto*
eleger wählen	elegido	*eleito*
envolver einhüllen	envolvido	*envolto*
escrever schreiben	escrevido	*escripto*
estender ausbreiten	estendido	*extenso*
incorrer verfallen	incorrido	*incurso*
intender verstärken	intendido	*intenso*
interromper unterbrechen	interrompido	*interrupto*
morrer sterben	morrido	*morto*
nascer geboren werden	nascido	*nato*
perverter verderben	pervertido	*perverso*

prender nehmen	prendido	*preso*
reconhecer wieder erkennen	reconhecido	*recognito*
resolver auflösen	resolvido	*resoluto*
revolver umwälzen	revolvido	*revolto*
romper brechen	rompido	*roto*
suspender aufhängen	suspendido	*suspenso*
torcer drehen	torcido	*torto*

III. Conjugation.

abrir öffnen	abrido	*aberto*
abstrahir abziehen	abstrahido	*abstracto*
affligir betrüben	affligido	*afflicto*
assumir annehmen	assumido	*assumpto*
circumduzir herumführen	circumduzido	*circumducto*
cobrir bedecken	cobrido	*coberto*
compellir antreiben	compellido	*compulso*
concluir beschliessen	concluido	*concluso*
confundir verwirren	confundido	*confuso*
contrahir zusammenziehen	contrahido	*contracto*
diffundir ergiessen	diffundido	*difuso*
digerir verdauen	digerido	*digesto*
dirigir leiten	dirigido	*directo*
distinguir unterscheiden	distinguido	*distincto*
distrahir abziehen	distrahido	*distracto*
dividir theilen	dividido	*diviso*
encobrir bedecken	encrobido	*encoberto*
erigir errichten	erigido	*erecto*
excluir ausschliessen	excluido	*excluso*
exhaurir erschöpfen	exhaurido	*exhausto*
eximir ausnehmen	eximido	*exempto*
expellir vertreiben	expellido	*expulso*
exprimir ausdrücken	exprimido	*expresso*
extinguir auslöschen	extinguido	*extincto*
extrahir ausziehen	extrahido	*extracto*
frigir rösten	frigido	*frito*
imprimir eindrücken	imprimido	*impresso*
incluir einschliessen	incluido	*incluso*

infundir eingiessen	infundido	infuso
inserir einreihen	inserido	inserto
instruir unterrichten	instruido	instructo
omittir unterlassen	omittido	omisso
opprimir unterdrücken	opprimido	oppresso
possuir besitzen	possuido	possesso
remittir zurückschicken	remittido	remisso
repellir zurücktreiben	repellido	repulso
reprimir unterdrücken	reprimido	represso
submergir untertauchen	submergido	submerso
supprimir unterdrücken	supprimido	suppresso
surgir ankern	surgido	surto
tingir färben	tingido	tinto

Die Anwendung dieser starken Participialformen, die indessen der aktiven Bedeutung ermangeln, hat die Syntax zu erörtern. Einzelne portugiesische Grammatiker haben die Liste dieser Verba mit doppeltem Particip dadurch ungebührlich erweitert, dass sie reine Adjektive als zweite Participialform aufstellen z. B. agradecido und *grato*, enchido und *cheio*, escurecido und *escuro* u. s. w. — Auch *ter* und Composita scheiden in die Formen *tido* und *teudo*, *contido* und *conteudo*, *mantido* und *manteudo*, *retido* und *reteudo*.

§ 166.

Wie im Italienischen (*acconccio, adorno, asciutto* u. s. f.) so haben auch im Portugiesischen einige Participia von Verbis der ersten Conjugation die Endung *ado* abgeworfen und kommen verkürzt neben der vollen Form vor. Diese sind *descalço* neben descalçado, *entregue* neben entregado, *escuso* neben escusado, *gasto* neben gastado, *isento* neben isentado, *limpo* neben limpado, *pago* neben pagado; viele sind dann nur mehr Adjektive wie *afonto* neben afontado, *casso* neben cassado u. a.; für andere trat ein vorhandenes Adjektiv als zweite Participialform ein; so *grato* neben agradado, *prompto* neben apromptado, *cego* neben cegado, *ignoto* neben ignorado, *infesto* neben infestado, *livre* neben livrado, *manifesto* neben manifestado, *molesto* neben molestado, *quieto* neben quietado, *seco* neben secado, *seguro* neben segurado, *salvo* neben salvado, *vago* neben vagado; wieder andere haben die starke Form des lateinischen Wurzelverbums, das im Portugiesischen als solches entweder noch vorhanden, oder von dem abgeleiteten verdrängt ist. So sagt man acceitado und *acceito* (acceptus), affeiçoado und *affecto* (affectus), annexado und *annexo* (adnexus), cativado und *capto* (captus), enxugado und *enxuto* (nach suctus), exceptuado und *excepto* (exceptus), fartado und *farto* (fartus), juntado und *junto* (junctus), misturado und *mixto* (mixtus), occultado und *occulto* (occultus), professado und *professo* (professus), sepultado und *sepulto* (sepultus), soltado und *solto* (solutus), sujeitado und *sujeito* (subjectus), suspeitado und *suspeito* (suspectus), fixado und *fixo* (fixus). — Zu anderen Participien *expressado, expulsado, imprensado* sind die starken Formen *expresso, expulso, impresso* schon oben genannt worden.

Reflexive Verba.

§ 167.

Die reflexiven Verba (*verbos reflexivos, pronominaes*) werden im Portugiesischen in den zusammengesetzten Zeiten mit *ter* conjugirt (nicht also wie im Französischen und Italienischen mit *esse*).

Indikativ.

Praesens.	Imperfekt.	Perfekt.
me lembro	*me* lembrava	*me* lembrei
te lembras	*te* lembravas	*te* lembraste
se lembra	*se* lembrava	*se* lembrou

Plusquamperfekt.	Futur.
me lembrara	*me* lembrarei
te lembraras	*te* lembrarás
se lembrara	*se* lembrará

u. s. w.

Zusammengesetzte Zeiten.

Perf.: *me tenho* lembrado. Plusqu.: *me tinha* lembrado.
Futur: *me terei* lembrado. u. s. w.
Imperativ: lembra-*te* u. s. f. Gerund.: lembrando-*se*.
Infinitiv: lembrar-*se*; ter-*se* lembrado.

Defektive Verba.

§ 168.

Als Defektiva werden angeführt:

1. *Feder* (foetēre) bildet *fedes, fede* u. s. f.; dagegen fehlen die Zeiten, bei welchen auf *d* ein *a* oder *o* folgt.

2. *Precaver* (praecavēre) bildet gleichfalls die Tempora nicht, welche *a* und *o* als Endung haben.

3. *Soer* (solēre) alt noch *soio* (bei Diniz); jetzt nur Praesens Ind. *soes, soe; soem.* Conjunktiv *soia* u. s. f. Imperf. *soia* u. s. f. Gerund. *soendo.* (Cam. Lus. III, 1) *como soe;* foi como *soia* (= solebat). A. Diniz (o Cauhy).

4. Aus der dritten Conjugation nennen die Grammatiker eine Reihe von Verben, welche nur in jenen Formen vorkommen, wo nach dem Stammconsonanten das *i* in der Endung erhalten bleibt. Solche sind: *brandir* (schütteln, ahd. brant; altn. brandr = Schwert), *carpir* (carpĕre), *colorir, compellir* (compellĕre), *demolir, discernir, exinanir* (ex-inanis), *expellir, monir* (monēre), *munir* (munire), *repellir* (repellĕre), *submergir* (submergĕre). — Auch *polir* wird meist als defektiv aufgeführt.

Die Umschreibung fehlender Zeiten bewerkstelligt der Portugiese mit *estar* und dem Gerundium, also: *estou discernendo, estás submergindo.*

Unpersönliche Verba.

§ 169.

Zu den unpersönlichen Zeitwörtern (verbos *impessoaes;* treffend nennt sie die spanische Grammatik *unipersonales*) gehören:

1. jene, welche Vorgänge in der Natur bezeichnen: *chove* (pluit), *neva* (ningit), *gela, geia* (es gefriert), *relampeja, relampadeja, relampaga, relampagueia* (es blitzt), *fusilla* (es wetterleuchtet), *troveja* (es donnert); *chovisca, molinha* (es regnet fein), *gruniza, saraiva, cae pedra* (es hagelt); meist mit *faz* (wie in den übrigen romanischen Sprachen) gebildet wie *faz regelo, frio, calor, caldo, calma, vento, ventania, luar* u. s. w.; oder mit *estar,* wie *está chovendo, está fazendo relampagos, está trovejando, está cahindo pedra;* ebenso

amanhece (lucescit), *anoitece* (vesperascit); *marceja* es wird März;

2. unpersönliche Ausdrücke wie *apparece* es scheint; *importa* es liegt daran, meist mit *ser* oder *haver* gebildet; *é preciso, ha mister* es ist nöthig (= il faut); *é bom, natural, justo, simples* und zahllose andere;

3. *praz* es gefällt (placēre); (*praze* Trov.); *praz-me, apraz-me* (me praz, me apraz) mihi placet. Imperfekt: *prazia.* Perfekt: **prouve.** Plusquamperfekt: **prouvera.** Futur: *prazerá.* Conjunctiv. Praes.: *praza.* Imperfekt: **prouvesse.** Futur: **prouver.** Part. *prazido.* — Das alte Perfekt ist **prouge;** Plusqu.: **prougera;** Conj. Imperf.: **prouguesse;** Fut.: **prouguer** (bei Diniz; Eluc. II, 247); dafür auch nach Eluc. II, 220 **plouver** (= prouver). — Ebenso *aprouge, aprouger* u. s. w. *Pras-me* galt (= placitum, placet) substantivisch als „Beschluss", so führt das Elucidario auf: visto hum nosso *pras-me* (carta d'El-Rei D. Manoel);

4. mit *haver* bildet man (= frz. *il y a*, span. *hay*) das deutsche „es gibt", das im Singular stehen bleibt; also *ha, havia, houve* u. s. w. — Julgues agora, rei, se *houve* no mundo gentes. (Cam. Lus. V, 86). Em tanta antiquidade não *ha* certeza (ibid. III, 29). Que fôra a vida se nella não *houvera* lagrymas. (Hercul. Eur. IV, 6);

5. passive Intransitiva oder Reflexiva wie *se diz* man sagt; *se vive* man lebt, *se crê* man glaubt u. s. f.

---

3. Capitel.
Partikeln.

§ 170.

Als dritte Wortklasse treten uns die flexionslosen Wörter — die Partikeln — entgegen, in ihren vier Arten (Adverbia, Praepositionen, Conjunktionen, Interjektionen). Die Partikeln sind zwar auch aus der lateinischen Sprache geflossen, aber die neue Sprache ist hier vielfach schaffend aufgetreten. Eine Reihe lateinischer Partikeln musste unter den herrschenden Lautgesetzen an Umfang so viel verlieren, dass die Sprache zu dieser wichtigen Funktion sich um ein neues Wort, meist eine Zusammensetzung, umsehen musste; andere boten in ihrer neuen Gestalt die Möglichkeit der Verwechslung, ein Fall, welchem die Töchtersprachen bekanntlichst auf's eifrigste abzuhelfen suchten; so strebte man nach deutlichen Umschreibungen und zog es vor, statt *juste, facile* u. dgl. das ausführlichere *justa mente, facili mente* zu benutzen, statt *circa* das volle *em torno*, statt *ut* in seinen verschiedenen Funktionen als *finale, consekutive, comparative, concessive* Conjunktion die Umschreibungen, welche deutlicher sind, wie *a fim que, assim que, como, posto que* u. dgl.

Bisweilen sind diese verschiedenen Bestandtheile zu einem Worte vereint worden, wie *debaixo, outrosim* u. a.; oder sie stehen noch getrennt neben einander wie *por baixo, em vez de* u. a.

a. Adverbia.

§ 171.

Die lateinische Sprache hatte zur Bezeichnung der Adverbia ihre eigenen Ausgänge *e* (seltener *o, ter*), das Neutrum (um, e) des Adjektives, *ītus, im* und einige Casusendungen von Substantiven *ās, īs* u. s. w. (z. B. prob*e*, cit*o*, fort*iter*, paulu*lum*, fund*itus*, curs*im*, for*ās*, grat*īs*, noct*u*, mod*o* u. s. w.). In der portugiesischen Sprache sind hiervon wenig Reste zu finden. Von Adverbien auf *e* zeigen sich etwa *bem* (bĕne), *mal* (male), *longe* (longe), *tarde* (tarde), *inuxte* (Eluc. I, 403 injuste); häufiger in der gelehrten Sprache wie *maxime, facilè* u. dgl.[1] Adverbia auf *o* sind leichter erhalten worden, weil sie mit der Akkusativform gleichlauten; so hat man *fortuito, raro, quanto, tanto, muito* u. a. und die lateinischen Ablative *primò, segundo* u. s. w. (S. 197 § 137). Ueberreste der Adverbialendungen *ter, itus, im* und der sonstigen Casus-

---

[1] Filinto (fab. 550): „Quem primeiro escreveu *etcaetera*, quem aportuguezou *alias, alibi, verbi gratia*, e outros, e quem até plural deu a *amen*, na phrase: „*O filho furta, e o pae lhe dá os amens*" me abriu o caminho a dizer *ubique*, em logar da longuissima circumlocução *em toda a parte*". Vgl. S. 17. 18.

endungen sind zum Theil gar nicht mehr vorhanden, zum Theil nur mehr in der gelehrten Sprache zu finden, wie etwa *nominatim, vulgo, alibi* u. a.; wenige wie *alias, verbi gratiā, gratīs* sind in die populäre Sprache übergegangen. Sowie also die portugiesische Sprache die Form der lateinischen Adverbia nicht übernommen hat, so konnte sie ihre Ausgänge zu Neubildungen nicht verwerthen. Zahlreicher sind die an Stelle eines Adverbs gebrauchten Adjektive nach lateinischem Vorbilde z. B. *alto, baixo* (dafür *passo* Eluc. II, 216 lhe disse *passo*), *claro, certo, pouco, manso, prompto, só, breve, caro, barato, rijo, continuo* u. a. z. B. Lobo (Condest. 1): Que a mim costou tão *caro*. — In anderen Fällen jedoch ist dies nicht als Adverb, sondern als neutrales Objekt aufzufassen; so stimmt Cabral de Mello's Uebersetzung der Ode (I, 22) des Horaz: ‚eu a Lalage sempre amarei, que *doce* se rie e *doce* falla' genau zum Original ‚*dulce* ridentem Lalagen amabo, *dulce* loquentem' = gr. ἱμερόεν γελάσαι, ebenso Gil Vic. (II, 497): falo mui *doce cortez*.

§ 172.

Nachdem die portugiesische Sprache wie ihre Schwestern die römischen Bildungsmittel eines Adverbs nicht übernahm, suchte sie neue und bildete ihre Adverbien:

a. bisweilen durch ein paragogisches **s** z. B. algure-*s*, alhure-*s*, nenhure-*s*, mentre-*s*, (alt für *mentre*; Pott Forsch. II, 100 in inter), ementre-*s*, entremente-*s*, nunca-*s*, riba-*s*, arriba-*s*, até-*s* (= até), ante-*s*, ambro-*s* Eluc. I, 111 (amplus?) u. a.

b. durch Substantiva in einem gewissen Casus; so sehen wir den lateinischen Ablativ in *como* (quo modo), *agora* (hac hora), *ogano* (hoc anno); *má hora* (alt *eira má* = mala hora[1]); den Akkusativ in *talvez* (talem vicem), *cadanho* (Eluc. I, 224); das veraltete *cabe* (Eluc. I, 219), das, als es Adverb wurde, (wie im Spanischen) seine Nominalendung (cabo Eluc. S. 19) abgab.

c. durch zahlreiche Verbindungen von Praepositionen mit Substantiven wie *de cabo, de fronte, de maneira, de modo, de parte, de proposito, de vista, de noite, de*

---

[1] *Eira-má* te leve (Hard. Rom. I, 279).

dia, de feição, de pressa, de (em) desconto; a (bel) prazer, apenas (Plural), acaso, ao caso, ao lado, a pressa; em vez, em troca, em fim, em lugar, embora (in bona hora), em torno; por causa, por acinte, por sorte, por ventura, pela ventuira (Eluc. II, 398); com intenção; oft mit wiederholtem Substantive wie face a face, rez e rez (Gil Vic.), cousa e cousa;

d. durch zahlreiche Verbindungen von Praepositionen mit Adjektiven wie a larga, á esquerda (sc. mão), á direita, a miudo, decedro (Eluc. I, 374), de certo, de leve, de pran; em continente, em vão; por pouco, oft wiederholt pouco e pouco, und gerne im Plural: ás claras, ás cegas, ás escondidas, ás furtadelas, a palpadellas, ás escuras;

e. sehr häufig durch Vorsetzung einer Praeposition vor ein Adverb z. B. avante (ab ante, diante (de ante), dentro (de intro), depois (de post Eluc. I, 386), detras (de trans), demais (de magis), por de mais, assaz (ad satis) und verschiedene andere, wozu schon das älteste Mittellatein (z. B. die Lex Salica, Pott p. 154) zahlreiche Vorbilder (de post, de trans u. dgl.) gab.

f. durch ganze Umschreibungen wie pode-ser (peut-être, engl. may be), quiçá, quiçais (= quem sabe, fortasse), masalde-minos (Eluc. II, 124 = mais ou menos), ondequer (ubivis), a pesar de u. dgl.;

g. durch den Ablativ des lateinischen Substantives mens (Art, Weise), wesshalb bei motionsfähigen Adjektiven mente an das Femininum tritt. Dieser Gebrauch entsprang aus dem ältesten Mittellatein (Quintilian bona mente); schon hier ging man von natürlicheren, nahe liegenden Formen wie pia mente, devota mente auf fernerstehende wie rara mente, brevi mente über. Die portugiesische Sprache hat (wie die spanische) das Bewusstsein dieser Bildung erhalten, indem sie, wenn zwei oder mehrere Adjektiva in die Form des Adverbs zu setzen sind, nur dem letzten derselben den Ablativ mente anhängt, die vorausgehenden jedoch in die Form des Femininums setzt.

Man bildet also: claro, claramente; puro, puramente; nobre, nobremente; feliz, felizmente; facil, facilmente; commum commummente; vão, vãmente (Malac. conq. III, 41. Quem vãmente atalhou as proveitozas razões), häufiger vanmente; chão, chamente, chãmente, chãamente, chanmente; chaamente (Eluc. I, 245); mao, mámente (malamente Eluc. II. 104); sabedor, sabedormente (ibid. II, 296). — Falsa ou verdadeiramente enfermo (Herc. Mong. II). — Bateu suave e devotamente (ibid. IV); covarde e vilmente (Herc. Eur. V, 2). Statt mente hingen die Alten auch mentar an (J. Ferreira. Euf. 302).

Ohne Grund hat Filinto gegen die Adverbialbildung mittelst mente geeifert, wenn er (Fab. p. 527) sagt: ‚Aborreço os adverbios em mente . . . os classicos usavam dos adjectivos na forma neutra, em vez dos adverbios em mente'. Als Belege führt er an (ibid. 292): ‚junto, em vez de juntamente; ‚viviam junto em branda sociedade'; contino: ‚é u n simples adverbio que significa continuamente; que assim punham os nossos mestres em linguagem o neutro (á maneira dos latinos) adverbialmente, por elegancia, e por evitar o estirado final em mente tão prolixo e tão desagradavel'. Assim poz Camões: ‚claro se vê' por ‚claramente se vê'.

Só (solus) bildet sómente (sollamente, Eluc. II, 328); cerceo glatt geschoren cerce; cortar cerce a cabeça.

Selten hing man mente auch an andere Worte als Adjektive an, um portugiesische Adverbia zu bilden; z. B. aus ex abrupto ist gebildet (Eluc. I, 392) eixerrutamente; aus imprimis (Eluc II, 55) imprimeiramente.

§ 173.

Die Adverbia sind unveränderlich, doch der Comparation fähig, welche sich wie jene der Adjektiva mit mais und o mais vollzieht; ricamente (reich), mais ricamente (reicher), o mais ricãmente am reichsten); der superlativo absoluto ist selbstverständlich wieder befähigt die Adverbialform mit mente anzunehmen; also carissimamente, optimamente; ebenso einzelne organische Comparativformen wie superiormente, inferiormente. — Es wiederholen sich hierbei bei den Classikern, die oben gelegentlich der Adjektive (S. 158 ff.) besprochenen Anomalien. wie asperissimamente und asperrimamente, humillimamente, humilissimamente u. s. w.

Anomal ist die Comparation von bem, melhor, optimamente;

mal, peior, pessimamente; *mui* (muito), *mais* (chus alt), *o mais; pouco, menos, o menos*.

1. Adverbia loci.

§ 174.

Die Adverbien des Ortes (adverbios de logar) bezeichnen die Ruhe, Richtung und Herkunft nicht mehr wie in der Ursprache durch eigene Worte *(ubi? quo? unde?)*, sondern werden durch Praepositionen *(onde? d'onde? para aonde?)* unterschieden.

a. die Ruhe bezeichnen auf die Frage: *onde* (lat. unde?) wo? *cá* (lat. eccu'hac) hier; *lá* (altp. *ali* Eluc. I, 66; lat. illac) dort; *acolá* da, dort; *ali* (lat. illic) hier, da; *ahi* (ibi mit vorgeschlagenem *a*; *ey, y* Eluc. I, 423); *onde, aonde* (alt *u* Eluc. II, 190; *uxi* = onde se, ibid. II, 411 *hum* Eluc. II, 37); *usquer* (Eluc. II, 411) wo nur immer; *alhures (alhur, alhus* Eluc. I, 93) anderswo; *algures (algur* Eluc. I, 92) irgendwo; *nenhures* nirgend; *aqui* (lat. eccu' hic) hier; (*aquo* Eluc. I, 130); *aquem* (altsp. aquende = lat. eccu'inde von hier aus) diesseits; *além* (sp. allende) jenseits; *arriba* (v. lat. ripa) oben; *ribas, arribas* (Eluc. II, 289); *acima* oben, droben (dafür Eluc. I, 403 enfesto); *suso* (alt); *abaixo* (a bassus) unten (altp. *juso*, For. Sant. 531) und *aguso* (Eluc. S. 5); *dentro* (de intro) drinnen; *fóra* (foris) draussen; *diante* (de ante) vor; gegenüber; *tras, atras, detraz* (de trans), hinter; *defronte* (de und frons) gegenüber; *davante* (de ab ante) vor; *a pres, a ples, d'apres* (pressum, Eluc.) nahe; *perto* (preto v. adpectorare Diez. E. W. II, 167) nahe; *longe* . (longus) fern; *amprom, anproom* = ao longo, entlang (Eluc. I, 120: por riba desse rio *amproom*); *eis* (ecce) hier, das sich wie das italienische *ecco* mit einigen folgenden Pronomina (o, a; os, as) verbindet *(eil-o, eil-a; eil-os, eil-as); á carom* (= á face; Doc. de Moncorro de 1372) gegenüber; *soto* (= debaixo, Doc. de 1191); *cabe* (Eluc. I, 219 = junto, perto) nahe; cerca (circa) nahe bei.

Aqui ou *lá*, pouco me importa, *onde* é . . Lourenço *cá* fica (Here. Mong. IX). — Sahe *lá defronte* (Mal. conq. VII, 110). — Ouvem-se *alli* do Cerbero os latidos (ibid. II, 3).

— Não me digas que ha *hi*[1] bem (Bern. Ribeiro, Persio e Fauno). — Não ha *hi* rem. (Lind. IV, 3). — *Onde* os fios vitaes Atropos corta, *onde* é confusão tudo (Mal. conq. II, 1). — *Aonde* Nambcoderá dorme quieto (ibid. I, 50). — Soão *onde quer que* na terra. (Lind. I, 1). — A serra fronteira, calva *aqui e acolá* (Herc. Mong. III). — Prazer de homem *aqui*: prazer de demonio *cá* (ibid. II). — *Atras* deixando a costa (Mal. conq. I, 39). — Vendo a morte *perto* (ib. II, 36). – *Eil-a* a mensagem (Lind. I, 1). — *Eil-os* que chegam (ib. III, 1). — Ria *ca emcima* (Herc. Mong. II).

b. Die Richtung bezeichnen auf die Frage „wohin?" dieselben Ortsadverbien, nur werden sie bisweilen durch Praepositionen *(para, por, a)* näher bestimmt, also:

onde, aonde, por onde, para aonde wohin? *aqui* dahin, *alli* dorthin *(por, para alli)*, *atraz* rückwärts, *avante* vorwärts u. s. w.

Donzella, *onde vaes*? (Braga, Parn. p. 157). – *Aonde* vamos (Mal. conq. II, 43). — *Donde* timidos is? (ib. IX, 62). — Irei *por onde* os fados me chamarem (Din. Hyss. VI, 96). — Pôr a proa *por onde* entra Nereo (Mal. conq. I, 12). — Já, *aqui*, já *alli* sein clina (ib. I, 15). — Anda *cá* (Braga, Parn. p. 204). — *Por alli* desceu o amante (Mal. conq. II, 3). — *Alli* chegou (ib. V, 37). — Que *atraz* tornar um o passo não sabia (ib. I, 97). — *Atraz olhando* (ib. III, 101). — Faz pé *atraz* (Din. Hyss. VIII. 170). — Mas *avante* passara o que soffremos (Mal. conq. III, 80). — Não passes *adiante* (Lind. III, 4). — Para entrar *lá dentro* (Mal. conq. III, 90). — *Por onde quer que* os mosselemanos tenham atravessado (Herc. Eur. IX).

Das Elucidario hat an alten Formen *adu* = para onde (I, 56), *per uu* (II, 112 = por onde), *a có* = para cá (I, 48); *sopé, ao sopé* = para baixo (II, 331) in derselben Bedeutung *contrafundo* (I, 307); *contra cima* = para cima (I, 307).

c. Die Herkunft auf die Frage woher? wird durch dieselben Lokalpartikeln mit Hilfe der Praeposition *de* aus-

---

[1] Parn. lus. II, 249 schreibt zu dieser Stelle: *hi* por *ahi* é commum nos poetas quinhentistas.

gedrückt; also *de lá* von dort, *d'alli, dalli* von hier, *dahi* von dort, *d'aquem* von diesseits, *d'alem* von jenseits; *ende* für *dahi* (= lat. inde) hat das Eluc. I, 402.

D'onde vens, Laura? (Braga, Parn. p. 204). — *De lá* veloz partira (Mal. conq. I, 9). — Tornamos ao lugar, *donde* sahimos (ib. I, 29). — *Dalli* corre um valle, *por donde* desce a gente perdida (ibid. II, 1). — *Des donde* tem seu berço o sol (ib. VI, 49). — Ai, quem me tira isto *daqui!* (Hercul. Mong. III). — Conheço-o *por dentro* e *por fóra* (ibid.)

Ende (s. S. 201), *dende* vertrat in der alten Sprache bisweilen die Personalpronomina; ebenso, aber seltener *donde*. In der Ode (á existencia de Deus) von Caldas (Antistr. I) heisst es: „Mas tu quem es, o chaos tenebroso, d'onde (von wem?) o ser recebeste? De algum Deus per ventura poderoso?" Dies *donde* ist im Parnaso lus. (IV, 59) in *de quem* geändert und die Bemerkung beigefügt: „Não tendo eu porem *jamais* encontrado o adverbio de logar *onde*, figurando no discurso como um *relativo pessoal* intendi ter havido inadvertencia da parte do auctor e por isso lha fiz a pequena mudança'.

Sonstiger adverbialer Ausdrücke, welche die lateinischen Adverbia im Portugiesischen ersetzen z. B. *em todas as partes* (= ubique), u. a. freier Bildungen geschah hier keine Erwähnung.

2. Adverbia temporis.

§ 175.

Die Adverbien der Zeit drücken eine Vergangenheit, Gleichzeitigkeit oder Zukunft auf die Frage wann? *(quando?) aus (adverbios de tempo).* Im Allgemeinen hat die portugiesische Sprache von den zeitlichen Adverbien mehrere lateinische verloren, als von den übrigen; die gewöhnlichsten der portugiesischen Temporaladverbien sind:

a. zur Bezeichnung der Vorgängigkeit (Vergangenheit): *antes, d'antes* ehedem, vordem; *hontem* (ante diem, Diez E. W. II, 143) gestern (ooyte Eluc. II, 185), *ante-hontem* vorgestern, *então* (in tum) dann, damals, *nunca* (alt *nonca* Eluc. II, 172; *nuncas* ibid. 175; lat. nunquam) niemals; *jamais* (jam magis) jemals; *outr'ora* (altera hora) einstmals, sonst, *já* (jam) einst, *uma vez* einmal, einstmals.; *um dia* einstens, *eines Tages*; *recentemente, novamente, ultimamente* neulich u. a.

Em que imperiosa *antes* estava (Hyss. V, 317). — Como *d'antes* usava (ibid. VIII, 62). — Que tinha *de antes* (Mal. conq. VI, 44). — *Pouco antes* conquistada (Mal. conq. V, 37). — Luctava *um pouco antes* co'a morte (ibid. II, 102). — Deixou *hontem* l'acem (ib. IV, 48). — *Ante hontem* esta mesquinha parecia mais socegada (Herc. Mong. V). — Foi *então* que o celebre Ruderico se apossou da coroa (Herc. Euric. I). — Por mares *nunca d'antes* navegados (Cam. Lus. I, 1). — *Jamais* viu arder em seus altares a virtude (Cabral, poes. p. 56). — *Nunca jamais* (Lind. II, 3). — Em que *já* foi convertida Peristéra (Cam. Lus. IX, 24). — Opulenta *outr' ora* (Herc. Eur. II).

b. zur Bezeichnung der **Gleichzeitigkeit (Gegenwart)**: *agora* (hac hora) jetzt, *hoje* (hodie) (*hoge* Eluc. II, 35) heute, *logo* sogleich, *já* schon, *já não* nicht mehr, *inda, ainda* (ab inde ad) noch, *ainda não* noch nicht; *atégora, tégora* = até agora) bis jetzt, *actualmente* jetzt (gegenwärtig), *agora mesmo* gerade jetzt, u. a.

Agora que estou desperto, *agora* a vejo fixar (Alm. Garr. folh. cah. p. 190). — Que a terra *hoje* celebra (Mal. conq. I, 118). — *Logo* se me enchugaram as lagrymas (Herc. Eur. VI). — *Logo n'essa hora* sem esperanças me fico (Braga, folh. verd. p. 180). — Estes olhos *já não* podem chorar (Herc. Mong. IX). — Algumas almas conservavam *ainda* a tempera robusta dos antigos (Herc. Eur. I). — Quando *inda* é jovem (Alm. Garr. folh. cah. 208). — Que *atégora* Titonia foi guarda (Mal. conq. VIII. 23). — Que homem *tégora* ousou arguir Viera (F. Man. art. p. XV).

c. Der **Zukunft**: *ámanhã* morgen, *depois de manhã* übermorgen, *cedo* (cito) bald, *asinha* bald (*aginha*. Eluc. I, 63), *breve, em breve, dentro em breve* in Bälde, *no futuro* künftighin, *dentro de pouco* alsbald u. a.

Amanhã mesmo parto (Herc. Mong. IX). — Irei tão *cedo* repousar na terra? (A. Herc. Harpa do Crente p. 63). — Mas traho *asinha* (Lind. IV, 2). — *Breve* serei comtigo

(Herc. Harp. 63). — *Em breve* casa o senhor Cura (Henrique Augusto, Grin. III, 7). — Die Mehrzahl jedoch der hier gegebenen Zeitadverbien drücken Beziehungen auf alle Zeiten aus. So wie z. B. *uma vez* einstmals von der Vergangenheit *(olim)* und von der Zukunft *(aliquando)* bedeutet, so sind eine Reihe anderer Temporaladverbien zur Bezeichnung der verschiedensten Zeitverhältnisse verwendbar; mit Praepositionen (vgl. § 172 S. 249) vornehmlich werden die verschiedenartigsten Zeitangaben, Dauer in Gegenwart und Vergangenheit, Wiederholung in allen Zeiten u. s. w. ausgedrückt. Solcher adverbieller Zeitbestimmungen gibt es zahlreiche: z. B.:

sempre immer, *para sempre* auf immer; *embora* (= em boa hora), *eira-má* (= mala hora), *de cote* (quotidie), *tarde* spät, *ás vezes, por vezes* bisweilen, *uma vez* einmal, *uma só rez* ein einziges Mal, *umas poucas de vezes, de quando, em quando* manchmal, *de vez em quando* bisweilen, *entretanto em tanto, no emtanto* unterdessen; *n'outro tempo* einstmals; *depois* hernach (*depus*, El. I, 368; *poix;* ib. II, 225), *pouco depois* bald hierauf; *por ora, por agora* für jetzt, vor der Hand, *até hoje* bis heute, *pouco e pouco, pouco a pouco* allmählig; *muitas vezes, a miudo, miudamente* oft, *desde então* seit damals, *até então* bis dahin, *por então* für damals, *de repente, subito, subitamente* plötzlich; *dia a dia* tagtäglich, *emfim, por fim,* endlich; *algum dia* einstmals und zahlreiche andere.

Do peccado tiveram *sempre a* pena (Cam. Lus. III, 140). — Theodorik jazia *para sempre* (Herc. Eur. IV, 2). — *Embora* vás esconder a tua ignominia (Herc. Eur. XI). — *Tarde, já bem tarde* uma luz baça bruxuleou (ibid. XIII). — As duas tiuphadias appareciam *ás vezes* (ib. VIII). — *Por vezes* demoravam-se os dous (ib. IX). — *Uma vez* (Vergangenheit) que eu recolhia (Aug. Luso, Grinalda VI, 103). — Nem *uma só vez* te lembrarás de mim (Herc. Eur. IV, 3). — Lembrei-me *umas poucas de vezes* (Herc. Mong. III). — Sorvendo *de quando em quando* (Din. Hyss. I, 231). — *De vez em quando* um brado retumba (Herc. Eur. X). — E rolas *entretanto* n'esse espaço (A. A. Soares de Passos, poes. 145). — *Em tanto* a senhoria diz (Din. Hyss. II, 13). — Juliano tinha-se approximado *no emtanto* (Herc. Eur. X). — A lembrança do bem que *n'outro tempo* possuia (Cam. Eleg. XXVII). — E *depois*, as lousas eram já tão frias (Herc. Eur. IV). — *Pouco depois* falleceu D. Fernando (Herc. Mong. VII). — Deixo *por ora* (Din. Hyss. III, 203). — Não trato *por agora* do autor (ibid. IV, 268). — Duraram *até hoje* (Herc. Eur. III). — *Pouco e pouco* a cruel melancholia o devora (Hyss. VIII, 60). — *Pouco a pouco* a severidade tinha desvanecido gradualmente (Herc. Eur. III). — *Muitas vezes* os teus guerrreiros tem fugido (ibid. XIV). — Falava *miudamente* de certo successo (Herc. Mong. pref.) — *Desde então* ninguem mais lhe seguiu os passos (Herc. Eur III). — *Até então* calado estava (Mal. conq. II, 8). — Atalhar *por então* o mortal damno (ib. III, 32). — *De repente* um grito agudo partiu (Herc. Eur. XI). — De um bordo e d'outro *subito* saltavam (Cam. Lus. II, 26). — Eil-os *subitamente* se lançam (ibid.). — Se torne *dia a dia* mais escuro (Anthero do Quental, od. mod. 143). — *Emfim* certo domingo (Herc. Eur. III). — Fortaleza fabricando *por fim* (Mal. conq. II. 17). — *Algum dia* foi rico (Hyss. V, 507). — *Dentro de pouco* os acampamentos dos frankos ficavam esmagados (Herc. Eur. VIII). — *Dentro em breve* o exercito do Islam se approximára (ib. XII).

Zu diesen zahllosen Adverbialausdrücken der Zeit bietet die alte Sprache noch viele andere; so das Elucidario: *aacima, aaporcima* = *emfim* (I, 24) auch *pocima* (II, 223); *adente* (fürderhin, I, 53); *amentre* (I, 112), *comeyos* (I. 297), *emmentres, emmentes* (I, 395), *enocomenos* (I, 403), *entramen* (I, 404), *entrementes* (I, 405), *entremente* (S. 38) = entretanto (lat. interea); *toste, tosto, tostemente* (11, 386) alsbald; *em esse contenente* (S. 28) sofort; *desy, deshi* (I, 370) von nun an; *desoy* (I, 371) seit heute; *cadanho* (', 324) alljährlich; *enxano* (I, 405) jedes Jahr; *encientes* (I, 401) = pouco antes u. a. m.

Von den Adverbien der Reihenfolge war oben (S. 197) bereits die Rede. Neben *primò, primeiramente (emprimo* Eluc. I, 403) bestand früher *primente* (z. B. J. Claro p. 177: ‚aprendi *primente* seer necessario a todo peccador aver lembramento de seus peccados). Dem lateinischen *primum*, *deinde, tum* entspricht das portugiesische *primeiro — depois — outra vez; primeiro* as vozes harmoniosas; *depois* o gemido intimo; *logo outra vez* o silencio (Herc. Eur. XII).

3. Adverbia des Grades und der Menge, der Vergleichung.

§ 176.

Adverbia des Grades sind: *tão, tanto* soviel, so sehr; *quão, quanto* wie sehr; *bem, mui, muito* viel; *mais* mehr; *pouco* wenig; *menos* weniger; *ao menos* zum mindesten; *sequer* wenigstens; *assaz* (alt *farte*, sp. harto) genug; *sómente, só* (sol, Eluc. II, 227) blos, nur; *por extremo* äusserst; *apenas* (adur) kaum; *quasi* fast; *pouco falta* beinahe; *demasiado* (de magis) allzusehr; *assi, assim, outrosim* ebenso; *como* (come Eluc. I, 296; *comha*, 297; *quomo, quoma* Eluc. II, 258) wie u. a.

Vêr um' caso *tão* estranho (Cam. Amphit. III, 4). — *Tanto* ávante sempre estás (ib. I, 6). — O *quão* mudados, *quão* diversos os tempos vejo (Lind. I, 1). — Sabe *tão pouco* d'amor, *quão pouco* amor de razão (Cam. Amph. I, 5). — Devia soar *bem* longe (Herc. Mong. III). — Castellos *mui* seguros (Cam. Lus. III, 98). — *Muito* grande dita tem a mulher que é formosa (Cam. Seleuc. I).' — Determina *mais* de cada momento e *mais* crescia (Mal. conq. III, 66). — *Pouco* obedece o Catual (Cam. Lus. VIII, 83). — *Não menos* milagre foi salvar-se (ibid. VII, 80). — *Assaz* me custa do meu (Cam. Filod. I, 5). — E já *sómente* céo e mar se vio (Mal. conq. I, 111).

4. Adverbia der Bejahung und Verneinung.

§ 177.

Adverbia der Bejahung und Verneinung (adverbios affirmativos, adv. de negação) sind:

sim ja; *certamente* gewiss; *verdadeiramente* in Wahrheit, *realmente* wirklich, *mórmente* ganz besonders; *assim* so, *d'accôrdo* einverstanden u. dgl.

não nicht; *nada* gar nicht, *rem, nemigalha* u. s. w. (s.

S. 209). Dem französischen *ne-pas* entsprechen Zusammensetzungen (z. B. das *nem passo* des Gil Vicente) und populäre Redensarten wie *não vêr boia;* nem *pataca;* nem *sombra* delle (Braga, gr. 121),

Sim! consultemos (Din. Hyss. III, 275). — *Não é a luz do dia, é sim a luz mazia. Não é da ave formosa o canto matinal, foi sim o grito louco de um passerinho* (Lind. II, 1). — *Os ameaços seus não teme nada* (Čam. Lus. VIII, 90). — *Viste já tu o demonio? Não. Nem eu* (= lat. ne ego quidem) (Herc. Mong. IX). — *Triste pranto até Belem nem passo não se esquecia* (Gil Vic. III, 350).

Adverbien des Zweifels, der Ungewissheit (wie *talvez, por ventura* u. dgl.) wurden zum Theile schon angeführt: *quiçá, quiçaes* (quem sabe) vielleicht. — *É distante quiça de minhas vistas* (Lind. II, 3). — *Quiçaes que inda dirá alguem.* (Sá de Miranda. Ecl. cf. Parn. l. II, 288). — *Quiças* (J. Ferr. Euf. 212).

5. Adverbia der Art und Weise.

§ 178.

In die Classe dieser Adverbien zählen wir alle jene adverbiellen Ausdrücke, welche die verschiedenartigsten Beziehungen des Verbums darstellen. Sie werden, wie oben erörtert, durch Verbindungen von Substantiven, Adjektiven mit einander oder mit Praepositionen gebildet. Die ältere Sprache besass noch mehrere aus dem Lateinischen entnommene Adverbia, z. B. *abondo* (abunde, Eluc. I, 45). Andere neugebildete Adverbia gehören der älteren Sprache: *abarrisco* (El. I, 26) reichlich, *adrede* (ib. I, 56) aufmerksam, genau, *aguisado* (ib. I, 64) absichtlich, *depraça* (ib. I, 368) öffentlich, *dessuu, dessuum, desum* (ib. I, 371) der Reihe nach (= deinceps), *em uno* (ib. I, 405) zugleich; *manqmano* (ib. II, 109) sofort, auf der Stelle, *reveses* (ib. II, 288) wechselweise; neuere: *embalde, debalde* (arab. باطل = vanus, Müller) vergeblich, *de cór* auswendig, *de vagar* langsam; *a passapello, á unha de cavallo, de roldão* u. dgl.

b. Praepositionen.

§ 179.

Die portugiesischen Praepositionen (preposições) unterscheiden sich ihrer Form nach:
I. in wirkliche Praepositionen, d. h. echt lateinische wie *por* (per)*. em* (in), *com* (cum).
II. in uneigentliche Praepositionen, d. h. neue Bildungen der Sprache, und diese sind:
   a. Adverbien oder Zusammensetzungen lateinischer Praepositionen z. B. *antes, depois.*
   b. Substantiva mit Praepositionen, Adjektiva mit Praepositionen, oft schon in Ein Wort verschmolzen z. B. *a respeito, ao longo; defronte, abaixo.*
   c. Adjektiva und Participien des Praesens und des Praeteritums z. B. *salvo, conforme; durante, mediante; visto, excepto* u. dgl.,

welche als Praepositionen fungiren.

Einzelne dieser Praepositionen nehmen *de* und *a* zu sich; sie regieren, wie man sich missbräuchlich ausdrückt, den Genitiv oder Dativ; bei den meisten ergibt sich aus ihrer Bedeutung die geforderte Praeposition z. B. em lugar *de*, conforme *a*.

1. Wirkliche Praepositionen.

§ 180.

In der Schriftsprache findet man bisweilen lateinische Praepositionen, wie *ex, extra, supra, infra, intra, trans, secundo, ultra,* die nur mehr in der Zusammensetzung (s. § 89 u. s. w.) vorhanden sind z. B. *Ex*-guardiões, *ex*-porteiros, *ex*-leitores. *ex*-provinciaes (Din. Hyss. V, 31. Andere Latinismen haben sich erhalten z. B *verbi gratia* (Hyss. IV, 276). *ab eterno* concedido (Mal. conq. II, 61), *ex* abrupto u. a. — *Pro* als Substantiv (= Nutzen), alt *proe, prohe, prol* (Eluc.) Fr. Man. (art. p. II, 2). Que em nosso *pro* terçavam. — Die noch gebräuchlichen lateinischen Praepositionen sind:

a (ad) zu, an, bei
ante (ante) vor
com (cum) mit
contra (contra) gegen
de (de) von
em (in) in
entre (inter) zwischen

por (per, pro) durch
poz (post) nach
segundo (secundum) gemäss
sem (sine) ohne
sob (sub) unter
sobre (super) über
traz (trans) hinter.

Dazu die arabische Praeposition *fata, ata* altp. *fasta* (Eluc. I, 437) (ˉhatta) bis (adta, El. I, 56; S. 4). — Zu *entre* ist die alte Form *antre, ontre*.

2. Uneigentliche Praepositionen.
§ 181.
a. Adverbien und Zusammensetzungen lateinischer Praepositionen.

acerca (ad circa) hinsichtlich
adiante (ad de ante) vor; einfach *diante*
além ausser. jenseit
antes vor
após nach
aquem (eccu' inde) diesseit
até, té (ad tenus) bis
a traz, atraz, detraz hinter
daquem diesseit

dentro innerhalb
depois (de post) nach
desde alt *des* (de ex) seit
fora (de) ausserhalb
longe ferne
para (pro ad) für
perante vor.
perto nahe bei
porentre unter

b. Substantiva und Adjektiva mit Praepositionen:

abaixo
debaixo   } unter (de)
porbaixo

a causa
por causa   } wegen (de)
a razão

acima   } oben (de)
emcima

a troco für, um

a reserva vorbehaltlich (de)
defronte alt *a carom* [Eluc. I, 74] gegenüber (de)
a travez durch (de)
em lugar, em vez anstatt (de),
em virtude kraft (de)
em despique gegen, trotz (de)
em casu de alt *em-cas* = frz. chez*

* Pariu mesmo *em-cas* d'iu-rei (Gil Vic. III, 422).

ao lado neben (de)
ao longo längs (de)
a pezar ungeachtet (de)
ao redor, aroda um, ringsum (de)
a respeito hinsichtlich (de)
em despreço entgegen (de)

em seguida nach. (de)
em attenção bezüglich (a)
ao pé unten (de)
a de parte von (de)
(*máo grado* = frz. malgré trotz).

c. Adjektiva und Participia:

conforme gemäss	*junto* neben, bei
salvo ausgenommen	*pegado a* nahe bei
durante während	*excepto* ausgenommen
mediante mittelst	*visto* hinsichtlich
não obstante ungeachtet	*descendo* (de) von herab

Dem lateinischen *apud* entsprach das altportugiesische *aples, apres* (Eluc. I, 124); *até* lautete alt *atem* (Eluc. I, 147), *atanças* (ib.); *para* alt *pora* (II, 229). — *Cabé* für *junto* (El. I, 219); *acerca* = *perto* de z. B. Bern. Ribeir. até chegar *acerca* de Montemór (a visão); *emtorno* = ao redor z. B. Franc. Man. (os fastos) que *emtorno* da lareira canta, wozu Parn. lus. (II, 10) schreibt: os sectarios do *moderno* idioma escreveriam *ao redor;* ebenso (Mal. conq. VI, 44). *Em torno* delle armados. — Einzelne Grammatiker scheiden *por* und *per*, *para* und *pera* (catal.). Fonseca (Lus. p. 406) sagt: *per* indica *o agente, o meio; por* denota *o objecto, o motivo* (= frz. *par* und *pour);* vgl. Diez R. G. III, 235. E. W. I, 329.

Die Verbindungen von *com, por, em* mit dem Artikel und einzelnen Pronominalformen s. § 114 S. 177; § 141 S. 200; § 145 S. 207.

c. Conjunktionen.

§ 182.

Von den lateinischen Conjunktionen (conjuncções) sind die wenigsten in die neue Sprache übergegangen. Adverbia, Praepositionen, ja auch Nomina in Verbindung mit den Resten der lateinischen Conjunktionen vertreten die verlorenen Partikeln. Wir theilen die Conjunktionen in coordinirende, beiordnende und subordinirende, unterordnende.

1. coordinirende Conjunktionen:

a. **copulative** *(copulativas)*: e (et) (in einem Dokument von Pedroso (1078) *de =* et [Eluc. I, 345]) und; *nem* (nec) und nicht; *outro-sim, bem assim* ebenfalls; *item* gleichfalls; *mais* mehr noch; *tambem* auch; die wechselseitige Verbindung drücken aus: *e — e* (lat. et — et), *nem — nem* (= neque — neque), *ora — ora, agora — agora, já — já, bald — bald, não só — mas, não sómente — mas tambem* nicht nur — sondern auch.

b. **disjunktive** *(disjunctivas)*: *ou* (aut), *quer* (Eluc. II, 256) oder. *aliàs* andernfalls; geschärfte Trennung *ou — ou* entweder — oder; *ou que — ou, seja — seja* (= sive — sive), *quer — quer* sei es dass — sei es; *fosse porque — ou porque* u. dgl.

c. **entgegensetzende** *(adversativas)*: *mas* (magis), *eigo, ergo* für *mas* (Eluc. I, 411); *porém* (proinde) aber, *todavia* gleichwohl, doch; *portanto* dennoch; *outro porém* jedoch; *até* ja sogar; *antes* im Gegentheile.

d. **folgernde** *(conclusivas)*: *por consequencia, por conseguinte, portanto* folglich, demnach; *por isto* (alt *porém* Eluc. II, 228) demnach; *pelo qual, por isso* daher.

e. **begründende** *(causaes)*: *porque*, weil; denn; alt *cha, ca* (El. I, 265) denn.

2. Subordinirende Conjunktionen.

a. Eine **Absicht bezeichnende** *(finaes)*: *que* (ut) dass, damit, *afim que, por que, a que, com que* damit, auf dass, *para que* (alt *por tal* [Eluc. II, 230]) auf dass.

b. eine **Folge ausdrückende** *(consecutivas)*: *que, assim que* so dass, *de maneira que, de modo que* derart dass, *por tal modo que* so dass.

c. **bedingende** *(condicionaes, circumstanciaes)*: *se* wenn, wofern; *senão* wenn nicht, *amenos que* wenn wenigstens, *com tanto que* wenn nur.

d. **einräumende** *(concessivas)*: *ainda que* wenn auch, *sem embargo de que* obschon; *posto que, supposto que* (alt *maguer* Eluc. II, 102; *peró* II, 215); *bemque, se bem* obschon (alt *como quer* El. S. 23), *dado caso que* falls.

e. **begründende** *(causaes)*: *pois* da, *visto que* in Anbetracht dass; *porque* da, *quando* da, weil, *poisque*, *como sintemal*;

f. eine **Zeitbestimmung** ausdrückende *(temporaes)*: *logo que* so bald als; *antes que* (alt *anteque*) bevor. ehe; *depois que* nachdem; *em quanto, durante que* während (popul. mente que: mente que ella s'incrinou, Gil Vic. I, 272), *emtanto que* indessen; *atéque (téque)* so lange bis. *apenas* (que) kaum dass, *desque* seitdem dass.

g. **vergleichende** *(comparativas)*: *como* wie; *assim como* sowie; *quasi* gleich als ob; *quanto mais — (tanto) mais* je mehr — desto mehr, *como se* wie wenn, *tal como — tal* so wie — so.

d. Interjektionen.

§ 183.

Die Interjektionen (interjeição) sind entweder blosse Laute (st! ah!) oder ganze Worte und Phrasen, die dann im Munde des Volkes wieder vielfach entstellt wurden. Man theilt zwar gewöhnlich in Interjektionen der Freude, des Schmerzes, der Verwunderung u. s. w. ein, allein diese Eintheilung ist insoferne nicht stichhaltig, als die gleiche Interjektion häufig zum Ausdrucke der verschiedensten Affekte benutzt wird. Die gewöhnlichsten Interjektionen sind:

Ah! (*Ah!* tu não sabes, qual é a sancta raiva (Din. Hyss. VI, 116); *ha, ei, oh, oi, ui, ay; guai, ai* (wehe). *(Ai* de mim Mal. conq. II, 16; *Guai* de mim (Lind. IV, 3); *o lá, olá, holá holla! ahi; apre* (fort! pfui); ebenso *irra, fora, nada, caspite, apage, vae-te; adepucha, aidepuxa!* weg! pfui! *(hadepuxa!)*; *xó, arre, pola, tó* (zu Thieren); *rou, ru* (sp. ro) als Schlummerlied bei Gil Vicente (II, 26): *ru, ru,* menino, *ru, ru!* (cf. Diez. E. W. II, 174); *chis, chitão, chitom, calai-vos* (Ruhe); *evay; avonda* (genug), *azabomba* (Donnerwetter); *zaz* (patsch!), *truz* (plumps); *safa, sentido, guardem-se, arredem-se!* (vorgesehen, Achtung); *basta* (genug); *ta, tate (ta, ta, ta,* se vas per hi [D. Fr. Man. Mus. 93]; *tate, tate* cavalleiro (Hard. Rom. I. 61); *vamos,* (vorwärts); *eia (Eia,* pois, oh astro amigo; João de Lemos, o trovador p. 362); *viva* (vivat); *pardês* (bei Gott), *bofé* (meiner Treu); *áque (áque* de Vasco de Foes, Gil

Vic. III, 127); *sus* (*Sus*, esforçae-vós! Lind. I, 3); *ora sus* (wohlan; disse comigo: *ora sus!* Sá de Mir. Ecl.); *halto* (halt); *avante* (weiter; *avante!* que o começo promette grandes cousas. Din. Hyss. V, 409); *coragem, animo* (Muth; *animo* digo. Lind. I, 3); *aqui del rei* (S. 175 zu Hilfe!); *embora* (nun denn; ide-vos *embora!* Herc. Mong. II); *cativa!* (Gil Vic. I, 141); *diabo (diacho, décho* Gil. Vic. II, 433; I, 131); *amaro de mi* (Gil. Vic. II, 465); *adeus* (ó dia, *adeos* Lind. II, 1); *prouvera a Deus; benza-te Deus!; mercê do céu! (mercê do ceu!* ganhou o aureo reino. Mal. conq. I, 2); *Deus louvado!* (Din. Hyss. V, 55); *oxalá* (arab. enschá allah); *mal peccado!* (dazu El. II, 108: *interjeição* de quem *nega* e juntamente *deseja:* v. g. Recebeste algum beneficio de Antonio? se responde: *Mal peccado!* nega que o tenha recebido ao mesmo tempo que o desejava receber); *mantenha Deus!* (Eluc. II, 114 interjeição *affectiva*); *prol faça!* (Glück auf! Eluc. II, 245); *para (bem) mentes, parade (bem) mentes!* (Achtung! Eluc. II, 200).

Drittes Buch.

Syntax.

Eintheilung.
§ 184.

Die Syntax (a syntaxe) ist die Lehre von der Verbindung der Worte zu Sätzen, zu einfachen und zusammengesetzten, und theilt sich demnach in die Lehre:

A. vom einfachen Satze (syntaxe das palavras),
B. von den zusammengesetzten Sätzen (syntaxe das proposições),
C. von der Wort- und Satzstellung (syntaxe figurada).

1. Capitel.
A. Der einfache Satz und seine Theile.
§ 185.

Ein Satz ist der Ausdruck eines Urtheiles, durch welches irgend etwas von einem Gegenstande ausgesprochen wird. Darum hat der Satz in seiner einfachsten Form zwei absolut nothwendige Bestandtheile, das Subjekt (o sujeito), der Gegenstand, von welchem ausgesagt wird, und das Praedikat (o attributo, o predicado), das über das Subjekt ausgesagte.

Subjekt und Praedikat werden wieder erweitert, ersteres durch ein **attributives Adjektiv** (attributo adjectivo), ein **Substantiv** im selben Casus d. h. eine **Apposition** (o complemento), einen **Genitiv** oder sonst einen von **Praepositionen regierten Casus**; letzteres durch ein **Substantiv** (attributo substantivo), ein **Nomen im Akkusativ**, Objekt (objecto) und die verschiedenartigsten **adverbialen Bestimmungen**. Der einfache Satz findet sich oft (wie im Französischen mit *c'est, c'était*) im Portugiesischen durch *é que*, besonders gerne bei **Orts- und Zeitadverbien** erweitert z. B. *onde é que* ella está? (Herc. Mong. V) = *Onde está ella?* — *Foi então que o celebre Ruderico se apossou da corôa* (Herc. Eur. I) = *Então Ruderico se apossou.* — *É então que para elle ha unicamente uma vida real.* (Herc. Eur. IV, 4). — Ebenso: *se é que além do morrer ha o repouso do espirito* (ibid. VIII).

§ 186.

Das **Subjekt** eines **persönlichen Satzes** auf die Frage: 'Wer?' oder 'Was?' kann sein:

a. ein **Substantiv**; dies ist der gewöhnlichste Fall. — *Sete fadas me fadaram* (Hard. Romanc. I, 62). — *As portas d'ouro fino estão lavradas* (Cam. Lus. VI, 10);

b. ein **substantivirtes Adjektiv**; *Mas qual será o humano que as querellas da angustiada virgem contemplasse* (Cam. Eleg. VI); meistens in **abstraktem Sinne**: *o seu presente e o seu porvir eram, como esse valle, um precipicio sem fundo* (Herc. Eur. XVIII); ebenso **Participia** und **Pronominaladjektiva**: *era o teu* (ib.);

c. ein **Infinitiv**: *Ser o não ser amado, eis o problema* (Braga. Parn. mod. p. 133), gewöhnlich dann schon durch den **Artikel** auch äusserlich in die Form eines Substantives erhoben. — *O meu meditar era profundo* (Herc. Eur. IV, 5). — *O chorar em taes casos é suave* (Mal. conq. II, 116);

d. alle **Arten von Pronomina**. *Tu és piedoso, Senhor* (João de Deus, Flor. d. camp. 160). — *Que é isso?* (Hard. Rom. I, 152). — *Quem és tu?* (Herc. Eur. XIII). — *Uns após outros desciam* (ib.);

c. selbst Partikeln, zu denen meistens dann der Artikel tritt. — *Um ai* comprimido veio (Herc. Eur. XVIII). *Ais* numerosos (Malac. conq. III, 84) und ganze Ausdrücke z. B. *Um não sei que,* de grande immaculado (Fagundes Varella, Cantos. p. 68).

§ 187.

Das Subjekt wird im Portugiesischen nicht bezeichnet:

1. ganz gewöhnlich, wenn es ein persönliches Pronomen ist (vgl. hierüber Syntax des Pronomens). Quando me *volves* teus formosos olhos (Fagund. Varellas, cant. p. 149). — Linda pastorinha, que *fazeis* aqui? *Procuro* o meu gado que por ahi *perdi* (Hard. Rom. II, 76). — *Dize*-me, oh pastor da serra (ib. II, 167);

2. bei unpersönlichen Verben (vgl. S. 246 § 169). *Prouvera* a Deus! (Herc. Eur. XIII). — *Ha* dous templos no espaço (Anthero do Quental, od. mod. 155). — *Amanhecêra* (Herc. Eur. XVIII). — Oft findet sich in lebhafterer Sprache ein anakoluthisches Subjekt, d. h. der Schriftsteller ändert plötzlich die Construktion, das erst angeführte Subjekt bleibt logisch allerdings vorherrschend: *O somno ou a vigilia, que me importa esta ou aquelle?* (Herc. Eur. VII). — *A ponte romana, porém se outr'ora ahi existira, haviam-na consumido as injurias das estações* (Herc. Eur. XVI). — *A condesa, não u mato* (Hard. Rom. II, 150).

§ 188.

Das Praedikat eines Satzes kann sein:

a. am häufigsten ein Verbum; *Sustentava* contra elle Venus bella (Cam. Lus. I, 33). — Estas palavras Jupiter *dizia* (ib. I, 30). — *Ferve* o sangue, *troveja* a batalha (J. S. Mendes Leal, cantic. 227).

b. ein Substantiv, Adjektiv, Particip in Beziehung gebracht zu dem Subjekte durch Hilfsverba oder diesen ähnliche Verba *(ficar, vir, tornar-se, fazer* u. s. w.) z. B. O homem *é forte e a mais excellente obra* da creação (Herc. Eur. IV, 1). — Tornou-se o mar *tranquillo* e o vento *brando* (Mal. conq. II, 89). — Eu fico *calado* (Braga, Parn.

mod. p. 77). — Era *sinistro e lugubre*, e todavia *tranquillo*, o modo com que elle o dizia (Herc. Eur. XVII). — Eurico estava, emfim, *só* (ibid.). — Tão *palida estás* (Brag. folh. verd. p. 152). — Es *alma* que este peito animas (Mal. conq. V, 28). — Está do fado já *determinado* (Cam. Lus. I, 74). — Me pareces *pejada* (Hard. Rom. I, 190). — *Divino* tornara um corpo humano (Cam. Lus. V, 22). — Das Substantiv und Adjektiv muss jedoch nicht in der Form des Nominatives stehen; es hat sehr häufig Praepositionen bei sich und ist eine adverbiale Bestimmung. — Estava *a sós* (Herc. Mong. V);

c. ein Infinitiv (vgl. oben § 186 c): O *existir é padecer o pensar descrêr, o experimentar desenganar-se* (Herc. Eur. IV, 4);

d. das Numerale kann praedikativ stehen: Nós eramos tres (Hard. Rom. I. 178). — Eram *seis vezes cento* os Malavares (Mal. conq. I, 83);

e. die Pronomina (s. darüber die Syntax der Pron.) Compadecido dos oppressos e desadventurados, porque tambem elle *o* era (Herc. Mong. III). — *Quem* eram estes dous homens? (ibid. I). — *Tal* era eu (Herc. Eur. IV, 5). — Orgulho humano, *qual* és tu mais? (Herc. Eur. IV, 1). — Wie man im Lateinischen *esse* mit Adverbien verbunden findet, so treten auch im Portugiesischen Adverbia zu *ser* und *estar*. — Como *assim* é senhora (Hard. Rom. I, 18). — Não eram *assim* os godos de oeste .. não era *assim* (Herc. Eur. IV, 2). — Não é *debalde* (Lind. II, 2). — Pois é *bem* que se acautelle (Braga, folh. verd. 178). — Mas se *assim* fosse (ibid. 118). — Foi *de tarde* (ibid. 15). — Está *fora* de si (Din. Hyss. II, 195).

Congruenz.

§ 189.

Die Congruenzlehre im Portugiesischen *(a concordancia)* stimmt mit der lateinischen so ziemlich überein. Das Praedikat hat sich darum nach dem Subjekte zu richten.

Das Verbum in Numerus und Person; das praedikative Adjektiv (Particip, Pronomen) in Genus und Numerus; das praedikative Substantiv, wenn es ein *sub-*

stantivum mobile oder *commune* ist (§ 101, 102) in Genus und Numerus.

O mosteiro da virgem dolorosa *estava situado* n'uma encosta (Herc. Eur. XII). — Homens não *são lobos*, que *comam* a gente (Hard. Rom. II, 84). — *Passaram* horas, tempos e momentos (Cam. Son. 344). — Damas bellas, que *foram* de altos plectros *celebrados* (ibid. 220). — *Vencedor* vos (Plur. der Anrede = te) façam, não *vencido* (Cam. Lus. X, 148). — Tem por *mestra* a longa experiencia (Cam. Lus. V, 17.) — A distincção das duas raças, a *conquistadora* ou *goda* e a *romana* ou *conquistada*, quasi desapparecêra (Herc. Eur. I). — *Autora* tens sido (Din. Hyss. II, 130) (vgl. S. 168). — Fizeram vossa bandeira sempre *vencedora* (Cam. Lus. I, 14).

§ 190.

Sind mehrere Subjekte im Satze, so steht das Praedikat meistens im Plural. Bei einem collektiven Singular wie *multidão, quantidade, povo, gente, companhia, parte* steht das Praedikat sehr häufig im Plural; oft wechseln beide Numeri; ebenso bei *um e outro* u. dgl.

Até onde *chegam* dos Laras *o valor e o brio* (Din. Hyss. IV, 38). — Nem me *falta* na vida *honesto estudo*, nem *engenho, cousas* que, *juntas* se *acham* raramente (Cam. Lus. X, 154). — Neste momento uma grande *multidão* de creanças, de velhos, de mulheres *penetraram* na caverna com gritos (Herc. Eur. XIII). — Aqui dos Scythas grande *quantidade vivem*, que grande guerra *tiveram* (Cam. Lus. III, 9). — Do denso povo *um* ricos thesouros *dispendem* satisfeitos, *outros passam* (Din. Hyss. I, 38). — A *gente* descuidada *cahirão* na cilada (Cam. Lus. I, 80). — Grande *parte* destes pescadores *era* tambem mouros, ou livres ou escravos (Herc. Mong. IV). — Assi a formosa, e a forte *companhia* o dia quasi todo *estão* passando (Cam. Lus. IX, 88). — *Correm* com luzes *um e outro* soldado (Mal. conq. V, 80). — Os *deoses* na sentença *um* do outro *differia* (Cam. Lus. 1, 30). — Uebergänge von der grammatisch erforderten Construktion zur logischen sind bei solchen Collektivbegriffen etwas ganz gewöhnliches; z. B. (Cam. Lus. I, 49) a *gente* estranha já *subia*, no gesto *ledos vem*.

Die Praeposition *com* hat (wie im Lateinischen cum), wenn sie mit dem singularen Subjekt ein weiteres Nomen verbindet, oft den Plural des Praedikates zur Folge. Dem lateinischen: ipse dux cum aliquot principibus *capiuntur* (Liv. XXI, 60) entspricht: Que *eu co'o grão Macedonio, e co'o Romano demos lugar ao nome lusitano* (Cam. Lus. I, 75).

Bei der Congruenz des Verbums ist zu beachten, dass bei verschiedenen Personen das Praedikat in der Regel im Plural steht, wobei die erste Person den Vorzug vor der zweiten und dritten, die zweite den Vorzug vor der dritten hat.

Eu e tu *padecemos* egual dôr, *temos* a mesma saudade, *sentimos* o mesmo amor. — Que nem eu, nem tu *podemos* aqui ser quaes Deus nos fez (João de Lemos, trovad. p. 362). — Eu e tu, leitor, *temos* a honra (Herc. Mong. I); aber: Eu, o silencio, e a solidão *era* quem estava ahi (Herc. Eur. VII, 2).

Diese Beziehungen auf das Subjekt werden bei der Congruenz des Verbs strenge eingehalten, besonders in folgenden Relativsätzen, wo die deutsche Sprache wieder in die dritte Person übergeht, indem hier das Verbum sich auf das Relativpronomen bezieht.

Huns (= einige von uns) *perdemos* a patria, outros a vida (Mal. conq. IV, 74). — Quaes d'entre vós sois? (Herc. Eur. XVIII). — Eu sou o que te *chamo* e que te *obrigo* (Lobo, Condest. I). — Quem te disse que eu *era* o que te *sigo?* (Cam. Lus. IX, 77). — Fui eu o primeiro que *falei* (Herc. Mong. II). — És alma que este peito *animas* (Mal. conq. V, 28). — O tu, que *passas*, homem Cyrenêo (Cam. Eleg. VI). — Vós que não *entendeis* (Castro Alves, Poes. p. 167).

Bisweilen bezieht sich das Verbum auf das Praedikat und steht, wie dieses im Singular, obwohl das Subjekt im Plural steht, oder im Plurale bei singularem Subjekte.

Se o chamar-me descendente tua não *são* do mundo *fabulas* sonhadas (Mal. conq. VIII. 58). — *Signal*, nem *penhor* não *é* bastante as palavras d'um vago navegante (Cam. Lus. VIII, 62). — As *nymphas* do oceano tão *formosas*, *Tethys*, e a *ilha* angelica pintada, *outra cousa não é* que *as* deleitosas *honras* (Cam. Lus. IX, 89). — Seus olhos fontes d'agua *parecia* (G. Vic. III, 348).

§ 191.

Sind in einem Satze mehrere singulare oder plurale Subjekte von gleichem Genus, so steht das Praedikatsnomen im Plural und im Genus der Subjekte. Sind die Genera der Subjekte verschieden, so hat das Masculinum den Vorzug vor dem Femininum. — Bezieht sich auf mehrere singulare Substantive mit gleichem Genus ein einziges Adjektiv, so tritt dies in den Plural und erhält das Genus seiner Substantive.

Braço e animo são *robustos* (Herc. Eur. XII). - Hespanha e Portugal virem *conjunctos* (Lind. I, 1). — Jupiter, Mercurio. Phebo e Marte, Eneas e Quirino, e os dous Thebanos, Ceres, Pallas e Juno com Diana, *todos foram* de fraca carne humana (Cam. Lus. IX, 91). — As tradições da cultura e policia *romanas* (Herc. Eur. I). — As mãos e a lingua *delinquentes* (Cam. Lus. III, 39). — Logisch construirt ist z. B. Lus. VIII, 2: „*Estas figuras, que apparecem, bravos em vista, e feros nos aspeitos, mais bravos e mais feros se conhecem . . . Antiquos* são u. s. w. ohne Beachtung des Subjekts *figuras*.

§ 192.

Die lateinische Sprache erfordert in jenen Fällen, wo im Deutschen das Neutrum eines demonstrativen, relativen oder interrogativen Pronomens Subjekt (oder Objekt) ist, und ein Substantiv als Praedikat dabei steht, strenge Congruenz des Pronomens mit dem Praedikate. Im Portugiesischen sind zwar Fälle der Uebereinstimmung häufig, doch nicht Regel geworden.

Esta é a verdade, rei (Cam. Lus. VIII, 74) = das ist die Wahrheit. — *Esta* não é a Sylvana (Hard. Rom. I, 129). — Minha opinião é *esta* (Braga, folh. verd. 168). — *Esta* a luz é que arreda a negra escuridão (Cam. Canç. III) = *haec* lux est. — Quem sabe si *és ella?* (J. Franco de Sá, poes. 63) = ob du es bist. — Que frenezi é *este* (Din. Hyss. II, 194). — *Isso* agora é outra cousa (ib. IV, 350). — *Isto,*

senhor, ó modo (ibid. V, 107). — *Isto* fabulas são (ibid. V, 260). — Tudo *isso* são favores (Cam. Amph. I, 3). — *Isto* era um sonho (Herc. Eur. XVIII).
Mit dem lateinischen Sprachgebrauche übereinstimmend ist jedoch z. B. *O que* eu adoro em ti não são teus olhos (Fagund. Varella, cant. p. 68) = *id quod*. — O cutello ou a prostituição é *o que* os arabes offerecem (Herc. Eur. XII).

§ 193.

Hinsichtlich des Gebrauches des Plurales hat die portugiesische Sprache die Freiheiten der lateinischen Sprache beibehalten. So stehen im Plural wie im Lateinischen:

a. Abstrakta, um ihr wiederholtes Auftreten zu verschiedenen Zeiten und an verschiedenen Personen zu bezeichnen, auch concrete Begriffe, wo von mehreren Personen die Rede ist. So sagt man *odios, amores, mortes* u. dgl. wie im Lateinischen.

As vãas *iras* do cruel prelado (Din. Hyss. VI, 322). — *Mortes* a artilharia vomitando (Mal. conq. III, 69). — Que *fomes*, que tormentos não passamos! (ibid. III, 77). — Ferindo e dando *mortes* (ib. IV, 79). — Dando os corpos a *fomes* (Cam. Lus. X, 147). — As *memorias* gloriosas (ibid. I, 2). — As *immortalidades*, que fingia a antiguidade (ibid. IX, 90). — *Impossibilidades* não façais (ibid. IX, 95). — Mal fundados *odios* (Lind. III, 4). — Os *temores* do bispo eram infundados (Herc. Inquis. I, 221). — *Amores* da alta esposa de Peleo me fizeram tomar tamanha empreza (Cam. Lus. V, 52). — Vós, que as *famas* estimaes (ibid. IX, 92). — As honras, que illustram tanto *as vidas* (ibid. IX, 94).

b. Personennamen werden im Plural wie Appellativa gebraucht, wie das lateinische *Caesares* = Männer wie Caesar.

Terriveis *Albuquerques, Castros* fortes (Lind. III, 1). — Agonisava a patria egregia dos *Pachecos*, dos *Castros*, dos *Almeidas* (Cabral, ód. I). — Não ha tambem *Virgilios* nem *Homeros*, pios *Eneas* nem *Achilles* feros (Cam. Lus. V, 99). — Os *Oedipos* de um drama incerto (Mendes Leal, cantic. 227). — Deseja entre os *Myrons* e os *Praxiteles* ter logar; dos *Myrons* e dos *Phidias* tira os rasgos (Franc. Man. art. p. III).

— O heroe não menos sobre o throno avulta que *os Césares*, que *os Titos*, que *os Trajanos* (Cabral. Son. III). — Fingindo magas *Circes, Polyphemos* (Cam. Lus. V, 88). — Ausserdem nur zur Bezeichnung der Familie: *os Decios* leaes (Cam. Lus. IV, 53). — Aehnlich sind andere Plurale von Ortseigennamen, wie vinte *Babylonias* (Cam. Lus. 3, 41). — Eigenthümlich ist der Plural *bons dias!* (guten Tag!), *boas tardes!* (guten Abend!), *boas noites!* (gute Nacht!) in der Grussformel. Wie *pais* (Eltern) bildet man andere collective Plurale wie *sogros* (Schwiegereltern). — Queridos *sogros* (Braga, folh. verd. 169). — Teus avós (Grosseltern, Ahnen. Here. Mong. II).

2. Capitel.

Der Artikel.

§ 194.

Der Artikel, der fast beständige Begleiter des Substantives, kann auch jede andere Wortgattung, vor allem auch die unflektirbaren in den Rang von Substantiven erheben, indem er vor dieselben tritt (vgl. § 186 b, c, e; § 187 c).

Ao pranto, *aos ais* me condemna (Cabral, pag. 33). — Pois que sabem *o como, o quando* (Cam. Lus. X, 149).

[Das Possessivpronomen hat dieselbe Kraft z. B. Tem *meu sim*, se o quizer (Braga, folh. verd. p. 186). — Achem *meos ais* ante ti piedade (Lind. I, 2); ebenso das Demonstrativ-Relativ- und Indefinit-Pronomen.]

§ 195.

Die Fälle, in welchen im Portugiesischen der bestimmte Artikel steht und ausgelassen wird, bedürfen einer besonderen Beachtung.

a. Vor Eigennamen von Personen unterbleibt der Artikel. — Vós já não sois *Vasco da Silva*, sois *Lopo Mendes*. — Que casamento de *Leonor*? Que *Lopo*? (Here. Mong. II).

Wie in einigen anderen der romanischen Sprachen steht indessen der Artikel vor den Namen berühmter Persönlichkeiten; so liest man *o Camões, o Dante, o Tasso*, *o Gama, o Mascarenhas, o Milton, o Ariosto* u. a. besonders wo der Name oft genannt wird (vgl. gr. ὁ Φίλιππος), und der Artikel demonstrativisch steht, wie bei *Camões* in den Lusiaden z. B. *o Gama* auch ohne Epitheton (der „bekannte, mehrgenannte" Gama).

Irá buscando a parte mais remota *o Magalhaens* (Cam. Lus. X, 140). — Tinha mais alma que *o Dante.* Os cantos *do Tasso.* Alli vive *o Castro* e *o Gama* (L. A. Palmeirim, poes. 112). — Se *a* Affonso cabe a vingança, *ao Tasso* cabe o chorar (Braga, Parn. mod. 33). — Soube n'Africa *o Menezes*, soube n'India *o Mascarenhas* mostrar .. Foi outr'ora *o Gama* um pança e *o Albouquerque* um sandio .. Do bom Faria a firmeza faz hoje morrer de riso (Azevedo, Grinald. VI, 20). — Vendo *o Gama* attentado a estranheza (Cam. Lus. II, 29). — *Ao Gama* manda (ibid. VIII, 77).

Indessen findet sich dieser Gebrauch nicht durchgeführt; man liest alle diese Namen ebenso ohne den bestimmten Artikel.

Como *a sua* Leonor inda ouve *o Tasso, Dante a sua* Beatriz (João de Deus, flor. do camp. 160). — Como outr'ora *Dante* (Braga, Th. Parn. mod. 115). — Se eu tivera o pincel omnipotente *de Raphael, de Rubens* ou *d'Apelles;* se o milagroso escôpro *de Canova* a minha dextra ousada manejasse (Aug. Lima, Murmur. 91). — Nascera como *Petrarcha* .. Mas *Camões* (Palmeir. poes. 112). — Oh mães *de Tasso* e *Dante* (G. Braga, Grinald. V, 25). — Pelos cantos *de Camões.* — Mais poeta que *Ariosto* (Palmeirim, poes. 112).

Dagegen steht der Artikel, wie im Deutschen, wenn zu einem Eigennamen ein Adjektiv tritt. — Do famoso Boileau a fertil mente (Din. Hyss. I, 5). — *Do* famoso Martin o verniz brilha (ibid. I, 118). — Para acudir *a* minha pobre Beatriz (Herc. Mong. IX). — Das cinzas *da* pobre Ignez (Palmeir. poes. 112). — *O* duro Pyrrho (Cam. Lus. III, 133). — *A* linda moça Polyxena (ibid.).

Steht der Name des Schriftstellers statt des Werkes, so steht der Artikel; doch sagt man auch: tenho lido *em Camões.* — Namen der Kunstwerke erhalten den Artikel: *a Venus* de Medicis, *o Apollo* do Belvedere; — ebenso die Namen der Schiffe, *a Argo*. — Ebenso sagt man in appellativem Sinne: Camões é *o Homero* dos Portuguezes.

Immer steht der Artikel vor Adjektiven, welche an Stelle eines Eigennamens eintreten und meistens die Herkunft anzeigen; so z. B. in den Lusiaden: *a Cypria* (IX, 43), *a Larissea* (X, 1), *o Troiano* (I, 3), *o Cylleneo* (II, 57), *o Peno* (III, 116), *a Acidalia* (IX, 52), *a Egypcia* (II, 53), *a Lagaia* (VI, 2), *o Thebano* (III, 18; VI, 25); doch *Cytherea* (Lus. I, 34); oder wo ein Adjektiv einen Eigennamen umschreibt *o tonante* (= Jupiter, Lus. I, 20).

É sublime a victoria do livro *do Nazareno!* (Herc. Eur. XII). — Cortava uma cabeça *da Lernea* (Mal. conq. III, 53).

Von den Appellativen kömmt der Begriff Deus (Gott) den Eigennamen am nächsten. Im Plural als Bezeichnung heidnischer Gottheiten nimmt Deus den Artikel zu sich z. B. *os deoses* dos seculos passados (Braga, Parn. mod. 148). — Quando *os deoses* no Olympo luminoso (Cam. Lus. I, 20), ebenso immer *a deosa*.

Zur Bezeichnung des christlichen Gottes steht kein Artikel bei Deus, das dann auch mit grossem Anfangsbuchstaben geschrieben wird. Por *Deus!* (Herc. Eur. XIII). — Amaste *Deus* (Herc. Mong. V). — O scio amoroso da piedade *de Deus* (ibid. VI). — Tritt ein Adjektiv zu *Deus*, so findet sich der Artikel ein z. B.: Onde *ao Deos vivo* celebravas? (Braga, Parn. mod. 127); oft auch fehlt er z. B. *a Deus omnipotente* se dedicam (Cam. Lus. VIII, 99). — In demonstrativer Art steht der Artikel z. B. Lus. X, 116: Outro louvor *do Deus* de Thomé (des Gottes des Th.) canta. Der Name *Jesus* folgt der Analogie der *nomina propria*, er steht allein ohne Artikel. — Andaram *com Jesus* (Braga, Parn. mod. 143). — Em nome *de Jesu* (Cam. Lus. X, 115); dagegen mit Adjektiv *o bom* Jesus. So die rhymas *ao bom Jesus* (des Diogo Bernardes). — In gleicher Weise steht *Christo* ohne Artikel. *Christo* n'este tempo lhe ordinava (Cam. Lus. X, 117). — Uma arvore *de Christo* mais amada (ib. I, 7); doch findet sich derselbe Name oft, wie im Deutschen ‚der Christ' mit Artikel; z. B. Sacerdote *do Christo* (Herc. Eur. III). — Da ultima prova que *o Christo* nos pede (Herc.

Eur. XII). — *O Christo* assim dizia (Octav. Hudson, peregr. p. 7).

Der Teufel (ὁ διάβολος) hat den Artikel *o diabo* (*diacho*, *décho*). *O décho* se chantou n'ellas (Gil Vic. I, 131). — *O décho* dou eu a amargura (ibid. II, 433). Der Eigenname *Satanaz* ist ohne Artikel geblieben: As tentações *de Satanaz* (Herc. Mong. I). — *A Satanaz* a alma! (ibid. IX).

Die oben angeführte Regel, dass zu einem Eigennamen mit einem Adjektive der Artikel tritt, erleidet eine Ausnahme bei *São, Sam, Sancto, Sancta*;[1] z. B. *S. Luiz, Sancta Thereza*. — A famosa ilha *de São Lourenço* (Cam. Lus. I, 42); o mestre *de Sanct-Jago* (ibid. IV, 40). Pela porta *de Sancta* Catharina (Herc. Mong. III). — Dagegen Cam. Lus. VIII, 9: A casa sancta passa *o sancto* Henrique, wo es nicht in strong kirchlichem Sinne zu nehmen ist.

b. Eigennamen von Ländern unterliegen keiner bestimmten Regel hinsichtlich des Artikels. Im Allgemeinen nehmen sie (= griech. ἡ Μακεδονία) den Artikel zu sich, und zwar immer, wenn es zusammengesetzte Namen sind wie *a Terra-nova* (Neufundland), *os paizes baixos* (die Niederlande), *o estado ecclesiastico* (der Kirchenstaat) u. dgl. Während alle Ländernamen den Artikel entbehren oder vor sich haben können, steht er vor *Portugal* und *Castella* niemals.

O grande imperador *da Trapizonda* (Din. Hyss. I, 63). — *Da China* corre (Cam. Lus. X, 129). — Da redempção *da Hespanha* (Herc. Eur. XVII). — As virtudes asperas *da Germania* (Herc. Eur. I). — Além *da Taprobana* (Cam. Lus. I, 1). — Fizeram Roma, *a Inglaterra e a Holanda* (Braga, Parn. mod. 143). — Era *da Terra-Nova* (G. Braga, heras p. 239). — O craneo *da Polonia* (Braga, Parn. mod. 130). — Pelas solidões *da Arabia*, pelas planicies *do Egypto*, e pelos valles *da Syria* (Herc. Eur. IX).

Restituidor *de Hespanha* (Cam. Lus. III, 19). — Logo *de Macedonia* (ibid. III, 13). — *De Lusitania* postos em

---

[1] Oft in der gewöhnlichen Sprache zusammengezogen. *Santariço* = Sancto Ericio (Eluc. II, 303); *Samoane, Sayoane* = Sancto João (ib. II, 305).

fugida (ibid. III, 82). — Eu chamo-me *Polonia* (Sousa Pinto, ideias p. 11).

Gewöhnlich steht der Artikel, **wo zum Eigennamen ein Adjektiv tritt**, z. B. Igual ao gran sophi *da rica Persia* (Din. Hyss. III, 166). — *A Lappia fria, a inculta Noroega* (Cam. Lus. III, 10). — *A nobre Hespanha* (ib. III, 17); doch: Em Roma e *velha Grecia* (Braga, Parn. mod. 144).

Bei **Titelangaben** wird der Artikel vermieden, wie im Französischen. Interrompeu o *duque de Cantabria* (Herc. Eur. XVII). — Um *rei de Hungria* (Cam. Lus. III, 25). — Affonso, alto *rei de Portugal* (ibid. III, 46). — Do ismaelita *rei de Andaluzia* (ib. III, 85). Doch sagt man *o imperador do Brazil*. — Ebenso steht bloss *de* wo der **Ländername nur ein Adjektiv** umschreibt z. B. nesta nossa terra *d'Hespanha* (Herc. Eur. V, 2) = spanisches Land; ao antro dos leões *d'Hespanha* (ibid. XVII). Im Allgemeinen bemerkt man, dass ältere **Classiker bei Ländernamen den Artikel fast nie setzen, während neuere Schriftsteller ihn fast überall anwenden**. Es ist bei den heutigen Grammatikern Gesetz vor die Namen der **Erdtheile** den Artikel zu stellen, ältere (z. B. Camões) gebrauchen ihn auch vor den Namen der **Welttheile selten**. Divide *a Europa da Africa* (Herc. Eur. II). — É cabeça *de Europa* (Malac. conq. V, 1). — As terras viciosas *de Africa e de Asia* (Cam. Lus. I, 2). — Cabeça alli *de Europa* toda (ib. III, 17); und in **adjektivischem Sinne** auch bei Neueren: dominios hespanhoes nas costas *d'Africa* (Herc. Eur. III). — Tostados ao sol fervente *d'Africa* (ib. IX). Doch: os guerreiros *da Europa* (ib. IX). — Um da banda *da Europa*, outro do lado *d'Africa*. (Herc. Eur. VII, 3). Derselben Regel wie die Namen der Länder und Erdtheile folgen jene von **Provinzen**, von denen viele als **substantivirte Adjektive** den Artikel verlangen: *a Betica* (= griech. ἡ 'Αττική).

Os corceis *da Betica* e *da Lusitania* (Herc. Eur. IX). — Cavalleiro *da Estremadura* (Herc. Mong. II).

c. Die **Namen von Inseln** erhalten den **Artikel**, wenn sie **einen appellativen Begriff** in sich schliessen z. B. as ilhas *dos açores* (Habichtsinseln), *a Madeira* (Holz), a ilha *do Fayal* (Buchenwald), a (ilha) *Terceira* (Dritte) u. a. Sonst werden sie ohne Artikel gebraucht. A grande ilha *da Madeira* (Cam. Lus. V, 5). — Vinho *da Madeira* (Din. Hyss. VI, 16). — A ilha *da Pimenta* (Cam. Lus. VII, 35). — Se esquecera *de Cypro, Gnido, Paphos, e Cythera* (ib. V, 5). — Qual ficou *Delos* (ib. IX, 53). — Do mar *com Ceilão* insula confronta (ib. VII, 19). — As *Canarias* ilhas (ib. V, 8).

Derselbe Fall tritt bei den Namen der Städte ein. Sie stehen ohne Artikel, wofern sie nicht von einem Adjektive begleitet sind, oder ihr Name einen appellativen Begriff in sich schliesst, wie *o Porto* (Hafen), *a Haya* (der Haag); *o Cairo*; und aus dem Französischen herübergenommen *a Rochella* (la Rochelle), *o Havre* (le Havre) u. dgl.

Na sé *de Hispalis* (Herc. Eur. II). — Me mandasse *para Lisboa* estudar (Herc. Mong. I). — Um cavalleiro *de Lisboa* (ibid. II). — Abicou *a Restello* (ib. III). — Sahe *da fresca Abrantes* (Cam. Lus. IV, 23); [aber: Na Europa *Lisboa ingente* funda (Cam. Lus. VIII, 5) trotz des Adjektivs]. — Que terra ia de Suéz até *o Cairo* (João de Castro). — Na gazetta *da Haya* (Din. Hyss. III, 257).

Die Namen der Berge, Flüsse, Meere, Winde, Himmelsgegenden haben stets den Artikel. Viele hieher gehörige Bezeichnungen sind schon ihrer allgemeinen Bedeutung nach an den Artikel gebunden, wie *o Ponto* (ὁ Πόντος), *o Hellesponto* (ὁ Ἑλλήςποντος), *o Chersoneso* (ἡ χερσόνησος), *o Roxo mar, o Indico Oceano* u. v. a.

Pela victima *do Calvario* (Herc. Eur. III). — No vulto gigante *dos Pyrenéus* (ib. XIII). — Os despenhadeiros *do Atlas* (ib. IX). — O divide o *Apennino* (Cam. Lus. III, 15). — Da alta serra *do Etna* (ib. VI, 13). — As margens *do Sallia* (Herc. Eur. XVI). — Retumbou d'além *do Chryssus* (ib. IX). — Mais frio que Blondin sobre *o Niagára* (Braga, l'arn. mod. 132). — Na fôz *do Tejo* (Din. Hyss. V, 325). — Que *do Sequana* e *Rhódano* é regada, e *do Garumna* frio e *Rheno* fundo (Cam. Lus. III, 16). — O *Mar mediterrano*

(Cam. Lus. III, 6). — De todo o *Roxo Mar* . . . *pelo Indico Oceano* (ibid. IX, 3). — Um susurro ao *do Zephyro* similhante (Din. Hyss. 1, 134). — Que o *Austro* tem (Cam. Lus. I, 21). — [Doch hat Camões oft bei den Namen der Winde keinen Artikel z. B. Lus. (I, 21) *De Africo e Noto* a força; (VI, 76) *Noto, Austro, Boreas, Aquilo* queriam arruinar a machina do mundo u. a. a. St.] — Onde a costa *ao Sul* se alarga e estende, e *do Sul* para o sol (Cam. Lus. V, 77). — Para o *Norte* (ib. V, 5). — Para o *Ponente* (ib. III, 115). — *Ao oeste* do Calpe (Herc. Eur. II). — Arbitros entre o *Septemtrião* e o *Meio-dia* (ib. IV, 2). — Nesse chão tenebroso *do oriente* (ib. VI, 3). — [Doch adjektivisch: os godos *de oeste* (ib. IV, 2)]. — *No ponto* fundo (Cam. Lus. IX, 40). — Passava Xerxes o *Hellesponto* (ib. IV, 23).

Aus dem Sinne erklärt sich der Artikel bei *Gethsemani* (Herc. Eur. III). Estes poemas eram o *Gethsemani* do poeta.

Bei den **Namen der Monate** steht kein Artikel.

De um dia *de fevereiro* (Herc. Mong. III). — No mez *de agosto* (Cam. Lus. IV, 27).

§ 196.

Wie die oben erörterten Namen für das höchste Wesen und seine Gegensätze, so treten in der älteren Sprache noch eine Reihe von Begriffen auf, welche personificirt wurden, daher den Eigennamen nahe gerückt wie diese **ohne Artikel** stehen. Wie wir bei deutschen Dichtern ‚Natur, Glück, Liebe, Schmerz' u. dgl. finden, so auch im Portugiesischen *natura, natureza, fortuna, amor* u. s. w. **ohne Artikel**. So: Alli cosas *natura* quiz esmaltar (Ribeir. Ecl. 5). — Quem viu *em fortuna* haver firmeza? (Cam. Lus. IV, 51). — A quem *fortuna* sempre favorece (Cam. Lus.). — A quem *amor* não déra um só desgosto (Cam. Lus. IX, 75). — Que *amor* te ferirá, gentil donzella (ibid. IX, 81). — Bei mythologischer Darstellung jedoch tritt der Artikel wieder ein: Deus ou *a Fortuna* (G. Vic. III, 382). Doch auch sonst mit dem Artikel z. B. Vencerão *a* fortuna e o proprio Marte (Cam. Lus. X, 42). — Vencemos *á* Fortuna (ib. VIII, 73). — Ausserdem herrscht in der Setzung oder Auslassung des be-

stimmten Artikels grosse Willkür und Freiheit. Während
abstrakte Begriffe einmal den Artikel zu sich nehmen,
wird er in anderen Fällen mit Eleganz ausgelassen.

Hoje *a cubiça* assentou-se no logar *da equidade* (Herc.
Eur. V, 2). — Hoje *prostituição* entrou no templo (ibid.).
— *A generosidade, o esforço, e o amor*, ensinaste-os tu (ib.
V, 1). — De quem *virtude* deve ser prezada (Cam. Lus. X,
155). — Nem triste *hypocrisia* val contra ella (ib. IX, 42).

Wo Gattungsbegriffe in kollektivem Sinne
stehen, haben sie ganz gewöhnlich den Artikel vor sich.

O homem é forte (= der Mensch d. h. die Menschheit) (Herc. Eur. IV, 1). — Tu convertias o amor, até então
limitado ao goso material *da mulher*, em um grande affecto
(= des Weibes d. h. aller Weiber) (Herc. ib. V, 1). —
D'antes *o sacerdote* era o anjo da terra ... *o juiz* era o
pae do opprimido (ib. V, 2).

Im Deutschen entspricht oft auch der unbestimmte
Artikel.

§ 197.

Wie in den übrigen romanischen Sprachen (vgl. auch
das griech. ἔχειν καλοὺς τοὺς ὀφθαλμούς) steht im Portugiesischen der bestimmte Artikel, wo zu einem als vorhanden bekannnten Gegenstande nähere Eigenschaftsbestimmungen treten, darum besonders gerne bei
näherer Schilderung einzelner Körpertheile; indessen kann (s. Bsp. 2) der Artikel auch fehlen.

Um tinha *o aspecto* alegre, e *os cabellos* espessos: outro
a fronte calva, *os olhos* encovados, porem serenos (Herc.
Mong. VIII). — Tinha *os cabellos* espessos e grisalhos; *testa
espaçosa, nariz aquilino, os olhos* fundos, vivos e pequenos
(ibid. I). — Tinha *os labios* brancos (ibid.). — Tinha *os olhos*
esgazeados, *as faces* pallidas (ib. II). — Aindaque tivesse *a
voz* de ferro (Cam. Lus. V, 16); ebenso mit der Praeposition *com*: *Com os braços* cruzados (Herc. Mong. III).

Der Artikel tritt überhaupt gerne bei *ter* ein, wenn
das Objekt einen durch ein praedikatives Adjektiv
bestimmten, dem Subjekte momentan oder persönlich
eigenen Besitz ausdrückt. Solcher Fälle sind in den

Lusiáden sehr viele z. B.: Sereno *o tempo* tens e *o oceano* (Lus. II, 61). — *A mãi* hebrea teve, e *o pai* gentio (Lus. I, 53); [aber (X, 143) Tendes *vento* e *mar* tranquillo. — Aqui tens *companheiro* (ib. X, 23)].

§ 198.

Der bestimmte Artikel fehlt immer vor jenen Substantiven, welche mit einem Verbum zur Einheit Eines Begriffes zusammengewachsen sind. Das Substantiv kann ein Abstraktum oder ein Conkretum sein, das Verb gibt meistens einen unvollständigen Begriff des Seins, Werdens, Entstehens; geboren werden, gewählt, ernannt, erhoben werden u. dgl. (Verba mit doppeltem Akkusativ oder Nominativ im Passive.)

Alevantado por *rei* (Lus. IV, 2). — Tinha-o nomeado *procurador* (Herc. Mong. I). — De Baccho antigo *filhos* foram ou *companheiros* (Cam. Lus. III, 21). — A quem fez o seu planeta *restituidor* de Hespanha, e *senhor* della (ib. III, 19). — Já fica *vencedor* o Lusitano (ib. III, 53). — Fica *herdeiro* um filho seu (ib. III, 90). — Alçado por *rei* (ib. III, 94).

Soll jedoch der zweite Begriff hervorgehoben werden, so tritt der bestimmte Artikel hinzu, oft auch der unbestimmte, wie im Deutschen.

O Presbytero Eurico era *o pastor* da pobre parochia de Carteia (Herc. Eur. II). — Ebbas e Sisebuto e Siseberto eram *os cabeças* dos conspiradores (ib. III).

Zahllos sind die Verbindungen, in welchen Substantiv und Verbum zu Einem Begriffe geworden sind wie *ter fome, ter sede; ter razão, dó, compaixão, piedade; dar fim, principio; fazer memoria, achar maneira, dar fé, dar guerra; deitar ancora; tomar porto, guardar silencio* u. v. a.

Tenz razão, consciencia (Herc. Eur. VI, 4). — Do meu pranto *tem dó* (Din. Hyss. VI, 178). — *Tem compaixão* de nós, oh Christo! (Herc. Eur. V, 1). — Só *tiveste piedade* (Cam. Lus. II, 104). — *Fim* a tantos males *dava* (Mal. conq. III, 73). — *Deu principio* á historia (Mal. conq. IV, 139). — Do passado *faz memoria* (ibid.). — *Achou maneira* para subir á patria (Cam. Lus. IX, 15). — *Deram fé* (Din. Hyss. VI,

51). — *Dá* a Perreira *guerra* (Mal. conq. IV, 33). — *Deitou ancora* ao fundo (ib. VI, 132). — Ali *tomámos porto* (Cam. Lus. V, 8). — *Silencio guardava* o cavalleiro (Herc. Eur. XVII).
Die meisten dieser aus zwei Wörtern gebildeten Begriffe können mit Einem Worte ausgedrückt werden.
Man sagt fallar *Portuguez*, doch meist saber *o Portuguez*, ohne dass *saber Portuguez* ausgeschlossen wäre.
De tanto peso pois é *saber o Francez?* (Hyss. V, 110). — Mostrar ao mundo que *Francez sabemos* (ib. V, 109). — Selbstverständlich: quem sabe *a lingua hispana* (Cam. Lus. VII, 25).

Gleichfalls ohne den bestimmten Artikel steht ein Substantiv, das zu einem zweiten tritt, um dasselbe hinsichtlich seines Stoffes, seiner Bestimmung u. dgl. näher zu bezeichnen, so dass sich auch hier gleichsam Ein Begriff ergibt, wie denn auch der Deutsche in diesem Falle meist ein zusammengesetztes Substantiv hat.

O povo rude não podia entender esta vida *d'excepção* (Herc. Eur. II). - N'um assento *de estrellas* crystallina (Cam. Lus. I, 22). — As moles *de neve* .. Nessa guerra *d'exterminio* .. Illusões *de ambição* (Herc. Eur. VIII). — Com lettras *de ouro* (Din. Hyss. III, 257). — A luz brilhante *d'affeições e esperanças* (Herc. Eur. VI, 3).

Ist jedoch der zweite Theil bestimmter bezeichnet oder folgt ihm ein Relativsatz, so muss der bestimmte Artikel bei dem zweiten Substantiv stehen. Uma noite *d'inverno* ist ‚eine Winternacht'; bestimmt ist sie geschildert (Herc. Eur. IV, 1). Era por uma destas noites vagorosas *do inverno*, em que .... (Vgl. oben S. 278 Titelangaben).

§ 199.

Die Apposition tritt zu dem zu bestimmenden Satztheil ohne Artikel, und in welchem Casus sie auch stehen mag, ohne Casuszeichen. — Os olhos, *lingua* da alma, declaravam (Mal. conq. II, 100). — Não ouro, *premio vil* de animo cego (ib. IV, 133). — De Phormião, *philosopho* elegante, vereis (Cam. Lus. X, 153). — Sua mulher D. Beatriz, *filha* de D. Fernando (Herc. Mong. VII). —

Inclinavam-se no Mestre de Aviz, *irmão bastardo* do rei (ib.) — Joanne, *invicto cavalleiro* (Cam. Lus. I, 13).

Der Artikel steht bisweilen auch bei der Apposition, wenn dieselbe eine nähere Erklärung, eine Unterscheidung enthalten soll z. B. ‚Rousseau *o philosopho*, não Rousseau *o poeta*'; und oft auch, wo die Apposition ein' Adjektiv erhält, zu welchem der Artikel demonstrativ,[1] wie das lateinische *ille* [doctus *ille* Varro] tritt z. B. Isidoro, *o celebre bispo* de Hispalis, introduzira (Herc. Eur. III) — Vasco da Gama, *o forte capitão* (Cam. Lus. I, 44). — Uma sua filha, *a mais moça* (Cam. Filod. V, 4); auch ohne Adjektiv: Cartein, *a filha* dos phenicios, mira ao longe (Herc. Eur. II).

Der Artikel steht jederzeit, wenn die Apposition vor das zu bestimmende Wort tritt.

O abbade de Alcobaça, João d'Ornellas (Herc. Mong. I). — *O bando d'el-rei de Castella* D. João I (ib. VII).

In gleicher Weise werden Beinamen (Substantive oder Adjektive) an historische Namen mit dem Artikel gefügt z. B. Pedro *o grande;* Carlos *o atrevido*. Dagegen dichterisch: Venus *bella* (Cam. Lus. I, 33). — Mavorte *valeroso* (ib. I, 41). — Albuquerque *terribil*, Castro *forte* (ib. I, 14). — Carlos Magno entspricht dem französischen Charlemagne; Manho (Magno, Cam. Lus. IV, 32) ist nur Uebertragung des römischen Cognomens Magnus. [O *grão* Mavorte (Lus. II, 5), o *piadoso* Eneas (Lus. II, 45), o *facundo* Ulysses (ib.) vgl. § 195 S. 275].

§ 200.

Die dichterische Sprache waltet im Portugiesischen mehr als in einer der Schwestersprachen, was die Weglassung des bestimmten sowohl als des unbestimmten Artikels betrifft, mit ungeheuerer Freiheit und Willkür. Besonders fehlt er gerne bei rascher Aufzählung oder wo die Substantive paarweise zusammengefügt werden. *Subitas trovoadas temerosas, relampagos, negros chouveiros, noites tenebrosas, bramidos*

---

[1] Die demonstrative Natur des bestimmten Artikels zeigt sich wie überall, so auch, wo er vor Zahlwörter tritt; *os tres* (= tres illi). Aqui *os dous* companheiros conduzidos (Lus. II, 12) = die bekannten zwei.

de trovões (Cam. Lus. V, 16). — Por ver *segredos* dellas (ib. V, 23). — *Settas e pedeadas* chovem (ib. V, 33). — *Homens, mulheres, crianças saltavam* (Herc. Mong. IV). (Zahlreicher sind die Unterdrückungen des unbestimmten Artikels; siehe unten.)

§ 201.

Einige der romanischen Sprachen besitzen eine eigene Form des **Theilungsartikels**. Die portugiesische Sprache kennt ihn **nicht**. In der ältesten Sprache und in der **Volkspoesie** lassen sich Spuren desselben entdecken; so Gil Vic.: hi ha *de homens rūis;* emprestae-me *do azeite* (III, 271). — Arrancam *das espadas* de aço fino (Lus. III, 130). — Bei partitivem Sinne unterbleibt einfach der Artikel, wie im Spanischen. — Não cresce nunca *pão nem vinho* (Gomes Leal, clarid. 33). — Der **Genitiv des Theilungssinnes** hat *de;* den Genitiv des **bestimmten** Artikels bei genauer **Bezeichnung** wie im Französischen.

Um bocado *de pão negro* (Herc. Mong. V). — Um copo *de generoso vinho* da Madeira (Din. Hyss. VI, 16). — *Do* bom vinho *de Borba* tres garaffas (ib. V, 550).

§ 202.

Die Behandlung des **unbestimmten Artikels** im Portugiesischen ist, wie bemerkt, noch **willkürlicher**. Er tritt, wie im Deutschen, zu einem **Eigennamen**, um ihn mit **Auszeichnung** hervorzuheben, gewissermassen zu einem appellativen Begriffe zu machen z. B. *um* Cicero = ein grosser Redner.

Por estes vos darei *um Nuno* fero, *um Egas,* e *um dom Fuas* (Cam. Lus. I, 12). — Na paz *um Numa*, *um Scipião* na guerra (Cabral Son. VIII). — *Um Judas* houve entre os seus (Herc. Mong. II). — Se inspirasse *um Dante* (Braga, Parn. mod. 131). — *Um Pacheco* fortissimo (Cam. Lus. I, 14).

Bei **Sprüchwörtern** und sprüchwörtlichen Reden geht die Sprache ihren eigenen Weg. Bald findet sich der **bestimmte**, bald der **unbestimmte**, bald **kein** Artikel trotz aller hierüber aufgestellter Regeln der Grammatiker. So in *Delicado* (adagios): *Amor, fogo e tosse,* a seu dono descobre. — *Amor, dinheiro e cuidado,* não está dissimulado, mit dem Deutschen übereinstimmend. — *Menina, vinha, peral e faral,* máos são de guardar. — *O desejo faz formoso o feio* u. dgl. Aehnlich (Lus. I, 80) *da tenção damnada nasce o medo.*

Der unbestimmte Artikel *um* fehlt meistens bei der Verneinung mit *nunca, mais, jamais,* auch bei einfachem não. Nunca *mulher* se viu tão atinada (Din. Hyss. V, 241). — Sem vermos nunca *nova* nem *signal* (Cam. Lus. V, 69). — *Cithara* ja mais cantou *victoria* (Cam. Lus. II, 52). — Inda não sinta *cousa* que mais queira (ib. V, 52). — Não houve forte *capitão* que não fosse tambem douto (ib. V, 97). — Lagrimas frias do orvalho não abrandam *duro peito* (Braga, folh. verd. 161). — Besonders gerne fehlt der unbestimmte Artikel bei einem Vergleiche mit *como, qual, tal, tão, tamanho, quamanho* u. s. w.

Como *dama* (Cam. Lus. II, 38). — Bem como *paciente, e mansa ovelha* (ibid. III, 131). — Como *cousa* emfim, que o céo destina (ib. IV, 3). — Como *doudo* corri (ib. V, 55). — Qual *rez* nas aras (Din. Hyss. VI, 55). — Qual *roxa sanguesuga* (Cam. Lus. V, 21). —.Não só contra *tal* furia (ib. III, 34). — Com *tal* milagre (ib. III, 36). — Farei *tal* castigo (ib. V, 43). — Se *tão* sublime preço cabe em verso (ib. I, 5). — *Tamanho* terror em si mostrava (ib. II, 107). — *Quamanha* terra andámos (ib. V, 69). — Doch auch mit Artikel: Assi como *a bonina* (ib. III, 134). — Assi como *as rãas* (ib. II, 27). — Beim praedikativen Substantive fehlt der unbestimmte Artikel häufig.

Este *castigador* foi rigoroso de latrocinios (Cam. Lus. III, 137). — Mostrando *mestre* ser de falsidade (Mal. conq. III, 37). — O rei de Badajoz era *alto Mouro* (Cam. Lus. III, 66).

Auch *outro* entledigt sich gerne des unbestimmten Artikels. — *Outra* terra acharás (Cam. Lus. II, 63). — Não se lhe acha *outro* segundo (Mal. conq. IV, 132).

§ 203.

Ausserdem fehlt der unbestimmte Artikel in zahlreichen Fällen:

α. als praedikatives Substantiv, das sich adjektivisch umschreiben lässt:
Quem te disse que o teu amor não era *crime* (= verbrecherisch) (Herc. Eur. VI, 4).

β. bei zusammengehörigen Begriffen. Corpo *de* (= eines) gigante (Mal. conq. VI, 39). — Obra *de* (eines) mestre insigne (Din. Hyss. IV, 216); ebenso mit einem Verbum z. B. sem dizer *palavra;* sem proferir *palavra* (Herc. Mong. VIII); [aber (ibid. I) sem mudar *uma* palavra].

γ. So oft etwas unbestimmtes, halb verneinendes als Subjekt oder Objekt eingeführt wird z. B. Vi *cousa* (eine, irgend welche Sache) que me fez parar (Herc. Mong. III). — Achou Nunalvares *casa* nobre e rica (irgend ein Haus), *mulher perfeita,* e terras abundantes (Lobo, Condest. III). Darum bei Verben, deren Objekt noch unbestimmt ist, wie *desejar, contar, buscar* u. dgl.

Desejasse *piloto* para a India (Cam. Lus. II, 70). — Não me mandas contar *estranha historia* (ib. III, 3). — Busca *mouro* que lhe mande (ib. I, 83). — Se buscando vas *mercadoria* que produze o Levante (ib. II, 4).

δ. bei *parte* (Theil) und zusammengehörigen, oft allitterirenden Substantiven.

Lhe fizeram cessar *parte* da raiva (Din. Hyss. II, 227). — Rei que não guarda *nem fé nem lei* (Mal. conq. III, 4). — Aquelles que criou a natura *sem lei e sem razão* (Cam. Lus. I, 53).

ε. an unzähligen Stellen, wo die poetische Sprache des Artikels sich entledigt, ohne dass grammatisch hiefür ein Grund zu finden wäre. Von zahllosen Beispielen nur einige:

Entre *gente remota* edificaram *novo reino* (Cam. Lus. I, 1). — Vereis *amor da patria,* não movido (ib. I, 10). — Quereis *igual memoria* (ib. I, 13). — Cujo assento *povo antigo christão* habitou (ib. I, 98). — Inspira *immortal canto e voz divina* (ib. III, 1).

§ 204.

Was die Stellung des Artikels betrifft, so fordert jedes Substantiv seinen Artikel vor sich und dies um so mehr, wenn mehrere Substantive von verschiedenem Genus beisammen stehen.

Ali ha *o repouso, a paz e a esperança* (Herc. Eur. V, 3). — *A generosidade, o esforço, e o amor* (ib. V, 1). — Surgiu *o homem e a podridão, a arvore e o verme, a bonina e o emmurchecer* (ib. IV, 3). — *Os filhos naturais e a consorte* (Cam. Lus. VIII, 15). — *Dos filhos sem peccado e da consorte* (Lus. III, 39). — *Nas obras e nos feitos* (ib. VIII, 2). Indessen fehlt der Artikel oft bei folgenden asyndetisch, polysyndetisch oder mit *ou* aneinander gereihten Substantiven, auch wenn sie im Genus, ja selbst, wenn sie im Numerus verschieden sind.

O governador *dos céos e gentes* (Cam. Lus. IX, 5). — Em desprezo *das leis e magistrado* (Din. Hyss. VI, 261). — *Os filhos e mulher* obriga á pena (Cam. Lus. VIII, 14). — *As lanças e arcos* tomam (ib. III, 48). — Respondem *as trombetas* mensageiras, *pifaros* sibilantes e *atambores* (ib. IV, 27). — *Do* rico *Tejo* e fresca *Guadiana* (ib. VII, 70). — *Do Douro e Guadiana* o campo (ib. VIII, 3). — Descendentes *do generoso tronco e casa* rica (ib. VIII, 42). — Considere o pio leitor a *zanga, despeito, odio, raiva, furia e rancor* (Herc. Mong. IX).

3. Capitel.
Casus.
1. Nominativ.

§ 205.

Der Nominativ ist der Casus des Subjektes; ferner steht er, wie oben (§ 188 S. 268) gezeigt wurde als praedikative Bestimmung. Dem lateinischen *fieri, evadere, existere* u. a. entspricht das portugiesische *se fazer, tornar, sahir* u. a., dem lateinischen *videri* das portugiesische *parecer*; dazu tritt eine Reihe begriffsverwandter Verba wie *permanecer, ficar, restar* u. a., die ein Praedikatsnomen zu sich nehmen — also den doppelten Nominativ haben.

Faça-se a luz (Braga, folh. verd. 81). — *Pareces-me* uma rainha (ib. 159). — Já *fica vencedor* o Lusitano (Cam. Lus. III, 53).

2. Vokativ.

§ 206.

Der Vokativ ist der Casus der Anrede; er ist der Form nach mit dem Nominative gleich; gewöhnlich tritt *o, oh* (oder ein Titel wie *Senhor, Senhora* u. dgl., wenn Personen angeredet werden), vor denselben, oft auch ein Possessivpronomen.

Vós, *poderoso Rei* (Cam. Lus. I, 3). — E vós, *Tagides minhas* (ib. I, 4). — Deixo, *deoses*, atraz a fama antiga (ib. I, 26). — Ó *legionarios!* desertae as tendas (Braga. Parn. mod. p. 145). — Oh *homens do mar mais velhos!* (Hard. Rom. I, 37). — Entrae, *Frei Julião* (Herc. Mong. I). — *Senhor cavalleiro* (ibid. I). — *Minhas senhoras!* (Brag. f. v. 177). — *Meu Deus! Meu Deus!* (Herc. Eur. IV, 6). — Oh *meu Deus!* (ib. VI, 2).

3. Akkusativ.

§ 207.

Der Akkusativ ist der Form nach dem Nominative gleich. Die spanische Sprache und gleich ihr einzelne romanische Dialekte (wie der sardische, catalanische, sicilianische) haben auch den Akkusativ, wofern er sich auf eine Person bezog, mit der Praeposition *a* versehen, um wie Diez (R. G. III, 97) es erklärt, „die auf ein lebendes zum Handeln geneigtes Wesen übergehende Wirkung energischer auszudrücken, damit dies nicht etwa selbst als das thätige verstanden werde". Diese Ausdrucksweise, die gewiss nicht, wie Pinheiro (P. G. S. 154) glaubt, auf arabisches ﻟ (hebr. ל syr. ܠ) zurückzuführen ist, ist im Portugiesischen nicht Sprachgesetz geworden; die Praeposition findet sich zwar häufig vor Eigennamen, ganz besonders bei Pronomina personalia, relativa und indefinita, ebenso in Fällen, wo nicht volle Klarheit über das Objekt herrscht. sie fehlt aber gerade auch in dem letzten Falle sehr gewöhnlich.

Manda *o consagrado filho* de Maia á terra (Cam. Lus. II, 56). — Scylla mata *o velho pai* (ib. III, 3.) — O Mouro perfido despreza *o poder* dos Christãos (ib. III, 111).

O truão Alle, *a quem* os Mouros chamavam por escarneo

Cide Alle (Herc. Mong. IV). — O filho, *a quem* eu tinha só
para refrigerio (Cam. Lus. IV, 90). — Gente vossa, *a que*
Marte tanto ajuda (Cam. Lus. I, 5). — Não vejo outra belleza
senão *a ti, a ti* (Alm. Garrett, folh. cah. 169). — Nem elle
entende *a nós*, nem nós *a elle* (Cam. Lus. V, 28). — *A isto*
chama prudencia o mundo (Herc. Eur. VI, 3). — Ora por
mim *a Deus* (Herc. Harp. do Cr. 63). — Não chamaste louco
ao Tasso (E. Marccos, prim. insp. 119). — Mata o Luso *ao
Granadil* (Cam. Lus. III, 114).

§ 208.

Der Akkusativ hat sich im Portugiesischen bei einzelnen Verben erhalten, welche auch im Lateinischen diesen Casus erfordern; so zunächst bei *igualar* (aequare) gleichen;[1] *ajudar* (adjuvare, adjutare) helfen; *emular* (aemulari) nacheifern; *seguir* (sequi) folgen, dessen Analogie dann *obedecer* (gehorchen) folgt.

Em grandeza *igualam as nossas* (Cam. Lus. V, 77). — Sancto, que *os Hespanhoes* tanto *ajudou* (Cam. Lus. V, 9). — *Emulando as acções* de seus maiores (Mal. conq. V, 4). — *Os rótos a seguir* do seu partido (Din. Hyss. V, 36). — A regra de S. Bento, *seguida* pelos cicerstienses (Herc. Mong. I). — Em tom de quem quer ser *obedecido* (Herc. Mong. II). — *Foi* sua sentença *obedecida* (Mal. conq. VII, 101). — Immenso creador com sujeição *obedecido* (ib. II, 43). — Dagegen hat *obedecer* gewöhnlich auch den Dativ, wie *obedeci à lei* (Herc. Mong. V). — Pouco obedece o Catual *a taes palavras* (Cam. Lus. VIII, 83). — *Ao rei Fernando* obedecco (ib. IV, 57).

Ueberhaupt findet sich öfter das Passiv auch von nicht transitiven Verben; so z. B. não *foste correspondida* por algum dos teus amantes? (Braga, folh. v. 154). — A deosa Cypria *que ordenada era* (Cam. Lus. IX, 18) u. a., ohne dass *corresponder, ordenar* den Akkusativ regieren.

Jurar schwören, nimmt *por*, doch auch den Akkusativ zu sich. — Não *jureis* em vão *o sancto nome* de Deus

---

[1] Auch gleich machen: onde o Sol *iguala o dia e noit'* em quantidade (Cam. Lus. II, 63). — Ebenso *semelhar* gleichen; *Semelham o tigre e o leão* (Herc. Eur. X).

(Herc. Mong. I). — Spielen (ein Gesellschaftsspiel) heisst *jogar* mit Akkusativ. *Jogando o secco wisth* (Braga, folh. verd. 143); ein Instrument spielen *tocar*.[1] Uns *tocavam bazinas retorcidas*, outros *rijos adufos e pandeiros* (Din. Hyss. VII, 229), doch ebenso *a*, jogar *ao isque*, tocar *á rabeca*.

Eine Reihe anderer Verba erhielt im Portugiesischen den Akkusativ, ohne ihn im Lateinischen zu haben. Voran steht *servir*[2] (dienen), das ihn fast in allen romanischen Sprachen hat; *favorecer* (favere), *insidiar* (insidiari), *ameaçar* (minari), *resister* (resistere), auch *contra* (Lus. VI, 31); ebenso *contrastar, affrontar; estudar* (studere); *dominar*[3] (dominari in); *bem dizer* (benedicere alicui ; *persuader* (persuadere alicui); andere haben den Dativ der Person und den Akkusativ der Sache wie *agradecer* (einem für etwas danken`, *vestir-se* (sich etwas anlegen[4]), *lembrar-se* (sich an etwas erinnern[5]) u. dgl.

Por *servir o deão* (Din. Hyss. VI, 136). — Para *servir-vos* (Cam. Lus. X, 155). — Todos *favorecei* (ib. X. 150). — *Ameaça* Chrimhilde (Herc. Eur. XII). — *Affronta* as tyrannias (ib.). — O valor que *contrasta os perigos* e o engenho que *domina a terra* (Herc. Mong. IX). — Por ter *estudado degredos* ou canones (Herc. Mong. I). — Terra que Deos *bem dizia* (Rom. ger. n⁰. 38). — Á morte o *persuade* (Cam. Lus. III, 124). — A mercê grande *a Deus agradeceu* (Cam. Lus. VI, 93). — Ás musas *agradeça o nosso Gama o muito amor* (ib. V, 99). — Cada festa *se vestia um pelote* de mil cores (Braga, Anth. 250). — *Lembre-vos Narcisso* (Cam. Son. 156).

Fugere hat im Portugiesischen nicht den Akkusativ, sondern den Genitiv oder Dativ erhalten. — Das furias de

---

[1] Von Saiteninstrumenten *tanger* (Hard. Rom. I, 128); doch auch *tocar* viola (ib. II, 89).

[2] Zu etwas dienen heisst *servir de* oder *para*. O prumo que lhe servia de quicio (Herc. Mong. V). — *Para que sem tervido?* (ibid.)

[3] Ebenso *mandar* beherrschen mit Akkusativ (Cam. Lus. X, 91).

[4] Auch das einfache *vestir* (etwas anlegen) Os dous espiritos *vestem formas humanas* (Herc. Mong. VI). — *Vestir restido* (Hard. I, 104).

[5] Aber *lembrar* einen an etwas erinnern: ‚tu me lembra o motivo' (Din. Hyss. I. 7).

Athamante *fugindo* (Cam. Lus. VI, 23). — *Fugindo á tempestade* (ib. VI, 77); aber: Se *me* vós a mim *fugis?* Eu *vos fujo?* (Cam. Amph. I. 3). — *Habitare* hat wie im Lateinischen *em* oder den Akkusativ.

Cidades *que habitam* estas humidas deidades (Cam. Lus. VI, 8). — *O mar habitam* (ib. VI, 16). — *Morar* hat *em*. — *No* mais interno fundo Neptuno *mora* e *moram* as Nereidas (ib. VI, 8).

§ 209.

Eine grosse Anzahl von intransitiven Verben kann wie im Lateinischen einen Akkusativ zu sich nehmen.

Dieser Akkusativ ist sehr gewöhnlich ein Substantiv von dem nämlichen Stamme oder doch der gleichen Bedeutung (der Akkusativ des Inhalts), wie z. B. *sorrir sorrisos, morrer morte,*[1] *dormir somno, viver vida, vencer peleja, perder uma perda* u. s. w. (= *vitam* vivere, βίον βιοῦν u. dgl.). *Penar penas* (Hard. Rom. I, 129); *caçar caça* (ib. 112).

Não pode *doces sorrisos sorrir* (João de Lemos, trovad. 362). — *Morriam cruas mortes* (A. Ribeiro dos Santos, od. I). — *Morrer* muitas *mortes* (Resend. Vid. d. D. Duarte). — *Morreu* uma só *morte* (Severim, promptuar. XVI, 7). — *Dorme o somno* da embriaguez (Herc. Mong. IV). — A outra *vida* que d'antes *vivi*, era um sonho talvez, em que paz tão serena *a dormi* (Alm. Garrett, folh. cah. 149). — *Vencemos* essa memoravel *peleja* (Herc. Mong. I). — *Perder* uma *perda* (Ribeiro d. S. — Gil. Vic. I, 272).

Dieser Gebrauch wird dann auch auf Akkusative anderen Stammes und entfernterer Bedeutung übergetragen, und so sagt man *andar terras; navegar mares; correr risco, perigo, ruas, a salla; dormir noites, a sesta* u. dgl. (= lat. stadium currere).

[1] Hiezu schreibt der Parn. lus. IV, 76: *Morrer mortes e dormir somnos* não são pleonasmos, são elegancias antiquissimas na lingua. Ex.:

Se o posso ou devo dizer, Jesu Christo
Nosso Senhor não *morreu morte* tam honrada.
(Pina Chronicas.)

Dormimos somnos alheios,
Os nossos nan os *dormimos*.
(Sá de Miranda.)

Andaram tantas *terras* (Cam. Lus. V, 23). — Ha muito já de *andar terras* estranhas (ib. VI, 54). — Muitas *terras andei* (Trov. 208, 2). — *Navegar* meus longos *mares* ousas (Cam. Lus. V, 41). — *Navegando* todo esse *Oceano* (Cam. Filod. V, 4). — *Corria* grande *risco* (Herc. Mong. V.) — Qual *corre* móres *perigos* (Cam. Amphit. I, 1). — *Corria* eu ao acaso *as ruas e terreiros de* Lisboa (Herc. M. II). — Um gelado tremor dos timidos mortaes *os ossos corre* (Din. Hyss. II, 55). — *Os campos* vão *correr* de Tetuão (Cam. Lus. IV, 34). — *Correndo* furioso toda *a salla* (Hyss. II, 219). — Por *correr* sem temor suas *muralhas* (ib. VI, 87). — Com os dous pode bem *correr parelhas* (ib. VII, 88.) — As tuas *noites* não *dormidas* (Herc. Mong. VI). — *Dormia a sesta* (Din. Hyss. II, 157). — As *noites* mal as *dormia* (Ribeiro, Eclog. 4); ähnlich ist: Giraldo que *medos* não *temia* (Cam. Lus. III, 63) stark = temer.

Mehrere intransitive Verba *(verba animi)* nehmen in transitiver Bedeutung einen Akkusativ zu sich z. B. *chorar* weinen; beweinen; *gemer* seufzen; beseufzen u. a. Os altos promontorios *o choraram* (Cam. Lus. III, 84). — *Chorando* las suas *penas* (Braga, Anth. 63). — *Gemer* minhas *payxões* (Canc. ger. I, 205). — *Seus males e culpas gemendo* com dôr (ib. II, 190). — *Estas lastimas choradas* (Hard. Rom. II, 31).

Eine Anzahl intransitiver Verba wird mit faktitiver Bedeutung transitiv; so *crescer* (wachsen) fördern, erhöhen; *correr* [1] (laufen, strömen) vorschieben; *descer* (herabsteigen [2]) herablassen; *entrar* (eintreten) hineinstecken; *chegar* (ankommen), bringen; *morrer* (sterben) tödten; *tornar* (zurückkehren) zurückgeben, machen. Indessen sind diese Fälle nicht häufig. So hat z. B. Parn. lus. IV, 63 in der Ode á existencia de Deus (Estr. VI) des Caldas: ‚Ah ve, como *resoam* em voz sonora *o nome triumphante* d'aquelle' *resoam* in *pregoam* geändert, mit der indessen kaum richtigen Bemerkung: ‚Regitei esta lição

---

[1] *Correu-a* (das Papier) pelos olhos (Herc. Eur. XIII).

[2] Auch in diesem Sinne oft mit dem Akkusativo. *O ultimo* (outeiro) tinha-*o descido* (Herc. Mong. I). — Ao *descer o outeiro* (ib. II).

por não ter jamais encontrado em classico algum nacional o verbo *resoar* em significação activa'.
A resposta lhe démos tão *crescida* (Cam. Lus. V, 33).
— O Mouro *corria o ferrolho* da porta (Herc. Mong. V). — Foi enganosamente *morto* por Paris (J. F. Barreto III, 272 l. p.). — Foi *morto* por um homem tão vil como tu (Herc. Mong. III). *Tôrno a* culpa ao seu cavallo (Hard. Rom. I, 8).

§ 210.

Wie im Lateinischen nehmen mit Praepositionen zusammengesetzte Verba gerne den Akkusativ zu sich; so übereinstimmend mit dem Lateinischen *exceder* (excedere), übertreffen,[1] *subir* (subire) sich unterziehen; betreten;[2] und in gleicher Weise *preceder* vorangehen, *soccorrer* beistehen, zu Hilfe eilen, *consentir* einwilligen, *combatter* kämpfen, bekämpfen; *commetter* versuchen, angreifen; *encontrar* begegnen; *entrar* eintreten, betreten; *aconselhar* rathen, berathen; *aproveitar* Nutzen ziehen u. v. a.

Excede a joven Lilia abandonada (Braga, Parn. mod. 132). — *Excedem as sonhadas fabulosas; excedem Rhodamonte e o vão Rugeiro e Orlando* (Cam. Lus. I, 11). — Eu *subia a encosta* (Herc. Mong. III). — Gerações que *a precederam* (Herc. Mong. pref.). — Que *a soccorre* (J. Diniz, Grin. VI, 115). — *Soccorrer o desventurado* (Herc. Mong. V). — Se queres *commercio consentir* (Cam. Lus. VII, 62). — Eu não vou *combatter algum gigante* (Din. Hyss. VI. 189). — Foram já *commetter o céo* supremo (Cam. Lus. VI, 29). — *Encontrar o que quer que foi* (Herc. Mong. I). — O cadaver tinha sido *encontrado* (ib. III). — Primeiro *entrando as portas* da cidade (Cam. Lus. VIII, 37). — *A cidade entrada* se rendera (ib. III, 59). — *As aconselha* o duque (ib. VI, 50). — *Aproveitando* este *instante* (Herc. Eur. XV).

§ 211.

Zum Objekte tritt auch ein Praedikatsnomen im Akkusative — doppelter Akkusativ — bei den Verben, die bedeuten:

[1] Aber Lus. I, 40: *Excede em ligeireza ao vento e á setta.* — Quanto *excede a lei de Christo á lei* de Mafamede (ib. IV, 48).

[2] Aber *subir* hinaufsteigen mit Dativ: Astrimiro *subia ao vallo* (Herc. Eur. XVI).

a) heissen, nennen (nomear, chamar, dizer); zu etwas ernennen, erwählen, erklären, machen (elegir, declarar. chamar, fazer, render, tornar); für etwas halten (crer, julgar, estimar, imaginar, figurar, suppôr), als etwas haben (s. § 198), geben, nehmen (ter, dar, tomar).
b. sich zeigen, sich bewähren (mostrar-se'.
Affonso o bravo se chamou (Cam. Lus. III. 94'. — *Que vós outros chamaes Pelagio* (Herc. Eur. XIV). — *Mem Rodriguez se diz* de Vasconcellos (Lus. IV, 24). — *Mas elegem aquelle* (rei) (Cam. Lus. X, 131). — *A declarára herdeira* da coroa (Herc. Mong. VII). — *Tinha-o nomeado procurador* daquelle mosteiro (ib. I). — *Abrazados se crem* (Din. Hyss. I, 58). — *Se julgam mais felizes* (ib. I, 62). — *Se imagina igual ao grão Sophi* (ib. III. 166). — *Foi prudencia o que loucura a sua phantasia lhe figura* (ib. V, 243). — *Qualquer grande mal menor estima* (Mal. conq. II, 110). — *Mulher, que suppúnhamos um anjo* (Herc. Mong. I). — *Fez-se famoso pastor* (Ber. Ribeiro). — *Que fez livre Portugal* (J. S. Mendes Leal, cantic. 227'. — ,*Vencedor vos façam* não vencido (Cam. Lus. X. 148). — *Vos fizestes inimigos* (ib. IV, 33). — *Feros vos amostrais e cavalleiros* (ib. III, 130). - *Se* lhe *rendia amante* (Hard. Rom. II, 146).

Ueber die Phrase *fazer-se pedaços* bemerkt Parn. lus. V, 175: ,*fazer-se pedaços* em vez de *fazer-se em pedaços* é locução usada pelos nossos scriptores de bom seculo. Exemplos: Quanto mostro de amor pequeno affeito uma alma a quem a dor não *fez pedaços* (Bernardes, Rimas p. 36). — Os corpos deixam *feitos mil pedaços* (J. Cortereal, Cerco de Diu V). — La estalou e *fez-se pedaços* (Caldas, carta a Pires Ferreira).

Statt des zweiten Akkusatives tritt gerne die Praeposition *por* ein. so *ter, contar por* für etwas halten, *conhecer por* als etwas kennen, *escolher por* wählen als, *alçar, levantar por* erheben zu, *dar por* geben als u. s. w.

Tinha por vil a herdada vida agricola (Castilho, excav. 138). — *Não tenho o* Tamorlão *por inimigo* (Din. Hyss. VI, 190). — Cujo pomo é *tido por* antidoto excellente (Cam. Lus. X, 136). — De *ter por* chefe, *por* pastor e bispo (Din.

Hyss. III, 220). — Serás *pelo* primeiro Beleguim *contado* (ib. VI, 290). — *Conhecido por* fido Achates (ib. VII, 21). — *Por* filha de Fernando *reputada* (Cam. Lus. IV. 7). — *Ser conhecido por* um pregão (ib. I, 10). — *O transito escolhemos por* sitio forte (Mal. conq. III. 51). — O conde Bolonhez *alçado por* rei (Cam. Lus. III, 94). — *Levantavam por* seu rei este principe (Cam. Lus. III, 46). — Por rei foi levantado (Mal. conq. IV, 119). — *Por rei* o Xaquemdarxa *appellidaram* (ib. IV, 110). - Aquelle que me *déste por* marido (Cam. Lus. III, 104).

Das deutsche „als", das gerne beim praedikativen Substantiv oder auch beim Subjekte steht, wenn Lebensalter, Zustand, Eigenschaft, besondere Verhältnisse einer Person angegeben werden, wird im Portugiesischen mit *como*, (seltener mit *por)* gegeben. Bisweilen wird es. wie im Lateinischen, ausgelassen z. B. Vedes-me aqui vosso rei e companheiro; pelejai *verdadeiros Portuguezes* (= als wahre Portugiesen). — *Sacerdote* (als Priester) do Christo (Here. Mong. III). — *Como* (als) *religionario*, o christão detestava, ou antes despresava o mouro e o judéu; *como* (als) *cidadão* vivia com elle (Here. Mong. IV). — É famoso *por* (als) *cavalleiro* sabio (Cam. Lus. X. 130). — Não foi *nascido* (als) *principe* (ibid.).

Der doppelte Objektsakkusativ der Person und Sache des lateinischen docere, rogare u. dgl. hat sich im Portugiesischen nicht erhalten. *Ensinar* lehren hat den Akkusativ der Person; tritt die Sache hinzu, so kommt die Person in den Dativ, die Sache in den Akkusativ.

Sacerdote do Christo *ensinado* (Here. Mong. III). — Enganos *que* o malevolo Baccho *lhe ensinára* (Cam. Lus. I, 97).

Dem lateinischen quid *me* vis? entspricht das portugiesische: Que *me* quereis, irmão (Here. Mong. I).

Als Erklärung des Verbs tritt ein Akkusativ oft zu Verben wie kosten, kaufen, verkaufen, gelten z. B. custa *a vida, milreis;* não val *nada* u. s. w.

Oft tritt auch bloss ein praedikatives Adjektiv in der Regel *caro* (theuer) zum Verbum z. B. vender *cara* a vida [= vitam *caram* (= als ein theueres) vendere].

Caro me custa o entender-te (Cam. Son. 100). — *Costou a vida* (Hard. I, 117). — Que a mim custou *tão caro* (Lobo, Condest. I). — Determina de vender a vida mui *cara* (Mal. conq. II, 102). — Vender *caras* nossas vidas (ib. III, 50).

Wie im Deutschen und in anderen Sprachen tritt oft ein absoluter Akkusativ zu einem Substantiv, häufiger noch von einem Particip der Vergangenheit begleitet, um die Art und Weise näher zu bestimmen z. B. ‚er kam, das Buch in der Hand' u. dgl.

Um velho, *postos em nós os olhos,* taes palavras tirou (Cam. Lus. IV, 94).

Gewöhnlicher ist die Praeposition *com* z. B. *Com* as mãos cruzadas sobre o peito, esperou (Herc. Mong. I).

§ 212.

Der Akkusativ steht wie im Lateinischen

a) bei Angabe von Maass und Ausdehnung, also bei Adjektiven wie *longo, largo, alto* u. dgl.

b) bei Zeitbestimmungen auf die Frage wann? wie lange?

Tenham *longos tempos* o governo (Cam. Lus. I, 28). — *O mesmo dia,* am selben Tage (Mal. conq. IV, 117). — Revolvendo *noite e dia* (Din. Hyss. I, 45). — *Um dia formoso* eu passei (A. Garrett, folh. cah. 149). — A alma tinha-me envelhecido *vinte annos* (Herc. Mong. III).

Die gewöhnlichste Zeitangabe geschieht mit *ha* (S. 220) und dem Akkusative, ohne weiteren Einfluss auf die Satzconstruktion.

Morreram *ha quatrocentos annos* (vor) (Herc. Mong. IV). — *Havia poucos minutos* (ib. IX).

Uebrigens treten in den unter a und b genannten Fällen ebenso häufig Praepositionen *(de, em)* ein.

§ 213.

Bei einem Ausrufe der Verwunderung oder des Schmerzes setzt der Lateiner die Person oder Sache, die Gegenstand der Empfindung ist, in den Akkusativ mit oder ohne Interjektion. (o, eheu, vae u. s. w.) Dieser Fall ist im Portugiesischen selten. Wo nicht der Vokativ steht wie z. B. *Ai Valença, guai Valença* (Hard. Rom. I, 9), ist der Genitiv die gewöhnlichste Form: *Ai de mim* (Lind. II. 1), *guai de mim* (ib. IV, 3); selten der Nominativ: *Mas, oh ceyo eu!* (Cam. Lus. VII, 78).

In anderen Fällen wie: *triste de mim* (Cabral Son. XII. — *Oh desgraçado de mim* (Herc. Mong. VI). — *Ai triste ie mim viuva, ai triste de mim coitada!* (Hard. Rom. I, 75) wäre vielleicht *triste, desgraçado* als Akkusativ (= lat. heu *me miserum!*) anzusehen. Der Beisatz *de mim viuva, de mim coitada* ist gewöhnlich (s. solche Fälle hinlänglich beim Genitiv). Ebenso kann Akkusativ sein (Monaci Cánt. p. 14. *Ay falso* porque mentia = *O falsum*, quare mentitus est).

4. Dativ.
§ 214.

Der Dativ als der Casus des entfernteren Objektes steht auf die Frage wem? für wen? wem zu Nutzen oder Schaden? Darum zunächst bei Angabe freundschaftlicher oder feindlicher Beziehungen.

Nunca tive *amor a* crelgo, nem *a* leigo, nem *a* padre (Hard. Rom. I, 191). — *O odio a* este homem (Herc. Eur. XIV). — Aehnlich: Como *remedio* unico *ao* mal (Herc. Mong. I). — Esta offensa á crença (Herc. Eur. XII).

Diese Beziehung ist auch bei einigen Dativen massgebend, die eigentlich an Stelle eines Genitivs stehen z. B. *A Jesu Christo* teve a mão no lado (Cam. Lus. X, 108) . statt no lado *de Jesu Christo*.

Der Dativ als Beziehungskasus steht neben einem Akkusative bei Verbis wie *dar, restituir, caber, vender, agradecer* (§ 208), *obedecer* (§ 208), *attender, ensinar* (§ 211), *dizer, fallar, applicar-se*, und ebenso bei Adjektiven, welche eine Beziehung zu einem Gegenstande ausdrücken, wie *util, inutil, semelhante, necessario; attento, agradecido, obrigado, igual, habituado; amigo, inimigo, vicino, contiguo,* wo öfter wie im Lateinischen der Genitiv steht.

A Deus dar parte grande (Cam. Lus. I, 6). — *Restituida aos seus braços* lhe dará a certeza (Herc. Eur. XVI). — Qual sorte *nos coube* (ibid.). — *Agradeço-lhe o favor* (B.

d. Scabra, flor. p. 115). — *Obedecer á voz* de teu senhor (Herc. Eur. XIV). — *Attendei ás supplicas* (Herc. Eur. XII). — *Ensinou alguem á abelha* (A. Garrett. folh. 151). — Quem poderá *dizer ao duque* (Herc. Eur. XVI). — Quando eu *te fallo* (Alex. da Conceição, Grin. V, 29). — *Fallar ao grão despota* (Din. Hyss. I, 145). — *Ao padre* quero *fallar* (ib. V, 57). — Que mais se *applica á cultura* que *á guerra* (Mal. conq. I, 38). — *Semelhante á segure* (Herc. Eur. XV). — *Attento ao meu alto decoro* (Din. Hyss. III. 40). — *Agradecido ao grande empenho* (ib. I, 122). — *Obrigado a imitál-os* (Herc. Eur. XV). — *Igual ao* grão Sophi (Din. Hyss. III, 166). — *Habituados a* considerar (Herc. Eur. XV). — *Contiguo á* planicie (ib. VIII).

Ebenso sagt man mit dem Dativ der Person und dem Akkusative der Sache *rogar, pedir* (einen um etwas bitten, *petere* aliquid ab aliquo), *impedir* einen an etwas hindern, *unir* einem mit etwas (jemandem) vereinen, *perguntar* einen um etwas fragen (vgl. S. 296), *merecer* etwas um einen verdienen.

Rogo lhe (Bellerm. 16). — Perguntei ao sacristão o nome (Herc. Mong. I). — As armas não *lhe impedem á sciencia* (Cam. Lus. V, 96). — Nada *impede a carreira ao colosso* (Braga, Parn. mod. 147). — *Lhe pede um beijo* (A. da Conç. Grin. V, 29). — *Pedindo perdão ao ceu* (Herc. Mong. I). — *Pedia aos seus filhos* que morressem (Herc. Eur. XV). — Si deve *a conjuncção unir ao verbo* (Din. Hyss. I, 49). — Deixe-o *unir-se ao* meu peito (Gonç. Dias, nov. cant. 170). — Doch auch *com elle unido* (Mal. conq. VII, 101). — Te vejo iroso sem que *to merecesse* (Cam. Lus. II, 39).

Ter inveja folgt der Analogie des lateinischen *invidere*, indem es den Dativ annimmt; nicht so *invejar*, das den Akkusativ hat; für *nubere* trat *casar com* ein; von *estudar*, *persuader* u. a. war oben die Rede (S. 291).

Sem *á dita* de Achilles *ter inveja* (Cam. Lus. X, 156). — *A sorte* de Pelagio será *invejada* (Herc. Eur. XIV). — *Casada co' o Castelhano* está (Cam. Lus. VII).

Von den lateinischen Intransitiven mit dem Dativ

(wie *congruere, insultare, supervenire*) sind wenige wie *presider, succeder* mit dem Dativ verblieben, andere sind durch neue Bildungen (wie *faltar, fallecer* = deesse) ersetzt worden oder haben (z. B. *insultar*), wenn sie verblieben sind, als Transitiva den Akkusativ angenommen.

O anjo que *ao somno preside* (Gonç. Dias, nov. cant. 186.) — *Lhe succede Sancho segundo* (Cam. Lus. III, 91). — *Nem me falta honesto estudo* (ib. X, 154). *Só me fallece* (ib. X, 155).

Dagegen haben die Impersonalia den Dativ der Person, wenn sie auch in anderer Anwendung transitiv sind. — *Nada importa a D. Ramiro* (Hard. Rom. II, 35).

§ 215.

Der Dativ eines Personalpronomens steht gerne:

a) an Stelle eines possessiven Pronomens z. B.: „er erfüllte mir die Bitte nicht" statt „meine Bitte".

Uma melancholia suave se me erguia no coração (Herc. Eur. VI, 1). — *O Senhor não me escutou as preces, não me acceitou a resignação* (ib. VIII). — *Homens d'armas me vigiavam os passos* (Herc. Mong. II). — *A raiva e o grão furor que a alma me occupam* (Din. Hyss. III, 50). — *Pedir-te a mão, minha filha* (Braga, folh. v. 160). — *Cahiram-lhe rapidamente nas mãos* (Herc. Hist. Port. I, 51). — *Arripiaram-se-me os cabellos* (Herc. Mong. II). — *As lagrimas embaciavam-me a vista* (ib. V). — *Que o favor lhe alcança* (d'Orn. Faust 48).

b) an Stelle eines praepositionellen Ausdruckes z. B.: *te = em ti, lhe = nelle* u. s. f.

Olhay se vos (= *em vós*) *sey os tyros* (Canc. ger. I, 267). — *A magestade que nesse tenro gesto vos* (= *em vós*) *contemplo* (Cam. Lus. I, 9). — *Via-a; via-lhe* (= *nella*) *o sorrir suave; ouvia-lhe* (= *nella*) *o respirar sereno* (Herc. Mong. I).

Dies letztere *ouvia-lhe* ist wie in den Lusiaden (III, 133) *o nome que lhe ouvistes,* wo Diez (R. G. III, 131) *dizer* ergänzen will, wo aber auch *lhe = nella, della* erklärt werden kann.

§ 216.

Eigenthümlich ist der **Dativ**, der bei den Verben **machen, lassen** (fazer, deixar) bisweilen zu dem Infinitive tritt, wobei er das logische Subjekt des Infinitivsatzes ist.

O reflexo alvacento da escuma, e o estrepito da torrente *fizeram* abaixar os olhos *a Hermengarda* (Herc. Eur. XVI). — Este *a mais nobres faz* fazer vilezas (Cam. Lus. VIII, 98). — *Fizeram* conhecer *aos soldados* (Herc. Eur. XIV).

Indessen ist bei *fazer, deixar* der Akkusativ häufiger, bei anderen wie *mandar* (= jubere) steht er immer; eben so bei hören und sehen, wo einige der Schwestersprachen den Dativ haben: Quantos reis *fez* ser tyrannos (Lobo, Eclog. 2). — *Fez* então assentar *o moço* (Herc. Mong. I). — *Deixam* passar *os poderosos* (ib. II). — Esperou que o padre mestre *o mandasse fallar* (ib. I). — *Mandei-o* entrar (ib. II). — Ouço *um cavalleiro* doer-se (ib. II). — Der *Dativus ethicus* ist im Portugiesischen, wie im Lateinischen. Ou *me* está com a Infanta (Hard. Rom. I, 104). — Der Dativ steht auch gleich dem Deutschen „von mir, an mir" z. B.: Que palavras *me* ouvistes? (= von mir, Herc. Eur. XVII).

5. Genitiv.
§ 217.

Der **Genitiv** ist im Portugiesischen wie im Lateinischen

a) *genitivus subjectivus*, welcher die Person oder den Gegenstand angibt, von der eine Handlung ausgeht, oder welche etwas besitzt z. B.: o claro inventor *da medicina* (Cam. Lus. III, 1); *do Tejo* o licor (ib. III, 2); co'o extremo trabalho *do Thebano* (ib. III, 18).

b) *genitivus objectivus*, der das Objekt der im ersten Substantive genannten Handlung bezeichnet; der Deutsche umschreibt hier fast immer mit einer Praeposition oder verwendet eine Zusammensetzung zweier Substantive z. B. Vereis amor *da patria* (Cam. Lus. I, 10 = amor patriae, Liebe zum Vaterlande, Vaterlandsliebe); o amor *do proximo* (Herc. Mong. I, Liebe zum Nächsten, Nächstenliebe); o amor *do genero humano* (ibid.). — Não sei que tedio *da vida* (Braga, folh. v. 153, Ueberdruss am Leben). — Sede avara *de ouro* (Lind. IV, 4. nach Gold). — Victorioso *de com feros rivaes* (Din. Hyss. VI, 359 = Sieger von, über hundert Nebenbuhler) u. dgl.

An Stelle des **subjektiven** Genitivs der **Personal- und Reflexivpronomina** tritt im Portugiesischen das **possessive Pronomen** ein z. B.: Com morte *de um nosso* (Mal. III, 105 = eines von uns). *Um teu* ramo (Cam. Lus. X, 62 = ein Zweig von dir). — En *hunha* sa mayson (Braga, Anth. p. 31 = in einem Hause von ihm).

Die deutschen **zusammengesetzten Substantive** werden portugiesisch natürlich mit dem **Genitiv** dargestellt. N'uma casa *de campo* (Landhaus; Din. Hyss. IV, 1); A tiro *de canhão* (Kanonenschuss; Mal. conq. III, 69); N'uma porta *de escada* (Treppenthor; Din. Hyss. 156). — Homem *de guerra* (Kriegersmann, Herc. Mong. pref.) u. s. w.

§ 218.

Der Genitiv der Bezeichnung ist in den romanischen Sprachen fast ausnahmslos Gesetz; die portugiesische Sprache folgt mehr der lateinischen, welche urbs *Roma* u. dgl. sagt. Selbst dem **epexegetischen Genitiv** des Lateinischen (stella *Veneris*) entspricht hier meist der **Nominativ** z. B.: se via fulgir o planeta *Venus* (Herc. Eur. XVII). — Doch a voz *de* — avante! — proferida (Herc. Eur. XV). — Auch steht bei **Länder- und Städtenamen** oft der Genitiv z. B. esta nobre terra *d'Hespanha* (Herc. Eur. IV, 4); a terra *de Ulcinde* (Cam. Lus. X, 106). — No reino *de* Bintão (Cam. Lus. X, 57); ebenso bei *cidade, aldeia, ilha, monte, rio* u. dgl. z. B.: Cidade *de* Dabul (ib. X, 34), na aldeia *de* Restello (Herc. Mong. I), a nobre ilha *de* Taprobana (Lus. X, 51), a serra *d'Azira* (ib. X, 99), besonders gerne, wenn der Eigenname vorausseht, oder ein Adjektiv zu *reino, ilha* u. s. w. trat; so: do Benomotápa o grande imperio (ib. X, 93), *d'Elvas* a cidade (Din. Hyss. VII, 23).

Indessen steht ebenso häufig nach *terra, reino, cidade, ilha, monte, cabo, rio* u. dgl. der Eigenname **nicht** im Genitiv, besonders bei **Flüssen und Bergen** z. B. terra *Cingapura*

(Cam. Lus. X, 125); o reino *Ormuz* (Cam. Lus. X, 101); o reino *Arracão* (ib. X. 122); a cidade *Repelim* (ib. X, 65); da cidade *Fardáque* (ib. X, 100); da cidade *Armuza* (ib. X, 103); *Tavai* cidade (ib. X, 123, obwohl der Name vorausstcht); a ilha *Barem* (ib. X, 102); a ilha *Gerúm* (ib. X, 103); o monte *Sinái* (ib. X, 99); o cabo *Asabóro* (ib. X, 102); o cabo *Comori* (ib. X, 107); *Albis* rio (ib. III, 11); o rio *Menão* (ib. X, 125.;' o emporio *Zeila* (ib. X, 50).

Auch bei Angabe von Strassen, Plätzen etc. steht der Genitiv z. B. rua *do Almada*, rua *do Bomjardim*, rua *dos Douradores*, Travessa *da Victoria*, Largo *dos Loyos*, Largo *dos Clerigos*; rua *de S. Paolo*, Largo *de S. Francisco* u. dgl. Doch zu *palacio* (alt auch zu *casa*) treten kurz Eigennamen ohne *de* z. B. Palacio *Ribeiro*; en cas *Gonçalo* (= ital. Palazzo *Rospigliosi*) u. s. w.

Bei Wörtern wie Name, Titel u. dgl. ob es ein Eigenname oder ein Gattungsname sei, folgt der Genitiv z. B. De Alarve lhe ficou o gentil nome (Din. Hyss. VII, 131). — A quem déstes o nome *de Beatriz* (Herc. Mong. VIII). — Que tem *de Esquina* o nome (Din. Hyss. VII, 270). — Pelo grave titulo *de dona* (Herc. Mong. II). — Com darlhe o nome *de desobediente*, traidor, perjuro e scismatico (ib. IX). — Oft findet sich dann in diesem Genitive eine persönliche Bezeichnung ausgedrückt, während das vorhergehende Nomen (Substantiv oder Adjektiv) die geistige Eigenschaft angibt, so: os cativos *destes olhos meus* (Trov. n. 245). — A falsa *de sua sogra* (Braga, Anth. 63). — O bom do monge (Herc. Mong. I). — O bom *do religioso* (ib. V). — O bom *do truão* (ib. II). — [Ebenso in den übrigen romanischen Sprachen, wie traître *de fils* (Molière, Av.)[1]; quella temeraria *di mia figlia* (Goldoni, figl. obb. I, 7) u. dgl.].

Nach *anno* und *mez* steht gleichfalls der Genitiv. — No mez *de fevereiro de 1385* (Herc. Mong. IX). — Em abril *de 1385* (ibid.); ebenso bei Angabe des Heiligen: Era dia *de S. Philippe e S. Thiago* (ib. I).

---
[1] Hierzu bemerkte Vaugelas (1585—1650), Verfasser der „remarques sur la langue française", dies *de* sei *„bien étrange, mais bien français"*.

§ 219.

Der Genitiv steht gleich dem lateinischen *genitivus qualitatis* zur Angabe von Eigenschaften, Grösse, Dauer, Maass, Alter u. s. w., wo im Deutschen meist die Praeposition von steht.

Mercurio, *de* eloquencia soberana (Cam. Lus. X, 89). — Por ser pessoa *de* virtude, e bondoso (Herc. Mong. I). — Homens *de* entendimento e virtude (ib. pref.). — Um cão medonho *de* negro pelo (Din. Hyss. VIII, 257). — Era mancebo *de* vinte e cinco annos (Herc. Mong. I).

Ebenso drückt der Genitiv den Stoff aus, aus welchem etwas gemacht ist (= lat. Ablativ oder *ex*). — Der Portugiese zieht wie die übrigen Romanen substantivische Umschreibungen, wie *d'ouro, de prata, de ferro* u. s. w. den (poetischen) Stoffadjektiven wie *aureo, argenteo, ferreo* (§ 69 S. 124) vor (vgl. § 198 S. 283).

Columnas *de* missanga (Din. Hyss. I, 77). — Viola *de* ouro (Hard. Rom. I, 128). — Com lettras *de* ouro (ib. III, 257). — É *de* vidro a mais firme esperança (Mal. conq. III, 100). — *De* transparente talco fabricado (Din. Hyss. I, 75). — *De* bronze o fez o Marquez (Braga, folh. v. 188).

§ 220.

Der partitive Genitiv steht im Portugiesischen wie im Lateinischen der *genitivus partitivus* und *generis*:

a) nach Substantiven, welche eine Anzahl, Maass, Menge, Gewicht u. s. w. bedeuten.

Um bocado *de* pão (Herc. V) (vgl. § 201 S. 285). — So auch bisweilen, wenn das Maass nicht angegeben ist, z. B. Comeu *do* fruito (Mal. conq. II, 11).

b) bei Adjektiven, besonders zählenden wie *poucos, muitos;* vor allem aber bei Comparativen und Superlativen, eine Ausdrucksweise, welche der Portugiese vor allem liebt z. B. um milagre *dos maiores* (Cam. Lus. X, 114). — No mais alto *da* casa (Mal. conq. III, 54). — *No melhor do* somno (Din. Hyss. VI, 23).

c) bei Cardinal- und Ordinalzahlen z. B. *do* denso povo *um* (Din. Hyss. I, 38). — Eurico era *uma destas* almas

(Herc. Eur. II). — Besonders bei Zahlsubstantiven z. B. *milhares* d'homens (Herc. Eur. XV). — A *milhares de* cras (Herc. Mong. pref.).

d) bei Pronomina, wie *cada um, quanto, tanto* u. dgl. Cada um *de* nós (Mal. conq. III, 43). — Tem *de* loquaz e *de* harenguciro *quanto de* taciturno tem o outro (Din. Hyss. III, 43). — *Tal dos* mancebos ha (Cam. Lus. IX, 73). — Besonders auch nach *que* z. B. *Que de* cidades a ferro e fogo assolou; *que de* capitães matou, e *que* matou *de* soldados (Lobo, Ecl. 2).

e) bei Adverbien wie *assaz, menos.* — Assaz me custou *do meu* (Cam. Filod. I, 5).

f. sehr häufig mit *ser*, oder voll *ser do numero*, aus der Zahl sein von . .

Do numero dos irresolutos *foi* o abbade (Herc. Mong. VII). — Não foste *dos ultimos* (Din. Hyss. VII, 161). — Fomos *dos* escolhidos (Mal. conq. I, 20).

Wie bemerkt wendet der Portugiese eine partitive Umschreibung sehr gerne an z. B. Malaca, *cidade das formosas* (= eine schöne Stadt, Mal. conq. IV, 92). — Lembrei-me *umas poucas de vezes* (= einigemale, Herc. Mong. III). — A mais *da gente* (Cam. Lus. II, 6).

Tritt zu einer Cardinalzahl und *quantos* (wie viele?) der Genitiv eines Personalpronomens, ohne dass von einem Theilungssinne die Rede ist, so steht der gleiche Casus, nicht der Genitiv des Pronomens z. B. wie viel sind euerer? quantos *sois vós?* (Herc. Eur. XIII). — De tres, que *nós eramos.* (Von drei, die unsrer waren, Romanc. geral, p. 126).

§ 221.

Der portugiesische Genitiv hat auch die Funktionen des lateinischen Ablatives übernommen und drückt so als adverbieller Casus die verschiedenartigsten Verhältnisse aus. So steht er zunächst beim Passive und den reflexiven Umschreibungen desselben z. B. ramo *de* uma arvore *de* Christo mais amada (Cam. Lus. I, 8). — *Do* roaz tempo meio consumidos (Din. Hyss. I, 46). — Que se habita

dessa gente (Cam. Lus. X, 92) und an Stelle des lateinischen
Ablativus causae, zur Angabe eines Grundes,[1] einer
Veranlassung oder Verhinderung, also für die
deutschen Praepositionen: in Folge, wegen, aus.

Morreu *de* largos annos (Mal. conq. IV, 115). — Nâo
sei *de* nojo, como o conto (Din. Hyss. III, 43). — Babando-se
de gosto (ib. III. 88 und 161). — Escumando *de* raiva (ib.
IV, 26). — Urrando *de* desgosto (ib. IV, 97). — Segunda
vez *de* pejo morreriam (ib. V. 156).

Dem causalen lateinischen Ablativ entspricht der Genitiv
im Portugiesischen bei Verben, welche eine Empfindung
und Gefühlsäusserung ausdrücken, wo im Deutschen der
Grund mit über oder wegen angeführt wird. Solche Verba
sind z. B. *gloriar-se* sich rühmen (gloriari), *doer-se* bemitleiden
(dolere), *rir-se* lachen, *gozar* geniessen (gaudere), *contentar-se*
sich zufrieden geben u. v. a.

A maior parte dos que se gloriam *de* tal nome (Herc.
Mong. V). — Doer-se *de* um villâo (ib. II). — Rio-me *do*
cavalleiro (Hard. Rom. I, 55). — Gozar[2] mais *da* cor do dia
(Mal. conq. II. 11). — *De* tres monstros grandes te contentas,
do drago e moucho, e *do* vil povo horrendo (Cam. Outav. II).

Ebenso verbindet man *duvidar* zweifeln, *temer* fürchten,
desesperar verzweifeln, *admirar* staunen und ähnliche
Verba mit dem Genitiv der Sache.

Duvidar *de* Christo (Din. Hyss. VII, 44). — *Do* successo
já temia (Mal. conq. 11). — *Da* vida já desesperados (ib. II,
82). — Admirado *do* que via (ib. IV, 95).

Bei Adjektiven gleicher Bedeutung steht ebenfalls der Genitiv z. B. bei *contente* (contentus), *agradecido*
erfreut, dankbar, *orgulhoso* stolz u. a. — Indessen nimmt
contente im Portugiesischen auch *com* zu sich. — *Dos* quaes
ella mostrando-se contente (Mal. conq. III, 28). — Agradecido *do* amigavel tratamento (ib. IV, 90). — Estava contente *comigo* (Herc. Mong. V).

. *Namorar* verliebt machen (*As damas* namorava. Braga,

---

[1] Aehnlich punir *de*. — Para os punir *das* (für) offensas (Herc. Eur. XI).

[2] Doch Mal. conq. IV, 116: *paz continuo gozando*.

Anth. 251), *namorar-se* sich verlieben, *namorado* verliebt haben gleichfalls den Genitiv.

De quem Venus se enamora (Mal. conq. I, 87). — Apelles namorado *da* sua Campaspe (Cam. Lus. X, 48).

Dem lateinischen *ablativus limitationis* der näheren Bestimmung oder Beschränkung entspricht der portugiesische Genitiv; z. B. Era *de nação* Chim (= lat. *natione* Gallus; Mal. conq. II. 113). — Lhe sobreleva *de* (an) avareza (Din. Hyss. VII, 15). — Todos diversos *de* genios, *de* costumes, *de* figuras (ib. IV, 85). — Varios *de* gestos, varios *de* costumes (Cam. Lus. X, 68).

Für den lateinischen *ablativus instrumenti* tritt im Portugiesischen der Genitiv ein.

Viu *dos* olhos Catherina (Bern. Rib. Persio e Fauno). — Se adorna *do* vestido (Din. Hyss. VII, 148). — *De* verde forremos as batinas (ib. III, 158). — Que o Sena borda *de* arvores viçosas (ib. I, 4). — Os olhos tinctos *d*'um vivo e negro sangue (ib. VI, 245). — Cobertos *de* baldões e *de* improperios (ib. I, 65). — *De* mil vãas ceremonias rodeada (ib. I, 76). — Cercada *de* Tritões (ib. I, 117). — Rodeado de serras (Herc. Eur. XIII).

Am gewöhnlichsten tritt der portugiesische Genitiv ein:

a) für den lateinischen *ablativus temporis* z. B. *de* noite o que *de* dia obrava desmanchava (Din. Hyss. V, 233). — *Da* tarde não socega (ib. I, 254). — *Da* primeira vez o som da minha voz era da voz de um homem; *da* segunda... de um demonio (Herc. Mong. II).

b) für den Ablativus modi z. B.

Desta sorte responde (Din. Hyss. II, 124). — Com gesto feroz, *de imperio*, me vier bater á porta (Braga, folh. v. 160).

§ 222.

Die meisten Adjektiva, die im Lateinischen den Genitiv oder Ablativ bei sich haben, erfordern auch im Portugiesischen den Genitiv; so:

a) Adjektiva, welche begierig, freundlich, theilhaftig, voll, fähig, gleich u. s. w. und das Gegentheil bedeuten; also *avaro, desejoso, amigo, inimigo, zeloso, participiante, cheio, povoado, carregado, rico, abundante, capaz, emulo* u. dgl.

Dos bens do mundo avara e toda cheia *de* bruteza (Cam. Lus. X, 92). — Desejoso *da* gloria (Mal. conq. III, 3). — Zelosos *de* seu altar e culto (Din. Hyss. VIII. 320). — Imigo *da* divina e humana lei (Cam. Lus. VII, 84). — Qualidade inimiga *de* nossa humanidade (ib. V, 70). — *Do* meu mal e bem participiantes (Hyss. III, 33). — Cheios *de* colera (ib. II, 146). — Arcadia *de* féras povoada (Mal. conq. II, 101). — Carregado *de* altos despojos (Din. Hyss. V, 320). — *De* cardamomo rica, *de* prodigos palmares abundante (Mal. c. I, 38). — Capaz *de* duvidar (Din. Hyss. VII, 41). — A par *do* gran Lama (ib. III, 169). — Emulas *de* gloria (Herc. Eur. VIII).

b) bei *digno*,[1] *indigno* (würdig, unwürdig) und Adjektiven, welche eine Trennung, Befreiung, Entferntsein ausdrücken *(ablativus disjunctionis)*, wie *livre, alheio, izento, distante* u. dgl.

Acção digna *de* ser lida (Din. Hyss. III, 256). — Digno *de* Mavorte (Cam. Lus. VIII, 16). — Livres *deste* labyrintho (Mal. conq. I, 33). — *De* gloria alhêas (ib. II, 65). — Não é *de* temor izento (ib. II, 54). — Distante *de* minhas vistas (Lind. II, 3).

Ebenso nehmen Verba gleicher Bedeutung den Genitiv zu sich wie *abundar* (abundare), *encher* (implere), *desejar* (desiderare); in gleicher Weise *livrar, libertar, izentar, salvar, despedir, dispensar, apartar, assegurar, defender* und diesen ähnlich *renegar, desdizer, fugir, desistir* u. a.

De que o bispado abunda (Din. Hyss. I, 164). — Enchendo *de* agua (ib. I, 220). — *De* ti hoje desejo e *de* ti fio (ib. V, 577). — *Da* injuria de Farão livraste o povo teu, e *do* commum castigo a Noé guardaste (Mal. conq. II, 44). — Podias libertar-me *dos* perigos (Braga, folh. v. 162). — Se izentava *do* negro Averno (ib. I, 10). — Salvou *da* morte (ib. II, 110). — *Do* pagão benigno se despede (Cam. Lus. VI, 3). — *D'*ella pois me dispense (Din. Hyss. V, 585). — Para nos apartar *do* culto sancto (Mal. conq. III). — Para se assegurar *de* seus temores (ib. III, 72). — Se defendem

[1] Doch: *Condigno* ornamento *ao* throno (Mal. conq. II, 51).

melhor *dos* inimigos (Cam. Lus. X, 95). — Renegares *da* vida eterna (Herc. Mong. I). — Renegára inteiramente *de* Deus. (ib. IX). — Em nada *do* vestido desdizam (Din. Hyss. VII, 153). — Fugir *da* muleta (ib. III, 134; vgl. § 208 S. 291). — Desistir *da* força (ib. III, 293).

Dem lateinischen *uti* mit Ablativ entspricht portugiesisch *usar* mit Genitiv; zu etwas dienen heisst *servir de* (S. 291² § 208) sich einer Sache bedienen *servir-se de; aproveitar de* etwas benützen (S. 294 § 210).

Nunca usaram *de* taes nomes (Din. Hyss. IV, 309). — Usavam *dos* rigores inhumanos *que* usar costumaram (Mal. conq. V, 37). — *De* exemplo sirva (Din. Hyss. III, 291). — *De* escarmento a todos sirva (ib. III, 64). — *De* nauta in servindo (Mal. conq. II, 113). — Todas tres *d'um* só olho se serviam (Cam. Lus. V, 11). — Aproveitar-se *da* occasão (Mal. conq. VI, 104).

§ 223.

Ser de ist das lateinische *esse alicui, esse alicuius* = gehören; eigen sein z. B. A nau Cath'rineta *é de el-rei de* Portugal (Hard. Rom. I, 23). — Que foi *do* nobre Juba (Cam. Lus. III, 72). — Ebenso steht der Genitiv wie im Lateinischen bei *esse* in der Bedeutung: jemands Sache, Eigenschaft, Gewohnheit, Pflicht sein *(sapientis est; es ist Sache des Weisen)*; z. B. Se crêr em abusões *é de* almas fracas, desprezar portentosos vaticinios *é de* peito obstinado (Din. Hyss. V, 46).

Dem lateinischen *quid mihi (me, de me) fiet?* entspricht das portugiesische *que será de mim?* (Braga, folh. v. 175). — Ebenso: que é feito *de ti?* (Lind. II, 2). — *Dos* prisioneiros que será feito? (ib. III, 1). — Qué (= que é) *do teu rabil* prezado? (Bern. Rib. Persio e Fauno). — Etwas aus einem machen (lat. facere *ex*) zur Angabe der Veränderung des früheren Zustandes ist portugiesisch *fazer de*. — Heroes *dos mortaes* fazem (Lind. III, 1).

§ 224.

Die Verba des Erinnerns *(lembrar-se)*, Vergessens *(esquecer)*, Anklagens *(accusar)* haben den Genitiv der Sache. In gleicher Weise sagt man *vingar-se de* alguem sich an einem rächen, *condoar-se de* alg. einen bemitleiden, verzeihen, *triumphar de* alg. über einen triumphiren, *approximar-se de* alg. sich einem nähern, *confiar alg. cousa de* alg. einem etwas zutrauen, anvertrauen.

Esquecido *da* sua dignidade (Din. Hyss. II, 93). — Te accuso *de* impiedade (Mal. conq. VII, 91). — Accusa *de* homicidio Thomé (Cam. Lus. X, 114). — Vingar-te *de* teu proprio sangue, *de* tua irman (Herc. Mong. VI). — *Dos* politicos e *de* nós se condoa o Senhor (ib. pref.). — Triumphou *da* morte (Mal. conq. I, 12). — Que triumphe *de* mim! (Din. Hyss. II, 31). — Approximaram-se mais um *do* outro (Herc. Mong. IX). — Para se approximar *do* altar (Lind. I, 1). — De tuas artes e *de* ti só confio a grande empreza (Din. Hyss. I, 204).

Mudar (mutare) **verändern** hat den **Genitiv der Sache**. — Muda *de* palavras e tom (Din. Hyss. I, 197). — Mudando *de* systema (ib. III, 277). — Mudastes *de* pessoa (Herc. Mong. II). — Mudou *de* amores (ibid.).

4. Capitel.
Die Casus von Praepositionen regiert.
§ 225.

Ein Substantiv kann im Portugiesischen **nie**, wie im Deutschen, auf **zwei** Praepositionen bezogen werden z. B. **für** und **wider** eine Sache, *por* uma cousa e *contra* a; dagegen können **mehrere Praepositionen** zum Ausdrucke des Verhältnisses vor ein Substantiv treten; so *por entre, para com* u. dgl.

Die uneigentlichen Praepositionen (besonders die **Adverbien**) stehen bisweilen **hinter ihrem Substantive** (wie das lateinische omnibus *post*). — Tempos *antes* (Mal. conq. VI, 26). — Inda dos mundos *além* (Braga, Parn. mod. 32).

1. Wirkliche Praepositionen.
§ 226.
A.

A (lat. *ad*) drückt aus:

1. Die **Annäherung** und **Hinneigung** zu einer **Person oder Sache**, eine **Beziehung**, wesshalb es zur Bezeichnung des **Dativs** verwendet wird (§ 214—217).

2. eine Richtung: hin, bis hin, zu, gegen — hin; eine Oertlichkeit und zwar bei der Ruhe: in, an, zu, bei; bei Bewegung: nach, hin; darum besonders bei Verben der Bewegung wie *ir, andar, correr, chegar, voltar* u. dgl.

Rodearemos *a* Ilha verde (Herc. Eur. VI, 1). — Tendo buscado o repouso *á* sombra da cruz (ib. VIII). — Agora *a* Restello! (Herc. Mong. VI). — *A* liteira se chega (Din. Hyss. VI, 226). — O odio estendeu-se *aos* clientes (Herc. Mong. IX). — Palavras dirigidas *a* Sancion (Herc. Eur. XV). — Foi *á* caça (Hard. Rom. I, 47). — *A* Paris levava a guia (ib. 49). — Vou-me *á* corte (ib. 50). — Voltarem sós *ao* campo (Herc. Eur. XVI).

3. die Zeit: bei, an, bis zu.

A tempo que passeava (Din. Hyss. I, 228). — Vagava eu *ás* horas mortas pelos alcantis (Herc. Eur. IV, 3). — *Ao* apparecer do dia (ib. IV, 2). — Era *ao* cahir do dia (ib. XIV).

4. die Art und Weise einer Handlung, eine besondere Eigenthümlichkeit, Bestimmung und Zweck (vgl. S. 250 d.).

Rege a gente *a* seu arbitrio (Din. Hyss. I, 74). — Vestindo-se *á* pressa (ib. I, 283). — *A* lentos passos caminhando (ib. II, 162). — *A* seu sabor (ib. V, 276). — Te vejo *á* franceza vestido (ib. V, 322). — *A* modo militar vestido (Mal. conq. I, 65). — Luctam *a* ferro e fogo (A. J. Nunes, Scen. cont. 73). — Entrava *ás* furtadelas (Din. Hyss. IV, 138). — Lançando-se *ás* cegas (Herc. Eur. XV). — Um cheiro *a* rosas celestes (nach Art von R. Alm. Garrett, folh. cah. 188). — A cousa *a* que desceu (Cam. Lus. II, 19).

5. die begleitenden Umstände. — *A* mal distincta luz da frouxa lua (Din. Hyss. VIII, 236). — *A* (bei) estas palavras (= frz. *à* ces mots; Herc. Eur. XIV).

6. *a* tritt vor den Infinitiv, von einem Verbum abhängig, um einen Zweck, eine Absicht, ein Beginnen auszudrücken.

Daqui sahiram *a* infestar os campos (Din. Hyss. I, 26). — Parte *a* compril-o (ib. I, 203). — A afflicção *a* entender dava (Mal. conq. III, 19). — Correm *ä* ganhar os seus assentos (Din. Hyss. III, 135). Se foi a repousar (ib. III, 204). — Entra a ler (ib. VI, 235). — Começam a estourar (Here. Eur. XII).

§ 227.

De.

Do (lat. *de*) bezeichnet:

1. die Zusammengehörigkeit, Vereinigung, den Besitz, wesshalb es zur Bezeichnung des Genitives eintritt (§ 217—225).

2. den Ausgangspunkt von einem Orte, von — her, aus. — Parte *do* Iturco arco (Din. Hyss. I, 206). — *Do* mais intimo d'alma (ib. VIII, 143). — Brotar o sangue vê *do* aberto peito (Mal. conq. VIII, 81). — *De* cabo a rabo (Din. Hyss. VII, 46). — *De* um lado é coberto de um bosque, e *de* outro lado corre um rio (Lind. III, 1).

So steht dann *de* bei den Verbis der Bewegung, wenn der Ausgangspunkt angegeben ist, und zur Bezeichnung von Geburt und Herkunft.

Descem *do* monte á praia (Mal. conq. II, 101). — Nasceu *de* stirpe regia (Din. Hyss. V, 100). — *De* uma nova dôr nascidos (Mal. conq. II, 108). — *Dos* deoses procedida (ib. II, 111). — Só *deste* conseguir espero gloria (ib. III, 2).

3. *De* bezeichnet ebenso den Ausgangspunkt von der Zeit: „seit, von — bis".

Das dez horas para as onze (Hard. Rom. I, 103).

4. Wie beim Passiv steht *de* auch bei Verben, wie erhalten, bekommen, erfahren, lernen, hoffen, erwarten, ähnlich dem Deutschen ,durch, von Seiten' (oft = griech. παρά).

Que recebe grandes palmadas *da* nação castrada (Din. Hyss. I, 37). — *De* ti saber desejo (Mal. conq. IV, 136). — Mais criveis de esperar *de* iniquo mouro do que *de* um rei piedoso (Lind. I, 1). — Nada *delle* espera (Mal. conq. I, 55). — Isso *de* ti hoje pretendo (Din. Hyss. V, 547).

5. *De* bezeichnet ferner eine Art und Weise = nach Art, als, wie (= ital. *da* z. B. *da* uomo d'onore als Ehrenmann).

Nem tu nem com *de ti* (Hundert wie du) os romperiam (Castilho, Excav. 138). — Como *de* um cortezão está vestido (Din. Hyss. V, 190). — Que o abbade muitas vezes acoimasse o arcebispo *de* injusto, violento e até *de* ladrão é mais que provavel (Herc. Mong. IX). — Apollo *de* torvado um pouco a luz perdeu (Cam. Lus. I, 37 und I, 46; II, 21, 41, 47; V, 31 u. ö.).

6. *De* tritt für *que* ein nach *mais* und *menos*, wenn Zahlverhältnisse verglichen werden.

N'uma tea gastou mais *de* dez annos (Din. Hyss. V, 222). — Mais *de* duas horas (Herc. Mong. V). — Mais *de* trinta homens (ib. VII). - Menos *de* dous dias (Din. Hyss. V, 478).

Doch ohne Zahlbegriff: menos *que* isso de ti pretendo (ib. V, 573).

7. Zahlreich sind die adverbiellen Bildungen mit *de* (vgl. S. 250 d, e), welche eine Art und Weise ausdrücken.

Não queres *de grado* (Din. Hyss. II, 203). — Lhe roubara *de todo* o pouco siso (ib. II, 224). — *De repente* (ib. III, 266). — *De contino* (ib. IV, 89). — *De improviso* fugiu (ib. VI, 331). — Cortam *de novo* as ondas (Mal. conq. II, 85). - Uma *de industria* cahe (Cam. Lus. IX, 71). — *De cor* sabe (Din. Hyss. III, 279). — Não poderás dizer *de novo* (Herc. Eur. XV).

§ 228.
Com.

Com (lat. *cum*) bezeichnet so ziemlich die Verhältnisse des lateinischen *cum*. Es steht:

1. von der Begleitung, Verbindung, Zusammensein mit Personen und Sachen: mit, sammt.

Com a donzella á garupa (Hard. Rom. I, 51). — Uma donzilla *com* pente de ouro na mão (ib. 65). — Chapéu azul *com* borlas brancas (Din. Hyss. III, 159).

2. von der Art und Weise, den gleichzeitigen begleitenden Umständen einer Handlung.

Com mofa e *com* desprezo são olhados (Din. Hyss. I, 67). — Accrescentou *com* um sorriso doloroso (Herc. Mong.

IX). — Tempestuosos *com* as procellas do coração, serenos *com* a calma delle (ib. I).

3. Um eine Wechselseitigkeit in freundlichem und feindlichem Sinne, eine gegenseitige Beziehung auszudrücken.

O favor que usa *comigo* (Mal. conq. II, 122). — Se fores *comigo* hoje piedoso (ib. IV, 62). — Ter commercio *com* os altos deoses (Din. Hyss. I, 59). — *Comvosco* ingrato (Mal. conq. III, 25). — *Co'* o rei de Pacem vive seguro (ib. III, 81). — Não vivas *comtigo* em guerra, em cautellas *com* amor, e em culpas *com* toda a terra (Lobo, Eclog. 8). — *Comsigo* (bei sich) diz (Din. Hyss. II, 17). — *Comsigo* discorria (ib. III, 154). — Fallei mil vezes *com* o papa (ib. V, 495).

Hieher gehören alle Adjektiva und Verba, welche die angeführte Bedeutung haben, und deren viele schon mit *com* zusammengesetzt sind wie *comparar, convir, confinar* u. a.

Um deão *co'* seu bispo comparado (Din. Hyss. I, 180). — Mal convem *c'o* remanso de Minerva (Franc. Man. art. p. XII). — Confina *com* a serra (Cam. Lus. X, 99). — Com tigres, *com* leões, *com* crocodilos affrontarei (Din. Hyss. V, 557). — Igoal *com* elle em annos (Mal. conq. IV, 132).

4. *Com* bezeichnet sehr gewöhnlich einen Grund (oft einen hindernden = lat. *prae*), ein Mittel und entspricht dem Deutschen: „durch, in Folge von, mit" (= lat. *Ablativ. instr.*).

Se ennobrece *co'o* sepulchro (Cam. Lus. X, 99). — Que *co'*a morte de Magno são famosas (ib. IV, 62). — Illustrado *com* vencer o pirata (ib. X, 63). — *Co'*a canella, *com* que Ceilão é rica, illustre, e bella (ib. IX, 14). — *Co'* o nome se appellida (ib. X, 100). — Alegre *com* ter já tão certo meio (Mal. conq. II, 114). — O rei *com* tal visão ficou tremendo (Lobo, Condest. 1). — Posto em nosso poder a fortaleza *com* mortes dos valentes defensores (Mal. conq. V, 38). — Não pode demorar-se ali mais tempo *com* pezar e saudade (Braga, estud. p. 65). — Forão castigados *com* asperas palavras (Mal. conq. II, 115). — Pagou *co'*a morte (ib. III, 81).

5. *Com* vor dem Infinitive hat bisweilen die Be-

deutung von ‚obwohl' z. B. China que *com* ser tanta, se cercou de muro (Mal. conq. VII, 115).

§ 229.
Em.

Em (lat. in) drückt aus:

1. den **Ort**, auf die Frage **wo?** in, an, zu, bei.

Em Troia nasceu (Din. Hyss. V, 101). — *Em* a Grecia nasceu (ib. V, 204). — Imperavam *na* Italia, *nas* Gallias e *nas* Hespanhas (Herc. Eur. IV, 2). — Combatia *nos* campos catalaunicos (ib.) — *No* bravo Cunha um raio ardente vistes (Mal. conq. II, 19). — Quem em mim levassem, não sabiam (ib. VII, 98). — *Em* si cuidando (Din. Hyss. I, 292). — *Em* si pensando (ib. III, 145).

Ebenso: doutor *em* philosophia.

Dar em heisst ‚werfen nach, treffen auf'. — A multidão das pedras *no* sancto dá (Cam. Lus. X, 117). — Ter poder *em* alg. über jemanden Gewalt haben: a Fortuna *em* todos tem poder (Cam. Out. I).

2. die **Zeit** auf die Frage: **wann?**, an, bei.

Em tão festivo dia (Din. Hyss. VI, 342). — Nem *na* profunda noite estas ideias o deixam (ib. I, 155). — *Nessa* noite fria (Herc. Eur. IV, 3). — Hoje, *n*'este dia (Hard. Rom. I, 13).

3. den **Zweck**, die **Bestimmung einer Person oder Sache**, für das deutsche ‚als, zu, für, an Stelle', auch für den lateinischen *dativus commodi* oder *in* mit Akkusativ.

Jupiter *em* dom lho concedeu (Cam. Lus. X, 7). — *Em* pena do seu erro (Mal. conq. II, 58). — Da patria *em* louvor (Din. Hyss. VII, 243). — *Em* teu damno se ausenta (Mal. conq. I, 53). — *Em* desprezo das leis (Din. Hyss. VI, 261).

4. die **Art und Weise**, eine **Rücksicht** (= abl. limitat.), wie das Deutsche ‚auf, hinsichtlich, bei'.

Em altas vozes dizia (Hard. Rom. I, 41). — Perguntou *em* voz baixa (Herc. Eur. XVII). — Vem *em* nome do senhor (Herc. Mong. V). — Povo differente *nos* costumes, *no* gesto e *na* linguagem (Din. Hyss. I, 13). — *Em* riqueza e familia poderosos (Mal. conq. I, 60). — Iguaes são no valor, iguaes na gloria (ib. II, 50). — Asia, em terras grande, em reinos opulenta (Cam. Lus. X, 98).

5. *Em* steht bei Verbis des Tauschens, Vertauschens, Umgestaltens, wie *trocar, tornar, converter, mudar, transmudar, formar, transtornar, verter* übersetzen u. dgl.

Trocou a profana mesquinta *em* sacro templo (Mal. conq. I, 2). — *Na* figura da velha ama se torna (Din. Hyss. II, 162). — Estas bruxas *em* ossudos leões, *em* ardidos ginetes, ou *em* torpeiras vis os homens convertiam (ib. V, 273). — Pode uma mulher *em* feo bicho mudar-se? (ib. V, 255). — Transmudado *em* jumento (ib. V, 285). — *Em* asno se formara (ib. V, 279). — *Em* fuinha se transtornem (ib. V, 301). — Algum pedaço verte *em* mau Portuguez (ib. VII, 48).

6. Ebenso steht *em* bei Verbis[1] wie *crêr* (glauben), *cuidar, pensar* (denken), *esperar* (hoffen), *confiar, fiar* (vertrauen), *jurar* (schwören), *assentar* (beistimmen), *concordar* (einig sein), *fallar* (sprechen über), *alegrar-se* (sich freuen über), *empregar-se, occupar-se* (sich beschäftigen mit), *consumir* (verbrauchen mit), *submergir, engolfar* (vertiefen in), *banhar* (baden mit), *proseguir* (fortfahren in), *consister* (bestehen in), *entrar* (eintreten), *vingar* (sich rächen an), *habituar* (gewöhnen an), *pegar* (fassen).

Crêr *em* abusões (Din. Hyss. VI, 46). — Quando cuido *no* tempo (Cam. Son. 144). — Quem pensa *em* cousas mais profundas (Din. Hyss. VII, 279). — *No* pode esperar (ib. V, 65). — Eu confio *no* céo (ib. VI, 93). — Fiae-vos *em* mim (Herc. Mong. VIII). — *Na* forma descoberta do bello

---

[1] Ueber *cahir em alg. c.* sagt Costa (II, 242): „Bem não caio *nos sonetos*‘ (Diog. Bernardes); *cahir em alguma cousa* significa vulgarmente „*enredar-se nella*‘; cahir em erro „*errar*‘, *cahir em demencia* „*tornar-se demente*‘; segundo os nossos classicos „*cahir em alg. cousa*‘ quer dizer „*entendel-a, conhecel-a, percebel-a*‘. Assim disse *Camões* „Eu que *cahir* não pude neste engano‘. Isto é „eu que *não pude conhecer ou entender este engano*‘ e *não* como hoje se entenderia, eu que não pude deixar-me illudir com este engano‘ e neste logar de *Bernardes* quer dizer *haver-se bem com aly. cousa, pratical-a com perfeição.*

corpo estavam confiadas (Cam. Lus. IX, 65). — *Em* vós fiado (Mal. conq. II, 56). — Jurarei *em* com pares de evangelhos (Din. Hyss. V, 237). — *Em* nada assenta (ib. I, 267). — *Na* proposta todos concordam (ib. III, 143). — Falando *nos* [1] dolorosos successos da sua vida (Herc. Mong. I). — Se alegraram *no* que dava lugar (Mal. conq. II, 116). — Só se emprega *em* cousas vãas (Din. Hyss. I, 108). — Mister *em* que se occupavam (Herc. Mong. IX). — Da noite a maior parte assim consome *nestes* projectos (Din. Hyss. I, 267). — *Na* pobreza submergidos (ib. I, 64). — Engolfado *nas* esperanças (ib. VI, 324). — *Em* pranto as faces banha (ib. III, 37). — Proseguir *no* empenho começado (ib. VI, 307). — *Na* doudice só consiste o siso (Cam. Out. I). — Entra *na* [2] casa (Din. Hyss. I, 227). — Vinguemos *nestes* (Mal. conq. II. 25). — Pegou *na* mão do monge (Herc. Mong. V).

Adjektive ähnlicher Bedeutung nehmen dann gleichfalls *em* zu sich z. B. Participe *em* tudo (Mal. conq. I. 3). — Homem versado *na* lição (Din. Hyss. III, 300). — *No* futuro castigo não cuidosos (Cam. Lus. III, 132).

Ebenso viele mit *em* zusammengesetzte Verba z. B. *embrenhae*-vos *no* vetustissimo barrio (Herc. Mong. pref.). — *Embebida no* amago de Lisboa (ib.).

Nach *não tardar* folgt der Infinitiv mit *em*. — Cahia de novo em torpor que não tardava *em* ser outra vez interrompido (Herc. Eur. XVII). — Doch ebenso mit *a*.

§ 230.
Por.

Por (lat. *pro* und *per*) bezeichnet:

1. Vom Orte den Durchgang „durch" einen Ort; die Richtung des Weges „nach" demselben; eine Verbreitung und Ausdehnung im Raume „über — hin, entlang".

---

[1] Gewöhnlich *de* z. B.: Não fallo *de* Circe, *de* Medea, *de* Alcina ou *da* velha Canidia (Din. Hyss. V, 270).

[2] Auch mit dem Akkusativ: Que *a rica salla* entraram (Din. Hyss. VII, 162).

Veiu *pela* Rua nova abaixo e saiu *pela* porta da Oura (Herc. Mong. I). — *Pela* comprida salla passeava (Din. Hyss. I, 229). — *Pelas* veas e cerebro lhes corre (ib. III, 122). — *Por* mares nunca d'antes navegados passaram (Cam. Lus. I, 1). — Guie-te o céu *por* vias suas (Lind. II, 3). — Se derramou *por* todo o reino (Herc. Mong. VII). — Aves agrestes *pelo* monte habitavam (Cam. Lus. IV, 70).

2. von der Zeit eine allgemeine Angabe ‚an, zu'; dann die Dauer ‚während', die Ausdehnung ‚auf, für'.

Era *pelo* fim da tarde (Herc. Mong. VII). — Certo dia *pela* volta da tarde (ib. I). — Nesse dia *pela* manhan (ib.). — Demorou-se a sós com elle *por* horas largas (ib.) — Durou *por* toda a *vida* (Mal. conq. IV, 24). — *Por* algum tempo recostado fica (Din. Hyss. IV, 367). — Durou *por* largo espaço o estrondo (Mal. conq. IV, 123).

3. von Personen oder Sachen: ‚durch, vermittelst, mit' zur Angabe des Instrumentes und Mittels; dann: wegen, um — willen, in Folge von, aus, halber, zur Angabe des Grundes.

Por mão de insigne mestre trabalhada (Din. Hyss. VII, 196). — *Por* cem olhos vê (ib. IV, 7). — *Por* cem boccas palra (ib.). — Resistir *por* todos os meios (Hercul. Inquis. II, 116). — Famosos *pelas* artes, *pela* ardileza (Din. Hyss. V, 33). — *Por* heroicos varões sempre famosa (Mal. conq. I, 90). — Não o digo *por* fanfarrice (Din. Hyss. I, 162). — A quem *por* seu cargo competia (Herc. Mong. I). — *Por* idade venerando (Mal. conq. V, 23). — Um penedo alto e *por* natureza cavernoso (ib. VIII, 21). — *Por* elle não *por* mim amava a vida (ib. VII, 101).

4. „für" zum Schutze, zur Vertheidigung und „für, statt, anstatt, als" von Tausch, Stellvertretung; eine Wahl ‚als, zu'; „um, nach" bei Zahlangaben z. B. contar *por*, und zur Umschreibung distributiver Zahlen (§ 136 S. 195).

Morrendo pois *por* Deus (Mal. conq. II, 55). — Cada um *por* si (ib. III, 97). — As vidas dar *por* mim offereceram (ibid. IV, 78). — Intercedei *por* nós (Lind. IV, 1). — Longas penas dá *por* breve gloria (Mal. conq. III, 87). — Tudo deixou *por* Paris (Din. Hyss. V, 207). — Vae trocar a sua corôa virginal *pelo* grave titulo de dona (Herc. Mong. II). — Já troquei a minha lyra *pela* casca d'um caracol (Aug. Luso, Grinald, VI. 103). — Escolhemos *por* sitio forte (Mal. conq. III, 51). — Teve *por* paes (Din. Hyss. V, 405). — Passa *por* homem consummado (ib. VII, 51). — Do forte Amphitrião passou *por* filho (ib. V, 406). — Um mouro *por* mensageiro e guia (Herc. Mong. V). — O periodo conta-se *por* annos, ... *por* secolos (ib. pref.). — Uma *por* uma lhe rouba a liberdade (Lind. IV, 4).

5. *Por* steht, wie das lateinische *per*, bei Betheuerungen und Schwüren: bei, um — willen.

Pola Styx vos juro (Man. art. p. XX). — Juram *pelo* doce liquor (Din. Hyss. III, 120). — *Por* aquelles primeiros e suavissimos instantes do nosso doce amor, *pela* fé pura, *por* estas ternas lagrimas (ib. VI, 166). — *Por* Deus, que não queiras lançar a minha alma no inferno (Herc. Mong. III). — *Pelas* tuas divinas chagas, *por* teu sangue vertido sobre a cruz, Redemptor do mundo, perdoa a este misero (ib.).

6. *Por* drückt auch eine Art und Weise aus; dem lateinischen *per* somnium entspricht das portugiesische *por* sonhos; dem lateinischen *terra marique* das portugiesische *por* terra e mar; dem lateinischen *humi* das portugiesische *pela* terra; dem lateinischen *jussu* das portugiesische *por* ordem.

Por força o levaram (Din. Hyss. II, 225). — Esperando medrar *por* esta via (ib. III, 178). — Lhe fallou *por* esta forma (ib. VIII, 74). — Parte *por* parte (Mal. conq. III, 23). — Como quem vê *por* sonhos um thezouro (Cam. Son. 144). — Mouros *por* mar, gentios *pela* terra (Cam. Lus. X, 14). — *Por* terra e mar (ib. X, 15). — Cahirão *pela* terra (Din. Hyss. I, 187). — *Por* ordem do pastor (ib. III, 115).

7. *Por* steht bei Wiederholungszahlen (mit *vezes*). — Falar-se *por* tres vezes commetteram (Mal. conq. II, 190). — *Por* tres vezes cahir ao mar o vejo (ib. VII, 82).

8. bei Adjektiven und Verben, oft vor dem Infinitiv zur Angabe des Grundes (= wegen, desshalb weil) und der Absicht (um zu). — É famoso *por* cavalleiro

sabio (Lus. X, 130). — Elle o merece *por* triste e desvalido e *pelo* grande respeito (Din. Hyss. VIII, 228) [vgl. N. 3]. — Triste *por* ter perdido o tempo (Herc. Monge, pref.) -- Tenho inimigos ... *por* defender a justiça (ib. V). — Correm *por* fugir da muleta (Din. Hyss. III, 134). — *Por* servir a V. Senhoria (ib. V, 64).

9. *Por* steht nach einigen Verbis, wie *bradar, chamar* (rufen nach), *perguntar* (fragen nach), *esperar* (hoffen, warten auf), *discorrer* (sprechen über), *vigiar* (wachen über, für) u. a.

Lhe faz bradar *por* agua (Din. Hyss. I, 238). — Foi chamar *por* meu pae (Herc. Mong. II). — *Pela* morte chama (Mal. conq. IV, 50). — Perguntando *pelas* cousas (ib. IV, 96). — Perguntou *por* Fr. Lourenço (Herc. Mong. I). — *Por* elle esperam (Din. Hyss. VI, 163).[1] — Espera *pela* luz phebea (Mal. conq. I, 51). — Espera *por* vós (Herc. Mong. II). — Esperarei *pela* justiça d'el-rei (ib. IX). — Discorre *pelos* successos (Mal. conq. III, 1). — Vigiar *pela* pureza das doutrinas religiosas (Herc. Inquis. 1, 3).

§ 231.
Ante. Contra.

Ante (lat. *ante*) bezeichnet:
1. von der Zeit die Vorgängigkeit ‚vor'.
Ante a morte esta alma jura (Braga, folh. v. 156).
2. vom Orte ‚vor', bei Bewegung und Ruhe.
Torna *ante* a cidade (Mal. conq. III, 72). — *Ante* os olhos morrer (ib. III, 94). — Vê subito raio *ante* seus pés cahir (Din. Hyss. III, 17).
3. von Personen, vor = in Gegenwart'.
Deve comparecer *ante* vós (Herc. Mong. VIII). — Estaes *ante* um nobre cavalleiro (ib. II). -- Usando *ante* el-rei o devido acatamento (Mal. conq. IV, 129).

Bisweilen ist damit der Begriff des Vorzuges verbunden. —. Curva o cedro *ante* o teu braço armado (Lind. II, 3). — Zu 3 gehört auch z. B. *Ante* os céus, *ante* a terra confesso (Din. Hyss. V, 587).

Contra (lat. *contra*) bezeichnet:

[1] Aber (ib. VI, 213): ‚a esperar *sua Excellencia*'.

1. das deutsche ‚gegen' in feindlichem Sinne; ‚zum Schutze wider'.

O teu soccorro *contra* a fera Excellencia implora (Din. Hyss. II, 74). — Virentes parras *contra* os raios do sol (ib. VII, 204). — Achava *contra* si irado o mar (Mal. conq. I, 12). — *Contra* invejas tantas triumpham (ib. I, 8).

2. die Richtung: gegen, entgegen.

Uma nuvem de pedras era arrojada *contra* as portas (Herc. Inquis. I, 214). — Os dentes batiam-me uns *contra* os outros (Herc. Mong. III).

3. gegen = im Widerspruch mit; *contra* a commum opinião. § 232.

Entre. Segundo. Sem. Sob.

Entre (lat. *inter*) bezeichnet:

1. vom Orte: zwischen, innerhalb, inmitten.

Apertando-lhe uma das mãos *entre* as suas (Herc. Mong. I). — *Entre* as pernas mettendo a longa cauda (Din. Hyss. VI, 278). — Qual tenra pomba *entre* unhas crueis de açor (ib. VI, 177). — Envolvidos *entre* a treva (ib. VII, 168).

2. selten die Zeit in zusammengesetzten Adverbien wie *entretanto, entremente* (vgl. S. 257).

3. in partitivem Sinne ‚unter', darum gerne nach Comparativen und Superlativen.

Entre os mortaes não ha (Din. Hyss. I, 120). — *Entre* todos te escolho (ib. I, 202). — A mais bella *entre* as que o ermo proclama (Lind. II, 3).

4. eine Wechselbeziehung, Gegenseitigkeit ‚unter, zwischen, bei'.

Do grande pleito, que Juno e Pallas *entre* si com Venus sustentaram (Din. Hyss. V, 171). — *Entre* si alguns circulos unindo (ib. VIII, 242). — *Entre* si disse (ib. IV, 26).

5. die begleitenden Umstände einer Handlung = unter, mit.

Entre grandes gargalhadas todo o successo narra (Din. Hyss. VI, 320). — *Entre* ledos tripudios se tornava (ib. VII, 201). — Disse *entre* soluços (Herc: Mong. I). — Ebenso *dentre*. — *Dentre* os seus guerreiros (Ornell. Fausto II, 218).

Segundo (lat. *secundum*) hat von der lateinischen Bedeutung nur die ‚gemäss, je nach' angenommen. — *Segundo* os costumes daquella epocha (Herc. Eur. IX). — Nomes tão diversos vai tomando *segundo* as regiões, por onde corre (Cam. Lus. VII, 18). — *Segundo* steht gewöhnlich er selbständig in der Bedeutung: „nach dem was" z. B. *Segundo* tenho ouvido (nachdem was ich gehört habe; Din. Hyss. V, 374). — *Segundo* vimos (nach dem was wir sahen) no livro antecedente (Herc. Inquis. II, 271).

Sem (lat. *sine*) ist der Gegensatz zu *com* in allen Anwendungen des deutschen ‚ohne'; häufig auch vor dem Infinitive. — *Sem* sexo reservar, perdoar edade (Mal. conq. V, 44).

Sob (lat. *sub*) bezeichnet:

1. vom Orte: unter auf die Frage ‚wohin?' und ‚wo?'.

Sob a guarda vos ponde do senhor (Lind. IV, 3). — Que de cãas *sob* os elmos se cobriram (Din. Hyss. II, 24). — Curvou a cabeça *sob* a segure do algoz (Herc. Mong. VI).

2. von der Unterordnung: ‚unter'.

Sob auspicios da militante igreja (Lind. I, 1).

3. einzelne phraseologische Ausdrücke z. B. *sob* pena de não ser agradecido (Cam. Lus. VII, 83). — Considerado *sob* o aspecto das mutuas relações (Herc. Inquis. I, 225).

§ 233.

Sobre. Tras.

Sobre (lat. *super*) drückt aus:

1. vom Orte ‚auf', besonders bei Verbis wie liegen, sitzen, sich setzen u. s. w.; bei Bewegung ‚über — hin'.

Sobre os fôfos colchões revolve o corpo (Din. Hyss. I, 257). — *Sobre* um molle sophá dormia (ib. II, 157). — Uma arca velha, *sobre* a qual os dous frades se assentaram (Herc. Mong. V). — *Sobre* o veloz dourado carro sobe (Din. Hyss. II, 49). — *Sobre* um feroz dragão montando (ib. II, 133). — Chovam embora *sobre* mim as muletas (ib. IV, 333). — Viera *sobre* Lisboa (Herc. Mong. VII).

2. über = in Betreff (lat. *de, super*).

Do H *sobre* a pronuncia (Din. Hyss. I, 48). — Mil disputas *sobre* o chá, *sobre* o jogo, e *sobre* os doces (ib. II, 140). — So auch dormir *sobre* alg. c. **über** etwas schlafen. Não durma *sobre* o caso (Din. Hyss. IV, 315). — Jurar *sobre* **auf** etwas schwören. — Ousa jurar *sobre* a cruz da sua espada (Herc. Eur. XVI).

3. die **Oberherrschaft: über.**
Que poder não terá *sobre* elle a morte (Mal. conq. V, 18). — Reinava *sobre* isto tudo um silencio (Herc. Mong. V).

4. eine **Steigerung: über, noch dazu** (= lat. *praeter*).
Sinta esse dragão *sobre* o commum castigo outro castigo (Mal. conq. II, 58).

5. eine **Häufung ‚über, auf'.** — Vibrando golpes *sobre* golpes (Herc. Eur. XVI).

Tras (lat. *trans*) bezeichnet:

1. **jenseit** z. B. *tras* os montes; dann vom **Orte: nach, hinter.**
Tras este vem Noronha (Cam. Lus. X, 62). — Fui-me co'os meus cães *tras* elle (Sá de Miranda, Ecl. Bieito, Gil Basto, wozu Parn. lus. (II, 263) bemerkt: E não *atras delle*, como se *hoje* diz.

2. von der **Zeit: nach.**
Mas *tras* largo altercar se resolveram (Mal. conq. 35).

2. Uneigentliche Praepositionen.
§ 234.
Para.

Para (*pro ad*) bezeichnet die meisten Funktionen von *por*; demnach:

1. vom **Orte die Richtung, nach, gegen** — **hin.**
Para onde iam? (Herc. Mong. I). — *Para* a morada etherea est' alma se me parte (Lind. IV, 3). — Podes ir *para* Lorvão (Braga, folh. v. 160). — O levaram *para* a cama (Din. Hyss. II, 225). — Pulava *para* o ar (ib. III, 162). — As suas folhas tem *para* a terra todas inclinadas (ib. I, 217).

Darum steht *para* immer bei *partir*, und Verba der

Bewegung, wie *voltar*; ebenso so bei *dizer* (sprechen zu', *appellar* (appelliren an) u. a.

Partamos *para* Lisboa (Herc. Mong. VI). — *Para* o deão se volta (Din. Hyss. VIII, 269). — Dizia *para* uma rapariga (Herc. Mong. IV). — Appellar *para* a justiça d'el-rei (ib. IX). — Appellar *para* o padre omnipotente (Cam. Lus. X, 114).

2. von der Zeit die Dauer: bis.
Desde então *para* cá (Herc. Mong. II).

3. Zweck und Absicht, zu, als für'; besonders vor dem Infinitive.

Para que é tonta (Din. Hyss. VIII, 94). — *Para* que são meus esforços? (Braga, folh. v. 155). — *Para* prova do seu contentamento (Din. Hyss. VII, 147). — Despenhados do Olympo, *para* quem fostes creados (Mal. conq. II, 9). — Idoneo tempo vira *para* tamanha empreza (Din. Hyss. I, 240). — Olhos *para* ellas (Garrett, folh. c. 169). — Nasceu *para* ladrão (Castilho, Exc. 138). — São *para* mandados mais que *para* mandar (Cam. Lus. X, 152). — *Para* executar este projecto (Din. Hyss. I, 201). — Uma razão mais *para* crermos (Herc. Inquis. I, 197). — Daria muito *para* poupar essas illusas (Lind. II, 3). — Ebenso: pouco falta *para* que (Non multum abest, quin).

4. Zur Umschreibung eines Datives:
Já *para* o mundo estou morta (Braga, folh. v. 160). — Angustias ou gosos da vida eram *para* elle o mesmo que *para* o peregrino o fumosinho (Herc. Mong. I).

5. bei ungefährer Zahlangabe ‚bis‘:
O autor tinha nesse tempo quatorze *para* quinze annos (Costa, Ens. biog. V, 184).

§ 235.

Antes. Apoz. Depois. Desde. Até. Além. Aquem.

Antes (= lat. *ante* mit adverbialem s) mit dem Genitiv drückt aus:

1. vom Orte ‚vor; vorneher‘.
Que marcham *antes* d'ella (Din. Hyss. I, 50).

2. von der Zeit die Vorgängigkeit ‚vor‘.

Antes das cinco não costuma levantar-se (Din. Hyss. V, 63). — *Antes* do tempo e seculos gerada (Mal. conq. I, 3). — *Antes* do infausto dia (ib. III, 32). — Seculos *antes* (Herc. Inquis. I, 223). (vgl. § 225 S. 310).

Apoz[1] *(ad post)* bezeichnet die Funktionen des lateinischen *post*, also **nach**:

1. von der Zeit „nach".
A terceira noite *apoz* aquella. (Herc. Eur. IX).
2. vom Orte „hinter, nach".
Não correm *apoz* mim (Din. Hyss. II, 28). — Correm *apoz* o bom Gonçalvez (ib. VI, 266). — *Apoz* elle se via o Sileno (ib. VII, 212). — Sobira *apoz* Garcia o forte Mello (Mal. conq. IX, 82). — *Apoz* este se segue (Din. Hyss. VII, 19). — *Apoz* do inimigo a espada cortadora vibrando (Mal. conq. I, 88).
3. von der Reihenfolge. — Coava dias *apoz* dias (Herc. Mong. II). — Uns *apoz* outros Herc. Eur. XV).

Depois (alt *despois (de post)* ist häufiger als *apoz* in den gleichen Bedeutungen **nach** von der Zeit und vom Orte. — Pouco tempo *depois* (Din. Hyss. VII, 56). — *Depois* de mil victorias (Mal. conq. I, 72). — *Depois* d'um breve espaço de silencio (Din. Hyss. III, 213). — *Depois* della (ib. VI, 349); auch vor dem Infinitiv: Que *despois* de ser morta foi rainha (Cam. Lus. III, 118).

Desde alt **des** (lat. *de ex*) wird angewendet:

1. von der Zeit: seit, von — an.
Desde antigas idades venerada (Mal. conq. IV, 39). — *Des* dos primeiros annos (ib. III, 42). — Conselheira *desde* a eternidade (ib. I, 3).
2. vom Orte: von — her.
Des de um monte o incendio vendo (Mal. conq. V, 45).
3. örtlich von der Ausdehnung, vom Ausgangspunkte „von — an".
Desde o occaso ao oriente (Mal. conq. II, 50). — *Desde* a mais baxa e rolixa fregona até á dama mais nobre (Din. Hyss. VII, 105.

---

[1] após, apos, apóz.

Até, té alt *atem (hacte)* lat. *ad tenus* bezeichnet die Ausdehnung, den Umfang = bis, und zwar:
1. von der Zeit „bis".
Abracaram *até* á morte (Din. Hyss. I, 25).
2. von örtlicher Ausdehnung „bis nach, bis hin".
Se eleva *até* ás nuvens (Din. Hyss. I, 72). — *Até* á praia o segui (Mal. conq. VII, 107). — A hera subindo *té* o mais alto (ib. VIII, 11). — *Até* o outeiro irei comtigo (Cam Ecl., wozu Parn. lus. II, 349 bemerkt: e não *ao outeiro*, como *hoje* se escreve).
Além bezeichnet:
1. vom Orte „jenseit".
Além dos Pyrenéus (Herc. Hist. I, 131). — Eu vou-me *além* ao castello (Braga, Anth. 63). — *Além* do pinhal (Herc. Mong. II).
2. von Maasse: „über — hinaus" (= lat. *praeter*).
Além de outras penas canonicas (Herc. Inquis. I, 249). — *Além* das leis do céu, as da terra (Herc. Mong. VIII).
3. ausser, ausgenommen. — Sem me lembrar do que existe *além* de ti no universo (Herc. Eur. XVIII). —
Áquem *(eccu'inde)* diessseit bezeichnet das Gegentheil von *além*. — Um fumo tenue que ondeia em horisonte *áquem* do qual está assentada a sepultura (Herc. Eur. IV, 4).

§ 236.
Dentro. Fora. Longe. Diante. Perante. Atrás. Ácerca.
Dentro *(de intro)* innerhalb bezeichnet:
1. vom Orte auf die Frage „wo?" in, innerhalb; auf die Frage „wohin?" in — hinein.
Este mal *dentro* d'alma tem origem (Braga, folh. v. 153).
2. von der Zeit „innerhalb".
Dentro de pouco tempo (Lind. III, 4). — *Dentro* de poucos dias (Herc. Mong. II). — *Dentro* de oito dias (Herc. Eur. XIII). — *Dentro* d'oito dias (ib. VII).
Fora *(foris)* drückt aus:
1. vom Orte „ausserhalb". — Até *fora* da villa vão (Mal. conq. V, 51). — *Fora* dos festivaes palanques (F. Man. a. p. XVII, 14). — Está *fora* de si (Din. Hyss. II, 195).
2. ausser = lat. *praeter*. — Os hymnos reboam *fora*

·dos ambitos do mundo (Herc. Mong. VI). — Ebenso *afora* (ausgenommen). — *Afora* o castello (Herc. Mong. IX).
Longe (lat. *longe* = procul) bezeichnet ‚ferne von‘. — Não *longe* deste sitio (Din. Hyss. VIII), 115). — *Longe* do mar (Cam. Lus. X, 109).
Diante *(de ante)*, **adiante** *(ad de ante)* drückt aus: vor, vor — her, in Gegenwart von. — Chegou *diante* da immensa magestade (Mal. conq. II, 50). — Poz *diante* do homem (Herc. Mong. IX). — Me centelhou *diante* dos olhos (ib. I). — Sempre fugindo vão *diante* vós (Diog. Bernard. Eclog. Joan.). — Hiezu bemerkt Parn. lus. (II, 329): E não *diante* de vós.
Perante hat dieselben Funktionen. — *Perante* os homens doutos (Din. Hyss. IV, 275). — *Perante* o seu olhar (Lind. IV, 1). — Appellar deva *perante* algum barão (Din. Hyss. IV, 275). — *Perante* as aras (Herc. Eur. VI, 3).
Atrás, detrás örtlich: hinter. — O sol *atrás* ella se alevanta (Mal. conq. II, 84). — *Atrás* dos muros (Herc. Eur. XIV). — As caricias feminis, *atrás* das quaes corrêra (ib. VIII). — *Detrás* dos outeiros de Segoncia (ib. IX). — *Detrás* dos outeiros (ib. XIV). — *Detrás* das collinas (ib. XVI).
Acerca *(ad circa)* hinsichtlich, über (= lat. de). — Conversavamos *ácerca* deste successo (Herc. Mong. II). — Havia suspeitas *ácerca* do matador (Herc. Mong. III).

§ 237.
Substantiva und Adjektiva mit Praepositionen.

Abaixo *(ad bassus)* unter (örtlich und von der Unterordnung). — *Abaixo* d'ella (Din. Hyss. I, 90); ebenso **debaixo** (= sub). — *Debaixo* das roupas do presbytero (Herc. Eur. VIII). — *Debaixo* de amigavel fingimento (Mal. conq. VI, 41). — Zur Angabe der Richtung: *por debaixo*. As azas sacudindo *por debaixo* d'aquella firme serra (Mal. II, 67).

A troco für um (s. Diez E. W. I, 427 trocar). — *A troco* de Carlos (Cam. Lus. I, 13). — *A troco* d'uma concha (Din. Hyss. I, 40); ebenso *em troco*. — *Em troco* de suas mercadorias (Herc. Mong. VI).

Defronte *(de frons)* gegenüber. — Assentou-se de-fronte delle (Herc. Mong. IX); ebenso *em frente*: Passara em *frente* dos paços (ib. VII). — A **frente** an der Spitze, vor. — Caminhava *á frente* da cavalgada (ibid.) — *Á frente* das suas tiuphadias (Herc. Eur. IX).

Através *(ad transversus)*, durch, mitten durch. — Nas varias phases, *através* das quaes se protrahiu (Herc. Inquis. I, 231). — *Através* das telas (Herc. Eur. XIV).

Em lugar (in loco) an Stelle, anstatt. — *Em lugar* nosso (Mal. conq. II, 10). — *Em seu lugar* (statt seiner, ib. III, 73).

Em virtude (in virtute) kraft, nach. — Delle *em virtude* (Din. Hyss. III, 293).

Ao longo längs, entlang. — Correndo *ao longo* da margem (Herc. Mong. I). — Via-se *ao longo* da praia (Herc. Eur. III); ebenso *ao largo*. — Corremos *ao largo* de ilha (Herc. Eur. VI, 1).

A pezar ungeachtet, trotz. — *A meu pezar* te louva (Mal. conq. II, 17). — *A pezar* das leis sagradas (Din. Hyss. VI, 130). — *A pezar* do mesmo inferno (Mal. conq. II, 74). — *A pezar* das emburilhadas (Herc. Mong. I).

Ao redor rings um. — *Ao redor* da cama (Herc. Mong. II). — O tigre *ao redor* da rez (Herc. Eur. VII, 2). — O Calpe esboroava-se *ao redor* de mim (ib. VII); ebenso **em roda**. — *Em roda* ao nosso acampamento (Lind. III, 1); de **roda**. — *De roda* de mim (Herc. Eur. VI, 1); á **roda**; *á roda* da qual (Herc. Eur. II); und **em torno**. — *Em torno* delle armados (Mal. conq. VI, 44); auch **em volta**. — Jaziam degoladas *em volta* da veneravel Chrimhilde (Herc. Eur. XII). — *Em volta* do arraial (ib. XIV).

Em despreço trotz. — *Em despreço* das leis (Din. Hyss. VI, 261).

Ao pé genau nach. — Os textos *ao pé* da lettra se não hão-de-entender (Din. Hyss. IV, 340).

A custa durch, mit. — *A custa* de infinito sangue (Mal. conq. III, 51). — Auch **a custo**. — Adormeceu *a custo* de muito embalar (Herc. Mong. V).

A favor für. — Deu *a favor* de Venus sua sentença (Din. Hyss. V, 174).

Á mercê (ad mercedem) Dank, in Folge. — Branquejando movediças *á mercê* do vento (Herc. Eur. III). — Gemem *á mercê* da brisa nocturna (ib. V, 3). — Auch einfach **mercê** (= ital. *mercè*, sp. *merced*). — *Mercê* de amor e de seu brando affeito (Mal. conq. III, 33).

Ao meio, no meio in mitten. — *Ao meio* delles (Herc. Eur. XIV). — *No meio* da seára (ib. XVI).

Ao lado (ad latus) neben bei, an. — Dormir *ao lado* delle . . . . *ao lado* um do outro (Herc. Eur. XIII). — **Do lado von** — her. — *Do lado* do sul (ib. VI, 1). — Soou *do lado* dos paços (Herc. Mong. II).

Em cima über, oberhalb. — Como a atmosphera que pesava *em cima* della (Herc. Eur. VII, 2). — Estava *em cima* da cama (Herc. Mong. II). — **Por cima** über — hin. — O seu valente cavallo galgava na carreira *por cima* de cadaveres (Herc. Eur. XI).

§ 238.

Adjektiva und Participien.

Perto (sp. *prieto*, altp. *preto*, Diniz; Trov. 21, 3; 176, 2) nahe bei. — *Perto* da terra (Mal. conq. II, 26). — O altivo assento *perto* de Horacio, *perto* de Virgilio (Franc. Man. a. p. XIV). — *Perto* de Corduba (Herc. Eur. VIII). — Ebenso bei Zahlbestimmungen „nahezu, fast". — *Perto* de quarenta mil processos restam (Herc. Inquis. Prol. XIII).

Conforme gemäss. — Não *conforme* os dictames da boa justiça (Herc. Mong. IX).

Salvo ausser; ausgenommen. — *Salvo* tal lugar (Din. Hyss. V, 256). — Ninguem ouvia a velha, *salvo* Ruy Casco (Herc. Mong. IV).

Durante während. — *Durante* doze seculos (Herc. Eur. II). — *Durante* quatro seculos (ib. XI). — *Durante* algum tempo (ib. XV). — *Durante* o caminho (Herc. Mong. VI).

Não obstante ungeachtet. — *Não obstante* a virtude (Herc. Mong. IX).

Junto dicht neben, bei. — Senta-te *junto* de mi (Lobo, Ecl. 2). — O chamou *junto* a si (Mal. conq. IV, 129).

— *Junto* da boca do cruel Averno (Din. Hyss. I, 209). — Chega *junto* de seu senhor (ib. VI, 280).

Excepto ausgenommen. — O mais douto *excepto* o Arronches (Din. Hyss. V, 75).

§ 239.

Sehr häufig treten im Portugiesischen zwei oder mehrere Praepositionen vor ein Substantiv zur genauen Bezeichnung des Verhältnisses. Am gewöhnlichsten treten zusammen:

para und *com* zur Bezeichnung eines Verhältnisses, einer Gegenseitigkeit, gleich dem lateinischen *in* (c. acc.) und *adversus* = gegen. — Os duros fados tão injustos não são *para comtigo* (Din. Hyss. VIII, 298). — Altivo *para com* os grandes, oppressor *para com* os pequenos (Herc. Mong. VII).

por und *entre* zur Bezeichnung des Eindringens; ‚zwischen hinein'. — Se lançavam nuas *por entre* o mato (Cam. Lus. IX, 72). — *Por entre* os silvados e olivedos (Herc. Mong. II). — *Por entre* as estrellas navigara (Mal. conq. I, 87). — Quando Jove dardeja *por entre* as negras nuvens torcidos raios (Din. Hyss. VII, 312).

dentro und *em* = in, drinnen in; in — hinein. Vasa *dentro na* pansa (Din. Hyss. I, 246). — *Dentro n'*alma lhe infundira (ib. V, 110). — A voz lhe congelou *dentro no* peito (ib. VI, 182). — Compaixão *dentro n'*alma sente (Mal. conq. I, 19). — *Dentro em* breve (Herc. Eur. XII).

Anders sind die Fälle, wo *de* einen praepositionellen Ausdruck mit einem anderen verbindet z. B. Na batalha *de juncto do* Auseba (Herc. Eur. XIX; etwa = τῆς ἐπὶ Σαλαμῖνι ναυμαχίας); as praias *de entre* o Ganges e Indo (Mal. conq. V, 39). — Cabellos que lhes ondeavam pelos hombros saindo *de sob* os elmos (Herc. Eur. XIII).

Phraseologisch ist *cada um de per si* (Din. Hyss. VIII, 10) — *pro se quisque*.

5. Capitel.
Adjektiva, Numeralia, Pronomina und Adverbien.

1. Adjektiva.

§ 240.

Wie im Deutschen kann im Portugiesischen ein Adjektiv im Singular und Plurale ein Substantiv vertreten, wobei es dann nach den § 194 gegebenen Regeln den Artikel erhält oder nicht (§ 186 b S. 267).

Qual será *o humano?* (Cam. Eleg. VI). — O tu que tens *de humano* o gesto e o peito, se *de humano* é matar uma donzella (Cam. Lus. III, 127). — Heroes *dos mortaes* fazem (Lind. III, 1).

Besonders zahlreich ist die Reihe der substantivisch gebrauchten (alten) Participien des Praesens (s. S. 130 § 73) und Perfekts.

Auch das Neutrum der Adjektive wird substantivisch mit dem Artikel *o* (= span. *lo*) gebraucht; *o vero* (= τὸ ἀληθές) das Wahre.

O seu presente e o seu porvir (Herc. Eur. XVIII). — *O mesmo indescriptivel* se realisa aqui; *o feminino eterno* attrahe-nos para si (Ornell. Fausto II, 415).

§ 241.

An Stelle deutscher adverbialer Ausdrücke steht im Portugiesischen häufig das Adjektiv zur Hervorhebung eines Zustandes. So übereinstimmend mit dem Lateinischen (bei *primus, ultimus, solus*):

1. bei Zahlbegriffen wie *primeiro, ultimo,* und *só* u. dgl. — Na statua que *primeira* se encontra (Hyss. V, 87). — Os marinheiros *os primeiros* (= *primi*) correm ao trabalho (Mal. conq. II, 75). — Do venturoso rei, que arou *primeiro* (= *primus)* o mar (Cam. Lus. VIII, 71). — Chegou *sósinho* á porta (Herc. Mong. I). — Nellas *sós* exprimenta (Cam. Lus. III, 39).

2. bei Wörtern wie *celere, veloz, prompto, rapido, prestes* schnell, *leve, ligeiro* leicht, *alegre* heiter, *lento* langsam u. dgl. meist bei Verbis der Bewegung.

O touro parte *celere* (Joaq. Serra, Quadr. 45). — Mais *veloz* que a leve setta parte (Din. Hyss. I, 205). — Em declinar *veloz* nominativos (ib. IV, 264). — Correm *velozes* (ib. IV, 264). — A sua appellação *prompto* interponha (ib. IV, 311). — Esse rio que vae *rapido* (Herc. Mong. I). — *Prestes* ao campo torna (Lind. III, 3). — Corre tão *leve* e tão *ligeiro* (Cam. Lus. X, 85). — *Ligeiro* se aparta (Mal. conq. IV, 33). — Se veste *alegre*[1] (Din. Hyss. IV, 145). — A porta, rodando *lenta* nos quicios (Herc. Mong. IV).

3. Die Anwendung des Adjektives statt des Adverbs ist im Portugiesischen überhaupt ganz gewöhnlich und unbeschränkt. Beispiele ergeben sich zahllose bei der Lektüre.

Os golpes das pesadas secures godas batiam *roucos* e cada vez mais *violentos* e *repetidos* nas raizes (Herc. Eur. XVI. — Commetteram *soberbos* os gigantes o céo (Cam. Lus. II, 112). — As cidades guardando *justiçoso* (ib. III, 137). — Temivel cavalleiro, a lança em punho, *intrepido* persiga os esquadrões (Cabral, poes. 65). — Um grito rompeu *agudo e rapido* do seio do cavalleiro (Herc. Eur. XVIII). — (Ueber neutrale Objekte wie z. B. *Infausto* geme e todo *horrivel* chora [Mal. conq. I, 52] vgl. S. 249 § 171).

§ 242.

Zu dem (§ 191 S. 272) über die Congruenz des Adjektives mit seinem Substantive Besprochenen ist anzufügen: a. dass auch andere Verba (wie *ficar*) an die Stelle von *ser* und *estar* treten und die gleiche Congruenz erfordern z. B. Para que *fiqueis certos* (Din. Hyss. I, 129). — b. *meio* (halb) in deutschen Zusammensetzungen (wie halbtodt, halbreif u. s. w.) nimmt gleichfalls wie das zweite Adjektiv, Genus und Numerus seines Substantives an, z. B. familias hebreas *meias mortas* (halbtodt) de terror (Herc. Inquis. I, 217). — *Meios nus* (Herc. Eur. IX).

Selbstverständlich sind Zusammensetzungen wie *meianoite* (Hard. Rom. I, 129).

§ 243.

Todo ganz (totus) nimmt, wenn es zu einem Sub-

[1] Doch Hyss. I, 222. Parte *alegremente*.

stantiv tritt, nach sich den Artikel; ebenso *ambos, ambas* (beide, S. 193). Die ältere Sprache verführt indessen, was die Auslassung des Artikels betrifft, viel freier. Parn. lus. V, 166 schreibt zu dem Verse des *Caldas* (lett. a. João Pires Ferreira) „Que o seguem per *toda parte*': „Os classicos quasi sempre omittiam o artigo *a* em razão da euphonia, como para evitarem o hiato *a a*. Cantando espalharei per *toda parte* (Cam. Lus. I, 2)'.

Toda a terra que rega o Tejo (Cam. Lus. I, 25). — Brama *toda a* montanha (ib. I, 35). — Assim *todas as* conjecturas saíam baldadas (Herc. Mong. IV). — *Ambos os dous* monges (Herc. Mong. VI).

Ein **Possessiv- und Demonstrativpronomen** ersetzt die Stelle des **Artikels**, der auch abfällt, wenn *todo* **nach dem Substantive steht.**

Todos seus intentos (Cam. Lus. I, 79). - *Toda esta* energia, todo este recordar-se (Herc. Eur. IX). — Os outros deoses *todos* assentados (Cam. Lus. I, 23). — De Europa *toda* (ib. III, 20). — *O todo*, das Ganze. — *O todo* daquella illuminação (Herc. Eur. VIII).

Auch nach *só* findet sich in der **älteren Sprache der Artikel.** — Quem de *só o* amor se pagava (Ribeiro, Menin. c. 12).

§ 244.

Die Stellung des portugiesischen Adjektives vor oder nach seinem Substantive ist **durchaus willkürlich** und von euphonischen Rücksichten abhängig. **Kurze** Adjektive stehen gerne **vor** den Substantiven; doch z. B. feitos *vis* (Herc. Mong. II); o seu anjo *mau* (ib. III, VI). — **Mehrere Adjektive** oder solche, die einen **Beisatz** haben, ferner **Participia** stehen gewöhnlich **nach**; doch z. B. o filho do *honrado e bom* cavalleiro (Herc. Mong. II); *o grande e raro* Castelhano (Cam. Lus. III, 19). — Dagegen: a mesma expressão *imperiosa e sinistra* (Herc. Eur. XVI). — **Adjectiva gentilia** treten **hinter das Substantiv**: A ponte *romana* (Herc. Eur. XVI). — Mercador *judeu, mouro, veneziano, genovez, flamengo, ou biscainho* (Herc. Mong. VI), so auch von **Eigennamen abgeleitete**, z. B. O reino

Neptunino (Cam. Lus. III, 15). — Dos montes *Ripheios* (ib. III, 7); doch do *Sarmatico* oceano (ib. III, 10), o *Estygio* lago (ib. IV, 40), os *Eborenses* campos (ib. III, 107) u. a.

Bezeichnungen von Farben stehen nach dem Substantiv: de sorvedouro *negro* (Herc. Eur. XVI); o cavalleiro *negro* (ib.). — Os seus trajos *brancos* (ib.). — Do affamado mar *roxo* (Cam. Lus. X, 97). — Um bocado de pão *negro* (Herc. Mong. V). - Dagegen: Os pratos de *fulvo* ouro (Cam. Lus. X, 3); o *roxo* mar (ib. IX, 3; X, 62); *roxo* estreito (ib. X, 137); bramindo o *negro* mar (ib. V, 38); und in übertragener Bedeutung: metade da minha *negra* historia (Herc. Mong. III).

§ 245.

Die **Comparation** vermittelt neben dem einfachen *que* gewöhnlich *do que* z. B. Mais vale tarde *do que* nunca (besser spät als nie). — A situação deste não era menos difficultosa *do que* a dos agentes (Herc. Inquis. II, 69). — Mais alva *do que* o branco cysne, mais loura *do que* a nuvem linda (doch dann: mais bella *que* o raiar da aurora. mais doce *que* o gemer da brisa, mais casta *que* a mimosa folha. Joaq. Serra, Quadr. 121). — Mais descobrimos, *do que* humano esprito desejou nunca (Cam. Lus. IX, 69).

Primeiro wird auch **comparativisch**[1] gebraucht: eher als alles: mas primeiro *que* tudo (Herc. Mong. VIII).

Eine besondere Fähigkeit entwickelt die portugiesische Sprache in der **Diminution der Adjektive** mit dem Suffix *inho* (§ 79 S. 139).

2. Numeralia.

§ 246.

Wenn *um* mit einer anderen Cardinalzahl verbunden wird, so steht das hiezu gehörige Substantiv im Plural, *um* im Singular z. B. vinte *um soldados*.

Um eine unbestimmte, grosse Anzahl zu bezeichnen steht wie im Deutschen ‚tausend' (= lat. *sexcenti*) *cento* und *mil*. — Lagrimas de meus olhos *cento a cento* (Mal.

---

[1] Dem lat. *longum* est (es wäre zu weitläufig) entspricht *tarde é* (es ist zu spät), so: ó *tarde* para fallar nisso (Herc. Mong. III). — (Hard. Rom. II, 55).

conq. VII, 107). — *Mil* cidades, *mil* povos deixa atrás (Din. Hyss. I. 223). — *Mil* arvores estão ao céo subindo (Cam. Lus. IX. 56)). — *Mil e mil* noites (Herc. Eur. XVIII).

Poetisch sind multiplicirende Umschreibungen einer Zahl z. B. Eram os que seguiam sua bandeira *dez vezes dez* (= 100; Mal. conq. I, 89). — Eram *seis vezes cento* (600) os Malavares (ib. I, 83). — *Quatorze vezes cento* (Cam. Lus. V, 2).

Acht Tage ist auch portugiesisch *oito dias;* vierzehn Tage (wie in den romanischen Schwestersprachen) *quinze dias;* ein Vierteljahr *tres mezes;* ein halbes Jahr *seis mezes;* dreiviertel Jahre *nove mezes.* — Foi depois de *quinze dias* (Herc. Mong. III). — Haveria *seis mezes* (ib. I).

Outros tantos (ebenso viele) tritt oft zu Zahlwörtern. — Vinte dias e *outras tantas* noites (Herc. Mong. III). — Zu *um* tritt *mesmo* gleich dem deutschen „ein und derselbe". — Dous pensamentos *n'uma mesma* alma. Somos dous ramos *de uma mesma* palma, somos dous eccos *de uma mesma* voz... dous cantos *d'uma mesma* lyra... dous raios *d'uma mesma* luz (Fil. Sobrinho, Consol. 52).

Segundo steht wie das deutsche „der zweite" im Sinne des lateinischen *alter* z. B. er ist mir ein zweiter Vater geworden. — Oh meu *segundo* pai (Herc. Mong. I). — Tel-a em conta de *segunda* mãi (ib. II).

Die Stellung der Ordinalzahlen ist wie jene der Cardinalzahlen (§ 132 d) vor dem Substantive; jedoch auch nach demselben. — A vez *primeira* que eu fitei Thereza (Castro Alves, poes. 47). — Na *primeira* metade do seculo XV... nos fins do seculo XV (Herc. Mong. IV). — Tritt die Ordinalzahl (z. B. bei Ueberschriften u. dgl.) hinter das Substantiv, so verliert sie den Artikel z. B. im achten Gesange der Lusiaden, no *oitavo* canto dos Lusiadas; der achte Gesang, Gesang 8; o *oitavo* canto; aber canto *oitavo*. — Do seculo *quatorze* (Herc. Mong. IV).

§ 247.

Abweichend vom Deutschen steht die Cardinalzahl an Stelle der Ordinalzahl:

a) bei Angabe der Monatstage, mit Ausnahme des

ersten; also o *primeiro* de janeiro; dagegen o *dezasete* de septembro. — Das Datum des Briefes wird mit *em, no, aos (o)* gegeben; also am 20. Juli *em, no, aos (o) vinte de julho.* [Im Jahre heisst *em* oder *no anno.*]

b. mehrfach nach französischem Vorbilde bei den Namen regierender Fürsten und Päpste. So liest man: *Luiz quatorze, Carlos onze* u. dgl.; immer aber sagt man *primeiro* und die Ordinalzahl meistens, wenn von portugiesischen Königen die Rede ist und selbstverständlich, wenn poetisch die Ordinalzahl vor dem Nomen proprium steht, in welchem Falle sie auch meistens den sonst oft fehlenden Artikel erhält.

Que galas foram *ao quarto* Henrique (F. Man. a. p. V). — Este é o *primeiro* Affonso (Cam. Lus. VIII, 11). — Foi *segundo* Affonso (ib. III, 90). — Lhe succede Sancho *segundo* (ib. III, 91). — *Quarto* Affonso (ib. III, 98).

Die Altersangabe von Personen wird (wie im Französischen) mit *ter* und *annos* ausgedrückt. — *Quantos annos tem Vm.? (Que idade tem Vm.?)* wie alt sind Sie? — *Tenho trinta annos* ich bin 30 Jahre alt. — *Tenho setenta annos* Herc. Mong. II).

3. Pronomina.

§ 248.

Da das portugiesische Verbum sich eine volle Flexion bewahrt hat, so ist vor der Verbalform die Setzung eines Nominatives von Personalpronomina nicht nothwendig und auch nicht gebräuchlich; bei besonderer Hervorhebung, bei Gegensätzen, zur Deutlichkeit (d. h. zur Bezeichnung des Genus) findet sich das Pronomen personale.

Vaguei pelas solidões e assentei-me sobre os penhascos (Herc. Eur. VIII). — *Ouves* a voz da patria? (ib.) — Não, *eu* não quero a gloria; não, *eu* não quero o mando e o poderio (ib.). — Onde todos *acham* lagrymas de consolo, *eu* não achei uma só (ib.). — *Vós*, Eurico, ficareis aqui; *vós* que salvastes minha irman, sereis o seu guardador (ib. XVII).

Indessen findet sich auch bei Gegensätzen häufig kein Pronomen vor dem Verbum. — Ponderou-me que era necessario tomar algum alimento; *recusei: instou* (Herc. Mong. II).

Dagegen steht das Pronomen gerne bei der **Inversion** z. B. atalhei *eu* (Herc. Mong. II), acudi *eu* (ib.), repeti *eu* (ib.), tornei *eu* (ib.), perguntei *eu* (ib.), doch auch *repliquei* (ib.), *gritei* furioso (ib.) u. dgl.

Die **Personal- und Reflexivpronomina** werden verstärkt durch *mesmo* (selbst) und noch häufiger durch *proprio*.

Falava *comsigo mesmo* (Herc. Mong. VIII). — Devia morrer mais cedo do que *eu proprio* imaginara (Herc. Mong. II). — Fez suar *a mim proprio* (Din. Hyss. V, 129). — E *eu propria* a sorte coadjuvei (Lind. IV, 3). — Dissestes-mo *vós propria* (ib. III, 1). — Retardavam-se *a si proprios* (Herc. Eur. XV).

Eine andere Verstärkung erfahren *nós* und *vós* durch *outros*, was dem spanischen *nosotros, vosotros* entspricht. Eine besondere Hervorhebung oder ein Gegensatz (wie bei dem franz. *nous autres*) ist hiebei **in der neueren Sprache immer** beabsichtigt.

Nós outros os mouros (Herc. Mong. V). — Isso dizeis *vós outros*, os que não herdastes um nome (ib. II). — Para dar em *nós outros* d'improviso (Mal. conq. III, 45). — Cidades outras mil a *vós outros* se estão guardando (Cam. Lus. X, 106). — Que *vós outros* ao mundo dais (ib. X, 138).

Sehr gewöhnlich im Portugiesischen ist die **Häufung der Personal- und Reflexivpronomina**, indem gerne **die verbundene Form der drei Personen des Singulars und der dritten des Plurales vor dem Verbum steht und die selbständige nachfolgt oder umgekehrt.** Beispiele hiefür ergeben sich zahlreiche.

Que *m'importa a mim* a gloria? (Herc. Eur. VIII). — Disse *m'a mi* meu amigo (Braga, Ant. 17). — Não *me* assassinou *a mim!* (Herc. Mong. I). — Assassinare*s-te a ti proprio?* (ib.) — O orvalho *a ti te* rega (Gom. Leal, clarid. 33). — Salvei-*o a elle* (Herc. Mong. VIII). — Eu perseguia-*o a elle* (Herc. Mong. III). — Protegei-*a a ella* (ib. V). — Ou se lha dão *a ella* as bellas flores (Cam. Lus. IX, 61). — Se cubriu *a si proprio* de infamia (Herc. Mong. VIII). — Mas

eu me matarei mais cruelmente do que *te a ti* mataram
(Castro, V). — *Te* entregou *a ti* só as riquezas (Herc.
Mong. IV).
Selten tritt das selbständige Pronomen für das verbundene ein z. B. Não *me* é menos que *a ti* a sorte esquiva
(Mal. conq. VII, 103).

Das Personalpronomen tritt gewöhnlich ein, um einen
in lebhafter Redeweise vorausgesetzten Akkusativ fortzuführen (wie im Französischen (vgl. S. 268 § 187).

Chama que logo *aquelle* infame *lh'o* castiguem (Din.
Hyss. VI, 285). — *Requesta* já *t'a* fiz (Herc. Mong. III). —
Irman já não *a* tenho (ib.). — O *pagem* mandei-*o* voltar (ib.)
— Estas *palavras* ainda *as* ouviou Fr. Vasco (ib.)

Ende (lat. inde) als Genitiv des neutralen Pronomens (S. 201) findet sich (= frz. en) in der ältesten
Sprache vereinzelt. — Lhi dé *ende* alguña cosa (Eluc. I, 422).
— Do que moiro gran prazer *end'* ei (Trov. 199). — Auch
end, *en* und *por ende*.

Das deutsche ‚es‘ bei sein z. B. ich bin ‚es‘ wird durch
das Demonstrativ (o) ausgedrückt.

Compadecido dos desadventurados, porque tambem elle
o era (Herc. Mong. III). — Um crime que para elle não *o*
era (ib. IV).

Ueber die Stellung der possessiven und reflexiven Pronomina ist (ausser dem, was aus der Verschmelzung mehrerer zu einem Worte [S. 202] hervorgeht)
zu bemerken, dass dieselben meistens hinter das Verbum
treten, wenn dasselbe im Infinitiv und immer, wenn es
im Imperativ steht; ausserdem herrscht in der
Stellung der Pronomina vor oder hinter dem
Verbum die grösste Freiheit. Beispiele mögen dies
belegen.

a. Perdoae-*me* (Herc. Mong. I). — Obrigava-*o* a transpôl-*os* (ib.). — Perdôo-*te* o escandalo (ib.). — Tinha-*o* em
conta (ib.). — Disse-*vos* (ib.). — Calou-*se* (ib. II). — Interrompeu-*a* (ib.). — Ficou-*me* bem estampado na memoria
(ib.). — Mandei-*vos* chamar (ib.). — Tornei-*lhe* (ib. III). —
Metti-*me* entre o povo (ib.). — Saberei dizer-*vos* (ib.). —

Ergueu-*se* (ib.). — Lembrei-*me* (ib.). — Via-*lhe* o sorrir suave (ib. I). — Beijando-*lhe* a fimbria (ib.). — Assentou-*se-lhe* ao lado apertando-*lhe* uma mão (ib.). — Havia-*me* encostado (ib. III). — Erguendo-*me* parecia-*me* (ib. III). — Viu-*o* (ib. IV).

b. Não *o* achando (ib. IV). — *Vos* envenena (ib. I). — Deus *me* perdoe (ib). — *Se* travara o dialogo (ib.). — Que *o* mandasse fallar (ib.). — Mostra em *nos* honrar (Din. Hyss. I, 124). — Para *o* fazer (ib. I, 150). — *Me* baptisara (Herc. Mong. II). — O que *se* passou (ib. II). — O meu capellão *o* fará (ib.). — Não *lhe* respondi (ib. III). — O sol ia *se* pondo (ib.). — Não sei o que *me* reteve que não *me* arrojasse a seus pés, e *lh'os* beijasse, e *lhe* pedisse perdão, e depois *a* apunhalasse (ib.). — De *lhe* pescar o seu segredo (ib. IV). — Tanto *te* amou (ib.). — Dize a quem *te* mandou (ib.).

Freier noch ist die Stellung in der älteren Sprache. Zu F. A. do Oriente (Lus. transf.) 'Em vestir-se da lan que *lhe elle* desse' schreibt Parn. lus. (III, 185): 'Esta variação era quasi sempre collocada pelos nossos bons poetas e prosadores *antes do pronome,* o que torna a phrase mais euphonica; mas hoje os que não attendem á euphonia escrevem 'que *elle lhe* desse'.

§ 249.

Die Possessiva sind absolut und conjunktiv ihrer Form nach gleich und werden attributiv und praedikativ angewendet.

Se vivesses, seria *tua*; *tua* esposa, *tua* escrava (Herc. Eur. XVIII). — Sou *tua*, Eurico (ib.). — Tu vives para ser *meu* (ib.). — Era *o teu* (ib.). — O *teu* inimigo primeiramente *o* foi *meu* (Herc. Mong. IX). — *A tua* vingança, que é *sua* (ib.). — Serás *meu* na vida e na morte (ib.).

O nosso bedeutet wie im Deutschen „der unsrige, unser" d. h. der schon genannte.

O nosso deão se veste (Din. Hyss. IV, 144). — Viu *o nosso* doctor (Castilho, Excav. 138). — Lá estava *o nosso* cistersiense (Herc. Mong. V).

Die portugiesischen Possessivpronomina nehmen gewöhnlich den bestimmten Artikel zu sich, den auch ein demonstratives oder indefinites Pronomen oder ein Zahlwort ersetzt. — Doch kann der Artikel vor dem Possessive ebenso gut fehlen, ja er fehlt immer (wie im Italienischen) bei Verwandtschaftsbezeichnungen, im Vokative und bei Titulaturen.

a. *O meu* nome é Vasco (Herc. Mong. III). — *A minha* obra infernal (ib.) — *Nesta nossa* terra (Herc. Eur. V, 2). — *Estes meus* versos (Cam. Lus. I, 18).

b. Se me disserdes *vosso nome* (Herc. Mong. III). — Em *meu* conselho (Din. Hyss. I, 189). — Por *minha* bocca (Herc. Eur. XIII). — Vendo *seu* senhor deribado (ib. XIV). — *Minha* alma em *sua* razão, *meu* sangue em *seu* coração (A. Garrett folh. cah. 177). — Defender *seu* nome e fama (Cam. Lus. VI, 63). — Como *tua* filha (Herc. Eur. XIII). — Como *tua* esposa (ib.). — *Meu* irmão (ib. XIV). — *Seu* tio (ib. III). — Vil como *tua* mulher (Herc. Mong. III). — Por *vosso* pae, por *vossa* irman (ib.). — *Meu* Vasco; *meu* Vasco! (ib.). — *Sua* Alteza (Hard. Rom. I, 40). — Vá *vossa* reverencia (Herc. Mong. VI). — Doch wieder: *A tua* filha nunca te accusará (Herc. Eur. XVIII). — *O meu* genro (Hard. Rom. II, 66). — *A minha* mulher (ib.). — *A sua* irman (ib.). Die Verbindungen des unbestimmten Artikels mit dem Possessivum s. § 217 S. 302.

Das Possessivpronomen steht gewöhnlich vor seinem Substantive, seltener und dichterisch nach demselben.

Tomai as redeas do reino *vosso* (Cam. Lus. I, 15). — Navegantes *seus* (ib. IX, 20). — A um signal *seu* a porta abriu-se (Herc. Eur. XII).

Umschreibungen des Possessives durch einen Relativsatz mit *ter* gehören der älteren Sprache an, z. B. De tres moinhos *que tenho*, todos tres t'os dera a ti. — De tres filhas *que eu tenho*, todas tres te dera a ti. — De tres filhinhas *que tenho* (Hard. Rom. I, 72. 73). — So auch Cam. Lus. II, 80: Mandado de um rei, *que temos*, alto. I, 3 A fama das victorias *que tiveram*.

Umschreibungen des Possessives durch Personalpronomina s. § 215 S. 300.

Zwei Possessiva können nicht zu einem Substantive

treten, ohne dass nicht das eine nach demselben mit dem Artikel (als selbständiges Pronomen) zu stehen kommt z. B. *o meu amigo e o teu*, mein und dein Freund.

§ 250.

Este, esse, aquelle unterscheiden sich wie das lateinische *hic, iste, ille* d. h. *este* ist das Pronomen der ersten Person, darum gerne in Verbindung mit den Possessiven *meu* und *nosso*; vom Orte bezeichnet es den zunächstliegenden,[1] den Aufenthalt des Sprechenden. — *Esse* als Demonstrativ der zweiten Person bezieht sich auf den Angeredeten und seinen Ort, darum findet es sich gerne mit *teu* und *vosso* vereint. — *Aquelle* als Demonstrativ der dritten Person bezeichnet, wie das deutsche „jener" (ille), das Entferntere, Gegenstand und Oertlichkeit eines fernerstehenden, wesshalb es oft dem deutschen „damalig, dortig" entspricht.

Gado tão mau de reger, Gonçalo, como *este* meu (Lobo, Ecl. 8). — *Nesta* nossa terra (Herc. Eur. V, 2). — *Estes* meus versos (Cam. Lus. I, 18). — No momento em que *esta* (= die vorliegende) historia começa (Herc. Mong. I). — Sciencia tão cultivada n'*esses* tempos, como a politica *nestes* nossos (ib.). — *Estes* olhos hão-de cerrar-se (Herc. Eur. XVII). — A grosseira mesa *desses* godos (ib. XIII). — Eram já bem raros por *aquelles* (ib. I).

Wie das lateinische *hic-ille* dient *este-aquelle* zur Zurückweisung auf zwei bereits genannte Gegenstände, wobei *aquelle* sich auf den erstgenannten, *este* auf den letztgenannten bezieht, entsprechend dem deutschen „ersterer — letzterer".

Se em Africa Catão, se em Roma Cesar deram fé aos presagios, nem *aquelle* acabara infeliz, nem *este* fora morto (Din. Hyss. VI, 50). — *Aquella* com as virtudes asperas, *esta* com as tradições da cultura (Herc. Eur. I). — O somno ou a vigilia, que me importa *esta* ou *aquelle*? (ib. VII, 1.

---

[1] So sagt man kurz *nesta* = in hiesiger Stadt; *nessa* = in Ihrer Stadt, d. h. da wo der wohnt, an welchen der Brief oder die Rede gerichtet ist.

Das lateinische Determinativpronomen *is* ersetzt im Portugiesischen der Artikel, der besonders häufig vor die Relative tritt.

Entre *os que* abençoam a tua justiça (Herc. Eur. VIII). — *O que* á desventura ajuncta receios (ib. XIII). — Viu *o que* era (Herc. Mong. II).

Ebenso tritt dieses Determinativ ein, um die Wiederholung eines bereits genannten Substantives zu vermeiden z. B. O nome do presbytero começou a soar como *o* de um successor de Draconio (Herc. Eur. III). — O som da minha voz era *o* da voz de homem (Herc. Mong. II).

Sehr häufig indessen folgt die portugiesische Sprache dem Vorbilde der lateinischen, die in solchen Fällen das Pronomen nicht übersetzt. (Flebat pater de filii morte, de patris filius. Cic. Verr. II, 1. 30). — Uns os suppõem obra da natureza, outros *dos homens* (Herc. Mong. III). — Chorando ella males de amor, eu *da fortuna* (Mal. conq. III, 92). — É perda grande e rara *dos membros* (Cam. Lus. IV, 29).

Oft vertritt das Determinativ ein fehlendes Substantiv; dem griech. οἱ μετὰ Κύρου entspricht z. B. *os* de Luso (= os Lusitanos, Cam. Lus. II, 17. 103 u. ö.). — Com *os* da sua tribu (Herc. Eur. IV, 2).

Die Nachstellung eines Demonstrativpronomens hinter sein Substantiv ist selten. — O cantar *est'* é mui dito (Braga, Ant. 10). — Dem lateinischen *idem* entspricht *o mesmo* (mit dem Artikel wie ὁ αὐτός); *mesmo* = αὐτός (*proprio* s. § 248 S. 337).

§ 251.

Den portugiesischen Relativen *que* (quid), *qual* qualis), *cujo* (cujus) hilft das Adverb *unde* aus, indem es zeitlich und örtlich für ein von einer Praeposition regiertes Relativpronomen eintritt z. B. Nestes corações, *onde* (= nos quaes) reinavam affectos (Herc. Eur. I). — Os valles profundos *onde* nunca soara a voz humana (Herc. Eur. XIII). — Praepositionen vor *onde* bezeichnen dann häufig die Ruhe oder Bewegung, die Richtung u. dgl. — As suas janellas, *por onde* (= pelas quaes) a claridade passando (Herc. Eur. II).

Die Relativa *que* und *qual* unterscheiden sich höchstens

dadurch, dass *o qual* mit mehr Nachdruck die Person hervorhebt; ausserdem jedoch findet sich *que* ebenso von Personen wie von Sachen, ist überhaupt viel häufiger als *o qual* und steht auch in Verbindung mit Praepositionen.

Sectario do Alcorão, *o qual* não veda esse tracto (Herc. Mong. IV). — Jogos d'espadas, *nos quaes* se divertiam (ib.). — Tristes argáus, *dos quaes* se pode fazer uma idea (ib.). — Uma arca velha, *sobre a qual* se assentaram (ib. V). — O mouro *que* falara (ib.). — Manuscripto *de que* vamos tirando (ib. IX). — Alguns minutos antes daquelle *em que* Deus a houvesse de chamar (ib. VI). — Um dia *em que* os raios do sol resvalam (Herc. Eur. II). — Poesia *a que* o mundo deu o nome (ib.)

Seltener bezieht sich *quem*, das relativ wie *que* und *o qual* ist, auf Sachen; seine gewöhnliche Beziehung gilt Personen.

Oh filho, *a quem* eu tinha só para refrigerio (Cam. Lus. IV, 90). — Esposo, *sem quem* não quiz amor, que viver possa (ib. 91). — Segredos daquella Eternidade, *a quem* juizo algum não alcançou (ib. I, 71). — As lacteas tetas lhe tremiam, *com quem* amor brincava (ib. II, 36). — A terra, *por quem* tanto trabalho exprimentava (ib. VI, 94). — Cores *de quem* a vista julga (ib. IX, 68).

Wie das lateinische *qualis* führt *qual* ein Gleichniss aus (§ 202 S. 286). — *Quaes* raivosos arremessados cães (Din. Hyss. VI. 262). — *Qual* o membrudo e barbaro gigante (Cam. Lus. III, 91). — Quentes *qual* lume (Herc. Mong. I).

Dem französischen *ce qui*, sp. *lo que*, das sich auf einen ganzen Satz bezieht, entspricht das portugiesische *o que*.

Bisweilen findet sich das Nomen des ersten Satzes in den Relativsatz hereingezogen und zwar in dem Casus des Relatives (= gr. οὗτός ἐστιν, ὃν εἶδες ἄνδρα) z. B. De alguns que trazia *condemnados* (= alguns condemnados, que trazia).

An Stelle von *o que, os que* u. s. w. tritt mit Auslassung des Determinatives *quem*. Hiebei findet sich ganz gewöhnlich eine der griechischen Sprache geläufige Attraktion. Wenn nämlich das Relativ in den Akkusativ zu stehen käme, das Pronomen jedoch, auf welches es sich bezieht im Genitiv oder Dativ steht oder von einer Praeposition regiert ist, so wird das Relativ davon angezogen und nimmt statt des Akkusatives den betreffenden Casus oder die Praeposition des Pronomens zu sich.

Com o aspecto tristonho *de quem* (= eines der) se despede de um amigo (Herc. Mong. V). — Ante os olhos morrer *por quem* (= dessen, für den) vivia (Mal. conq. III, 94). — Impedido *por quem* (von dem, der) das cousas é ultima linha (Cam. Lus. VI, 55).

Gewöhnlich ist diese Attraktion bei *quantos* mit ausgelassenem *todos* (vgl. § 148 S. 209. Beisp. S. 210).

De *quantas* graças tinha a natureza, fez um bello e riquissimo thesouro (Cam. Son. 216). — A mais fremosa de *quantas* vejo (Braga, Ant. 43).

Que quer que, quem quer que ist das lateinische *quicunque, quidquid* (wer auch immer).

A minha manopla tornou a encontrar *o que quer que foi* (Herc. Mong. I). — *Quem quer que* sejas (ib. II).

§ 252.

Von den portugiesischen Interrogativpronomina ist *quem* das persönliche Substantivpronomen „wer?", neutral ist *que? was?* — *Cujo* steht für den Genitiv, *qual* ist persönlich und sächlich, selbstständig und verbunden. — Allein auch das neutrale *que* steht vor Personen und verbunden.

Que infamias estás ahi dizendo? *Que* casamento de Leonor? *Que* Lopo? (Herc. Mong. II). — *Quaes* de vós sois como eu desterrados? (Herc. Eur. XIII). — *Qual* de vós? (ib.). — *A que* (wozu) vens pois aqui? (ib.). — *Que* olhas para o chão? (ib. X). — *Quantos* sois vós? (ib. XIII).

Auch beim Ausrufe steht *que*, manchmal verdoppelt. — Em *que* paz tão serena a dormi! Oh *que* doce era aquelle sonhar! (Alm. Garrett, folh. cah. 149). — *Que* poeta *que* não era da linda Ignez o cantor! (Palmeirim, poes. 112). — *Que* grandes escripturas *que* deixaram (Cam. Lus. V, 23).

§ 253.

Dem lateinischen *aliquis* (quis, quispiam) entspricht portugiesisch das substantivische *alguem*, das adjektivische *algum*, so wie auch das einfache, weniger hervortretende *um, uns*. — Sobre *uns* juncos deitado os olhos cerra (Mal. conq. II, 91). — Das Neutrum *algo* ist veraltet; an seine Stelle trat *alguma cousa*. — Für *quidam* trat (neben *certo, sicrano* und *fulano*) *tal* ein. — *O tal* (= jener gewisse) monsieur Paris foi um asno (Din. Hyss. V, 179). — *Tal* neutral bedeutet ‚solches, derartiges'. Não diga, senhor, *tal* (Din. Hyss. V, 119). — Sem de *tal* mais se lembrar (Herc. Mong. IX). — *Tal* steht auch maskulinisch als unbestimmtes Pronomen (*non nemo*). und in distributiver Bedeutung; bei Aufzählungen z. B. *Tal* dos mancebos ha (Cam. Lus. IX, 73) zur Abwechslung mit dem bisher gebrauchten *alguns, outros*. Ebenso *quem — quem* wie *uns — uns*; Cam. Lus. I, 92. — *Quem* se afoga nas undas, *quem* bebe o mar; und *qual — qual*; ib. IV, 90. 91. — *Qual* vai dizendo . . . *qual* em cabello. — Das gegenüberstellende *alter — alter* ersetzt *um — outro*. Quando *um* prospera, *outro* cahe; *um* periga, quando *outro* em salva praia corre (F. Man. a. p. XIV). — *Al* = aliud (anderes) ist veraltet. — Não quero que cuides *al* (Sá de Mir. Ecl.) — *Quisque, omnis* vertritt im Portugiesischen neben *cada, cada um* auch das verallgemeinernde *qualquer* und *cada qual*. — Facilmente illudiram *qualquer* (Herc. Inquis. I, 214). — Outra *qualquer* pousada grandiosa (Herc. Mong. VII). — De idade *cada qual* era mancebo (Cam. Ecl. IV).

Die negativen Pronomina der portugiesischen Sprache (*ninguem, nenhum*, alt *nullo; nada*) verlangen in der Regel eine weitere Negation (*não*), wenn sie nach dem Verbum stehen z. B. *Ninguem* o escutara ou antes *ninguem* o entenderia (Herc. Eur. III). — Eu *nenhum* d'elles *não* sou (Hard. Rom. II, 22). — *Não* lhes responde *nada* (Herc. Mong. II). — Ohne Negation findet sich dann *nenhum* und *ninguem* selbst in der Bedeutung ‚jemand' und *nada* = etwas. — Tethys quer ferir mais que *nenhuma* (Cam. Lus. IX, 48). — Não consentindo que a *nenhum* delles se conceda a vida

(Mul. conq. V, 51). — Quem sabe lá *nada* da outra vida? (Herc. Mong. IX).

Pessoa mit und ohne *alguma* umschreibt das Pronomen *alguem, algum*. — Sem falar com *pessoa alguma* (Herc. Mong. II). — *Sem* gibt indessen häufig den negativen Pronomina den Sinn von jemand, etwas'. Sem tomar *nenhum* alimento (Herc. Mong. III).

Neben *pessoa, pessoa alguma* galt früher, *homem* (§ 149) *homem nascido* (Gil Vic. III, 33), *omem nado* als Umschreibung eines indefiniten Pronomens; (ähnlich *mulher nada*, Diniz) Vgl. Diez A. K. H. S. 129). — *Ullo* = lat. *ullus* (ib. 134).

Das lateinische *nescio quis, nescio quid* ist im Portugiesischen *não sei o que*. — Disse *não sei o que* (Herc. Mong. I).

4. Adverbia.
§ 254.

Das Adverbium tritt als nähere Bestimmung zu einem Verbum, Adjektiv und Adverb; doch auch zu einem Substantive wird es mittelst einer Praeposition (meist *de*) an Stelle eines Adjektives gesetzt.

Estendem não sómente a lei *de cima* (Cam. Lus. X, 151). — Um decreto *de cima* (Herc. Eur. XVI). — Nas terras *de cá* (Quirino dos Santos, Estr. err. 75). — Ao grito tumultuoso dos miseros *d'outr'ora* (Braga, Parn. mod. 148) = griech. αἱ πέλας κῶμαι, ἡ ἐξαίφνης μετάστασις.

Das Adverbium *mais, demais* wird wie ein Adjektiv (= die übrigen) verwendet (vgl. § 220 S. 305).

Os mais seguiram o seu exemplo (Herc. Eur. XIII). — Os *mais* capitães godos (ib. XIV). — Como *as demais* povoações vizinhas (ib. VIII). — Sem *mais* demora (Lind. I, 3). — *As demais* monjas (Herc. Eur. XII).

Menos vertritt oft das deutsche, ,ausser, ausgenommen'. — Eu perdoaria tudo, *menos* uma affronta; eu esquecer-me-hia de tudo, *menos* de um amor puro (Herc. Mong. III).

Bem dient zur Steigerung des Adjektives oder Adverbs (S. 188). — Limitou a *bem* poucos annos (Herc. Eur. VIII). — Uma *bem* triste nova (ib. XIII). — Tarde, já *bem* tarde (ib.). — Oft auch entspricht es unserm ‚zwar, allerdings' mit darauf folgendem adversativem Satze: *Bem quizera Proteo dizer . . . porém* (Cam. Lus. VI, 16).

Não bem entspricht dem deutschen ‚kaum'. — *Não bem quatro passos tinha dado* (Din. Hyss. V, 85).

Das temporale Adverb *antes, ou antes* vertritt das lateinische *potius, vel potius* == ‚eher, lieber, vielmehr'. *Mas a nossa barca, ou antes a barca affretada* (Herc. Mong. III). — *Eurico, ou antes a sua sombra* (Herc. Eur. VIII). ‚Im Gegentheil'. *Perdido o siso! Antes no mundo nunca mulher se viu tão atinada* (Din. Hyss. V, 240). — *O coração me adevinha que tudo isso é engano. — Antes fosse!* (Braga, folh. v. 156).

Até als Adverbium ist das lateinische *vel* (sogar, ja selbst). — *Capaz de duvidar até de Christo* (Din. Hyss. VII, 42). — *Lavar-lhe o nedio cū e até beijar-lho* (ib. I, 162). — Das Adjektiv *proprio* (statt *mesmo* [1]) übernimmt bisweilen dieselbe Funktion. — *O proprio S. Paulo chamou a isto loucura* (Herc. Mong. IX). — *Vencerão a fortuna e o proprio Marte* (Cam. Lus. X, 42).

Pois (*post*) bezeichnet ausser seiner temporalen Bedeutung ‚hierauf, nachher' den Uebergang und Schluss in der Rede = nun, also. — *Deste pois populoso imperio em paz empunha* (Din. Hyss. I, 68). — *Pois bem!* (Herc. Eur. XVII). — *É pois verdade?* (Lind. I, 3); es führt auch die Rede fort = ferner, dann. — *Quem não vê pois?* (F. Man. a. p. XII).

Inda, ainda bedeutet zeitlich ‚noch'. — *Que inda se mostram de memoria dignas* (Mal. conq. I, 113); und (meist mit *mesmo* verbunden) eine Steigerung ‚ja sogar'. E *inda mesmo entre nós não ignorado* (F. Man. a. p. IV, 6).

Já einst, schon heisst wie das lateinische *jam* noch. *Que poderei do mundo já querer* (Cam. Son. 95); *já não = non jam*; *Irman já não a tenho* (Herc. Mong. III). — *Ou já* = oder doch (= ital. od almeno). *Se fosses menos*

---

[1] *Mesmo* tritt auch zu Adverbien, um sie näher zu bestimmen z. B. *amanhan mesmo parto* (Herc. Mong. IX).

rica de formosura, ou já mais docil teu fero coração (Lind. II, 4).

Embora tritt gewöhnlich vor einen Conjunctivus exhortativus oder conccssivus. — Seja *embora* o que dizes (Lind. II, 1). - Chovam *embora* sobre mim as muletas (Diu. Hyss. IV, 329).

Durch Wiederholung des Adverbs wird ein superlativer Begriff erzielt z. B. Chamem-me *logo logo* o douto Andrade (Diu. Hyss. III, 92).

Von den negativen Adverbien hat *não* (non) allein schon verneinende Kraft z. B. *Não* gastava elle as horas (Herc. Eur. III); die Verstärkungen der Negation wie *migalla* (Nen comia nen *migalla*, Bellerm. a. L. 61) u. dgl. sind schon Seite 258 erwähnt worden. — Die Negation bei einem negativen Verbum verstärkt wie im Lateinischen die Affirmation z. B. *Nada ignora* (nihil ignorat. Braga, f. v. 166). — *Nem* (und nicht) schliesst fast immer an eine vorhergehende Negation an und wird oft noch weiter (durch *nada, nemigalha* u. dgl.) verstärkt. — *Nem* por isso Alle entendeu lá muito bem (Herc. Mong. V). — *Nem* deixarão meus versos esquecidos (Cam. Lus. I, 14). — Da rraynha *nem* del rrey *nam* quero saber nada (Bellerm. 69). — Häufiger ist die Wiederholung von *nem* z. B. que *nem* o ostiario *nem* ninguem tinha visto (Herc. Eur. III).

Nunca (niemals) ist selbständige Negation. — Descobre o fundo *nunca* descoberto (Cam. Lus. VI, 9). — Bisweilen steht es in positivem Sinne wie jamais z. B. Com mais fervor que *nunca* (Herc. Mong. V). — Os ventos mais que *nunca* impetuosos (Cam. Lus. VI, 37). — Mais do que humano esprito desejou *nunca* (ib. IX, 69). — Doch hat auch *jamais* selbst ohne Negation häufig schon die negative Bedeutung von *nunca*, wenn es vor dem Verb steht (vgl. Beispiele S. 255, wo sich auch *nunca jamais* findet). — A lua *jamais* segredos conta de alguem (B. Guimarães, nov. poes. 143).

Die Negation (*não*) tritt gerne zum Verbum des abhängigen Satzes 1) wenn das Verbum des regierenden den Begriff des Fürchtens, Zweifelns, Läugnens, Zögerns, Verhinderns ausdrückt oder nahe legt. — Não tardou muito que voando um rumor *não* soasse (Cam. Lus. IX, 9). — 2) Bei Vergleichen mit vorhergehenden Comparativen, wenn der zweite Theil nicht durch einzelne Worte, sondern durch einen ganzen Satz ausgedrückt wird.

Das deutsche ‚kein' wird portugiesisch mit *não* (= lat. *non*) übersetzt, wenn es zu einem Adjektive oder zum Praedikat gehört. — Oh mal haja o barqueiro que *não* tem a barca n'agua (Hard. Rom. II, 291) = keine Barke.

Einzelne Verba vertreten, wenn sie einen Infinitiv bei sich haben, oft die Stelle deutscher Adverbien z. B. *não tardar* = alsbald; *acabar de* = so eben; *gostar de* = gerne. — As grossas portas *não tardaram a* abrir-se (Herc. Eur. XII). — *Não tardou em* descer (ib.). — *Acabava de* confessar (Herc. Mong. VIII = der ich soeben die Beichte abgenommen hatte). — Cuja historia *acabaes de* ouvir (ib.) — Que muito *gostava de* ouvir (ib. II).

6. Capitel.
1. Genera des Verbums.
§ 255.

Von einzelnen Eigenthümlichkeiten intransitiver Verba war schon oben § 209 S. 292 die Rede. Die Zahl der transitiven Verba, welche auch eine intransitive Bedeutung haben, ist wie im Lateinischen ziemlich gross; z. B. *alluir* (alluere, anspülen); zu Grunde gehen; *amollecer* (weich machen), weich werden; *differir* (aufschieben), sich unterscheiden; *referver* (aufwärmen), wieder kochen, gähren; *remittir* (erlassen, verzeihen), sich legen, nachlassen; *lustrar* (reinigen), glänzen; *melhorar* (bessern), besser werden; *passar* (durchschreiten), gelten für etwas; *pesar* (wägen); wiegen, lasten; *gemmar* (okuliren), Augen treiben u. v. a.

Andere transitive Verba sind durch Auslassung ihres Objektes zu Intransitiven geworden z. B. *desaferrar* (nämlich *ancora*) Anker lichten (*desaferrar* = losreissen).

Die reflexive Thätigkeit, welche vom Subjekte

ausgehend zugleich auch auf das dasselbe zurückgeht, kann im Portugiesischen nur durch die Reflexivpronomina ausgedrückt werden (§ 167). Die lateinische Sprache verwendete ausser dem Reflexiv (*se movere*) sehr gerne das Passiv (*moveri*); im Portugiesischen ist es umgekehrt, indem reflexive Verba hier das Passiv umschreiben (§ 256). Im Lateinischen genügte ferner bisweilen das Aktiv transitiver Verba, die im Deutschen reflexiv übersetzt werden (*abstinere, mutare*), ein Fall, der im Portugiesischen auch vorkömmt z. B. *mudar, vestir* (statt mudar-se, vestir-se). — O seu vestido *vestiu* (Hard. Rom. I, 104).

Ueberhaupt findet sich eine Anzahl Verba reflexiv und nicht reflexiv, z. B. *tornar* und *tornar-se, ir* und *ir-se, chegar* und *chegar-se, rir* und *rir-se, sorrir* und *sorrir-se, parecer* und *parecer-se, morrer* und *morrer-se* (im Sterben liegen), *estar* und *estar-se* u. v. a.

Torna-te ás terras que batatas criam (Castilho, Exc. 138). — De mim *te foste* (Lind. II, 2). — O caçador *foi* á caça (Hard. Rom. I, 47). — Já *se chega* o tempo (Mal. conq. III, 10). — *Cheguei-me* a elle (Herc. Mong. II). — Se *ris, me rio* (F. Sobrinho, Consol. 52). — *Sorriu-se* (Herc. Mong. II). — Um homem que *se parece* meu pae (Hard. Rom. II, 28). — A pobre mulher que *se morria* (Herc. Mong. IV). — Um bom cavalleiro só *se estava* (Hard. Rom. II, 35).

Die Impersonalia (§ 169) können nur selten einen Casus zu sich nehmen (= lat. lapidibus pluit). Der Dativ der Person z. B. me cumpre, me parece (*Ao sacerdote* cumpre (Herc. Eur. pref.) u. dgl. ist selbstverständlich. Höchst selten ist der Fall, dass ein Nominativ als Subjekt zu reinen Impersonalen (wie § 169, 1. 2) tritt wie z. B. *Chovam* embora sobre mim as *mulctas* (Din. Hyss. IV, 329). — *Settas e pedradas chovem* (Cam. Lus. V, 33).

§ 256.

Aktiv und Passiv kann im Portugiesischen mehrfach umschrieben werden. Die gewöhnlichste Umschreibung des Aktives geschieht mit *estar* und dem Gerund, ohne dass jedesmal dabei der von den Grammatikern darin angenommene Zustand besonders erkenntlich wäre. — *Está dizendo* (Cam. Lus. II, 43). — E se feridas inda *estão vivendo* (Cam. Lus. IX, 48). — O dia quasi todo *estão passando* (ib. IX, 88). — Dass indessen diese Verbindung des Gerunds mit *estar* häufig die **Gleichzeitigkeit** einer Handlung mit einer andern (= engl. *I am writing*) oder den **Zustand** ausdrückt, ist nicht zu bestreiten. — *Ir* mit Gerundium vertritt gleichfalls die Zeiten des **Aktives**; seltener *andar*. — *Andavam* as nymphas *estorvando* (Cam. Lus. II, 23). — *Andaram devastando* (Cam. Lus. I, 2). — *Guardando andava* a gente (ib. II, 18). — *Foram dilatando* (ib. I, 2). — Se *vão* da lei da morte *libertando* (ib.) — As horas *vai* do dia *distinguindo* (ib. II, 1). — As ancoras tenaces *vão levando* (ib. II, 18). — Ao mundo *irão mostrando* (ib. II, 45). — O Indo *vai buscando* (ib. II, 47). — As proas *apartando iam* as vias (ib. II, 67) — und so häufig blos zur **Umschreibung des Verbums**. — Bei der Oberherrschaft, die das Verbum *estar* über *ser* gewonnen hat, sind im Portugiesischen Verbindungen von praesentischen Participien mit *ser* nicht zu erwarten.

Zur Umschreibung des mit *ser* regelmässig gebildeten Passives tritt ein: 1. *estar* mit dem **Particip Praeteriti**, jedoch mit etwas geänderter Bedeutung, wovon weiter unten (§ 260) die Rede sein wird. 2. *ir*[1] wie im **Aktiv**; seltener *andar*. Doch Hard. Rom. (II, 163) sogar *andando andando* toda a noite *andava* und (II, 8) *andando vae*. — Tal *andava* o tumulto *levantado* (Cam. Lus. I, 35). — *Vão* da doce amor *vencidas* (ib. IX, 50). — A appellação em lettra garrafal *ia traçada* (Din. Hyss. VI, 229). — 3. *ficar* (= ital. *rimanere*, sp. *quedar*) z. B. Tu de quem tão mal *ficou pagado* (Cam. Lus. X, 25). — As expressões que acima *ficam transcriptas* (Herc. Mong. I). — 4. selten *vir*. — *Intitulado vem* com nome real (Cam. Lus. X, 26). — *Vencidos vem* do somno (ib. VI, 39). — A rainha está pejada, a escrava tambem o *vinha* (Hard. Rom. II, 30). — 5. gewöhnlich vertritt re-

---

[1] *Ir* tritt ebenso zu **Adjektiven** z. B. o tempo *ia* sereno, posto que frio (Herc. Mong. III).

flexive Construction das Passiv; so: O mar que só dos féos phocas *se navega* (Cam. Lus. I. 52). — Como por elles *se regia* (ib. III, 91). — A nobre ilha tambem *se apercebia* (ib. IV, 9). — De gramineo esmalte *se adornavam* (ib. IX, 54). — *Se habita dessa gente* (Cam. Lus. X, 92).

§ 257.

Eine besondere Beachtung verdienen einzelne Participia der Vergangenheit von Transitiven und Intransitiven. Fast alle Sprachen bieten den Fall, dass einige Participia Adjektiva werden; so im Lateinischen *cautus, occultus;* im Deutschen ‚verschwiegen, gelehrt' u. dgl. Im Portugiesischen jedoch (und im Spanischen) ist es ganz gewöhnlich, dass das passive Particip aktive Bedeutung erhält. Zu dem Particip *divertido* z. B. (von *divertir* ergötzen) bei Frc. Manoel (o entrudo) ‚de seu nobre presepio *divertido*' bemerkt Parn. lus. IV, 356): ‚dizemos homem *divertido* o que diverte (= unterhaltend). Estes adjectivos passivos *tomados activamente* teem muita elegancia na lingua portugueza. — Noch mehr! Franc. Man. (o verdadeiro amor) schreibt *velados* im Sinne von ‚wachsam': ‚Norte e rumo de seus *velados* olhos', wozu Parn. lus. (IV, 407) erklärt: ‚*velados* por *veladores*, ou que estão sempre de vigia; como dizemos *namorados* na passiva os que activamente namoram. Temos nos nossos bons autores infinitos exemplos de nomes verbaes passivos, a que muito elegantemente dão *significação activa,* como faziam os Latinos, de quem tomamos muitos modos de fallar e mais ainda tomar deveramos, se bom siso tiveramos'. — So sagt man *mulher parida,* eine Wöchnerin (Hard. Rom. II, 31). — Azinheiro sagt von König Ferdinand ‚foi muito *namorado* (= liebenswürdig) e mui agasalhado' (Eluc. II, 168) u. dgl. ebenso: *acautelado* (vorsichtig), *aborrido* (verdrossen), *esquecido* (vergessend), *agradecido* (dankbar), *compadecido* (mitleidig), *atrevido* (kühn), *ardido* (muthig), *ousado* (verwegen), *desesperado* (hoffnungslos), *admirado* (anerkennend), *apercebido* (klug), *calado* (verschwiegen), *arrependido* (reuig), *florido* (blühend), *errado* (irrig), *confiado, fiado* (vertrauend), *attentado* (aufmerksam), *enganado* (betrügerisch), und zahlreiche andere, bei denen das Particip des Passivs aktive Bedeutung (gleich dem des Praesens) hat, dabei aber auch seinen verbalen Funktionen mit dem Hilfsverbum nachkommt. *Esquecido* da sua dignidade (Din. Hyss. II, 92). — *Agradecido* pois ao grande empenho (ib. I, 122). — *Agradecido* do benigno tractamento (Mal. conq. IV, 90). — Companhia lhe faz *compadecido* (Din. Hyss. IV, 64). — Das mãos lhe cahe o *atrevido* papel (ib. VI, 237). — Que *ardidos* seguem o fero javali (ib.) — Aquelle infame *ousado* (ib. VI, 258). — Da vida já *desesperados* (Mal. conq. II, 82). — Perpeira *admirado* e satisfeito (ib. IV, 52). — Alaida esperava *apercebida* (ib. III, 99). — *Calado* estava (ib. II, 8). — Magdalena *arrependida* (Braga, folh. v. 157). — Já não sois mancebo *florido* (Herc. Mong. II). — A restaurar o mundo *errado* e triste (Cam. Out. VIII). — Em vós *fiado* (Mal. conq. II, 50). — No braço *confiado* (Cam. Lus. V, 31). — Vendo o Gama *attentado* (Cam. Lus. II, 29). — O rei que segue intentos *enganados* (ib. V, 62).

2. Tempora des Verbums.

§ 258.

Alles was vom Subjekte ausgesagt wird, gehört der Zeit nach der Gegenwart, Vergangenheit oder Zukunft an. In diese drei Hauptgruppen theilen sich die zahlreichen Zeiten der portugiesischen Sprache, die einfachen und die zusammengesetzten.

a. Das Praesens ist das Tempus der Gegenwart; es berichtet von einer Handlung oder einem Zustande, der sich soeben vollzieht, soeben statthat, stellt auch Sätze hin, welche für alle Zeiten Geltung haben z. B. Quem não *sabe* a arte não na *estima* (Cam. Lus. V, 97). — In lebhafter Erzählung wird oft Vergangenes als sich eben vollziehend dargestellt durch das dem Lateinischen schon geläufige historische Praesens. — Chrimhilde *prostra-se* com a face no chão: as monjas e a dama vestida de branco *seguem* o seu exemplo. Através desses labios innocentes, que *beijam* o pavimento do templo, *murmuram* durante alguns instantes as orações submissas. Depois a abbadessa *ergue-se*, e pouco a pouco aquelles semblantes, que *cobre* uma pallidez d'ineffavel repouso e brandura, *vão-se* alevantando da terra... Então o psalmista *começa* a entoar um dos hymnos sacros... e as demais monjas *respondem* em córos alternos (Herc. Eur. XII).

Seltener vertritt (wie oft im Deutschen) das Praesens ein Futur z. B. Amanhan mesmo *parto* (= partirei, Herc. Mong. IX); dagegen richtig (ib. II): amanhan pela manhan *partiremos*.

β. Das Imperfekt tritt ein 1) um Vergangenes mit Vergangenem als dauernd, gleichzeitig, noch nicht abgeschlossen hinzustellen; darum gewöhnlich zur Schilderung und Beschreibung.

Era dia de festa; o grave carrilho os freguezes *chamara* á grande missa (Din. Hyss. III). — Partimos. *Caminharamos* emquanto os cavallos se *podiam* meneiar, e *ficaramos* onde nos *colhia* a noite. Approximámo-nos certo dia de uma povoação: *era* domingo: o sino *tocava* á missa; o povo *apinhava*-se á porta da igreja (Herc. Mong. II).

2) zur Bezeichnung sich wiederholender Handlungen, darum zur Darstellung von Sitten und Gewohnheiten, Eigenschaften und Charakterschilderungen, Einrichtungen u. dgl. (= pflegen).

Queixavam-se os povos do couto de que o abbade, quando elles lhe não *obedeciam* cegamente, *mandava* prender os juizes, e os *fazia* descer por cordas aos subterraneos dos castellos... de que não lhes *permittia* nem colher os fructos... de que o abbade *mandava* rapinhar as vaccas... e com isso *banqueteava*... de que *tirava* os mesteiraes, a quem os *tinha* assoldadados... de que *ordenava*... (Herc. Mong. IX). — *Reinava* a doce paz na sancta igreja. O bispo e o deão... a vida em ocio sancto *consumiam*. O bom vinho de Malaga e o prezunto... do tempo a maior parte lhes *levavam*, e o restante... *passavam* sem sentil-o (Din. Hyss. II, 1).

3. selten an Stelle eines Praesens (vgl. Diez R. G. III, 266) z. B. Cam. Lus. (I, 64) Dar-te-hei relação de mi, da lei, das armas que *trazia*, was Faria y Sousa als

praesentisch („*inclinandose á la vulgaridad*") erklärt. Wenn dies *trazia* für ein Praesens steht, so kann wohl I, 66 ‚Deste Deos-Homem os livros não *trazia*' ebenfalls als solches erklärt werden. „Die Bücher trage ich nicht mit mir". Ein anderes Beispiel führt Diez (1. c.) an aus Ribeiro (Ecl. 4). — Os dias vivo chorando, as noites mal as *dormia*.

Bisweilen, besonders bei den Hilfsverben, ist ein Unterschied des Imperfekts und Perfekts nicht strenge festgehalten z. B. *Era* um cantor e soldado, *era* um vate enamorado, **foi** um poeta inspirado (Palmeir., poes. 112). — Aquella visão que eu vi quando eu *sonhava* de amor, quando em sonhos me *perdi* (A. Garrett, folh. c. 188).

Bei der Darstellung eines Zustandes wechselt bisweilen auch das Imperfekt mit dem Praesens z. B. O bom Mabeodara já então *reinava*, a quem o Camorim *odiava*; e como o odio lhe *incitava* e a ambição o *persuade*, mais o *irritava* a perda (Mal. conq. V, 8). — Aehnliche Stellen sind zahlreich, so *blasphema* da guerra e *maldizia* (Cam. Lus. I, 90). — Der oben auch angeführte Uebergang von einem Tempus der Vergangenheit in ein anderes ist nicht selten, selbst bei Verben, die auf völlig gleicher Stufe stehen z. B. A pallida doença lhe *tocava*, e *pagaram* seus annos á triste Libitina seu direito (Cam. Lus. III, 83).

γ. Das einfache Perfekt erzählt, was einmal geschehen oder gewesen ist; es ist wie der griechische Aorist das erzählende Tempus, sowohl bei Bericht von einzelnen Handlungen, als auch bei zusammenhängender Erzählung.

Depois *ergueu-se, vestiu* a sua negra armadura, *cingiu* a espada, *lançou* mão do frankisk e *desappareceu* atravês do portal da gruta (Herc. Eur. XVIII). — *Cahiu* hontem em nosso poder (Herc. Eur. XII).

δ. Das Plusquamperfekt wird gebraucht, um eine Vergangenheit in Bezug auf eine andere als ihr vorangehend, als vollendet zu bezeichnen. Die portugiesische Sprache hat dies lateinische Tempus mit den Funktionen, die es in der Muttersprache hatte, herüberbekommen und als solches erhalten (vgl. § 260, 5).

Leuwighild *expulsara* da Hespanha os derradeiros soldados dos imperadores gregos, *reprimira* a audacia dos frankos, *acabara* com a especie de monarchia, e *expirara* em Toletum (Herc. Eur. I).

Das Plusquamperfekt findet sich indessen sehr gewöhnlich an Stelle eines Perfekts z. B. Cinco vezes a lua se escondera, quando a cidade se *rendera* ao duro cerco (= se *rendeu*, Cam. Lus. III, 59).

ɛ. Das Futur, dessen Auflösung S. 214 gezeigt wurde, wird gebraucht, um die Zukunft einer Handlung oder eines Zustandes auszudrücken.

Cantando *espalharei* por toda parte (Cam. Lus. I, 2). — *Virá* despois Menezes (ib. X, 52). — Esta obra *ha de custar* (S. 220) muito dinheiro (Din. Hyss. V, 503). — *Ir* umschreibt gerne eine Zukunft z. B. Que *ides-vós* ser (Herc. Mong. VI). — *Vae* ser theatro e testemunha (Herc. Eur. XII).

Das Futur drückt ferner eine Vermuthung, eine Wahrscheinlichkeit aus, wie im Deutschen z. B. D. Leonor *estará* esperando (= wird wahrscheinlich warten, Herc. Mong. II); eine bescheidene Behauptung oder Frage z. B. *Poderei* já saber quem são os noivos? (ib.); es tritt auch (wie im Lateinischen) für den Imperativ ein z. B. Não *partireis* d'aqui! (Herc. Eur. XIII). — Não *saireis* d'aqui (ib.), wodurch derselbe energischer wird.

ζ. Von den periphrastischen Zeiten, dem zusammengesetzten Perfekt und den beiden Plusquamperfekten, ist nichts vom Deutschen abweichendes zu sagen. Das zusammengesetzte Perfekt drückt die Fortdauer der Beziehungen der Vergangenheit auf die Gegenwart aus, während das einfache Perfekt die völlig abgeschlossene Vergangenheit darstellt; das Plusquamperfekt bezeichnet die völlige Vergangenheit vor dem Eintritte einer anderen.

Acabara com a especie de monarchia que os Suevos *tinham instituido* na Gallecia (Herc. Eur. I). — A nova existencia d'Eurico *tinha modificado*, porém não destruido o seu brilhante character (ib. II). — O templo *haria sanctificado*

aquelles (ib.). — Que tem teu rosto mudado? (Hard. Rom.
II, 53). — Remontar ao sublime ha sido sempre o perpetuo
lidar (F. Man. a. p. IX).

η. Das **Futurum exactum** tritt wie im Lateinischen
ein, um Zukünftiges in Beziehung auf Zukünftiges als **vor-
gängig, vergangen, vollendet** darzustellen. — Comsigo
trará a formosa dama, que amor lhe *terá dado* (Cam. Lus.
V, 46).

§ 259.

Die **periphrastischen Tempora** werden durch
Hilfsverba gebildet. Neben das ursprüngliche *habere* trat
schon sehr frühe *tenere*, ohne die ausgeprägte Bedeutung
des Besitzens; die ältesten Quellen haben bereits *ter* neben
haver; die heutige Sprache begünstigt *ter*, gebraucht
aber, wie obige Beispiele (§ 258) zeigen, ebenso *haver;* ja
auch als **selbständiges** Verbum steht *haver* neben *ter*
z. B. *haver por* und *ter por* = für etwas halten. — Falla
verdade *havida por* verdade (Cam. Lus. IX, 45). — Cujo
pomo *é tido* por antidoto (ib. X, 136). — So werden jetzt
Transitiva und **Intransitiva, Impersonalia,** selbst
Reflexiva (entgegen dem Gebrauche einiger Schwester-
sprachen) **nur mit *ter*** (oder *haver*) verbunden. Die ältere
Sprache stund insoferne den Schwestersprachen näher, als
sie **das Hilfsverbum *ser* noch zuliess**, ganz besonders
bei **Verbis der Bewegung** und bei **Intransitiven**. So
bei Diniz, in den Trovas u. dgl. — A hora da minha
morte *é* chegada (Hard. Rom. II, 29). — Minha mãi *foi*
fallecida (ib. 40). — Ao cabo de sete annos *era* a triste
fallecida (ib. 41). — O perro que *era* chegado (ib. 53). —
O patrão *era* chegado (ib. 57). — Eu *soon* chegado (Trov.
78). — A Paris já *são chegados* (Hard. Rom. II, 12). —
Agora a saber *sou* vindo (ib. II, 14). — De caçar *sou* vindo
(ib. II, 112). — Das Passiv wird mit *ser* gebildet, dem
estar an die Seite tritt. Der **Unterschied von *ser* und
*estar*** ist im Portugiesischen nicht so scharf abgegrenzt, wie
im Spanischen. *Ser* bezeichnet die **bleibende Beschaffen-
heit, das Wesen einer Person oder Sache, ihre
unzertrennlichen Attribute.** — Que *sou* eu? (Herc.

Mong. I). — *Sois* um pobre monge (ib. IX). — *És* conego emfim (Din. Hyss. VIII, 294). — *És* alma que este peito animas (Mal. conq. V, 28). — Es steht also überall, wo das Praedikat ein Substantiv oder ein anderes die angeborne Eigenschaft ausdrückendes Nomen ist z. B. Como *sois* bom! (Herc. Mong. I). — A deshonra é para quem commette feitos vis; o que delles padece não é deshonrado (Herc. ib. II). — Juro *ser*-te fiel (ib. IX). — Tu não *és* como elles (ib. IX). — Na morte ao menos *sou* bravo (Braga, folh. v. 157).

Estar drückt den momentanen Zustand einer Person oder Sache aus; wo *ser* allgemein ist, bezeichnet *estar* die reine Gegenwart, das Augenblickliche und steht darum bei Darstellung von Affekten, Leidenschaften, zum Ausdrucke momentaner Seelenstimmung. — Tudo *estava* mudo (Mal. I, 44). — A igreja *estava* fechada (Herc. Mong. I). — *Estás* doudo? (Herc. Mong. I). — Tão pallida *estás* (Braga, f. v. 152). — Dieser Unterschied zeigt sich schön an einzelnen Stellen z. B. As mãos *estavam* ainda puras, a alma já *era* negra (Herc. Mong. II) d. h. die Hände waren in jenem Augenblicke noch rein, die Seele war seit lange schon schwarz; so: Os annos *estão* caros (Din. Hyss. VI, 199) = die Jahre sind jetzt theuer, das Leben ist theuer, indessen ‚os annos *são* caros‘ bedeuten würde ‚die Zeit im allgemeinen ist werthvoll‘. — *Estar* bezeichnet ferner (seiner Etymologie entsprechend) das Sein, Sich befinden, die Ruhe an einem Orte. — Aonde *estás*, cuidado meu? (Lind. II, 3). — Denotam *estar* ainda muito enraizada na tua alma uma paixão mundana (Herc. Mong. I). — Selten nur vertritt *ser* diese Funktion von *estar* z. B. Se *é* aqui, saia d'esta maysom, cá já os outros todos em Basto *som* (Braga, Ant. 31). — Sabes onde *são* os paços do cavalleiro que *esteve* aqui (Herc. Mong. II).

Estar drückt auch den völligen Abschluss einer Handlung, das endgiltige Entschiedensein eines Zustandes, das Bleibende aus. — Tudo *está* perdido (Lind. IV, 3). — Desta jornada estrema decidida a sorte *estava* já (ib. IV, 3). — Do latim *estou* quasi esquecido (Din. Hyss. IV, 159). — Claro *estava* que era impossivel (Herc. Mong. I). — Se a minha palavra *estivesse* dada, não a quebrara eu (ib. II.). — Este successo terrivel *está* ligado com a historia (ib. pref.).

§ 260.

Die periphrastischen Tempora bedürfen zu ihrer Bildung auch der Participia der Vergangenheit. Das Particip mit *ser* und *estar* wird wie ein Adjektiv behandelt, d. h. es richtet sich in Genus und Numerus nach seinem Subjekte; bei *ter* und *haver* ist eine Congruenz des Particips mit dem Subjekte, wie in allen romanischen Sprachen, nicht möglich; anders sind die Beziehungen des Particips auf das Objekt. Einige der romanischen Sprachen fragen hiebei nach der Stellung des Objektes (j'ai *lu* les lettres, les lettres je les ai *lues*); aber auch darnach richtet sich das portugiesische Particip nicht, indem, mit *ter* (*haver*) verbunden, es keine Congruenz mit einem vorangehenden oder nachfolgenden Objekte beachtet.

Os doutores que tenho *lido* (Din. Hyss. IV, 184). — Estes livros louvar tenho *ouvido* (ib. IV, 189). — Tendes *apprendido* trabalhos (Cam. Lus. X, 142).

Die Congruenz des Particips (bei *ter* und *haver*) mit dem Objekte ist indessen in der älteren Sprache ziemlich gewöhnlich, in der neueren nicht ohne Beispiele an solchen Stellen, wo das Particip fast wie ein praedikatives Adjektiv steht, und *ter* sich seiner eigentlichen Bedeutung („besitzen") mehr zu nähern scheint.

Cá muytos annos avemos *passados* (Braga, Ant. p. 20). — E pois lles (= a seus vezynos) ouve *mostradas* (sc. todas estas maravillas; Bellerm. p. 19). — Ter *merecida* a morte (Canc. ger. III, 621). — Que lhe tem *quebradas* as frechas (Mal. conq. II, 116). — Tem para vós *guardadas* as emprezas mais arduas (ib. II, 124). — Dizia que a amor tinha *disposta* (ib. III, 94). — *Escondidas* tinha as armas (ib. III, 95). — Nada perde quem *perdida* a esperança tem (Cam. Son. 182). — Que ella dos olhos seus *regadas* (sc. flores) tinha (Cam. Lus.

III, 132). — Tem as flores da propria cor *mudadas* (ib. IV, 42). — As aguias nas bandeiras tem *pintadas* (ib. VIII, 5). — Ilha que terei *apparelhada* (ib. IX, 40). — Os outeiros tem com frondente coma *ennobrecidos* (ib. IX, 57). — Mesas lhe tinha *apparelhadas* (ib. X, 2). — Segundo diz a lettra que tem *aberta* (Din. IIyss. V, 90). — E depois que *esquentada* teve a bilis (ib. V, 559). — Quando tem já os pés *mettidos* dentro do ataúde (Herc. Mong. II).

Die Verba, welche doppelte Participien (§ 165 S. 242) haben, fügen die dem Lateinischen entnommene starke Form gewöhnlich zu *estar*, das dann den Zustand des Abgeschlossenseins ausdrückt oder zu Verben mit derselben Bedeutung wie *ficar, permanecer, deixar* u. dgl., seltener zu *ser*.

Absortos como em ecstase ficaram (Mal. II, 108). — Em seu sangue *envolto* (ib. IX, 66). — Está *escripto* nos céus (Lind. I, 2). — Parecia estar *escripta* no livro dos destinos (Herc. Eur. X). — Este homem que está *preso* (Hard. Rom. II, 183). — Que o seu roubador deixara *entregue* ao proprio destino (Herc. Mong. VIII). — *Querido* mancebo (Mal. III, 15). — Até das companheiras é *malquista* (ib. VI, 29). — Te é isso *defeso* (Herc. Mong. V).

3. Modi des Verbums.

§ 261.

1. Der **Indikativ** ist der Modus der Wirklichkeit, der einfache Thatsachen berichtet. — Do justo, e duro Pedro *nasce* o brando (Cam. Lus. III, 138).

2. Der **Conjunktiv** ist der Modus der Möglichkeit, der eine blosse Vorstellung ausdrückt und steht als solcher wie im Lateinischen:

a. als conditionalis zum Ausdrucke dessen, was in einem gewissen Falle stattfinden würde, aber nicht stattfindet (Gegenwart) oder stattgefunden hätte, aber nicht stattfand (Vergangenheit). Der Satz mit der Conjunktion *se* (wenn) steht gerne im Conjunktive, der Hauptsatz im Conditionale (vgl. Conditionalsätze).

Se eu *fosse* rico, iria comprar a capellinha (Herc. Mong. pref.). — Se o habito por si *fizesse* o monge, seria Antão Verissimo estudante (Castilh. Excav. 138). — Se o leitor *quizer* partir comnosco, dar-lhe-hemos conhecimento (Herc. Mong. VII).

β. als Optativ zum Ausdrucke des Wunsches; oft tritt hiezu *oxalá*, oder eine andere Interjektion, auch *que*.

Oh *possam* ver-te ainda os meus olhos! (Lind. II, 1). — Não *pudessem* teus olhos ser taes! (Dias Carneiro, parn. maranhese p. 115). — Nunca eu *visse*, como és tão gentil, que nunca *sentisse* (ib.). — *Considere* o pio leitor (Herc. Mong. IX). — Que se *apresse* aquelle que quizer guardar alguns fragmentos (ib. pref.). — Oxalá que entretanto *seja* verdade o que dizes; oxalá que não me *enganasse* e que a traição não *tenha* tornado inuteis a intelligencia e o braço (Herc. Eur. VIII).

γ. als *exhortativus* zur Bezeichnung einer Aufforderung anderer mit Einschluss der eigenen Person = wollen wir, lasst uns!

Sim, padre, *oremos*! (Lind. IV, 1). — *Baylemos* já todas (Monaci, Cant. p. 5).

δ. als *concessivus*, der ein Zugeständniss ausdrückt.

Acabe a guerra o que não podem rogos (Mal. conq. V, 62). — Talvez a estas horas *desejem* dizer-te peccavi. Talvez *chorem* com lagrymas de sangue. E tu? Blasphemas (Herc. Mong. III).

ε. als negativer Imperativ, der dadurch den Befehl oder das Verbot meist gemildeter ausdrückt, und ebenso als Jussiv.

Não *canses* (Cam. Lus. IX, 78). — Oh não me *fujas* (ib IX, 79). — Oh não na *creas* (ib. IX, 77). — Não me *fujais* (Cam. Son. 75). — Mas não *passes* os tres (Cam. Lus. VIII, 20). — Me *digas* (Herc. Eur. XIV). — Quando eu morrer, não *lancem* meu cadaver no fosso (Cast. Alves, poes. 187). — Temor não *cause* tanta imiga gente (Mal. conq. V, 63). — Que a *acceite* por esposa, ou *caia* sobre elle a pena da lei, *seja* infamado para sempre, e *perca* seus bens (Herc. Mong. VIII). — *Tenham* religiosos exercicios (Cam. Lus. X, 150).

3. Der Imperativ ist der Modus des Befehles und Verbotes (Jussiv und Prohibitiv).

Favorecei-os, e *alegrai*-os, ... de rigorosas leis *desaliraios* .. os mais exprimentados *levantai*-os .. todos *favorecei* .. os cavalleiros *tende* em muita estima .. (Cam. Lus. X, 149 ff.). — *Sabe,* porém, que elles renegaram da cruz (Herc. Mong. V). — Seltener und mehr der Volkssprache eigen ist der Infinitiv an Stelle eines Imperativos (= griech. μὴ ἐμὲ αἰτιᾶσϑαι τούτων, Plat. Soph.); so bei Gil Vicente: a barca, *chegar* a ella! (I, 221); cia, todos *apear* (I, 243); aviai-vos e *partir!* (I, 245).

Die lateinischen Umschreibungen des Jussiv durch *cura, fac ut, noli, velim* u. dgl. finden bisweilen Analoga im Portugiesischen; vor allem mildert *querer* den Befehl besonders bei älteren Dichtern z. B. Diniz: nõ *queirades* fazer que vos esté mal. — *Não queiras* perder a tua alma (Herc. Mong. III).

Wie im Lateinischen *(sic habeto, scito)* wird im Portugiesischen oft ein Imperativ ‚so wisse' unterdrückt z. B. Se te parece inopinado feito, que rei da ultima Hesperia a ti me mande, (so wisse) o coração sublime, o regio peito nenhum caso possibil tem por grande (Cam. Lus. VIII. 69).

4. Der Infinitiv drückt die verbale Thätigkeit aus, ohne Person und Numerus, ohne Wirklichkeit oder Möglichkeit einer Handlung oder eines Zustandes zu bezeichnen. Der Infinitiv tritt im Portugiesischen ein:

a. als neutrales Substantiv, wie im Griechischen (τὸ φιλεῖν). — Isto é um *resuscitar* (Hard. Rom. II, 102); doch ist es gestattet, ihm, wie einem Substantive, ein erklärendes Adjektiv oder Pronomen beizugeben, ihn in die einzelnen Casus zu setzen und von Praepositionen abhängig zu machen. O *tornar* victorioso lhe assegura (Mal. conq. IX, 87). — Era *ao cahir* do dia (Herc. Eur. XIV). — *Ao pôr* do sol (ib. XVII). — *Depois de ter* corrido largo tempo (Din. Hyss. III, 274).

Dabei verleugnet der Infinitiv häufig seine verbale Natur, indem z. B. Genitive zu ihm treten können, wie

zu einem Substantive, während andrerseits seine Rektion wieder beobachtet wird (τὸ λέγειν βιβλία).
O envelhecer desta alma (Herc. Mong. I). — Ao vel-o (Din. Hyss. IV, 170). — Ao lel-a chorei (Braga, folh. v. 157). — Ao cessar a batalha do dia antecedente (Herc. Eur. XI). — Foi ao tingir-se o céo (ib. XVI).

β. zur Umschreibung ganzer Sätze in einer mit besonderer Eleganz gebrauchten kurzen Ausdrucksweise z. B. *Depois de passar* pelos differentes graus (Herc. Eur. II), nachdem er die verschiedenen Grade durchgemacht hatte. — E *por ser* necessaria (Cam. Lus. I, 54), weil sie nöthig war. — Triste *por ter perdido* (Herc. Mong. pref.).

γ. selbständig wie im Lateinischen steht im lebhafter Rede der Infinitiv beim Ausrufe oder als unwillige Frage. Dem lateinischen ‚Mene incepto desistere' (Virg. Aen. I, 37) entspricht z. B. Eu com tal homem *casar?* (Braga, folh. v. 167). — Antes *perder* mil cofres que *desprezar* casamento (ib. 158). — Não *haver* quem me salve! e *vir* um dia . . . Eu poeta, eu amante, *ir* esconder-me (Hercul. Harp. do Crente, 63). — Virgem do meu amor, porque *perdel-a?* (ib.).

δ. als Imperativ (s. oben 3).

Die weitere syntaktische Anwendung des Infinitives s. § 262).

5. Der Conditional wird (vgl. § 152 S. 214) irriger Weise unter die Modi des Verbums gezählt, während er ursprünglich unter den Tempora als Imperfekt des Futurs seine Stelle hätte. Der Conditional findet seine Verwendung:

α. als Potential. — *Dir se-hia* = *dixerit* aliquis (Herc. Eur. IX). — Milagre! quem tal *diria* (Hard. Rom. I, 8).

β. im Bedingungsfalle, wo ein solcher entweder vollständig durchgeführt oder nur angedeutet ist, d. h. wo der Conditionalsatz mit *se* steht, oder aus dem Sinne sich ergänzen lässt. — Um anno antes *teria* rido (Herc. Mong. II). — Em vez de abençoar eu *amaldiçoaria! amaldiçoá*-la-*hia* a ella (ib. II). — Se vivesses, *seria* tua (Herc. Eur. XVIII).

γ. bei ungefähren Angaben z. B. *Haveria* seis meses (Herc. Mong. I) als *dubitativus*. — Mas para que o

esconderia Allo? (ib. IV) wozu sollte Alle es verbergen?
— *Haveria* neste mundo algum sacrificio que não fizesses
(ib. VI). Sollte es ein Opfer geben?
Das Plusquamperfekt *(amara)* vertritt den Conditional und auch den Conjunktiv; so in dem Optativ:
Prouvera ao Senhor que as entendesseis (Herc. Mong. V). —
Então com razam *podera* dar-me a morte qu'ordenara (Canc. ger. III, 620). — Oh quem me alli *dissera* que de amor tão profundo o fim pudesse ver (Cam. Canç. IV).

§ 262.

Die Formen und die Anwendung des Infinitives nöthigen zu einigen weiteren Bemerkungen.

α. Der passive Infinitiv der Transitiva wird selbstverständlich mit *ser* gebildet z. B. Não é premio vil *ser conhecido* (Cam. Lus. I, 10). — Es kann jedoch wie im Deutschen bei einzelnen Fügungen der aktive Infinitiv die Stelle des passiven ersetzen; dieser Fall tritt ein bei dem Infinitive, der abhängig ist von Verben wie sehen, hören, machen, lassen z. B. Estes livros *louvar* tenho ouvido (Din. Hyss. IV, 189). — Mando *mostrar-lhe* peças (Cam. Lus. V, 29); ferner in Sätzen, wo der Infinitiv einem lateinischen Gerundiv entspricht, wo er mit einer Praeposition verbunden von *ser* abhängig ist z. B. Era *de esperar* (Herc. Mong. IX), und nach einzelnen Adjektiven an Stelle des lateinischen Supinums auf *u* oder des passiven Infinitives.

β. Speciell portugiesisch ist der sog. persönliche oder flektirte Infinitiv (§ 153 S. 216); er hat entweder das gleiche Subjekt, wie der Hauptsatz, oder ein selbstständiges für sich; oft tritt noch ein Pronomen als weiteres Subjekt dazu oder als reflexiver Akkusativ z. B. Não sairei̇s d'aqui para *irdes* contar (Herc. Mong. II). — Que a ti deu o movedor do mundo o cargo *de alegrares* a mãe chorosa (Cam. Eleg. X). — A tua gloria é outra, e mais bella; a de *seres* o vencedor dos vencedores da cruz (Herc. Eur. XVIII). — Vimos as ursas *banharem-se* nas aquas (Cam. Lus. V, 15). — Die erste Person *eu* wird (s. Beisp.

S. 216) wegen der unkenntlichen Verbalform am häufigsten beigesetzt. Die Anwendung des persönlichen Infinitives ist indessen nicht nothwendig; oft steht der einfache Infinitiv, oft der persönliche und der unpersönliche auf gleicher Stufe neben einander abwechselnd (vgl. S. 217 das letzte Beispiel). — Quamanha terra andámos, sem *sahir* nunca deste povo rudo, sem *vermos* nunca nova (Cam. Lus. V, 49).

γ. Fälle wo das Pronomen im Nominativ zu diesem flektirten Infinitiv tritt, wie z. B. sois contento de *eu ser* namorado vosso (Gil Vic. III, 265), noch mehr wo keine Praeposition steht wie z. B. Confessava *seres tu* o mais ufano (Ribeiro, Ecl. 1) erinnern an den lateinischen Infinitiv *cum accusativo*, nur dass hier der Nominativ statt des Akkusatives steht. Indessen hat die portugiesische Sprache auch Construktionen, welche vollständig dem lateinischen Infinitiv *cum accusativo* gleichen z. B. Sabendo ser *sequaces da verdade* (Cam. Lus. I, 71). — Ser isto *ordenação dos céos divina*, por signaes muito claros se mostrou (ib. III, 3). — Se não manda *chegar á terra a armada* (ib. VIII, 90).

δ. Eine ziemlich schwierige Sache ist die Feststellung jener Fälle, in welchen der Infinitiv ohne Praeposition zu seinem regierenden Verb tritt und wann eine Praeposition die Beziehung vermittelt. — Wo der Infinitiv eigentlich Subjekt oder Praedikatsnomen ist d. h. wo er abhängig ist von einem mit einem Substantiv oder Adjektiv und *ser* gebildetem Ausdrucke, also meist auch bei unpersönlichen Ausdrücken folgt der reine Infinitiv. — Melhor me fora *morrer* (Hard. Rom. II, 93). — É necessario *partir* já (Herc. Eur. XVI). — Que é fraqueza entre ovelhas *ser* leão (Cam. Lus. I, 68). — Não é premio vil *ser conhecido* (ib. I, 10). — Não é cousa justa *tratar* branduras (Cam. Lus. VI, 40). — Julgareis qual é mais excellente, se *ser* do mundo rei, se de tal gente (ib. I, 10). — Agora cumpre *voltar* um pouco (Herc. Mong. I).

Oft tritt in diesem Falle der Artikel vor den Infinitiv und bezeichnet ihn so genauer als Subjekt oder Objekt.

Não lhes é dado *o morrer* (Herc. Eur. VI, 2). — Sabes o que é *o passar* dez annos (ib. XVIII); in der Fortsetzung aber: Sabes o que é *caminhar* sobre urzes.

Der reine Infinitiv folgt auf die Verba können, dürfen, sollen, müssen, mögen, wollen, wünschen, scheinen, versuchen, wagen, veranlassen, lassen, beabsichtigen, zurückweisen, sich stellen, sich würdigen, gewohnt sein, scheinen; *poder, dever, querer, desejar, tentar, ousar, fazer, mandar, deixar, intentar, refusar, fingir, dignar, costumar, parecer;* auf *vir* = franz. venir faire q. ch.; überhaupt bei Verbis der Bewegung, bei denen der Zweck der Bewegung durch einen Infinitiv ausgedrückt wird; ferner nimmt die Mehrzahl der *verba sentiendi* und *declarandi* den reinen Infinitiv zu sich.

Não podiam *morrer* (Herc. Eur. VI, 4). — Devia *apagar-se* (ib.). — Não quiz o rei mais *ouvir* (Hard. Rom. II, 23). — *Fugir* deseja (Din. Hyss. VI, 71). — Tentando *despedaçar* (Herc. Eur. VI, 3). — Nem ouso *pedir* (ib.). — Faz *fazer* vilezas (Cam. Lus. VIII, 98). — Mandei-o *entrar* (Herc. Mong. II). — Deixem-me *morrer* (Cam. Ecl. VIII). — Com que *enfeitar* intentam seus escriptos (Din. Hyss. V, 144). — Refusa este obsequio *render* (ib. III, 268). — Finge *dormir* (Herc. Mong. II). — Dignou *chamar-se* (Din. Hyss. III, 255). — *Castigar* costuma (ib. VI, 120). — Porque vens *pedir-me* adorações (Herc. Eur. VI, 3). — Vão *buscar* (Din. Hyss. I, 165). — Parece *sorrir-me* (ib.). — Verão *morrer* os filhos (Cam. Lus. V, 47). — Lhe doe *perder* a gloria (ib. I, 31). — *Perder* a monarquia receava (Mal. conq. I, 50). — Espero *tomar* (ib. V, 44).

Eine strenge Regel ist allerdings hier nicht aufzustellen; so findet sich *dever* ganz gewöhnlich mit *de* z. B. Tu deves *de* ir (Cam. Lus. I, 80). — Deves *de* contar (Hard. Rom. II, 14). — Devia *de* chorar (Braga, Ant. 63). — Agua deve *de* nascer (Hard. Rom. II, 89); älter sogar mit *a*; devo *a* temer (Trov.). — *Ousar* mit *a* hat Camões (Lus. V, 86). — Ousou algum *a* ver; doch mit Infinitiv (IV, 83); so liest man *dignar-se* mit *de*: Apenas *de* olhar elles se dignam (Din. Hyss. I, 55). — Eu desejo *de* andar (Cam. Lus. VI,

54) u. dgl. — Als Grund einzelner willkürlicher Construktionen bezeichnet Parn. lus. (V, 326) auch euphonische Rücksichten, indem dort zu (Castro V) ‚Ajudem-me *pedir* aos céos justiça' bemerkt wird ‚Os antigos *por euphonia* supprimiam a preposição *a*, quando diante do seguinte verbo havia *ao, aos;* evitavam assim o hiato *a aos'*.

ε. Der Infinitiv mit *de* tritt zunächst zu solchen Verbis, deren Nomen (Substantiv oder Adjektiv) den Genitiv regiert und nach solchen Nomina, wo er wie ein Genitiv steht z. B. a sua firme tenção *de* tirar amplo desaggravo (Herc. Mong. IX). — Daher auch nach Substantiven, Adjektiven und Verben, wie die § 222 erwähnten und ähnlichen. — *De ser* filho se gloria do rei (Cam. Lus. VI, 16). — Precisava *de ajoelhar* (Herc. Eur. VI, 3). — Digna *de passar* á eternidade (Din. Hyss. V, 242). — *De engrandecer-se* desejosas (Cam. Lus. I, 11). — Sem que me reprendam *de contar* (ib. VI, 41).

ζ Ebenso verhält es sich mit der Praeposition *a*, die zunächst vor einen solchen Infinitiv tritt, der von einem Substantiv, Adjektiv oder Verbum abhängig ist, das diese Praeposition zu sich nimmt. — Obrigou-o *a tomar* alguma refeição (Herc. Mong. I). — Usado *a tomar* (Cam. Lus. IX, 74). — Não se atrevem *a sustentar* as damas (ib. VI, 46).

Der Infinitiv mit *a* steht auch bei den Verben anfangen, lernen, lehren, *começar, aprender, ensinar*. — Começaram *a* alevantar-se (Herc. Eur. VII, 3). — Aprendam *a* fazer feitos grandes (Cam. Lus. VI, 42). — Me ensinara *a* ler (Herc. Mong. II).

Die Umschreibung des Futurs mit *haver de* nahm in der allerältesten Sprache auch *a* an, so in den Trovas: m'ei *a* partir.

η. Ist die Regel über den Infinitiv ohne Praeposition, mit *de* und *a* an sich schon nur in ihren Grundzügen auszuführen, da eine Aufführung zahlreicher Belegstellen nur dazu dienen könnte, die grosse Freiheit zu zeigen, mit der die Sprache hier waltete, und wie weit die ältere Sprache sich von der neueren unterscheidet, so ist auch noch ausser dem zu beachten, dass bei vielen Verben die Sprache haushälterisch die Bedeutung je nach der Rektion schied. So wie *vir* mit dem blossen Infinitive[1] bedeutet: kommen um etwas zu thun, so hat *vir de* den Sinn (= frz. *venir de*), soeben etwas gethan haben. — Que *vem de* descobrir o novo mundo (Cam. Lus. IX, 40), die soeben die neue Welt entdeckten. — *Deixar* ohne Praeposition ist lassen (= sinere, pati), *deixar de* bedeutet ,unterlassen, aufhören'. Sem deixar *de* amar-te (Lind. IV, 3). — *Estar* mit *a* und dem Infinitive vertritt die Construktion mit dem Gerund z. B. Meu pae que *está a* dormir (Hard. Rom. II, 93). — Todas o *estão a* louvar (ib. II, 12).

ϑ. Vor den abhängigen Infinitiv treten auch andere Praepositionen nach ihren früher (S. 310 u. s. f.) erörterten Funktionen; *por* und *para* zur Angabe des Grundes, em, com, sem, depois, ante, até u. s. w. — *Para* passar o tempo (Cam. Lus. VI, 40). — Só *por* ficar senhor (ib. VIII, 97). — Não hesitou *em* acompanhar (Herc. Eur. XIV). — Não tardou *em* espalhar-se (Herc. Eur. III). — *Despois* de ter um pouco revolvido (Cam. Lus. IX, 19). — De Marco Antonio a fama se escurece *com* ser tanto a Cleopatra affeiçoado (ib. III, 141). — *Antes* de chegar (Herc. Eur. XVI).

ι. Eine dem Portugiesen (und Spanier) eigene Construktion ist *que* an Stelle von *de* vor dem Infinitive. — Não havia *que* duvidar (Herc. Eur. XVI). — Ha *que* escolher (Herc. Mong. V). — Onde havia um desgraçado *que* soccorrer ou consolar (ib. I). — Sie findet sich besonders da wo *haver, ter, dar, buscar, pedir* u. dgl. im regierenden Satze die Anknüpfung mit dem Relativ erleichtert. Indessen findet sich auch die Construction ohne Praeposition oder mit *de* und *a*. — Dem-lhe mais *navegar* (Cam. Lus. V, 88). — Me dera *adivinhar* (Hard. Rom. II, 93). — *De* comer pedia (Bellerm. 61).

4. Nominalformen des Verbums.
§ 263.

Das Particip des Praesens ist (vgl. § 154) als solches erloschen. Wo es sich findet z. B. Da *andante*

[1] Cam. Lus. II, 79 hat auch a. — Te vimos *a* buscar.

cavallaria (Din. Hyss. V, 544). — O carcere *fumante* (Mal. conq. II, 8). — Descendo *triumphante* (ib. II. 12). — *Infestantes, vigilantes* (ib. VI, 26). — A *infestante* gente (ib. IV, 104). — Da *militante* igreja (Lind. I, 1). — Buscando *errante* (Mal. conq. V, 60). — Irmão de um *reinante* (Braga, parn. mod. 32). — *Resplandecente* (Mal. conq. II, 66). — *Sciente* em casos varios (ib. III, 40) u. dgl. (s. § 73 S. 130) ist es adjektivisch, d. h. ohne regierten Casus, wie er in wenigen Verbindungen wie *lugartenente* (*locum tenens*) ersichtlich ist.

Das Particip der Vergangenheit bietet zu keinen besonderen Beobachtungen Veranlassung; der Bedeutung einzelner geschah § 257 Erwähnung; die spezielle Anwendung lehrt § 264. — Reste des lateinischen Particips des Futurums s. § 154 S. 218 und § 80 S. 143.

Als Ersatz des verlornen praesentischen Particips trat das Gerundium ein, das vollständig das lateinische *participium praesentis*, wenn auch ohne die Fähigkeit den Numerus zu bezeichnen, ersetzt. — *Andando* (Sing.) n'uma batalha (Hard. Rom. II, 28). — *Descavalgando* (Plur.) os dous guerreiros tomaram nos braços a irman de Pelagio (Herc. Eur. XVI).

§ 264.

Wie im Lateinischen das Particip im Ablativ dazu dient ganze Sätze zu umschreiben (*ablativus absolutus*), so auch im Portugiesischen. Die Stelle des praesentischen Particips hat hier gleichfalls das Gerund übernommen. Es steht absolut zur Umschreibung von Relativ- und allen übrigen Sätzen; öfter tritt sogar ein Pronomen dazu.

Chegando os cavalleiros elle se foi na desfilada (Hard. Rom. II, 28) = da die Ritter kamen. — *Vendo* o Gama a estranheza (Cam. Lus. II, 29) = da Gama sah. — A viseira do elmo *alevantando* (ib. I, 37) = indem er aufhob. — *Sendo* em terra de Moirama *sorprendido* um paladim, como escravo foi levado (Hard. Rom. II, 43). — *Sendo* uma pobre viuva dentro em casa *arrecolhida*, *tendo* eu duas filhas bellas, *estando* ellas á janella, passa o duque da Turquia (Hard.

Rom. II, 66). — *Estando* eu a coser (ib. II, 163). — Bisweilen tritt auch die Praeposition *em* dazu. — *Em* sendo rábula (Castilho, excav. 138).

Das Particip der Vergangenheit dient zur Satzkürzung im Portugiesischen, wie im Lateinischen. An die Stelle des lateinischen *Ablativus absolutus* tritt hier der *nominativus absolutus*.

Estas lastimas choradas veis-la rainha (Hard. Rom. II, 31). — *Aperta la cilha ao cavallo, affrouxa-lhe o peitoral* (ib. II, 10). — *Abraçados os amigos e tomada licença em fim se parte* (Cam. Lus. VI, 56). — *Vistas em fim de França as cousas grandes, no grande emporio foi parar* (ib.). — *Que, satisfeitas as suas paixões brutaes entrega a malaventurada á deshonra* (Herc. Mong. VIII). — *Composto o grão rumor e socegado, o genio falla* (Din. Ilyss. I, 99).

Diese absoluten Nominative werden bisweilen durch Praepositionen ihrer Zeit, ihrem causalen, conditionalen, concessiven u. s. w. Verhältnisse nach näher bestimmt z. B. *Despoys de entendidas as mesageens* (Canc. ger. I, 228). — *Apesar de perturbado*, notei com dissabor (Herc. Mong. II). — Seltener steht der Genitiv abhängig von der Praeposition z. B. *Despois do Ilion soberbo derribado pelo fatal cavallo e grega manha* (Mal. conq. V, 1).

Viertes Buch.

Der zusammengesetzte Satz.

§ 265.

Wenn zwei oder mehrere Sätze mit einander verbunden werden, so entsteht ein zusammengesetzter Satz. Die Aneinanderfügung der Sätze geschieht auf zwei Arten, durch Coordination, wenn die Sätze von einander völlig unabhängig sind, durch Subordination, wenn die Sätze mit einander so verbunden sind, dass der eine einen Theil des andern ausmacht.

1. Capitel.
A. Coordination der Sätze.

§ 266.

Die beigeordneten Sätze stehen entweder ohne Vermittlung einer Conjunktion neben einander (asyndetische Construktion), oder ihre Verbindung wird durch die coordinirenden Conjunktionen bewerkstelligt. Die gewöhnlichste Verbindung ist *e* und. — Encurvaram os arcos *e* ficaram immoveis (Herc. Eur. IX). — O homem põe, *e* Deus dispõe (Herc. Mong. II). — Polysyndetisch, wie auch im Deutschen: Um morto que falla, *e* anda, *e* geme, *e* comtudo não vive (Herc. Mong. I).

Nem knüpft einen negativen Satz an; *não siquer* steigert: „nicht einmal"; *nem — nem* weder — noch, *ora — ora (agora — outr'ora), já — já* u. a. vermitteln die wechselseitige Verbindung. — Castigando vai Dabul na costa; *nem* lhe escapou Pondá (Cam. Lus. X, 72). — E tu nada sentes? Um dia de amores ardentes *não* viste *siquer* uma vez (Franco de Sá, poes. 63). — *Ora* passea, *ora* se assenta, *ora* comsigo falla (Din. Hyss. IV, 47).

Die Beiordnung der Sätze geschieht auch durch Disjunktion d. h. durch die disjunktiven Conjunktionen. — O abbade véla, *ou* jaz? (Herc. Mong. I). — Mas *ou fosse porque* esperava ser substituido *ou porque* nos faltem correspondencias suas *ou* finalmente porque . . (Herc. Inq. II, 180). — *Fosse que* a gente hebrea soubesse o que se tramava, *fosse que* triumphassem, *fosse* finalmente ... (ib. I, 162). — *Quer* d'Africa as areas pise, *quer* o inhospito Caucaso atravesse, *ou* as terras . . (Cabral, poes. 45). — *Ou que* no coração odio tivesse ao Christão nome, *ou* de novo se inclinasse a nosso damno (Mal. conq. III. 5). — *Aliàs* seria incomprehensivel (Herc. Hist. I, 195).

Die adversative Beiordnung ist eine der gewöhnlichsten Formen der Satzcoordination. *Mas* hat seine Stellung wie das lateinische *sed; porém* kann auch nachstehen. Selten ist die Verdopplung *mas porém*.

Não é das forças lusitanas temer poder maior por mais pequeno: *mas porém,* quando as gentes . . (Cam. Lus. III, 99). — Por não ter ao nadar impedimento; *mas porém* de pequenos animais do mar todos cobertos (ib. VI, 18).

Das adversative Asyndeton tritt sehr wirksam ein, wo einer Bejahung eine Verneinung oder zwei Begriffe des einen Satzes zwei anderen des zweiten Satzes chiastisch entgegengestellt werden.

As mãos estavam ainda puras: a alma já era negra (Herc. Mong. II).

Die Coordination geschieht endlich durch conclusive und causale Conjunktionen.

Só elles sabiam tecer e *por isso* eram designadas (Herc. Mong. IV). — *Logo* (folglich) endet den Schluss. — Maledicencia da tia Domingas igual a um puxão de orelhas por mão de Ruy Casco: maledicencia de Martha igual a maledicencia da tia Domingas; *logo*: maledicencia de Martha igual a puxão de orelhas por mãos de Ruy Casco (Herc. Mong. IV).

§ 267.

Die coordinirenden Conjunktionen verbinden nicht nur Sätze, sondern auch Wörter und einzelne Satztheile. Hiebei ist zu bemerken:

α. Die Conjunktion *e* tritt in der Regel, wie im Deutschen, zum letzten der Worte, die sie verbindet: Ahi ha o repouso, a paz, *e* a esperança (Herc. Eur. V, 3). — Refugio achamos bom, fido *e* jucundo (Cam. Lus. II. 105). — Oft steht *e* auch wie im Deutschen zur Einleitung eines emphatisch ausgesprochenen Satzes: *E* é bello esse mundo de phantasmas aereos (Herc. Eur. V, 3).

β. Auch Wörter werden asyndetisch neben einander gestellt bei rascher Aufzählung und lebhafter Rede. *Incendios, mortes, sacrilegios, traições, roubos, ruinas* vae deixando (Din. Hyss. II, 134). — As varias formas *de séges, de vestidos, de toucados, de jogos, de banquetes, de palavras* (ib. I, 15); ebenso polysyndetisch: Aquelle complexo de frades *e* cavalleiros *e* donas *e* donzellas *e* hymnos *e* rezar baixo *e* soluçar *e* carpir (Herc. Mong. III).

Die Construktion mit Anaphora ersetzt bisweilen die coordinirende Conjunktion z. B. Tenho braço, artes *tenho*, e tenho modo (Din. Hyss. VI, 207). — *Tão* cruel, *tão* espantoso, *tão* feroz não treme, *não* avança, *não* se rasga (ib. VI, 247). — O octogenario não vê a roda de si, nem pae, nem irmãos, nem amigos da infancia, mas filhos, *mas* netos, *mas* existencias todas virentes (Herc. Mong. pref.).

Die Praeposition *com* tritt bisweilen für die Conjunktion *e* ein z. B. Jupiter, Mercurio, Phebo, *e* Marte, Eneas, *e* Quirino, *e* os dous Thebanos, Ceres, Pallas *e* Juno, *com* Diana (Cam. Lus. IX, 91).

γ. Wenn an ein attributives Adjektiv ein Relativsatz, der ein neues Attribut enthält, angefügt wird, so geschieht dies mit *e*; der Deutsche hat hier keine

Conjunktion. — Granada, mãe de valentes soldados, e donde podia partir o raio (Herc. Mong. IV). — Dieses auf lateinischem Sprachgebrauche beruhende Gesetz (quaerimus verbum latinum par graeco *et* quod idem valeat (Cic. fin. II, 4) gilt auch für andere romanische Sprachen (z. B. Essendo adunque l'ira un peccato arrogante e contumace, e ch'è simile ad un gagliardo tiranno. — Machiavelli, dell'ira).

δ. Die wechselseitige Verbindung und Entgegenstellung geschieht bei Worten und Satztheilen wie bei ganzen Sätzen. — Não socego *nem* as ideias o deixam (Din. Hyss. I, 255). — *Seja ou não* Portuguez (ib. V, 162). — *Já* aqui *já* alli se inclina (Mal. conq. I, 15). — *Ou* sonho *ou* visão fosse (ib. I, 33). — Que *ora* a cubiça *outr'ora* a magoa o vence (Frc. Man. a. p. XIV). — Com todas as suas opiniões *quer* absurdas *quer* judiciosas (Herc. Mong. VIII).

2. Capitel.
B. Subordination der Sätze.
§ 268.

Je nach der Art der Verbindung des Nebensatzes mit seinem **übergeordneten Satze** bezeichnen wir die einzelnen **Nebensätze**. Die neueren Sprachen haben den *Infinitivus cum accusativo* der antiken (bis auf wenige Reste s. § 268 γ) aufgegeben; an seine Stelle traten die **Substantivsätze mit** *que*. Ferner wird der Nebensatz verbunden durch **interrogative Pronomina und Partikeln** (z. B. Julgareis *qual* é mais excellente (Cam. Lus. I, 1); durch die **subordinirenden Conjunktionen** (§ 182, 2) und durch **relative Pronomina und relative Adverbia**. Demnach ergeben sich als **Arten von Nebensätzen**: 1. Die reinen **Conjunktionalsätze**. 2. Die **indirekten Fragesätze**. 3. Die **Finalsätze**. 4. Die **Consekutivsätze**. 5. Die **Conditionalsätze**. 6. Die **Concessivsätze**. 7. Die **Causalsätze**. 8. Die **Temporalsätze**. 9. Die **Modal-** oder **Comparativsätze**. 10. Die **Relativsätze**.

§ 269.

Wie im Lateinischen ist auch im Portugiesischen das **Tempus des Nebensatzes abhängig von dem des** übergeordneten d. h. die *consecutio temporum* gilt auch hier; es folgt auf eine Gegenwart im Nebensatze wieder eine Gegenwart im Indikativ und Conjunktiv, auf eine Vergangenheit wieder eine Vergangenheit.

Encommendam a Velloso, que *conte* isto (Cam. Lus. VI, 42). — Porque cada dama um *tenha* certo, lhe manda, que sobre elles *lancem* sortes (ib. VI, 50). — Tomaram a heroica resolução de recorrer a el-rei para que *atalhasse* a destruição (Herc. Mong. IX). — Nada dizemos que não *seja* extrahido (ib.). — Entendeu que *devia* exigir (ib.).

Auf das Futur folgt wieder ein Futur, wenn die Handlung als zukünftig hingestellt ist, das Praesens, wenn ein gegenwärtiger Zustand im abhängigen Satze ausgedrückt wird. — Se assim *succeder*, irei (Din. Hyss. VI, 95). — Avisá-lo-hei de que *deve* comparecer ante vós (Herc. Mong. VIII).

Der Conditional kann bisweilen eine Gegenwart im abhängigen Satze nach sich haben, doch gilt er in den meisten Fällen als Praeteritum.

Prouvera ao Senhor que as *entendesseis* (Herc. Mong. V).

Wie im Lateinischen wird das historische Praesens bald als wirkliches Praesens aufgefasst, bald nach seiner Bedeutung als Vergangenheit; sohin schwankt die consecutio temporum.

Diz que não *entra* para dentro (Cam. Lus. II, 5). — Mas diz Cupido que *era* nessaria (ib. IX, 44). — Lhe manda mais que em sonhos lhe *mostrasse* (ib. II, 56).

Fälle nicht streng beachteter Zeitenfolge sind im Portugiesischen jedoch häufiger als im Lateinischen.

Como é possivel que o bom capitular a tanto abattimento *chegasse* que o hyssope *traga* (Din. Hyss. II, 169). — Mesas lhe tinha apparelhadas, que a fraqueza *restaurem* (Cam. Lus. X, 2). — Lá terás achado quem te *chame* tua, quem te *aperte* entre os braços, quem *tivesse* para dar a teu pae o preço do teu corpo, e te *comprasse* como alfaia preciosa (Herc. Eur. VI, 3). — Cithara já mais cantou victoria, que assi *mereça* eterno nome (Cam. Lus. II, 52). — Que geração tão dura ha hi de gente que não *vedem* os portos . . . que má tenção em nós se sente, que se *arreceu*, que nos *ordenassem* ver-nos destruidos (ib. II, 81).

1. Substantivsätze mit *que*.

§ 270.

Die meisten Nebensätze mit *que* vertreten die Stelle eines lateinischen *infinitivus cum accusativo*, stehen also wie dieser zum Hauptsatze im Verhältnisse irgend eines Casus, zunächst des Nominatives (wie in ‚dulce et decorum est pro patria mori' = der Tod ist süss und rühmlich) oder des Akkusatives (wie in ‚credimus deum esse' = wir glauben das Dasein eines Gottes). Diese Substantivsätze mit *que*, reine Conjunktionalsätze, wie sie einzelne Grammatiker (Diez) nennen oder Nebensätze als Subjekt, Casussätze (Mätzner), stehen also im Portugiesischen wie die lateinischen Infinitive *cum accusativo* (quod und bisweilen ut):

α. als Nominativ und somit logisches Subjekt des Hauptsatzes, der meistens ein unpersönlicher Ausdruck ist. — Não bastava *que* tamanhas miserias me cercassem (Cam. Lus. VII, 81). — Importa *que* esse desgraçado é um sacerdote (Herc. Eur. XVIII).

β. als Akkusativ und somit als Objekt des Hauptsatzes, der gerne ein Verbum *sentiendi* oder *declarandi* enthält. — Vos prometto *que* vejais (Cam. Lus. II, 44). — Diz *que* podes reformál-a (ib. II, 3). — Vendo *que* enganados os tinha (ib. II, 13). — Crem *que* a presa certa tem (ib. II, 16). — Cuidam *que* seus enganos são sabidos, e *que* hão de ser punidos (ib. II, 25). — Deus to pague, *que* (= quod) lançaste um raio (Herc. Eur. XVIII).

γ. als Genitiv, wenn er ein Substantiv in diesem Casus umschreibt abhängig von Verben oder Nomina, welche *de* verlangen. — Duvidará um momento de *que* eu hesitasse em ir (Herc. Eur. XIII). — Se lembrava de *que* sobre isso tudo elle deixara cahir a campa (ib. XVIII). — Avisá-lo-hei de *que* deve comparecer (Herc. Mong. VIII).

δ. ähnlich als Dativ, wo er ein mit *a* angefügtes Substantiv vertritt und mit den meisten übrigen Praepositionen; doch sind solche Fälle seltener.

Ein Satz mit *que* tritt (wie der lat. inf. c. acc.) auch zu einem **Ausrufe**. — Oh grandes e gravissimos perigos! oh caminho de vida nunca certo! *Que*, aonde a gente põe sua esperança, tenha a vida tão pouca segurança (Cam. Lus. I, 105). — Oh caso nunca visto e milagroso, *que* trema e ferva o mar (ib. II, 47).

Der **Infinitiv** und ein **Substantivsatz** mit *que* wechseln häufig; oft geht auch die Construktion von dem einen in den anderen über z. B. Sendo o Portuguez certificado *de* não *haver* receio de perigo, e *que* gente de Christo em terra havia (Cam. Lus. II, 14)..

Hinsichtlich des **Modus** in den Sätzen mit *que* zeigt sich die Bedeutung des **Indikativs als Modus der Wirklichkeit**, gegenüber dem **Conjunktiv als Modus der Wahrscheinlichkeit**. Dem **bestimmten** ‚disse-vos *que segui* as armas mui moço' (Herc. Mong. I), der **berichteten Thatsache** steht das **unbestimmte, zweifelnde** ‚lhe suppliquei *que* me *acompanhasse*' (Herc. Eur. XIII) gegenüber. Obige Beispiele zeigen, wie ein **zweifelnder, negativer, unbestimmter** Hauptsatz im Nebensatze den **Conjunktiv** bewirkt; ebenso wo der Begriff des **Bittens, Scheinens**, eine **persönliche, subjektive** Meinung (häufig also der Conditional) im Hauptsatze steht. — Te roga *que* entres a barra (Cam. Lus. II, 3).

Lateinischen Construktionen (z. B. Liv. III, 45: Postulo, etiam atque etiam *consideres*, quo progrediare) entspricht die ziemlich häufige **Auslassung von** *que*, wobei jedoch der Nebensatz in den **Conjunktiv** tritt. — Lhe pede, *conte* o tragico successo (Mal. conq. II, 126). — Vos rogo *tranquilliseis* aquella alma (Herc. Mong. VIII). — Pedindo a Deus *salvasse* aquella alma (ib. III). — Ordenava a Gutislo *despertasse* os homens d'armas, e *fizesse* dar o signal (Herc. Eur. XIII).

2. Die indirekten Fragesätze.
§ 271.

Ueber den **Modus der indirekten Fragesätze** entscheidet gleichfalls Bedeutung und Art des Hauptsatzes.

Der Conjunktiv steht demnach bei negativem, fragendem, zweifelndem Sinne des Hauptsatzes. — Não sei, como o *conte* (Din. Hyss. III, 43). — Não sei, que *faça* (ib. III, 51). — Qual a materia *seja*, não se enxerga (Cam. Lus. X, 78). — Sabeis qual *seja* o valor da palavra monge? (Herc. Eur. pref.). — Dagegen: Sabeis qual *era* minha idéa? (Herc. Mong. I). — Se quereis se elle *errava* ou *acertava* (ib.).

Das oben (§ 270) über Conjunktiv und Indikativ angeführte ist demnach auch hier massgebend und ebenso in der *oratio obliqua*, die Indikativ und Conjunktiv je nach dem Sinne verträgt. — Lhe offerece tudo o que de seus reinos lhe *cumprisse*, e que, se mantimento lhe *fallece*, como se proprio *fosse*, lho *pedisse*: diz-lhe mais, que por fama bem *conhece* a gente lusitana, sem que a *visse*; que já *ouviu* dizer, que n'outra terra com gente de sua lei *tivesse* guerra (Cam. Lus. II, 102).

3. Finalsätze.

§ 272.

Die Finalsätze stehen ihrer Bedeutung nach im Conjunktive. *Que, para que, porque* entsprechen dem deutschen dass = damit.

Determinavam *que* os de Luso de todo *destruissem* (Cam. Lus. II, 17). — Para que o desejo *accenda* e *dobre*, lhe põe diante (ib. II, 37). — Virá alli o Samorim, *porque veja* a batalha e os seus *esforce* e *anime* (ib. X, 17).

Dem lateinischen *quominus* nach *impedire, deterrere* u. dgl. entspricht portugiesisch *que não*. — Não sei o que me reteve, *que não* me arrojasse a seus pés, e lhe *pedisse* perdão, e *depois* a *apunhalasse* (Herc. Mong. III).

4. Consekutivsätze.

§ 273.

Das consekutive *que* tritt ein mit Bezug auf ein im übergeordneten Satze stehendes *tão, tanto, assim, tal* für das deutsche ,so dass', oder mit Beziehung auf einen ähnlichen vorausgehenden substantivischen oder adverbiellen Ausdruck wie *de modo, de maneira* u. dgl.

Tão medonha *que* um gelado tremor os ossos corre (Din. Hyss. II, 55). — *De modo que* o halito ardente do mancebo quasi que lhe crestava a face (Herc. Mong. I). — *Por tal modo que* estava juncto de Lopo Mendez e elle não me sentia (ib. III). — *Tão* formoso no gesto se mostrava *que* as estrellas e o céo namorava (Cam. Lus. II, 34).

Indesssen ist es nicht nöthig, dass der übergeordnete Satz die Beziehungswörter für *que* ausdrückt; *tão, assim* u. s. w. können auch fehlen. — Oh gente forte e de altos pensamentos *que* tambem della hão medo os elementos! (Cam. Lus. II, 47).

Dem lateinischen *nihil aliud agere (facere) quam (nisi) ut* entspricht portugiesisch *não fazer senão* mit Infinitiv. — *Não fareis,* porventura, *senão compôr* um fragmento (Herc. Mong. pref.).

Das lateinische consekutive *quin* ist *sem que*. — Muito tempo não passa *sem que* prove igual sorte a segunda (Din. Hyss. V, 555). — Der Modus des Consekutivsatzes ist der Indikativ; der Conjunktiv steht nur bei *sem que*.

5. Conditionalsätze.

§ 274.

Die Conditionalsätze mit *se* und *se não* stehen:

1. im Indikative, wenn die im Conditionalsatze angenommene Voraussetzung als wirklich dargestellt ist d. h. wenn die eine Thatsache unbedingt die andere zur Folge hat (Εἰ θεός ἐστι, δίκαιός ἐστι). Auch der Schlusssatz steht im Indikativ.

Se vos *parece,* rodearemos a Ilha verde (Herc. Eur. VI, 1). — *Se houve* feitos no mundo tão possantes, não menos é trabalho illustre (Cam. Lus. II, 112). — *Se* a morte sabes dar, sabe tambem dar vida (ib. III, 128). — *Se* neste mundo já *gozei* ventura, foi nessa noite (Vieira de Sousa, Par. maranh. 119). — Selten ist der Conditional im Hauptsatze. Se as armas *queres* ver, cumprido esse deseja te *seria* (Cam. Lus. I, 46).

2. im Conjunktiv des Futurs bei bescheiden ausgedrückter Behauptung, wenn die Entscheidung

der Zukunft anheimgestellt oder die Handlung in die Zukunft gesetzt wird (oft = lat. *Futurum exactum*). — Der Hauptsatz steht im Indikativ des Praesens oder des Futurs.

Ao padre quero falar, *se for* possivel (Din. Hyss. V, 58). — *Se eu for* eleito bispo, lhe prometto (ib. V, 355). — *Se assim succeder*, irei (ib. VI, 95). — Vós sois rebeldes *senão obedecerdes* (Lind. III, 4). — Ser aos dous fiel se facilita, se a lei *guardares* (Mal. conq. VII, 104). — *Se não córares*, dou-te um beijo (Al. da Conç. Grin. V, 29). — Se junto ao meu leito *houveres* acaso de chegar, verás (Gonç. Dias, nov. cant. 186).

3. im Conjunktive des Imperfektes, wenn die Annahme, die der Conditionalsatz enthält, nur als zweifelhaft, ungewiss, unwahrscheinlich oder ganz unmöglich dargestellt ist. Der Nachsatz steht im Conditional (d. h. in der mit dem Imperfekt von *habere* gebildeten Form).

Se sahissem dos sepulcros os antiguos lusitanos barões, subito *pensariam* (Din. Hyss. V, 137). — Não se cem bocas eu *tivesse*, *poderia* cantar (ib. VI, 289). — *Negaria*, se necessario *fosse*, o mesmo Christo (ib. VIII, 326). — Se eu *morresse* amanhã, *viria* ao menos (Alvar. de Azevedo, obr. I, 343).

4. Im Conditionale und zwar in beiden Formen desselben *(cantaria, cantara)*; der Nachsatz steht gleichfalls im Conditional (in beiden Formen).

Se de ser juiz a sorte me *coubera*, *daria* minha sentença (Din. Hyss. V, 181). — Se mãos *tiveras*, e se pernas e pés te não *faltaram*, os pés e mãos te *beijara* (ib. V, 328). — Se em Africa Catão, se em Roma Cesar *deram* fé aos presagios, nem aquelle *acabara* infeliz, nem este *fora* morto (ib. VI, 50). — O fim de todos fora aquelle dia, se o céo não lho *estorvara* (Mal. conq. III, 11).

5. Bemerkenswerth ist hinsichtlich des Tempus, dass die zusammengesetzte Form häufig durch die einfache ersetzt wird also z. B. *cantaria*, *cantara* u. dgl. für *teria*, *tivera cantado* steht. — Se a *vira* o caçador, nunca os galgos o *mataram* (Cam. Lus. II, 35) = Wenn sie der Jäger

gesehen hätte, hätten ihn nie die Hunde getödtet.
— Não teve resistencia, e *se* a *tivera*, mais damno resistindo *recebera* (ib. II, 69). — Ebenso in conditionalen Relativsätzen: quem lho *observasse, enxergaria* (Herc. Mong. I) = wer (= wenn einer) ihn betrachtet hätte, hätte er bemerkt. — Quem o *visse* passear, *suspeitaria* (ib. IX). — Von der bevorzugten Anwendung dieser lateinischen Plusquamperfektform war schon oben (§ 258 S. 356) die Rede, und jede Seite portugiesischer Schriftsteller gibt Zeugniss dafür.

Die Conjunktion *se* findet sich bisweilen ausgelassen z. B. Melhor fora, boçaes, *nascesseis* mudos (Frsc. Man. a. p. V).

Die Conditionalsätze mit *com tanto que, amenos que* wenn nur, woferne nur, stehen im Conjunktiv. — Tudo se perca, *com tanto que* eu não *perca* um só instante (Din. Hyss. IV, 336).

Die Stelle des conditionalen *se* vertritt selten (wie in den übrigen romanischen Sprachen) *quando*. — Quando caso for (Cam. Lus. VI, 55).

Se steht selbständig (ähnlich dem lateinischen *ita* in *ita me di ament* u. dgl.) bei Schwüren und Betheuerungen; so bei Diniz: *se* deus me perdon (Conjunktiv).

6. Concessivsätze.

§ 275.

Die Conjunktionen, welche die einräumenden Sätze mit dem übergeordneten verbinden, sind mit *que* oder *se* und einem adverbialem oder substantivischem Ausdrucke gebildet. Hinsichtlich des Modus gelten bei den Concessivsätzen wieder die bisher angeführten Beobachtungen. Demnach steht:

1. der Indikativ bei Angabe einer wirklichen Thatsache z. B. *Sem embargo de que era* eu uma aguia (Din. Hyss. IV, 160). — *Quando mais* (= lat. *quamvis*, wenn auch noch so sehr) ao rei *altera*, nada delle espera (Mal. conq. I, 55). — Porém *posto que* todas *eram* bellas, em belleza inferiores lhe ficavam (ib. II, 99). — Os conceitos na lingua escurecerão, *se bem* na turbação *ficam* patentes (ib.

II, 109). — Pagou o costumado censo á morte, *se bem* eterna vida lhe *dá* a fama (ib. V, 4).

2. der Conjunktiv bei beispielsweiser, unbestimmter Angabe, bei zweifelnder, negativer Ausdrucksweise, bei blosser Vorstellung und bedingungsweiser Annahme.

Bem que as graças te *cerquem* (Din. Hyss. VII, 190). — *Dado que* eu *creia,* que este só vos derruba (Frsc. Man. a. p. XVI). — *Ainda que* me *peze* estranhamente (Cam. Lus. II, 87). — *Posto que*[1] na epocha de D. João I o povo *fosse* ainda uma cousa grande e forte, *posto que* o grito popular *soasse* ainda (Herc. Mong. IX). — *Posto que* me *mate* o meu tormento (Cam. Son. 16). — *Inda que* vez alguma *venha* cedo (ib. 19). — *Apesar de que* nem um momento o *abandonasse* força (Herc. Eur. XVIII).

Das einfache *que* steht auch nach dem Praedikatsnomen für das lateinische *quamvis* z. B. Certo que o amava muito! Pobre *que* fosse, ou de menos puro sangue (Herc. Mong. II).

Dem französischen *quand même* (selbst wenn) entspricht das portugiesische *ainda quando* mit Indikativ. — Respeito a vida d'um aráuto, *ainda quando* este *é* um miseravel renegado (Herc. Eur. XII). — Ella é tão bella, *ainda quando passa* como o relampago (ib. XVIII).

7. Causalsätze.

§ 276.

Die Causalsätze verlangen, da sie den thatsächlichen Grund einer Handlung oder eines Vorganges angeben, den Indikativ.

Pois não *queres* de grado, a minha força provarás (Din. Hyss. II, 203). — Mas *já que* a mudar me *obrigaes,* provareis (ib. IV, 34). — *Como é* moda, a quizemos seguir (ib. V, 107). — Este, *como* principe *foi* (ib. IV, 217). — Nisso mesmo é que esteve a habilidade, *pois que* de noite o que

---

[1] Für *posto que* findet sich auch *em que.* Zu ‚que amor *em que* tyranno de ira armado' (Diniz, Tresca) schreibt Parn. lus. II, 435: ‚*Em que* vale o mesmo que *posto que*' (Cam. Son. IV). Que *em que* outro amante fosse mais ditoso.

de dia obrava, *desmanchava* (ib. V, 233). — *Como era* dia (Herc. Mong. I). — Que *pois* a grave pena m'*importuna*, importune meu canto a toda gente (Cam. Canç. 2). — *Porque* o que vejo, me *torna* a vida (ib. I, 3). — Existi, *que* a dor conheço (Herc. Harp. do Cr. 63).

Indessen steht auch der Conjunktiv besonders gerne bei *como* zur Angabe eines subjektiven Grundes z. B. *Como* o Gama muito *desejasse* piloto (Cam. Lus. II, 70). — Que *como fosse* debil e medroso (ib. II, 60). — *Como fosse* impossibil alcancal-a (ib. V, 53). — *Como* na vista prazenteiros *fossem* (ib. V, 64). — *Como fossem* grandes os inimigos (ib. VI, 46). — *Como* a esta terra *viessem* outras gentes (ib. VII, 33).

Dem lateinischen *non quin, non quod non* (nicht als ob nicht) entspricht portugiesisch *não que* mit dem Conjunktive. — *Não que* á lingua franceza eu odio *tenha*, que fora absurdo em mim (Frc. Man. a. p. I).

8. Temporalsätze.

§ 277.

Die Temporalsätze stehen bei einfacher Angabe eines Vorganges, einer Thatsache im Indikativ.

Quando as trévas *eram* mais cerradas e profundas (Herc. Eur. IV, 2). — *Logo que* o Sol nascendo se *mostrava* (Mal. conq. III, 44). — *Até que atroou* a grande salla (Din. Hyss. I, 175). — *Des que* alguns dias *dispendeu* Sequeira, partiu (Mal. conq. III, 75). — *Em quanto* christãos *deixavam* perecer á mingua uma desgraçada, tu a salvavas (Herc. Mong. V). — Foi curvando *té que* inteira a *baixou* (Frc. Man. a. p. XII, 13). — Poucos dias haviam passado *depois que* o duque *recebera* a ultima carta (Herc. Eur. IX). — *Desde que* o exercito *tinha* cingido a montanha (ib.). — Alli morrer quizera *ante*[1] *que* ver per onde passei (Bern. Rib. a visão).

Dagegen steht im Temporalsatze der Conjunktiv, wenn die Handlung als ungewiss in die Zukunft gesetzt ist.

---

[1] Alt für *antes que* (Parn. lus. III, 149).

Quando de pomos o vergel *for* cheio; *quando ondear* o trigo na planura; *quando pender* com aureo fructo a vide, eu tambem *penderei* na sepultura (Herc. Harpa do Cr. 63). — *Despois que as estrellas o chamarem, succederás* (Cam. Lus. X, 56).

Ferner steht der Conjunktiv, wo der regierende Satz einen Befehl, eine Absicht, Zweifel oder Verneinung enthält z. B. Com a cana, *primeiro que* entre as mãos a *houvessem* posto, lhe bateram (Braga, folh. v. 103). — Prometto jejuar tres dias, *logo que cheguemos* ao mosteiro (Herc. Mong. I).

Der Conjunktiv steht gerne bei *como* auch in seiner temporalen Bedeutung und auch bei anderen Temporalconjunktionen (besonders *antes que*).

Como na terra ao rei se *apresentasse*, palavras taes fallando orava (Cam. Lus. II, 78). — *Como* a luz crastina chegada ao mundo *for* (ib. II, 88). — *Antes que soe* o estouro, salta n'agua (ib. IX, 74). — *Antes que* no seio de Cambaia *entre* (ib. X, 34). — Uma lingua dura era a lingua dos Lusos, *antes que* os claros lumes do alto Pindo *queimassem* fezes godas (Fr. Man. a. p. II, 4).

Wie das lateinische *ante quam* u. s. w. findet sich auch die portugiesische Conjunktion oft getrennt. — *Antes*, porém, *que* ahi chegasse (Herc. Eur. XIII); bei *apenas que* (kaum dass, sowie) wird *que* gerne ausgelassen. — *Apenas* os recemchegados sairam á cerca interior, o que parecia mais auctorisado pediu para falar (Herc. Eur. XII). — Este, *apenas* os viu desapparecer, dirigiu-se para Hermengarda (ib. XVI). — *Apenas* estes homens desconhecidos eram levados ante o capitão arabe, elle enviava um (ib. IX). — Meu criado — gritou Brites *apenas* me viu (Herc. Mong. II).

Wie zu den Adverbien der Zeit tritt *que* zu allen Zeitangaben.

Foi *então que* o celebre Ruderico se apossou da corôa (Herc. Eur. I). — *Hoje que* o imperio é abalado (ib. VIII). — Havia *dous dias que* nenhum incognito atravessava o Chryssus (ib. IX). — *Ao tempo que* Garcia nella deita (Mal. conq. II, 101).

9. **Comparativ- oder Modalsätze.**

§ 278.

Die **Vergleichungssätze** mit *como, assim-como* u. s. w. stehen im **Indikative**. Der übergeordnete Satz enthält meistens das **Correlativ**, doch kann es ebenso fehlen.

Não geme *tão* convulsa, *tão* raivosa *como* o pobre deão (Din. Hyss. II, 218). — Não correm *mais* furiosos *como* o Lara corre (ib. VI. 317). — Conservar é *tão* honroso, *quanto* é o conquistar difficultoso (Mal. conq. I. 71). — *Bem como* o alão castiço o lobo vendo se lança, *tal* o invicto Pereira (ib. IV, 28). — *Tal como* nos jardins succede, *tal* o sangue causa espanto (ib. IV, 51). — *Assim como* a Madona immaculada ella era *assim tão* casta (Joaq. Serra, Quadros 121). — O perfume e o invólucro invisivel que encerra as fórmas da mulher bonita, *bem como* a salamandra em chammas vive (Castro Alves, poes. 167). — Não *de outra sorte* immovel fica que o mancebo (Din. Hyss. IV, 19). — E *como* quando Noto se desata, *tal* ao barbaro rei a furia trata (Mal. conq. I, 51).

Das deutsche **je** — **desto** ist *quanto* — *tanto, quanto mais* — *tanto mais;* wobei öfter das eine Correlativ unterbleibt.

Quanto mais sacode, *mais* poeira dos livros vem (Din. Hyss. IV, 178). — E *quanto* alegre a frota se mostrava, *tanto* seu coração se *entristecia* (Mal. conq. IV, 128). — O tiro empece *mais, quanto* o *mais* erra (Ferreira, Castro I). — [Hiezu bemerkt Parn. lus. (V, 295): Hoje screveriam ,*quanto mais* o erra'].

Segundo ohne *que* drückt die **Gemässheit** aus; (**je nachdem, sowie** (S. 322). — *Segundo* tem das vidas o talento (Cam. Lus. X, 149). — *Ao passo que* in dem **Maasse als, so — wie**. — A fileira cresce *ao passo que* raream as outras (Herc. Eur. XII).

Die **conditionalen Vergleichungssätze** mit *como se, como que, quasi* u. dgl. (= **gleich als wenn, als ob**) stehen ihrem Sinne nach im **Conjunktiv** oder im **Conditional**.

Como se a bella lingua nossa *precisasse* de estranhos

atavios (Din. Hyss. V, 146). — *Como se os moradores do couto fossem servos da gleba* (Herc. Mong. IX). — *Busco desaventuras alheyas como que as minhas não abastassem* (Ribeiro, Menina 3). — *Como se a terra os houvera engolido* (Herc. Mong. III).

10. Relativsätze.

§ 279.

Der Relativsatz hat eine Beziehung zu einem im übergeordneten Satze stehenden oder doch zu ergänzenden Demonstrative. Die im Lateinischen noch strenge eingehaltene Correlation von *tantus — quantus* u. s. w. ist im Portugiesischen nicht mehr Gesetz.

Me apagueis esta chamma que me consome a alma (Herc. Mong. I). — *Os que lhe espreitavam os passos* (Herc. Eur. III). — *Essa beneficencia que a gratidão geral recompensava* (ib.)

Relative Partikeln des Ortes und der Zeit vertreten sehr häufig die Stelle der Relativpronmina (s. § 251 S. 342). — *Ja chegam perto donde o vento enche as velas* (Cam. Lus. II, 21). — *Era no tempo alegre quando entrava a luz* (ib. II, 72).

Der Relativsatz umschreibt wie im Lateinischen (*ii qui legunt* = die Leser) oft ein Substantiv. — *Faz a quem o tem* (= den Besitzer) *amado e caro* (Cam. Lus. II, 58).

Hinsichtlich der Congruenz von *o qual* gelten alle von den Adjektiven (§ 191 S. 272) aufgestellten Regeln. — *Que o fogo fez, e o ar, o vento e neve, os quaes* (nach § 191 S. 272) *verás* (Cam. Lus. X, 90). — Ebenso ist auf das § 190 S. 271 über die Congruenz der Person des Verbums des Relativsatzes Gesagte hinzuweisen.

Die lateinische Sprache zieht ein Relativpronomen in die Construktion des Infinitivus cum accusativo (oder nominativo) hinein. Die portugiesische Sprache, welche jene lateinische Construktion mit einem Satze mit *que* umschreibt, bekömmt so zwei Sätze mit que z. B. *Que aquellas grandes honras, que sabeis, que no mundo ganhei* (Cam. Lus. VI, 32) = *quos* scitis.

Umgekehrt wird bisweilen im indirekten Fragesatze das Subjekt desselben als Objekt in den Hauptsatz gezogen z. B. Não podes comprender *seus triumphos quantos são* (Gil. Vic. II, 487); dagegen folgt die portugiesische Sprache dem lateinischen Gebrauche nicht, demzufolge die Apposition in den Relativsatz gezogen wird z. B. eine Farbe welche = *qui color;* portugiesisch: Carmesi, cor *que* a gente tanto preza (Cam. Lus. II, 97).

Inwieferne die Conjunktion *que* und das Relativpronomen in einander fliessen, hat Diez (R. G. III, 361) eingehend behandelt; darunter auch (S. 364) den Fall, dass das Casusverhältniss, das die Conjunktion *que* vertreten soll, durch ein nachfolgendes Personalpronomen näher bezeichnet werden kann. Sollte indessen das *que* in der angeführten Stelle (Cam. Lus. I, 12) „Por estes vos darei um Nuno fero, que fez ao rei, e ao reino tal serviço: um Egas, e um dom Fuas, *que* de Homero a cithara *para elles* só cobiço' nicht als consekutive Conjunktion erklärt werden können? — Für alle diese werde ich euch einen Nuno geben, der dem Könige und dem Reiche einen solchen Dienst geleistet, einen Egas und einen Dom Fuas, so dass ich für sie allein Homers Cither wünsche. Das *tal serviço* kann das consekutive *que* veranlasst haben.

Was die Modi des Relativsatzes betrifft, so folgt die portugiesische Sprache genau dem Vorgange der lateinischen. Demnach steht im Relativsatze:

1. der Indikativ, wenn derselbe einfach einen Begriff umschreibt, an Stelle eines Adjektives steht, oder eine wirkliche Thatsache enthält.

Os rudos marinheiros, *que tem* por mestra a longa experiencia (Cam. Lus. V, 17). — Os antiguos philosophos, *que andaram* tantas terras (ib. V, 23).

2. der Conjunktiv, wo der Relativsatz verschiedene andere Beziehungen ausdrückt und zwar:

α. einen Finalsatz, eine Absicht, Bestimmung, Zweck. — *D'uma* flor *que represente* as vivas cores do listrado Iris (Din. Hyss. I, 41). — Manda mais um, *que* co'o rei nobre as pazes *concertasse* e que o *desculpasse* (Cam. Lus. II, 78).

— Tinham enviado um buccellario, *que relatasse* (Herc. Eur. XV).

β. eine Wirkung und Folge, darum gerne nach Pronomina wie *esse, tal, tanto* u. dgl., nach *ha* (es gibt), besonders wenn es negativ ist. Dies Pronomen muss auch oft nur hinzu ergänzt werden. Häufig steht das Substantiv, auf welches sich der Relativsatz bezieht (nach § 202 S. 266 und § 286 γ) ohne Artikel.

As cousas *que* eu do peito *amasse* (Cam. Lus. II, 39). — As naos *que navegarem* do occidente (ib. II, 48). — Nenhum delles ha *que* lhe *ensinasse* (ib. II. 70). — Mouro, *que* por piloto á nao lhe *mande*, de quem fiar se *possa* (ib. I, 83). — Nunca vereis viuva *que fale* muitas vezes no marido defuncto, e muito *chore* a sua falta, e não *case* cedo (Herc. Mong. I). — Elle não tinha uma filha *que* muito *amasse*, *que fosse* um anjo de amor, e *que* se *convertesse* (ib. II). — No dia em *que rier* o juiz (ib. V). — Não ha entre vós um *que* o *ouse*? (Herc. Eur. XVI). — Não ha *quem renda* maior culto? (Din. Hyss. I, 120).

γ. wenn er concessiven, causalen oder conditionalen Sinn hat und also einen einräumenden, begründenden, bedingenden Satz umschreibt (§ 274 S. 381).

Saibamos que nom ha de ser coroado senom *quem trabalhar* e *pelejar* fortemente (Fr. J. Alvares, Cart. II). — *Quem* lho *observasse* attento lá enxergaria (Herc. Mong. I). — *Quem* o *visse* passear de um para outro lado (ib. IX). — *Quem ouvisse* os nomes desses rudos soldados, saberia (Herc. Eur. XIII).

Verallgemeinernde Relativpronomina haben den Indikativ oder Conjunktiv je nach der Form des Hauptsatzes; also bei Angabe von Thatsachen den Indikativ, bei zweifelnder, negativer, imperativer Redeweise den Conjunktiv.

A minha manopla tornou a encontrar *que quer que foi* (Herc. Mong. I). — *Quem quer que sejas*, villão, põe ahi teu nome (ib. II).

3. Capitel.
Von der Wort- und Satzstellung.
§ 280.

Nachdem die portugiesische Sprache sich wie ihre Schwestersprachen der Flexion entschlagen hatte, musste natürlich eine genauer bestimmte, beschränktere Wortstellung als im Lateinischen Platz greifen. Den seiner Form nach vom Nominative nicht mehr unterscheidbaren Akkusativ musste in den neueren Sprachen seine Stelle hinter dem Verbum kenntlich machen u. dgl. Die regelmässige Stellung im einfachen Satze ist **Subjekt, Praedikat, Akkusativ, Dativ.**

1. Das Subjekt hat seine Stelle vor dem Verbum und dem Praedikate; dennoch steht es **nach** demselben:

α. wenn das Praedikat das Hilfsverb *ser (estar)* mit einem praedikativen Substantiv oder Adjektiv ist, wodurch der Satz an Nachdruck gewinnt. — *E é bello esse mundo* (Herc. Eur. V, 3). — *Era sinistro e lugubre, e todavia tranquillo, o modo com que elle o dizia* (ib. XVII). — Immer bei **Demonstrativpronomina** und *tal,* wenn sie **vorausstehen**. — *Tal era o estado politico* (ib. I).

β. auch wenn das Praedikat ein selbständiges Verbum ist, gleichviel ob transitiv oder intransitiv, besonders im Tone der Erzählung. — *Dorme a ave que cantou* (Braga, folh. v. 44). — *Canta-me essa pobre lyra illusões* (ib. 13). — *Passaram por lá as revoluções* (Herc. Eur. II). — *Repousavam bem perto um do outro a materia e o espirito* (ib. VI, 1).

γ. wenn lange adverbielle Satzbestimmungen den Satz einleiten. — *Neste momento, por uma das pontes já desertas, lançadas na noite antecedente sobre o Chryssus, soava um correr de cavallo* (Herc. Eur. X). — Ebenso oft bei einzelnen Adverbien wie *debalde, depois, breve, talvez.*

Debalde buscou Theodomiro apagar aquella paixão (Herc. Eur. VIII). — *Breve virá talvez o dia* (ib.)

δ. zur Erzielung eines besonderen Nachdruckes, vor allem gerne, wenn das Subjekt ein Pronomen ist. — *São risos sentidos, entendel-os não hade, por certo, ninguem*

(Braga, folh. v. 3). — Foste *tu* que a minha alma prendeste, foste *tu* que o meu canto entendeste, foste *tu* e só tú, mais *ninguem* (ib. 46). — Maldicto sejas *tu!* (Herc. Eur. XVII). — Era *ella:* era *Leonor* (Herc. Mong. III).

ε. bei Zwischensätzen, welche in die angefügte direkte Rede eingeschoben sind (= lat. *inquit* ille) z. B. *disse* Atanagildo (Herc. Eur. XII). — *Acudiu* a abbadessa (ib.). — *Tornou* o quingentario (ib.). — *Perguntou* a abbadessa (ib.). — *Murmurou, proseguiu* a abbadessa (ib.). — *Bradou* Suintila (ib.) — *Respondeu* o cavalleiro (ib. XIII). — *Exclamou* o mancebo (ib.). — *Atalhou* o guerreiro (ib.). — *Replicou* Pelagio (ib.) — *Interrompeu* Sancion (ib.). — *Gritou* este (ib.). — *Rugiu* o decano (ib. V).

ζ. in der fragenden, jussiven und optativen Form. — *Está* o seu braço cansado? (Herc. Eur. XII). — Que *reine* para sempre a cruz! (ib.). — *Possa* o sangue do martyr remir o crime (ib. XIX); ebenso im indirekten Fragesatz. — Se soubessem, *quão negra* era a predestinação (Herc. Eur. III).

η. die Adverbialsätze lassen häufig die Stellung des Subjekts nach dem Praedikate zu, besonders aber die Relativsätze. — Era este problema, no qual *se resumia* todo o seu futuro, que *tentava resolver* o pastor (Herc. Eur. II).

Das Objekt (der Akkusativ) steht zur besonderen Hervorhebung an der Spitze des Satzes. Gewöhnlich tritt dann an seine Stelle im Satze ein auf dasselbe bezügliches Personalpronomen wieder ein. — *A ponte romana* haviam-*na* consumido as injurias das estações (Herc. Eur. XVI). — *A sua historia* ouviste-*a* (ib. XVIII).

Indessen findet sich auch die besonders hervorgehobene Stellung des Akkusatives an der Spitze des Satzes, ohne dass ein Pronomen die regelmässige Construktion wieder aufnimmt. — *Braço robusto* tinham por certo aquelles (Herc. Eur. XIV). — *Tal cousa* não faças, filho, não *a* has de ganhar (Hard. Rom. II, 121). — *A viseira do elmo de diamante* alevantando um pouco se poz (Cam. Lus. I, 37). — *Pilotos* lhe pedia o capitão (ib. I, 70).

2. In der Stellung der übrigen Satztheile herrscht

die grösste Freiheit, indem **adverbiale** Bestimmungen **vor** oder **nach** dem Verbum ihre Stelle einnehmen können z. B. Já na agua erguendo vão *com grande pressa* (Cam. Lus. II, 20). — *Com gesto acceso* vai (ib. II, 21).

Der **subjektive Genitiv** steht bei Dichtern oft **vor** seinem Substantive, bisweilen sogar **nach** griechischer Art zwischen dem Artikel und dem Substantive.

Ser *do mundo* rei (Cam. Lus. I, 10). — *Dos dous avós* as almas cá famosas (ib. I, 17). — *Na de Jerusalem* total ruina (Mal. conq. I, 7). — Tu á *do barbaro rei* dura impiedade darás fim (ib. I, 21). — Os *do prudente rei* pios intentos (ib. IV, 117).

Seltener ist der **nachfolgende** Genitiv von seinem Substantive durch ein Wort getrennt z. B. Já no batel entrou *do capitão* o rei (Cam. Lus. II, 101).

Von der Stellung einzelner Wortarten (z. B. der **Adjektiva, Zahlwörter, Pronomina**) war schon früher (§ 244. 248) die Rede. Selbstverständlich gelten für die ältere und älteste Sprache nicht stets die bindenden Regeln, welche die heutige Redeweise verlangt. Vor allem war die Stellung der Pronomina eine bei weitem freiere. Trennung des verbundenen Personalpronomens von seinem Verbum ist nicht selten z. B. Todo o mal que *te* eu fazia (Hard. Rom. II, 39).

3. Die Stellung der **Sätze** regelt sich nach ähnlichen Grundzügen. Im Allgemeinen folgt der abhängige Satz dem regierenden. Doch kann der Portugiese, wie der Deutsche und der Lateiner, Nebensätze **vorausstellen, anfügen**, oder auch **einschalten. Conditional-, Concessiv-, Temporal- und Comparativsätze** stehen gerne voran; häufig auch nach lateinischem Muster **Causalsätze** und selbst **Finalsätze** und **indirekte Fragesätze**.

Para ver este milagre, toda a gente alli corria (Hard. Rom. II, 39). — *Qual a materia seja*, não se enxerga (Cam. Lus. X, 78).

Die **Einschaltung des Nebensatzes** in den Hauptsatz ist ein ganz gewöhnlicher Vorgang. — A mim, *para me criarem*, á Italia me levariam (Hard. Rom. II, 40). — Põe-me, *onde se use toda a feridade*, entre leões e tigres (Cam. Lus.

III, 129). — Eu *que bem mal cuidava, que em effeito se pozesse o que o peito me pedia: que sempre grandes cousas deste yeito presago o coração me promettia*, não sei (ib. IV, 77).

Bisweilen kömmt auch der Fall vor, dass ein Theil des Hauptsatzes in den Nebensatz tritt, derjenige nämlich, auf welchem der Hauptton der Rede ruht. Es erinnert dies an die § 187,2 S. 268 besprochene Construktion, wo gleichfalls ein Akkusativ des Nachdruckes halber wie das Subjekt des Ganzen vorausgestellt wird. — *Este* quiz o céo justo *que floreça nas armas* (Cam. Lus. III, 20). — Destes *Henrique* dizem, *que Portugal houve* em sorte (ib. III, 25) (= O céo justo quiz *que este;* Dizem *que Henrique* . .).

4. Nicht nur einzelne Worte, sondern ganze Sätze werden mit der Formel *é que* (hervorgehoben (= griech. ἔσθ' ὅτε, lat. *est ubi, est ut*) z. B. *É que* o momento supremo da morte se approxima (Herc. Eur. XII). — *É então que* elle dá movimento (ib. V, 3). — Auf diese Weise wird ein einfacher Gedanke grammatisch in zwei Sätzen dargestellt.

Anhang.

I.
Einzelne Abweichungen vom gewöhnlichen Stile.
§ 281.

Pleonasmus und Ellipse zählen zu den gewöhnlichsten grammatischen Erscheinungen. Der Pleonasmus *(pleonasmo)* ist der Zusatz eines oder mehrerer Wörter, welche zum Verständnisse des ganzen nicht nöthig sind. Wie im Lateinischen *ante praeoccupare, rursus restituere* u. dgl. sagt man portugiesisch *ante preoccupar, restituir outra vez* u. s. w. — Ein überall citirter Pleonasmus ist Cam. Lus. (V, 18): *Vi claramente visto o lume vivo.* — *Senhor amo* (Hard. Rom. II, 54).

Die Ellipse *(ellipse)* ist im Gegensatze zum Pleonasmus die Auslassung eines oder mehrerer zum Verständnisse des Sinnes nöthiger Wörter. Dem lateinischen *dextra* (sc. manus), *quartana* (sc. febris) u. s. w. entspricht das herübergenommene portugiesische *a direita, a quartã* u. s. w. — Gerne fehlt in lebhafter Rede, wie in der Muttersprache *ser* z. B. Tudo paz na terra (Braga, folh. v. 7). — Oh que bellos os dias passados! (ib. 27). — Nem eu o exijo: longe de mim tal intento (Herc. Eur. XIII). — Bemdicta a mão do Senhor (ib. XVIII). — Para mim tambem o martyrio! (ib. XII). — Elliptisch ist der Ausdruck *quanto a isso* ‚was das betrifft', Oh, *quanto a isso*, dir-vo-lo-hei (ib. XIII). — Die

Temporalbestimmungen mit *ha* werden fast immer ohne *que* eingefügt z. B. *Ha tres annos pelejava eu na ala* (Herc. Mong. I), obwohl auch *que* angewendet wird. — *Ha deze annos que não me allumia* (Herc. Eur XVIII).

§ 282.

Unter Zeugma (*zeugma*) versteht man die Construktion, der zufolge ein Verbum auf ein oder mehrere Substantive bezogen wird, indessen es nur zu dem nächststehenden passt oder umgekehrt z. B. ferindo e dando *mortes* (Mal. conq. IV, 79). — *Não ver nem gozar mais da cor do dia* (ib. II, 11).

— Das Anakoluth *(anacolutho)* ist die vollständige Unterbrechung einer bereits begonnenen Construktion, so dass grammatisch der Anfang einer Periode nicht zu ihrem Ende stimmt. — *Este despois que contra os descendentes da escrava Agar victorias grandes teve, ganhando muitas terras adjacentes, fazendo o que a seu forte peito deve, em premio destes feitos excellentes, deu-lhe o supremo Deus* um filho (Cam. Lus. III, 26). — *Eu que cahir não pude neste engano, que e grande dos amantes a cegucira, encheram-me com grandes abondanças o peito* (ib. V, 54).

Die bisher erörterten Abweichungen von der gewöhnlichen Redeweise hat die portugiesische Sprache wie alle übrigen mit den antiken gemeinsam, und so hat auch die portugiesische Stillehre alle die zahlreichen Figuren wie Annominatio, Complexio, Correctio u. s. w. zu behandeln. Der grammatischen Auseinandersetzung gehören nur die oben genannten an.

II.
Zur portugiesischen Metrik.[1]

§ 283.

Die portugiesischen Verse (*versos*) werden nach der Anzahl ihrer betonten Silben (*syllabas accentuadas*)

---

[1] *Theophilo Braga*, Anthologia portugueza, Porto 1876. „*Poetica historica portugueza*" pag. III—XXVII.

eingetheilt; jedes Wort hat eine lange Silbe, welche man *aguda* nennt, und ein Vers, der mit einer solchen schliesst, heisst *verso agudo*. Bleibt noch eine Silbe nach der accentuirten am Schlusse der Verszeile übrig, so heisst der Vers *grave* (oder *inteiro*). Hat ein Wort den Ton auf der drittletzten Silbe (*Proparoxytonon*), so heisst es *esdruxulo* und der mit einem solchen endende Vers *verso esdruxulo*.

Die Verszeile scheidet sich in einzelne Theile, die portugiesisch *hemistychios* heissen.

Nach der Anzahl ihrer betonten Silben nun benennt man die Verse elf-, zehnsilbige u. s. w. — Verse mit zwölf Silben sind dem Französischen nachgeahmt und heissen darum *alexandrinos*. Sie sind selten angewendet worden. Das bekannte „*No figueiral figueiredo*" (S. 20) ist in diesem Versmaasse abgefasst.

Verse mit drei, vier Silben sind selten; der Vers mit fünf Silben und dem Accente auf der ersten (oder zweiten) und fünften ist die *Redondilha menor* oder nach provenzalischer Weise *arte menor* genannt. Unter demselben Titel begreift man jedoch auch den sechssilbigen Vers.

Der gewöhnlichste Vers der portugiesischen Poesie ist der siebensilbige, als *redondilha maior* bezeichnet; der achtsilbige widerspricht nach Braga (l. c. V) der portugiesischen Prosodie, während der zehnsilbige (*decasyllabos*), seiner Herkunft nach *limosino* genannt, in der älteren Poesie vielfach verwendet wurde. Neueren Gebrauches sind neunsilbige Verse mit dem Accente auf der dritten, sechsten und neunten Silbe. — Verse mit elf Silben (*endecasyllabos*) zählen gleichfalls zu den gewöhnlichsten.

Bei der Zählung ist vor allem die Elision zu beobachten, der zufolge der schliessende Vokal eines Wortes mit dem beginnenden eines anderen, oder wenn dieser nur durch *h* geschützt ist, als eine Silbe zählt z. B. Lus. II, 61:

    1 2 | 3 | 4 | 5   6   7   8 |9 10 | 11
  Quan do Mer cu|rio em so nhos|lhe ap|pa re ce

Neuere Dichter bezeichnen wenigstens den Ausfall nicht selbständiger Silben durch den Apostroph z. B. a *minh'*

alma (Lind. I, 1), und immer im Worte selbst: a f'licidade
(ib. I, 3). — Em torno c'roam (Din. Hyss. VII, 167).

Dem Dichter steht ausserdem Aphaerese. Synkope
und Apokope zur Verfügung. Die Aphaerese (apherese)
beraubt das Wort einer anlautenden Silbe, die Synkope
(syncope) einer inlautenden, die Apokope (apocope) einer
auslautenden z. B. Cam. Lus. VII, 62 haben alle Herausgeber: Com pactos e lianças statt allianças, obwohl sie an
anderen Stellen z. B. III, 38 *a alevantar*, III, 130 *alli appregoam*, IV, 87 *está assentado*, VIII, 49 *adormeces*, X, 45 *mas alembrou-lhe* u. dgl. gegen die Lesarten *a levantar*, *alli pregoam*, *está sentado*, *dormeces*, *mas lembrou-lhe* erhalten haben.
— Andere schreiben *stá* statt *está*, *spirito* statt *espirito* u. dgl.
Synkope zeigt Lus. II, 64. Com novo *espirito*.

Dem Dichter stehen auch gegentheilige Mittel zur
Verfügung, so die Diaerese (dierese), durch welche ein
Diphthong zu zwei Vokalen aufgelöst wird. Bekannt sind
die Stellen in den Lusiaden VIII. 46 *destruição* viersilbig,
VIII, 52 *traições* dreisilbig, VIII, 97 *Threicio* dreisilbig;
(nach einigen IX, 21 *primeira* u. IV, 12 *Hebreïo*). — III,
89 *Tui* zweisilbig u. dgl. m.

Bisweilen zählt auch eine Silbe trotz des daraus
entstehenden Hiatus z. B. Cam. Lus. III, 8:

1	2	3	4	5	6	7	8	9	10	11
So	bre	as	a	zas	in	oli	tas	da	fa	ma

und öfter in den Lusiaden (vgl. Einl. zu meinen Lusiaden
p. IX u. XXV [2]).

§ 284.

Eine Anzahl von Versen zusammengestellt gibt die
Strophe (*estrophe*) oder Stanze (*estancia*), allgemein *coplas*
genannt. Ein einzelner Vers gilt als *Mote* oder *divisa*; zwei
zusammengehörige (wie beim Alexandriner) bilden die *parelhas*, drei mit dem Reime a b a die *tercetos*; vier (ab ab;
abba; aaab) die *quadra*; fünf (a b b a a; a a b a b; a b a a b)
die vielfach vertretene *quintilha*; und so weiter nennt man
die *sextina* oder *sextilha* (in welcher die zweite, vierte und
sechste Zeile reimen, jedoch verschiedene andere Kunstgriffe

gebraucht werden); die *septilha*, und die *outava*, die von Sá de Miranda eingeführte epische Stanze (abababcc). Neunzeilige Strophen sind sehr selten; zehnzeilige (*decimas*) sind häufiger. Die Reimstellung hängt von der Willkür des Dichters ab. Ein nicht reimender Vers heisst *verso solto*.

Der Reim (*rima*) ist im Portugiesischen entweder *toante* oder *consoante*. Die *rima toante (assoante)* ist jener Reim, in welchem nur die Vokale auf einander passen z. B. *prata* — palavra; die *rima consoante* verlangt (wie im Deutschen) völlige Uebereinstimmung der Ausgänge reimender Worte z. B. pelej*ando* — pass*ando*. — Dabei unterscheiden die Portugiesen zwischen einer *rima rica* und *rima pobre*, und bezeichnen als letztere einen Reim, der nur durch Conjugationsendungen, Nominalsuffixe u. dgl. gebildet ist; z. B. d*ais* — mostr*ais*, soub*estes* — prend*estes* u. dgl. sind *rimas pobres* im Gegensatze zu *parte* — *arte*, *morte* — *sorte* u. dgl.

Dass Reime mit den gleichen Worten, wie z. B. *geito* (Cam. Lus. I, 81), *viram* (II, 68), *longe* (IV, 101), *val* (VIII, 94), *tereis* (X, 104) selten, mit ähnlich lautenden, wie z. B. *disser* — *dizer* III, 5), *estima* (Verb) — *estima* (Subst.) (II, 86), *fora* (V.) — *fora* (Adv.) (III, 95), *parte* (V.) — *parte* (S.) (VI, 56), *rista* (S.) — *rista* (Ptc.) (VII, 59) gleichfalls selten sind, dagegen Wörter gleichen Stammes *mande* — *demande* (VIII), *engane* — *desengane* (VIII, 37), *propozeram* — *oppozeram* (VIII, 70) häufig reimen, ist Einl. zu Lus. (p. XXXVII) besprochen.

§ 285.

Die mannigfache Stellung der Reime, die verschiedene Anzahl der Verszeilen und ihre kunstmässige Verkettung hat den einzelnen Dichtungen ihre Namen gegeben. Alle die provenzalischen Dichtungsgattungen, die C. Bartsch (Grundriss der provenzalischen Litteratur, Elberf. 1872 § 25. 26 S. 32) aufführt, hat das portugiesische Mittelalter gleichfalls aufzuweisen; so die *cansos*, *chansos* (canção), *sirventes* (sirvente), *planh*, *complancha*, *devinalh*, *descort*, *cansos redonda* (a canção de Lexaprem, Encadenada), die *pastorela* mit allen ihren Arten (*vaqueira*), die Tenzone (tenção, als lediglicbes Streitgedicht *tenção de maldizer*) und zahlreiche andere.

Die *Romance* theilt man in verschiedene Arten: *romances historicos, maritimos, cavalherescos e novellescos, romances de arenturas* (s. Hardung, Romanceiro portuguez, introducção V—XXII).

Die Bezeichnungen lyrischer Gedichte sind zahlreiche; der gewöhnlichste Name von Dichtungen in *redondilha maior* ist *copla* oder *trova*. — Die *Ecloga* im Versmaasse der redondilha ist Imitation der Spanier und Italiener, nicht minder die *Carta* (in Tercetos geschrieben).

Das Sonett (in seiner vierfachen Form *soneto simples*, der gewöhnlichsten Art, *soneto dobrado, soneto terciado* und *soneto com cola*) bestehend aus zwei *quadras* und zwei *tercetos* ist eine der portugiesischen Sprache durchaus zusagende Dichtungsform.

Die *canção* gewann unter den Nachahmern der Italiener eine grössere Ausdehnung als die alte provenzalische *cansos*; mehr als zehn bis zwölf Strophen enthaltende *Canções* hiess man *canções seguidas*, die letzte Strophe, in welcher sich der Dichter meist an seine eigene Dichtung apostrophisch wandte, hiess *remate*.

Idylio und *elegia* entsprechen unsern Bezeichnungen; das *Madrigal* und die *ballata* gehören zur *canção*. — Die *Silva* ist eine Art von Ode; unter *tonos* verstund man kurze, allegorische *canções*. Die *modinha*, die *lyras* gehören zu den lyrischen Formen; die *dithyrambos* und die *ode Pindarica* sind Imitationen der Antike.

Elegien, Klagegesänge auf Verstorbene heissen *endechas*, meist siebensilbige Verse.

Dem Epos (*epopea*) nach antikem Vorbilde stehen im 17. Jahrhunde die *chacaras (xaquaras)*, volksthümliche Erzählungen, zur Seite.

Die *chacota* (oder *ratorta*) zählt zu den primitivesten Formen des Dramas, während das *auto* das Drama des portugiesischen Mittelalters umfasst *(farça — tragicomedia)*.

[Beispiele zu allen Dichtungsformen, sowie eine übersichtliche Poetik selbst gibt Braga's oben citirte Anthologie.]

Berichtigungen und Zusätze.

Seite 1 Zeile 15 v. u. ist das Komma nach derselben zu streichen.
„ 15 „ 16 v. o. lies *Paiva* statt *Pavia*.
„ 19 „ 4 v. u. „ *Garrett* statt *Garret*.
„ 23 „ 8 v. o. ergänze: Nach neuesten Mittheilungen wird trotzdem Th. Braga's Ausgabe des *Cancioneiro da Vaticana* demnächst erscheinen, und handelten vorläufig darüber einige Mittheilungen in G. Gröber's Zeitschrift für romanische Philologie (I. Jahrg.): ‚O cancioneiro portuguez da Vaticana e suas relações com outros cancioneiros dos seculos XIII e XIV' von Th. Braga.
Seite 35 Zeile 1 v. o. lies seiner statt seinen.
„ 37 „ 14 v. o. „ *Epos* statt *Espos*.
„ 38 „ 21 v. o. „ *Domingos* statt *Domingo*.
„ 41 „ 21 v. o. ergänze: Eine eingehende Darstellung der neueren portugiesischen Litteratur und die besten Proben gibt Theophilo Braga, Parnaso portuguez *moderno*, precedido de um estudo da poesia *moderna* portugueza. Lisboa (Franc. Arthur da Silva 1877). — Die Einleitung über die neuere Poesie umfasst 61 Seiten.
Seite 53 Zeile 4 v. o. lies ‚dass *l* und *n*‘ statt ‚dass *l* und *m*‘.
„ 55 „ 1 v. u. ergänze: *trédor* = *traidor* (Hard. Rom. I, 4).
„ 56 „ 16 v. o. lies *a. Liquidae* statt *e. Liquidae*.
„ 64 „ 4 v. o. ergänze nach *monche* ‚geschrieben *monge*‘ *(monje)*.
„ 64 „ 12 v. u. In den *addições e correcções* zu seinen *Questões* (XXIII) nimmt Coelho seine Erklärung von *cisne* als ‚*pura phantasia*‘ zurück, erklärt sich jedoch mit der von Diez (a. a. O.) nicht einverstanden.
Seite 65 Zeile 12 v. u. lies ‚R wird zu *n*‘ statt ‚L wird *n*‘.
„ 65 „ 11 v. u. „ ‚die Liquida *r*‘ statt ‚die Liquida *l*‘.
„ 67 „ 2 v. u. ist zu *dedicar* zu ergänzen: Populär (in Algarve) sagt man fälschlich z. B. *deitar* uma cantiga statt *dedicar*; so Hard. Rom. II, 129 ‚Todos lhe *deitam* cantigas‘.
Seite 74 Zeile 14 v. o. ergänze: *quamanho* und *camanho* (Hard. Rom. II, 131).
Seite 88 Zeile 5 u. 8 v. o. wäre zu *fé* und *pé* die alte Schreibart *fei* (Hard. Rom. II, 234), *pei* u. dgl. zu erwähnen, die *Almeida Garrett* (Romanceiro 1843. — I, 213) als Aussprache der *provincias transtaganas* und der anliegenden Inseln bezeichnet.
Seite 89 Zeile 11 v. u. lies *courela* statt *colurea*.
„ 108 „ 16 v. o. „ ihn zurück statt zurück ihn.
„ 128 „ 13 v. o. ergänze nach frieleiro: *cacilheiro*, Bewohner von Cacilhas (Hard. Rom. I, 26).
Seite 145 Zeile 11 v. u. lies diminutiver statt diminunitiver.
„ 151 „ 15 v. u. „ *Anti* (ἀντί) statt *Ante* (ἀντί).
„ 154 „ 11 v. o. ergänze: *sobredourado* stark vergoldet (Hard. Rom. I, 75).
Seite 155 Zeile 17 v. u. ergänze: *alperro* (= *perro*) zur Bezeichnung der Muhamedaner (Hard. Rom. I, 36).
Seite 155 Zeile 1 v. u. ergänze: *corta-carne* (= Fleischer; Hard. Rom. I, 266).

Seite 157 Zeile 5 v. o. ist § 94 zu streichen.
„ 166 „ 1 v. u. vgl. über *infanta* die Note 1 bei *Almeida Garrett* (Romane. II, 300).
Seite 171 Zeile 3 v. u. ist zwischen *mararalhas* und *chamiço* ein Komma zu setzen.
Seite 185 Zeile 7 v. o. ergänze: *sandeu* (verrückt), *sandia*.
„ 192 „ 18 v. u. lies nachgestellt statt nachgebildet.
„ 193 „ 1 v. u. „ hundertste statt hunderste.
„ 205 „ 15 v. o. „ *Dias* Gomez statt *Dia* Gomez.
„ 210 „ 16 v. u. ergänze: Não ha mayor vencer que vencer-se *homem* a si (Ribeiro, Eclog. 1)
Seite 214 Zeile 15 v. u. lies *ante vós* statt *ante vos*.
„ 216 „ 16 v. u. ergänze: indessen lässt das Volk von Lissabon und Estremadura, sowie im Süden des Königreiches das *e* der lateinischen Infinitivendung hören; und so auch im Norden bei den Volksgesängen (Hard. Rom. II, 304).
Seite 216 Zeile 1 v. u. lies *ros é* statt *ros e*.
„ 224 „ 18 v. u. „ *como sou* statt *como son*.
„ 236 „ 6 v. o. „ *fóssemos* statt *fossemo*.
„ 239 „ 17 v. o. „ *jazido* statt *jacido*.
„ 240 „ 5 v. o. ergänze: ebenso in der ersten Person Praesens Singular *requeiro* statt *requero* (Hard. Rom. II, 307).
Seite 240 Zeile 5 v. u. ergänze: dies Perfekt *trouve* ist noch heute in Beira gebräuchlich (vgl. Hard Rom. II, 133. 308).
Seite 246 Zeile 10 v. o. ergänze: und *solia* z. B. como *solia* ‚wie er pflegte' (Hard. Rom. I, 59).
Seite 247 Zeile 15 v. u. ergänze: Wie im Französischen *il y a* hiess es alt auch portugiesisch *hi ha*, und so auch noch bei späteren Autoren z. B. Cam. Lus. II, 81: Que geração tão dura *ha hi* de gente? (vgl. auch Zeile 1 u. 2 S. 253).
Seite 253 Zeile 17 v. u. lies *se inclina* statt *sein clina*.
„ 261 „ 14 v. u. ist *perto* nahe bei zu streichen und auf Seite 262 Zeile 9 von oben vor *conforme* zu setzen.
Seite 264 Zeile 12 v. u. ergänze nach holla: *ould* (Cam. Lus. V, 35).
„ 270 „ 7 v. o. lies *celebradas* statt *celebrados*.
„ 271 „ 6 v. o. ergänze: höchst selten sind Fälle eines collektiven Singulars bei alten Schriftstellern = lat. *miles*, *pedes* statt *milites*, *pedites* z. B. *Muito cavalleiro* em França tanto como esses *val* (Hard. Rom. II, 22).
Seite 272 Zeile 16 v. u. lies *Antiguos* statt *Antiquos*.
„ 282 „ 7 v. u. „ *Tens* statt *Tenz*.
„ 285 „ 2 v. o. „ *pedradas* statt *pedeadas*.
„ 291 „ 11 v. o. „ *resistir* statt *resister*.
„ 291 „ 13 v. o. „ *persuadir* statt *persuader* (ebenso S. 299 Z. 5 v. u.).
Seite 300 Zeile 2 v. o. lies *presidir* statt *presider*.
„ 300 „ 14 v. o. lies Personalpronomens statt Personalpronomens.
Seite 311 Zeile 14 v. u. lies *Cl. J.* statt *A J.*
„ 316 „ 17 v. u. „ *consistir* statt *consister*.
„ 335 „ 4 v. o. ergänze: *cem* und *mil* in diesem Sinne vereint Cam. Lus. IX, 44 Com *cem* olhos vê, com *mil* bocas apregoa.
Seite 361 Zeile 11 v. u. lies gemilderter statt gemildeter.

Wort- und Sachregister.

(Die **Zahlen** bedeuten die Seite. Z. = Zusätze.)

I. Eigennamen.

Academia de historia 37
Academia dos Generosos 35
Academia dos Singulares 36
Affonso V 15
Affonso Giraldes 25
Affonso Pirez 27
Affonso Valente 27
Agostinho Barbosa 11
Agostinho Bernardes Pimenta 31
Agostinho José da Costa de Macedo 12
Ahlwardt 14
Akademie 15. 31
Alcala, Pedro de 5
Alcino Micenio 38
Aldoni 14
Aldrete 4
Alfons X 9. 24. 177. 225. 238
Alfonso I 21
Alfonso IV 25
Almeida Garrett s. Garrett
Almeno Sincero 39
Alonso Alvares de Villasandino 25
Alvaro Barreto 27
Alvaro de Brito Pestanha 27

Alvaro Ferreira de Vera 11. 103. 105. 179
André da Silva Mascarenhas 87
André Falcão de Resende 32. 33
André Nunes da Silva 37
Angelsächsisch 7
Anstett 14
Antonio de Abreu 33. 186
Antonio de Mello de Fonseca 13. 180
Antonio de Sousa Macedo 36
Antonio Diniz da Cruz e Silva 2. 38. 160. 185
Antonio Ferreira 22. 80. 36. 103. 168
Antonio Galvão 35
Antonio Lourenço Caminha 33
Antonio José da Silva 40
Antonio Maria do Couto 13
Antonio Prestes 28
Antonio Ribeiro Chiado 28
Antonio Ribeiro dos Santos 3. 160
Antonio Romero Ortiz 20
Antonio Vieira 11
Antonius Nebrissensis 11

Araber 4. 6. 7
Arcadia ultramarina 40
Arcadia Ulyssiponense 38. 39.
Arcediano de Toro 25
Ariost 33
Arzilla 35
Asturien 9
Ayres Telles de Menezes 27
Azinheiro 352.

Bacellar 12
Baena, Juan 10. 20. 25.
Balbi 21
Balthazar Dias 28
Barbosa Machado 37
Bartholomeu Ignazio Jorge 12
Basken 3. 4
Bellermann 21. 23. 25. 26. 27. 175. 177. 178
Bento Luiz Vianna 39
Bento Pereira P. 11
Bernarda Ferreira de Lacerda 37
Bernardim Ribeiro 27. 29
Bernardo de Brito 21. 26. 36.
Bernardo Rodrigo o Mocho 36
Bernardo Rodrigues 34

Reinhardstöttner, C. v. Dr., port. Grammatik. 26

Bertuch 20
Bocage 39
Boescho 14
Boiardo 33
Boileau 37. 38
Bopp 88
Boscan 27
Bouterwek 20
Brachet 223
Braga 5. 6. 8. 11. 14.
19. 20. 21. 23. 27. 28.
29. 31. 32. 34. 39.
103. 111. 165. 172.
177. 185. 210. 273.
259. Zus. u. ö.
Brandes 14
Brasilien 9. 40
Braunfels 28.

Caetano Lopez do Moura 22
Caldas 254. 293. 333.
Camacho 36.
Camões 1. 2. 18. 24. 28.
29. 31. 32. 34. 35. 36.
39. 40. 104 u. öfter.
Candido Lusitano 39
Cervantes M. 36.
Charles Stuart 28
Chateaubriand 39
Christovam Falcão 29
Cicero 3
Claudio Manoel da Costa 40
Coelho, Frc. Adolpho 7. 13. 18. 20. 46. 57.
61. 64. 66. 68. 70. 71. 81.
86. 97. 113. 115. 117.
121. 160. 218. 224 u. ö.
Conde do Vimoso 27
Constancio 14
Corssen 61. 66. 70. 88.
90. 126. 159. 160
Corydon Erymantheo 38
Costa e Silva 3. 9. 19.
20. 27. 28. 32. 34. 168.
185. 187. 234. 316
Cournand 14.

Damião de Goes 31. 35.
Dante 15. 36.
Delius 2. 7. 216.
Donis 20.

Diccionario da lingua portuguesa 12
Diefenbach 2. 158
Diego Miranda 27
Diez 4. 5. 7. 8. 10. 13.
21. 22. 49. 64. 65. 66.
68. 70. 77. 80. 82. 88.
91. 92. 93. 96. 98. 101.
102. 106. 108. 112. 114.
115. 118. 120. 121. 122.
123. 126. 134. 155. 159.
161 162 187. 190. 199.
201. 205. 216. 223. 224.
240. 252. 254. 262. 264.
289. 300. 327. 346. 354.
355. 376 u. ö.
Dieze J. A. 9
Diniz, el-rei 10. 16. 22.
23. 24. 25
Diogo Alvares 40.
Diogo Bernardes 31.
177. 276
Diogo Brandão 27
Diogo de Mello 27
Diogo de Sousa 36
Diogo de Villa Real 27
Diogo do Couto 35
Dirceu 40
Dom Duarte 15. 28
Domingos de Caldas Barbosa 39. 40
Domingos dos Reis Quita 38
Dom Pedro 25. 26
Dom Rolym 27
Don Juan el camarero mayor 27
Don Quijote 15
Duarte, König 25
Duarte da Gama 27
Duarte de Brito 27
Duarte de Resende 168
Duarte Nunes de Leão 11. 22. 24. 101. 109.
113. 114. 122 179.
215.

Egas Moniz Coelho 21.
22
El coudel Moor 27
Elmano Sadino 39
Elmiro Tagideu 40
Elpino Nonacriense 38
El prior de Santa Cruz 27
Elucidario 7. 12 u. ö.

Emanuel 26
Engelmann 5
Englisch 7
Erasmus 19
Ericeyra 37
Ernesto Ferreira França 41
Estevam Rodrigues de Castro 34.

Fénelon 17
Ferdinand 352
Fernam de Silveira 27
Fernando de Cascaes 25
Fernão Alvares do Oriente 33. 187
Fernão Brandão 27
Fernão d'Oliveira 11. 224
Fernão Lopes 28
Fernão Lopes de Castanheda 35
Fernão Rodrigues Lobo Soropita 34
Fernão Tellez 27
Ferrant Casquacio 25
Figueiredo, de 14
Filintistas 29
Filinto Elysio 39
Filinto Insulano 39
Filipa de Lancaster 26
Fonseca 13
França Ernesto Ferreira 9
Francisco Botelho de Moraes e Vasconcellos 36
Francisco Child Rolim de Moura 36
Francisco de Andrade 34
Francisco de Sá de Menezes 37
Francisco de Sá de Miranda 27. 29. 32
Francisco de Santo Luiz 8. 13
Francisco de Silveira 27
Francisco Dias Gomez 1. 8. 205
Francisco Evaristo Leoni 13
Francisco Freire de Carvalho 20

Francisco José Freire 11. 18. 39. 113. 114
Francisco Lopes 36
Francisco Manoel de Mello 8. 35. 37
Francisco Manoel do Nascimento 2. 18. 39. 171. 177
Francisco Rodrigues Lobo 35. 170
Francisque Michel 25
Französisch 8. 15
Frei Agostinho da Cruz 31
Freytag 92. 93. 94. 95. 118. 170. 182. 193.

Gabe 14
Gabriel Pereira de Castro 36. 37.
Gallego 9
Gallicien 8
Gallicisch 9
Gama 40
Garcia de Resende 25. 26. 27. 177
Garrett 19. 20. 22. 41
Gaspar Figueiroa 27
Gello 2.
Giambulari 2. 3
Gil Vicente 19. 28. 29. 32. 41. 108. 121. 177 u. ö.
Goethe 38
Goldoni 303.
Gonçalo Coutinho 34
Gonçalo Hermiguez 21
Gonçalo Mendes Sacoto 27
Gregorio Affonso Badajoz 27
Grüzmacher 23
Guterrez Coutinho 27.

Hammer 5
Heinrich von Burgund 8
Heitor da Silveira 33
Henrique de Mota 27
Herculano, Alex. 6. 19. 41. 110
Herculano de Carvalho 10
Hermũ de cũpos alemã 26
Herold 14

Hoefer 120
Horaz 30. 113. 160. 249.
Humboldt 3. 4. 82
Hyssope 15.

Iberien 3
Indien 9. 35
Inez de Castro 25. 30. 38
Innocencio Franzisco da Silva 12.

Jacintho Freire de Andrade 36
Jeronymo Bermudez 30
Jeronymo Cardoso 11
Jeronymo Côrte Real 34
Jeronymo Soares Barboza 14
Jeronymo Vahia 36
João I. 15. 25
João II. 15. 26
João III. 198
João IV. 8
João V. 13. 37
João Baptista Gomes 38
João de Barros 11. 35. 168. 185. 212
João de Mascarenhas 34. 215. 216. 224
João de Menezes 27
João de Sousa 5
João Franco Barreto 11. 180
João Lopes Leitão 33
João Manoel 27
João Nunes da Cunha 37
João Roiz de Sá e Menezes 27
Joaquim de Santa Rosa de Viterbo 12
Johannes Cassianus 25
Jorge de Aguiar 27
Jorge Manrique 27
José Agostinho de Macedo 40
José Basilio da Gama 40. 41.
José da Fonseca 18
José de Santa Rita Durão 40
José do Coração de Jesus 39
José Joaquim Costa 12

José Silvestre Ribeiro 20
Joseph Rodriguez de Castro 24
Juan del Encina 29
Juan de Mena 27
Junck 14. 20.

Kausler 27
Keltisch 3
Kuhn 88.

Laura de Anfrisa 34
Laycock 14
Leonor D. 28
Lereno Selinuntio 39
Liagno 20
Lindoya 41
Lobato 14
Lope de Rueda 29
Lope de Vega 24
Lopes de Mendoça 20
Luciano Cordeiro 111
Luiz de Camões s. Camões
Luiz de Sousa 37
Luiz do Monte Carmelo 11
Luiz Franco 33
Luiz Henriquez 27
Luiz Pereira Brandão 34
Lycidas Cynthio 38
Lyricos camonianos 33.

Macão 9
Macías 9. 25
Madeira 36
Madureira 109. 231
Maetzner 376
Mahn 119. 193
Manoel da Veiga 34
Manoel de Figueiredo 38
Manoel de Galhegos 36
Manoel de Goyos 27
Manoel de Portugal 31
Manoel de Santa Thereza e Sousa 37
Manoel de Sousa e Sepulveda 34
Manoel Ignacio da Silva Alvarenga 40
Manoel José de Paiva 11. 15

26*

Manoel Maria Barbosa du Bocage 39
Manoel Thomaz 36
Manriquo do Saa 37
Manuel de Larramendi 161
Marina 5
Massarellos 14
Maxim. Torres 18
Meldola 14
Metastasio 40
Michaelis Vasconcellos 92. 95. 97. 112. 117. 110. 120. 126. 127. 146. 211. 238
Miguel Leitão de Andrade 21. 34
Milá y Fontanals 21. 101
Molière 303
Molukken 9
Monaci E. 23. 177
Montoro 27
Moraes Silva 12. 172. 177. 211
Mordente 14
Morgado Matheus 14
Moura 22
Mozambique 35
Müller 14
Müller, Mark. 5. 6. 51. 94. 259.

Nicoláo Tolentino de Almeida 39
Nicolas Antonio 19
Nordisch 7
Nova Arcadia 39. 40
Nuno Alvarez Pereira 35
Nuno Barreto Fuzeiro 36
Nuno Pereira 27.

Ouroana 21.

Paraguay 41.
Parnaso lusitano 8. 17.

18. 30. 31. 35. 88. 39. 41
Pedegache 38
Pedro Antonio Corrêa Garção 38
Pedro da Costa Perestrello 33
Pedro de Barcellos 23
Pedro José da Fonseca 12
Pedro Mom 27
Pero Andrade de Caminha 31. 105. 234
Pero Secutor 27
Phœnix renascida 36
Philipp II., 34
Philippinen 9
Pidal 20. 27
Pinheiro Chagas 19
Pinheiro de Souza 14. 163. 289
Pio Luazua 161
Pott 90. 126. 161. 211. 249. 250.

Quintilian 250.

Rafael Bluteau P. 11
Reinhardstoettner 32. 38
Resende 25. 26. 27
Ribeiro 21. 24. 39
Ritschl 159
Rodrigo de Monsanto 27
Romania 88. 117.
Ruiz Castelbranco 27.

Saco y Arce 11
Sá de Miranda 27. 29. 32. 186
Sancho de Pedrosa 27
Santillana 10. 22. 25. 26
Saraiva 3
Sarmiento 5. 9
Schack 29
Schaefer 21
Schleicher 88. 112

Schneider 49. 52
Schubert 14
Schuchardt 88. 159. 213
Schultheiss 57
Schulz 126
Sebastian 34
Silva 18. 186
Simonde de Sismondi 20
Sirot 14
Soromenha 13
Spanisch 2. 3
Strabon 3
Sousa Botelho 103.

Tanger 35
Tassistas 36
Tasso T. 33
Thomaz Antonio Gonzaga 40
Torres Naharro 29
Transtagano 14
Trovas dos figueiredos 20. 175
Turdetaner 3.

Ulysses 36.

Varnhagen 9. 23.
Vasco Mousinho de Quevedo 34
Vasco Pires de Camões 25
Vaugelas 303
Velasquez 9
Vergil 33
Verney 37
Vieira P. 37. 163. 170
Vieyra 14
Vimoso 27
Voss 38.

Wagener 14
Wolf F. 9. 21. 22. 23. 24. 28. 29.
Wollheim 14.

Yepes 1.

II.

A 45. 46.
a (und o) mit dem Artikel verwechselt und abgestossen 96
a Praeposition 261. 310
ã, ãa, an Schreibung 104
a vor dem Akkusative 289
a vor dem Infinitive 310. 367
a weibliche Endung 167
ab in Zusammensetzung 151
abaixo 261. 327
ab ante 151
abestruz 83
abetarda 83
Ablativ, lat. 249 durch den Genitiv vertreten 305
Ablativus absolutus 369
Ablativus instrumenti = com 314
Ablativus Urform port. Wörter 158. 162
Ablaut 16. 226. 236
abondo 259
aborrido 352
abra 123
Absoluter Akkusativ 297
Abstossung von Silben 95
Abstrakta im Plural 273
aca Substantivsuffix 124
acabar de 349
açacalar 6
acautelado 352
Accent 107
Accentwandel 107. 108. 226
Accentwechsel beim Verb 213
accusar 309
aceite 6
ácerca 261. 327
aceus 125. 131
achar 60
acicalar 6
acicate 6
aço 67
açofeifa 6
aconselhar 294
açoute 6
acudir 237
acus 124

a custa, custo 328
ad 151
adail 6
adego 136
adelfa 6
adiante 261. 327
adibe 6
adjacente 17
Adjektiv 183. 331. — an Stelle eines Substantives 331. — Adjektiva mit Genitiv 307. 308. — Adjektiva statt Adverbien 331. — A. werden Substantiva 122. — A. und Substantiva componirt 150. — A. u. A. componirt 150. — A. u. Verba componirt 150
admirado 352
admirar 306
aducho 71. 217. 238
adusse 238
Adverbia 248. 346. — bei ser 269
Adverbia mit do gebildet 313
Adverbialsatz umschrieben 16
adversative Beiordnung 372
advertir 236
ae 50
a favor 328
affrontar 291
afora 327
á frente 328
aga = haja 220
ago, agom 136
agin 131
agradecer 291. 298
agradecido 17. 244. 306. 352
agro 183
ai mit Genitiv, Nominativ, Vokativ 298
aico 67
ainda 347
ajudar 290
Akkusativ lat., Urform port. Wörter 159. 249
Akkusativ 289 bei Intransitiven 292

Aktiv 227. — Aktiv umschrieben 350
Akut 109
al arab. Artikel 92. an roman. Wörtern 155.
al 183. 209
alacrão 6
alamar 7
alardo 6. 93
alarido 6
alarve 6
alazão 6. 92
albudieeca 6
alcaide 6. 92
alcajote 6
alcazar 6
ald 131
aldea 7. 168
alograr-se 316
alegro und alegremente 332
além 326
Alexandriner 395
alfaias 7
alfambar 7
alfange 6
alfaraz 6
alferez 6. 92. 93 179
alfinete 6
alforge 6
alforva 6
alfostigo 6
alfoz 7. 92
algara 6
algo 183. 209. 345
alguazil 6
alias 248. 249. 372
alibi 248. 249.
alifante 15
alis 125
aljava 6
aljofre 7. 92
allitterirende Formeln 119
allitterirende Substantiva 287
alluir 349
almafre 6
almagre 6
almece 7
almoeda 6
almofaça 6
almofada 7. 92
almoxarife 6
almude 6

alporro Zus. S. 399
alquilo 6
alquirivia 6
als = como, por 206
Altersangabe 336
alvacil, alvacir 6
alvíçara 6. 92. 94
alvoroto 6
am und ão 104
ambos 193. 333 in Zusammensetzung 155
bei dous 193. — amos = ambos 61
ameaçar 291
amon 131
amon im Plurale 248
amenos que 381
a mercê 329
amigo adjektivisch 188
amollecer 349
amor 280; mit Dativ 298
anafil 6. 92
Anakoluth 394
analytische Sprachen 157
Anaphora 373
Anbildung 15. 120
andante 368
andar 235 — mit Gerund 351. — mit Particip Praeteriti 351. — mit Akkusativ 292
andus 129
aneurisma 165
aneus 128
anil 6
Anrede 203
ant, ent 130
antare 148
ante 151. 320
ante que = antes que 383
antes 324. 347
anti 151
antigo 188
antre 152. 261
anus 62. 128
ão Augmentativform 141
ão Plural ãos und ães 103. 179
ao lado 329
ao largo 328
ao longo 328
ao meio 329
ao passo que 385
ao pé 328

ao rodor 328
apenas ohne que 384
apercebido 17. 352
a pezar 328
Aphaerese 96. 396
aples, apres 65. 262
apo 97
Apokope 396
apostema 165
Apostroph 111. 395
apoz 261. 325
appellar para 324
Apposition 267. 283
appresso 217. 238
approximar-se 310
aproveitar 294. 309
aquelle 206. 341
aquelos, alter Plural 206
áquem 261. 326
aqueste 206
aqui del-rei 175. 265
aquillo 206
arabische Buchstaben 91
archi 154. 155
ard 131
ardente 17
ardido 352
argola 6
aris 126
arius 118. 126
á roda 328
arr 131
arrabal, arrabalde 7
arracef 7
arratel 7
arrecife 7
arrefem 6. 92
arrependido 352
arroba 7. 93
Artikel 174. — beim Possessiv 340. — vor Zahlwörtern 284. — seine Anwendung 274
ascere 148
ascus 125
asperrissimo 189
assaz 305
assentar 316
assentir 236
Assibilation des c 70 des t ohne e und i 86
assim 199
Assimilation 66. 121
ast 130
aster 130
asyndetische Construktion 371. 372. 373

ata 261
atalaia 93. 162
até 261. 326. 347
atem 326
aticus 136
atius 125
ato 131
atrás 261. 327
através 261. 328
atrevido 352
a troco 327
attentado 352
Attraktion des i 53.101. 226. 235. — A. als Hiatustilgung 52. — A. im Relativsatze 344
atus 129
au 51
Auflösung 101
Augmentativ 123
auto 17
ave Imper. 220
avel 81
avó, avô 168
avondo 183
avós, Ahnen 274
avudo, altes Part. 220
az 131
azafate 7
azevre 6
azgo 86
azofar 6
azougue 6
azucena 6. 94. 96
azul 56.

B 80. — b zu u aufgelöst 51. 82. — b zur Hiatustilgung 55. — eupbonisches b 62. — b ausgefallen 81
badana 6
badea 6
bafari 6
ballata 398
balde 94
bandulho 6
banhar 316
baskische Genitivform 161
Bedeutung lat. geändert 121
Bedingungsfall 363
Beinamen mit Artikel 284

beleguim 6
belota 6
bem, Adv. 248. 346.
comparirt 251. — não
bem 347
bem dizer 291
bene in Zusammensetzung 154
bento 238
benzer 238
betarda 96
biennal 197
biennio 197
bilis 138
Bindestrich 111
bis 154. 155
bj 81
bl 60
boleta, bolota 6
bom 185. 189
bons dias! 273
br 81
bradar por 320
brandir 246
Brazil mit Artikel 270
britar 7. 48
Bruchzahlen 195
bt 82
bulir 237
bv 82

C, ch 67. — Aussprache des c 105. — c = ch 69
cabo 249
cabeça 162. 170
caber 240
cada um 209. — cada um de per si 330
cadimo 6
cafila 6
cafre 6
cahir 235, cahir em 316
caibo 54
callado 17. 352
calma 51
camanho Zus. S. 399
camarada 163
canção 397. 398
cantasteis u. dgl. 213
carcaz 6
cardeal 15
Cardinalia 191. — statt der Ordinalia 335
Carlos 90. 160. 179

Carlos Magno 284
carpir 246
carta 398
casar com 299
Castella ohne Artikel 277
Casus 158. 176.
Casuslehre 288
Causalsätze 374. 382
cc 70
com 47 für cento 192; unbestimmt 334. 400
cento als Zahlsubstantiv 192
centum in Zusammensetzung 155
cerceo 251
ch Aussprache 105
cha = car 263
chacara 398
chacota 398
chamar por 320
chão 59
chegar 293
cheirar 60. 75. 83
cherivin 6
chiastische Stellung 372
chorar 293
Christo 276
chus 10. 59. 187
cifra 193
cio u. zelo 90
circum 151
Circumflex 109
cisne, cirne 64. 90 Zus. S. 399
cl 58
cn 64
coito 217. 238. 242
colher 163
Collektivbegriffe 171. 270 im Singular Zus. S. 400
colorir 246
com 261. 313. — = e 373
com mit dem Artikel verschmolzen 178
com mit Personalpronomen verschmolzen 200
combatter 294
comigo, comtigo, comsigo u. s. w. 46. 200
commetter 294
commum 185. 189
Communia 166

como 162 mit Conjunktiv 383. 384
compadecido 352
comparar 314
Comparation der Adjektiva 16. 187, der Adverbia 251
Comparativsätze 374. 385
Compellir 246
competir 236
Composition 111. 140
com tanto que 381
Concessiv 361
Concessivsätze 374. 381
concordar 316
condigno 308
Conditional 17. 214. 360. 363. 375.
Conditionalsätze 374. 379. 385
condoar-se 310
conduzir 235
conferir 236
confiado 352
confiar 310. 316
confinar 314
conforme 329
Congruenz 269. des Verbums im Relativsatze 271
conhecer por 293
Conjugation 211. 225
Conjunktionalsätze 374
Conjunktionen 262
Conjunktiv 215. 360. — des Futurs 17. 216
conseguir 236
consecutio temporum 374
Consekutivsätze 374. 378
consentir 236. 294
consistir 316
Consonanten 101
construir 237
consul 179
consumir 237. 316
contar por 295. 318
contentar-se 306
contente mit Genitiv und com 306
contra 261. 320. — in Zusammensetzung 151
Contraktion 95. zur Hiatustilgung 52. 55.
— der Pronomina 202

contrastar 291
couvir 314
coordinirte Sätze 371
cupla 398
cornaca 163
corneta 162
coronel 57
Correlativa 210
correr 293. correr risgo 292
* corresponder, Passiv 290
cortir 6
cospir 237
costar 296
covarde 184
cr 73
crer 234. 316
crescer 293
cs 71
ct 17. 70
cubrir 237
cuidar 316
cujo 67. 187. 344
culus 145
cum 151. — cum mit Subjekt hat Sing. und Plur. des Verb 271
cura 162
cuspir 237
cuspo 55

D 87. — d für g 75. — d hinter l 58. — d euphonisch nach nr 65. — d in der Verbalflexion 85
dar 231. — dar em 315
Dativ 298. — Dativus ethicus 301
Dativ statt Genitiv 298
Dativ des Artikels aufgelöst 176
Datum 303. 336
de 73
de 151. 261. 312. de vor dem Infinitiv 367
de für quo nach mais und menos 313
de = et 263
debaixo 261. 327
debalde 259
dedicar Zus. S. 399
defectiva 246
deferir 236
de fronte 328

deitar = dedicar Zus. S. 399
deixar mit Dativ 301.
— deixar de 368
Deklination 157. 174
delgado 60
demais adjektivisch 346
demolir 246
Demonstrativa 206
dendo 201
dentre 321
dentro 261. 326
dentro em 330
deosa 276
depois, despois 325
Deponentia, lat. 211
Derivation 112. 122
do roda 328
des 325
desaferrar 349
descer 293
desconsentir 236
desde 325
desesperado 352
desesperar 306
desmentir 236
despedir 236
despir 236
destruição viersilbig 86. 396
destruir 237
Determinativ 342. — ausgelassen 342
detrás 327
deutsche Suffixe 122
deutsche Wörter im Akkusative 159
Deus 90. 108. 161. 179 ohne Artikel 276
dever de 366
dia 160. 162
diacho, decho 60. 265. 277
Diaerese 111. 306
Dialekt von Minho 83, von Traz os Montes 105. 265
diante 327
differir 349
digerir 236
digno 308
Diminution 123 — der Adjektiva 139. 334
Diphthonge 50. 100
Diphthongirung 226
dis 152
discernir 246

discorrer 320
dissentir 236
dissi 238
Dissimilation 121
Distributiva 195. 318
divertido 352
dizer 238. 298 — dizer para 324
dj 89
dl 60
dobrado = falsch 196
doce 58
doer-se 306
doiro, douro 143
do lado 329
dominar 291
dons, dões 105
doppelter Akkusativ 294
do que bei der Comparation 334
dormir 237. dormir sobre 323
doudo 7
doutor em philosophia 315
dr 89
Dual 158
duque 69
durante 262. 329
duvidar 306
dv 89

E 46. 47. wechselt mit i 100 — als Endung mit o 161
e und 373
ec 132
ecloga 398
eco 67
edo 132. 137
Eigennamen 160 — als Appellativa 273. 276. 285
Eigenschaften als Bezeichnung von Thieren 118
Einschiebung eines Consonanten 97
eira má 249. 256
eiró 179
eis 202. 252
el Artikel 175
el = elle 199
ela 132
elche 6
Elegie 398

elis 132
Elision 52
elle = es 198
elli = elle 199
Ellipse 393
ello 199
ellus 132
el-rei 175
Elvira 76
em, ens 104
em, Genus dieser Endung 170
em 261. 315 — contrahirt mit dem Artikel 177. 178, mit elle 200 — mit Demonstrativen 207
embalde 259
embora 348
em cas 261
em cima 329
em despreço 328
em frente 328
em lugar 328
empregar-se 316
em que = posto que 382
em roda 328
em torno 328
em troco 327
emular 290
em virtude 328
em volta 328
en cas 303
encontrar 294
ende 254. 338
endus 132
enganado 352
engolfar 316
engulir 237
enha = minha 205
ensinar 296. 298
ensis 133
ensosso 58. 60
entare 148
entrar 293. 294. 316. 317
entre 152. 321
entregue 244
entremente 257. 321
entretanto 321
entus 132
enus 132
en vor x 90
enxabido 108
enxeco 6
enxedrez 7

enxerir 236
enxofre 50
enxoval 6
enxundia 64. 72
Eponthese 97
epexegetischer Genitiv 302
epi 97
Epicoena 166
epopea 398
é que umschreibt 267. 392
Erdtheile mit Artikel 278
éres = és 225
ern Suffix 67
ernus 133
errado 352
errante 369
erweiterte Formen 118
es 338
es und est 225
escere 148
escolher por 295
esperar 316. 320
espia 163
esquecer 309
esquecido 352
esqueleto 69
esse 206. 341
est 84
estamago 48
estar 232. mit a 368. mit Gerund 351. mit Partic. P. 351. — Anwendung 358
este 206. 341
esté = esteja 233
Estevão de Mattos 15. 120
estratagema 165
estridente 17
estris 134
estruir 237
estudar 291
estus 134
Estyge 166
et caetera 248
ett 132
etum 132
eu 52. 198
eus 124
evel 81
ex 152. — Zusammensetzungen 260
exceder 294
excepto 330

Exhortativ 361
exinanir 246
expellir 246
extra 152
ez = goth. es 162

F 82. — anlautend verdoppelt 105
faes = fazes 68. 239
fallar 298. 316. 317
Farben 334
farça 398
faro 6
farol 7
fasta 7
fata 92. 94. 261
favorecer 291
fazer 238; mit Dativ 301; fazer de 309. fazer-se pedaços 295
feder 246
femea bei Thiernamen 167
ferir 236
fiado 352
fiar 316
ficar 229. 268. 288. 332
Finalsätze 374. 378
fi 59
flamma 18
flektirter Infinitiv 216
florido 352
fora 261. 326
fome 45
fortuna 280
fr 83
Fragesätze, indirekte 374. 377
fragillimo 190
französische Scheideformen 117
fregir 236
freire 86
frente 49
Frucht und Baum 118
Fürstennamen 336
fugir 237. 291. 308
fulano 7. 208
fulgente 17
fumante 369
Futur 214. 356. 375 = Imperativ 356
Futur auf ão 104
Futurum exactum 357.

G 74. — g = d 87 —
g = j 77 — g zur
Hiatustilgung 52. —
— Aussprache 105
garrama 6
Gattungsbegriffe collektiv mit Artikel 281
gd 76
Gegensatz mit und ohne Pronomen 336
gelehrte Worte 115
gemoos 158. 171
gemer 293
gemmar 349
Genera des Verbi 349
Genitiv 301. seine Stellung 17. 390. 391 —
abhängig vom Infinitiv 303
gente = man 210
Gentilia auf ez 133. 184;
auf ico 134; auf ol 185
Genus des Substantives 158. 162, des Adjektives 184
Gerund 217. 369
Gerund auf endo 47
Gerundiv 218
Gil 88 96
gl 59
gloriar-se 306
gm 61
gn 64
Goadiana 166
gostar de 349
gouver = jazer 239
gozar 306
gr 76
gralha 119
Gravis 109
Grammatisches Genus 169
grande 186
grandedissimo 190
griechische Feminina auf η Maskulina 163
gu 74. 76
gu = go 105
guazil 6
guia 162
guilha 7
gula, guela, gola 49.

H 77, zur Hiatustilgung 52. Aussprache 105

ha als Zeitbestimmung 220. es gibt 247. Zus. 400
habitar 292
habituar 316
hacto 326
Häufung der Personalpronomina 337
haja 54
haver 218. 357; umschreibt das Futur 228; haver de = Futur 367
Hiatus 45. 396 durch Zusammensetzung 55. durch Consonantenausfall 55
Hilfsverba 17. 218
hoje 54
homem = man 210. Z. 400
homem nascido = man 346
Homonyma durch Accente verschieden 109
hyphen 111.

I 47, zum u gezogen bei utio 85
i, is 236
ia 124
iberische Suffixe 122
ic 134
icare 67. 148
icius 134
ico 67
icus 134
icus 134
idylio 398
idus 136
ieu 10. 198
igin 140
ignus 139
igualar 290
Ilis 137
Ilis 137
illus 138
im 139
im, ins 104
imen 140
impedir 236. 209
Imperativ 216. 361. 362.
— zwei vereint 156.
— negativer Imp. 361
Imperfekt ava 81, eva

82. 212. 354. I. =
Praesens 354
Impersonalia mit Casus 350
in 152
in, Verneinung 155
inconomia 15
inda 347
Indefinita 208
indigno 308
Indikativ 360
induzir 235
ineus 139
infestante 369
Infinitiv 216. 362. 364.
— flektirter 16. 364.
— Inf. als Subjekt 267; als Imperativ 362. — I. ohne Praeposition 366 — mit a 311 — mit com 314
— mit para 324 —
mit por 319 — mit sem 322. — Infinitiv cum accusativo 365. 374. 376
ing 140
inho 139
inleição 15
insame 15
Inselnamen mit Artikel 278
insidiar 291
inter 152
Interjektion 264
Interrogativa 207. 344
Intransitiva transitiv 293
intro 153
introduzir 235
Inus 62. 63. 138
Inus 139
invejar 299
Inversion 337
ion 142
ir 220. 235 mit Gerund 351, mit Part. P. 351
irmão 75
iscare 149
iscere 148
iscus 135
ismus 140
issa 140
isso 206
ista 137
isto 206
ita 84. 137

ites 137
itia 135
ities 135
itius 135
itus 137
ium 124
ius 124
ivel 81
ivos 236
ivus 139
izare 149.

J 76. Aussprache 105.
— j = hi 76
já 61. 347, já — já 372.
374, já não, ou já
347
jacente 17
jaez 6
jamais 348
javalí 6
jazer 239
je — desto 385
Jesus 276
jogar 291
judeo 185
junto 329
jurar 290. 316. jurar
sobre 323
Jussiv 361. 362
justiça 170.

K 73
kein = não 339
kn 74
Körpertheile mit Artikel 281
Kunstwerke mit Artikel 275
κύλινδρος 18. 117.

L 56. geminirt 58 — erweicht im Hiatus 55
— l statt d 57. 88.
— l = r 57. — l inlautend erhalten 56.
— synkopirt 56
la, las Artikel 175
Ländernamen mit Artikel 277
lande 59
lateinische Plurale von Adjektiven 186
Latein und Portug. 2

Lautwandlung 98. 99
lc 60
ld 60
legoa 52. 68
leixar 72
lembrar 291. lembrarse 291. 309
lentus 133
ler 234
Lethe 166
lg 60
lh Aussprache 101
lhama 102
lhano 102. 117
lhe 102
lhe als Plural statt lhes 200
ling 140
lingua 162. 170
lingua rustica 112
Lisboa 49. 96
lm 60
ln 60
loba 56
logische Construktion 272
logo 372
longe 248. 327
lp 60
ls 60
lucente 17
lugartenente 369
lusitano, lusitanico 1
lustrar 349
luzir 235
lv 60
lyras 398.

M anlautend 60; lat. Aussprache 159. — m für g 75 — m nasal 103. — m für b 81. 82
macho bei Thieren 167
Mafamede 92. 93
magis in Zusammensetzungen 154
mãi 66. 104
mais 187. als Adjektiv 346
mal 179. 248 comparirt 252
male in Zusammensetzungen 154
mal peccado 265
mau 210

mandar 291. 301
mão 163
máo 185
mappa 162
maravedí 7
Marcus 90. 100. 179
marfil 92
marfim 6
mariposa 119
mas 372. mas porém 372
mastruço 62
matraca 6
mazmorra 6
mb 61
md 62
me in que me queres? 296
medes 199
medir 234
medius in Zusammensetzungen 155
mege 67. 73
meheu 52
mehrere Praepositionen vor einem Worte 310 330
mehrfache Consonanz im Inlaute 97
meianoite 332
meio 195. congruirt 332
mel 179
melhorar 349
menos 305. 346
mentar = mente 251
mente 162. 214. 250
mente que 264
mentir 236
montum 133
mercê 329
merecer 299
mesmissimo 188
mesmo 199. 337. 347 o mesmo 342
Metrik 394
mha 102
mia, minna 204. 205
migalla 348
migo = comigo 200
mil unbestimmte Zahlangabe 334 Z. 400
militante 369
mille 47. in Zusammensetzung 155
Million Reis 192
mim 103. 199
minho 204

minus in Zusammensetzung 154
mn 62
Modalsätze 374
Modi 215. 360. 377
modinha 398
Monatsnamen auf ber 161. — ohne Artikel 280
Monatstage 335
mongo 64 Zus. S. 399
monir 246
mor 77. 186
morar 292
mórmente 258
morrer 234. 292. 293
mp 61
mph 62
mpr 79
mr 62
mt 62
mudar 310
mui 104. comparirt 252. — mui muito 188
muladar 7
Multiplicativa 196
Multiplicirende Umschreibungen 352
munir 246
Mutac 67.

N 62 — ausgefallen zwischen zwei Vokalen 4
nada 162. 209
Name der port. Sprache 1
namorado 307. 352
namorar 48. 306
não 348. — in Zusammensetzung 155. — wo es im Deutschen nicht steht 348
não obstante 329
não que = non quin 383
Nasalität 8
natürliches Genus 162. 165
natura, natureza 280
nc 64
nd 64
ndc 64
Negation bei nenhum u. dgl. 345
nelle 48
nem 47. 62. 68. 348. 372

nem cu 259
nemigalha 209
nem passo 259
nenhum 345
nescio quis 346
nessa 341
nesta 841
neutrale Objekte 249. 332.
Neutrum 158. 183. des Adjektives 331
ng 64
nh 102
nho 102
nihil aliud agere nisi 379
nl 60
no 48
noivo 124
no meio 329
Nominalformen des Verb 217. 368
Nominativ 288 — als Urform 159. 160
Nominativus absolutus 370
nós outros 337
nosso 86
nostro 205
nove mezes 335
nove mit pluralem s 191
nr 65
ns .64
nt 86
Numeraladverbien 196
Numeralia 191. 334. — Numeralia praedikativ 269
Numerus 170
nunca 348.

O 48
ó, ós Dativ des Artikels 177
o, oh vor dem Vokativ 289
ob 151. 153
obedecer 290. 298
obtro = outro 51
oc 140
occupar-se 316
oceus 140
ochavo 71. 194
oco 67
odio a 298

oo 50
olus 140
om, ons 104
on 141
on Suffix 168
ondo pronominal 201. 342
oncus 141
onomatopoetisches Element 119
ontre 261
onza 56
Optativ 361
o que 343
or 142
ora — ora 372. 374
oratio obliqua 378
ordenar 115. 290
ordenhar 63
ordeno 107
Ordinalia 193. auf eno 194. 195
orelhas 158
orgulhoso 306
orr 144
Orthographie 14. 100. 103
Orthographische Eigenthümlichkeiten in der Conjugation 230
osus 141
o todo 333
ott 144
ou und oi 234
ourivez 179
ousado 352
ousar mit a 366
outro 58, beim Demonstrativ 206. — outros tantos 335
ouvir 234
oxalá 7. 265. 361.

P 77. — p = u 51. — aufgelöst zu e und u 80
pais = Eltern 274
palacio mit Eigennamen 303
para 261. 323
para com 330
para = Dativ 324
paragogisches s 249
para que 378
parco 188
parecer 288

parida 352
parir 235
parte ohne Artikel 287
Particip 16. des Praesens 17. 130 217. 368. des Praeteritums 211. 217. 368. — als Adjektiv 17. 352. — auf ado, edo, udo 85. — des Futurs 218. 369. Particip congruirt 359
partir para 324
Partikeln 247 componirt 151
partitive Umschreibung 305
passar 349
Passiv 229. 305. nicht transitiver Verba 290. P. umschrieben 351
pateca 6
Patronymika auf ez 162
pd 78
pedir 234. 299
pegar 316
pela terra 319
pelingrin 15
pensar 316.
pequenissimo 190
per 153. — per und por 262. — per an Adjektiven superlativisch 188
perante 327
perder 234
Perfekt 83. 213. 355
perguntar 299. 320
periphrastische Zeiten 356. 357
permanecer 288
Personalpronomen 16. 190 statt des Possessiv 300. 340 vor dem Verb 336
personificirte Begriffe ohne Artikel 200
persuadir 291
perto 261. 329. Zus. S. 400
pesar 349
pessoa = jemand 346
ph 82. 105
phonetische Aenderungen 113
pino 7
pl 59

Plätze, öffentliche 303
planus 18
Pleonasmus 393
Pluralbildung 178 der Adjektive 186. zusammengesetzter Substantive 182
Plural mit anderer Bedeutung 172. Plurale von Abstrakta 17
Pluralia tantum 171
Plusquamperfekt 16. 213. 215. 355 = Perfekt 356 — als Conditional 364
pu 79
poder 239
pois 347
polir 246
polysyndetische Construktion 371. 373
por 261. 317. — contrahirt 177
pôr 241
por cima 329
porém 372
por entre 330
por que 378
Portugal ohne Artikel 277
Portugiesische Buchstaben 100
Portugiesische Könige 336
Portuguez 1
Position 45
Possessiva 204. 339. = dem Artikel 274. 333
P. statt des Genitives von Personalpronomina 302
post 163
Potential 363
pouco falta para 324
pr 79
prae 153
Praedikat 266
praedikative Substantiva ohne Artikel 286
Praepositionen 260. 310. P. hinter dem Substantive 310. beim Infinitive 365
Praesens 211. 353. = Futur 354
prazer 247
precaver 246

preceder 294
preferir 236
progo 8
presentir 236
presidir 300
preso 238
prestante 17
presumir 237
preter in Zusammensetzung 153
primeiro 191. 194 als Adverb 331. — primeiro que 334
primente 113. 257
primò 194. 196. 257
primo = Vetter 194
pro 153
pro, prol, Subst. 268
produzir 235
Prohibitiv 362
Pronomina 197. 336
Proportionszahlen 196
proprio 200. 337
proseguir 236. 316
prothetisches i und e 72
prover 241
ps 79
pt 79
punir de 306.

Qu 74
qual 207. 286. 343. 345. 386. — qual und que 343
qualxequer 91
quamvis = que 382.
quando = se 381
Quantität 45. 106
quarentena 192
que ausgelassen 377
que Relativ 207, vor dem Infinitive 368, beim Ausrufe 344. 377 mit folgendem Genitive 305
que será de mim? 309
queimar 46
quem 207. 344. — bei Sachen 343
quequer 209
quere = quer 240
querer 239. Zus. S. 400
querer als mildernder Imperativ 362
quexiquer 91. 209

quês 66. 239
queste 206
qui statt quo 207
quiça, quiçaes 250. 259
quin = sem que 379
quinze dias 335
quisto und querido 239
quominus = que não 378
Quotientiva 196.

R 65. anlautend rr 102
ratão 123
rb 82
rc 73
rd 89
ro 153 = Superlativ 188
real 179
recife 7
récova 6
Redondilha 395
Reduplikation aufgehoben 121
reduzir 235
refece 6. 92
refem 6
referir 236
referver 349
Reflexiva 198. 350
Reflexive Construktion umschreibt das Passiv 305. 352
Reflexive Verba 245
Reim 104. 186. 231. 234. 396. 397
reimende Formeln 119
reinante 309
Relativa 207. 342
relative Partikeln 342. 386
Relativsätze 374. 386. an ein Adjektiv mit e gefügt 373. im Conjunktive 387
reluzir 235
rem 209
remate 398
remedio a 290
remittir 349
renegar 308
repellir 246
repetir 226. 236
resentir 236
resistir 291

resoar 293
resplandecente 369
respos 238
rostar 208
retama 6
retro 153
rez 6
rir 235 — rir-se 306
rl 66
rm 62
rn 67
römische Reste 114
Romance 398
rogar 299
rompente 17
rouxinol 56. 73 166.
rp 79
rs 66. 82
rt 86
rudo 183
ruim 184

S 90. — Aussprache 105. — s u. z 106
sa, sas = sua, suas 205
saber 240
sacudir 237
safio 6
safra 7
sahir 235
saiba 54
salvo 262. 329
sandeu Zus. S. 400
sanefa 7
santo 186
são, santo 277
sare 147
sastre 161
satanaz 276
Satzstellung 389
sc 72
Schall- und Lautnachahmung 119
Scheideformen 51. 64. 114. 115. 122
schwache Flexion 225. 226
sciente 369
se 153. 380 selbständig 381
seer 223
segre 68
seguir 236 290
segundo 262. 321. 322. 385
segundo = alter 335

seis mezes 335
seistil 195
sojo 225
sem 47. 261. 322. in Zusammensetzung 155. — mit Infinitiv 287
semelhar 290
semi in Zusammensetzung 155
Semideponentia 211
senço = sentio 212
senhor als Feminin 167
senhos, senos 196
sentir 236
ser 222. 357. beim Verb 357
ser de 309, ser do numero 305
servir 236. 291. 309
sés 225
seve 225
siare 148
sicrano 208
Silbenzählung 395
silva 378
Singularia tantum 170
sim 68. 108 199
sion 142
skandinavische Worte 8
sl 91
sm 62
só 57. 185. 251. 331 mit Artikel 333
sob 261. 322
soca 209
soccorrer 294
soer = ser 224
soer 246
sogros 274
soio 212
sondes 225
Sonett 398
soon = sou 224
sor 143
sorius 143
soro 46
sortir 237
sp 79
spielen, ein Instrument 291
Spiranten 67
Sprüchwörter 285
st 91
Städtenamen ohne Artikel 279
Stanze 396

starke Flexion 225. 226.
238
starke Formen 217
starke Participia 360;
der II. Conjug. 242;
der III. Conjug. 243
stede 233
Stellung des Adjektives
333. des Artikels
288. der Ordinalia
335 der Possessiva
und Reflexiva 338
Stoffadjektive umschrieben 124. 304
Strassen 303
Strophe 396
Stunden des Tages 195
sub 153
subir 153. 237. 294
Subjekt 266. seine Form
267. nicht bezeichnet
268
submergir 246. 316
subordinirte Sätze 371.
374
Substantiva mobilia 167.
Subst. als Adjektiva
122. — Subst. und
Verb ein Begriff 282.
— Subst. im Superlativ 188. — Subst.
aus Verben 123. —
Subst. und Subst.
comp. 149. — Subst.
und Adj. comp. 150.
— Subst. und Verba
comp. 150
Substantivsätze mit que
376
subter 154
subtus 154
succeder 300
sumir 237
sunt 225
super 154
Superlativo absoluto 187
Superlativ durch Wiederholung 348
Supin 218
surgir 237. 244
surrão 7
sus 146
Synkope 93. 101. 396
Syntax 266
synthetische Sprachen
157.

T, th 84
t der Verbalflexion 86
tabique 7
tal 345
tanger 291
tardar, não de 317. 349
tarde 248. 256
tarde é = es ist zu
spät 334
tare 147
tarima, tarimba 7
tat 131
te 73
tecla 59. 75
temer 306. — temer
medo 293
Tempora des Verbi 211.
353
Temporalsätze 374. 383
Tempuswechsel 355
ter 220. 357. — als Umschreibung eines Possessives 340
ter inveja 299
ter por 295
tercer 194
terço 194
terra marique 319
Theilungsartikel 285
Thiernamen 169
tiare 148
Til 109
tina 7
tion 142
Titulaturen 203. 340
tl 60
tocar 291
todo 332. — mit Artikel
209
todo = tudo 209
todolos 175
todos quantos 209
tonos 398
Tonzeichen 109
tor 143
torius 143. 218.
tornar 293
tr 86
traduzir 235
trans 154
Transitiva intransitiv
gebraucht 349
tras 261. 323
trazer 240
trédor Zus. S. 399
Trema 111

tres 154
tres mezes 335
tres Zahlwort in Zusammensetzung 155
trevas 171
trino 196
Triphthonge 101
triumphante 369
triumphar 310
triz 167. 168
trombeta 162. 170
trova 398
tude 146. 180
tudo 183 = todo 209
tus 146
tussir 237
tut 147.

U 49
u = wo 252
ucare 149
uccus 145
uco 67
ucus 144
udo als Participialendung 217
Uebertritt der Deklination 161. 184
ugin 147
ui 52
ulare 149
ulis 145
ullo 346
ulus 145
ultimo = Adverb 331
ultra 154
um, uns 104
um, uma 176
um mit Zahlen und Substantiven 334
Umdeutung 120
umen 146. 147
um mesmo 335
unbestimmte Zahl 334
undus 145
uni in Zusammensetzung 154
unir 299
unpersönliche Ausdrücke 247
unpersönliche Verba
246
unregelmässige Comparation 190
untre 152
unus 145

ura 143. 146
urnus 146
urr 147
us 201
usar 309
uscus 145
utus 146
uus 124
uxi 91.

V 83. — zur Hiatustilgung 52. 55
vagamundo 15. 81
valer 234. mit Akkusativ 296
valvesse 238
velado 352
ver 240
verallgemeinernde Relative 388
veraltete Worte 113
Verba umschreiben Adverbia 349. — Verba auf ear und iar 231. — Verba unbestimmter Bedeutung haben ihr Objekt ohne Artikel 287. — Verba mit Adjektiven comp. 156. — mit Subst. und Pron. 155. — mit Partikeln 156. — Verba mit Genitiv 309
Verbalableitung 147
verbigratia 248. 249. 260
verbundene Personalpronomina 200

Vergleiche ohne Artikel 286
vergouha 50. 53. 64
verkürzte Participia 244
verso agudo 395. esdruxulo 395
verso solto 39. 397
Verstärkung durch ro 153
vestir 236. 291.
vice 154. 155
vigia 170
vigiar 320
vigilante 369
vingar 309. 316
vir 241. 8. = Passiv 351. — vir de 366. 368
vis 15
Vokal 45. 100. im Hiatus 52
Vokativ 289
vós outros 337
Vossé 203
vosso 86
vus 10. 201.

Wechsel der Conjugation 226
Winde mit Artikel 280
Wochentage 194
Wortbiegung 157
Wortbildung 111
Wortstellung 389
Wurzel 111.

X 71. x = s 90
xadrez 7
xaqueca 7. 94
xara 6
xo 201.

Y 50 — y = j 76
Yolante 83

Z 89. — z = g 75. 77
zaga 6
Zahl 158
Zahlsubstantiva 192. 195
Zahlzeichen 100. 106
zaino 6
Zeitbestimmung 297
Zeitenfolge 374
zero 93. 193
Zeugma 394
znare 148
zorzal 6
Zusammengesetzte deutsche Substantive 283
Zusammengesetzte Sätze 371
Zusammengesetzte Substantive 302
Zusammengesetzte Zeiten 215
Zwei Praepositionen auf ein Wort bezogen 310
Zwischensätze 390